日露戦争(二)

—戦いの諸相と遺産—

軍事史学会編

目次

第二篇　戦争と社会

第三篇　戦争の遺産

第四篇　文献目録

凡　例

一　本書掲載の論文は『軍事史学』投稿規定に基づいて執筆することを原則としたが、各論文の個性を尊重する方針から、地名・人名などの名称の統一は個々の論文内にとどめ、全体としての統一はあえて行なわなかった。

一　本書掲載の論文の著作権は軍事史学会に属しており、転載などの事案が生じた際は本学会事務局までお問い合わせ願います。

平成十七年五月二十七日

軍事史学会・編集委員会

日露戦争(二)——戦いの諸相と遺産——

序

日本近現代のなかの日露戦争、そして世界のなかの日露戦争

黒沢文貴

二〇〇五年はいうまでもなく、日露戦争の終結を告げた日露講和条約（ポーツマス講和条約）の締結（九月五日）から一〇〇年目にあたる。条約調印前の七月には、韓国・フィリピン問題に関する桂・タフト覚書（協定）が日米間で交され、八月には第二次日英同盟協約が締結されている。また大韓帝国の外交権を接収し、統監の設置を定めた第二次日韓協約が講和条約調印後の十一月に結ばれ、さらに十二月にはロシアの利権継承に関する清国との条約が締結されている。

こうして日露戦争の勝利は、有色人種の非キリスト教国である日本をアジア唯一の帝国主義国へと押しあげ、その後の帝国主義的な国際関係やアジアなどの多くの国々にも大きな衝撃を与えることになった。

しかし、その四〇年後の一九四五年には、ソ連が日ソ中立条約を破棄して対日参戦し、太平洋戦争敗戦間近の大日本帝国に引導を渡すことになった。ソ連にとって参戦は、いわば対日復讐戦ともいえるものであった。

もちろん日本の敗北は、中国にとっても対日戦の勝利を意味したし、朝鮮にしても、三五年にわたる日本の植民地支配からの解放を意味していた。

このように二〇〇五年は日露戦争以外にも、太平洋戦争終戦六〇周年としての意味をもつ、まさに記念すべき年である（ちなみに日韓関係の視点に立てば、今年は日韓併合から九五年、一九六五年の日韓基本条約の締結から四〇年ということになる）。

話を日露・日ソ関係に戻せば、やはり二〇〇五年はさまざまな節目の年にあたる。一八五五年の日露和親条約から一五〇年、一八七五年の樺太・千島交換条約から一三〇年、一八九五年の日清講和条約の締結にともなう三国干渉から一一〇年、一九一〇年の第二次日露協約から九五年、一九

二五年の日ソ基本条約から八〇年、そして一九五六年の日ソ国交回復に関する共同宣言から四九年（約五〇年）ということになる。

以上の指摘がすべてではないが、少なくともいろいろな意味合いをもつ節目の年であるからこそ、日露戦争のもつ歴史的意味を多様かつ多角的な視点・視野から考察することが、よりいっそう求められているといえよう。

このたび、本学会が企画した日露戦争特集においても、既刊の第一巻では、政治外交や法と経済を中心とした「国際的文脈」から日露戦争を分析し、今回お手元にお届けする第二巻では、日露戦争の「戦いの諸相と遺産」についてさまざまな角度から考察を加えている。

しかも本巻には、多くの外国人研究者からの玉稿が寄せられており、その意味でも、学会が企図した多様な視点・視野からの日露戦争分析が、もちろん論じ残したテーマがあるとはいえ、相応に実現しえたのではないかと思っている。二冊の特集号に玉稿をお寄せくださった国内外の多くの方々に篤く感謝申しあげるとともに、とりわけ本巻の巻頭言を特別に賜わったロンドン大学（LSE）のイアン・ニッシュ名誉教授にも、深甚の謝意と敬意とを表するものである。

（軍事史学会　編集委員長）

巻頭言

日露戦争——一〇〇年の後に——

イアン・ニッシュ
等松春夫訳

日露戦争のさまざまな側面を探求するこの書物の登場はまことに喜ばしい。この巻に収められている諸論文の題目は、すでに決着が着いたかと思われる過去の研究論争のいくつかを再検討しているようであり、新鮮である。この書が軍事史研究者と政治史研究者を協同させることに成功している点は特筆すべきである。軍事史研究者と政治史研究者は、従来とかく隔壁で仕切られたような歴史の異なる分野で研究を行ってきており、研究の成果を相互に提供し合い、学知を豊かにすることが常ではなかった。この巻にはまた、ポスト冷戦の時代に研究する若い世代の専門家たちの研究方法が反映されているようにみえる。このような試みが、願わくはこの一〇〇周年の年に、日露戦争のすべての複雑性を解明する包括的な研究書の刊行への道を開くことが期待される。

両交戦国にとり日露戦争は総力戦であったと言われるべきである。ロシアとの戦争は両交戦国にとってなじみの薄い中国領土の上で戦われた。そこは地球上の人口希薄な地域であった。ロシアの側ではこの戦争は初めから人気のないものであった。戦争はロシア国民の日常からあまりにかけ離れていたので、民衆にとりこの戦争は直接的な重要性がなく、犠牲が増すにつれて戦争は、ほとんどあるいはまったく支持されなくなり、さらには多くの反発が生じた。これとは対照的に、この戦争は日本の側では人気のあるもので、日本国民は陸海における一連の勝利に酔いしれ、戦争が終わったときに獲得される戦利品への期待を大いに高めていった。しかし一方では日本の民衆にとって戦争は深刻な体験でもあった。国民の多くが戦線に赴き、国家のために命を捧げることが求められたからである。しかしながら、この戦争は中国人、朝鮮人、その他の東アジアの諸民族――たいていの場合は農民や労働者――にとっても同様に総力戦であった。彼らもまた、この短期間ではあるがきわめて血腥い戦争に巻き込まれ、多大の犠牲を払ったからである。

世界史的観点からみると、日露戦争は一九世紀から二〇世紀への転換期の時代に特別な地位を占めている。興味深いことに、この戦争は一九世紀後半の植民地獲得をめぐる諸戦争と、二〇世紀の二つの巨大な世界戦争との間の転換点に生起した。前者では列強が自国のものではない土地をめぐって争い、後者は世界の国々の大半を巻き込んだ。規模において一九〇四~五年の日露戦争は先立つ諸戦争を上回り、そして後続の諸戦争に多くの警告と教訓を提供した。

しかしながら、私にとっての日露戦争の主要な関心は日本国内の歴史にある。すなわち、戦時中の日本における政策決定である。そこでは元老、内閣、軍部の間の相互作用で政策が形成されていった。いかにして開戦の決定がなされたか。どのようにして奉天会戦以降の軍事作戦を中止する決定が下されたのか。そしていかにしてポーツマスにおける「妥協の平和」を日本政府が受け入れたのか。これらひとつひとつの重大な決定にあたって、日本の指導者たちは驚嘆に価する慎重さと抑制を顕し、過度に熱狂的な世論に揺り動かされることはなかった。近代日本の研究をする者であれば、誰でも次のような根本的疑問を抱くであろう。なぜ一九〇四~五年における日本の政策決定は、後の日中戦争から太平洋戦争に至る日本の政策決定に比べて、多くの点で優れていたのだろうか。

歴史の鳥瞰図を描くためには、なすべきことがまだ多く残っているのである。

（ロンドン大学名誉教授）
（編集担当・玉川大学）

第一篇　戦場の諸相

歴史的展望の中の日露戦争

H・P・ウィルモット
小　谷　　賢訳

はじめに

予想された結果を実証するために証拠を提示する「虚言癖」(mendacity) は、歴史家、とりわけ戦史家の宿痾のようである。史実を巧みに選択していけば、どんな戦争でも他の戦争、あるいはある時代の始まりや終わりに例えることができる。一九〇四年から一九〇五年にかけての日露戦争に関して問題なのは、歴史家が前もって決めた結論で十分に理論武装する必要がなく、その提示の場に参加できることである。この戦争自体がその性質と遂行形態により、最も客観的で冷静な検証者にもかなり異なる解釈を引き出す余地を与えているのである。

一　問題の提起

これらの問題点を十分に証明するものとして二つの例が挙げられよう。一つは海戦史において日露戦争が占める位置である。他で論争されてきた議論を引用するならば、それは帆船時代最後の戦いであった一八九八年五月一日のマニラ湾の戦いである。この海戦はアメリカの巡洋艦五隻、小型砲艦二隻とスペインの巡洋艦四隻、小型砲艦三隻、その他の艦艇三隻の間で戦われた。砲戦力で劣り、航洋能力も貧弱なスペインの艦艇は、キャビテ要塞の陸上砲台に守られて湾内に停泊していた。そしてこの海戦はスペイン艦隊の全滅で終わったのであった。

なぜこの戦いが帆船時代最後の戦いであるとみなされるべきかといえば、二〇世紀の海戦において目立って現れるようになる機雷や魚雷、潜水艦、また無線や飛行船、航空機を考慮に入れることなく戦われたからである。この戦いは両軍の艦隊が互いに艦艇の舷側を見せて列になって戦われ、その距離は二五〇ヤード（約二三〇メートル）にまで縮められた。当時はまだ集中化された砲戦指揮システムが存在しなかったため、戦闘は個々の砲によって戦われた。各砲はそれぞれに狙いを定めて発射されていたのである。この戦闘は系統として、キブロン湾（一七五九年）やナポレオン戦争中のナイル（一七九八年）、第一次、第二次コペンハーゲン（一八〇一年、一八〇七年）の戦いを即座に思い起こさせる。(1)実際、一八九八年五月にマニラ湾で戦った軍艦は蒸気船であったが、それらが戦った海戦は前時代に属している。

このような議論が妥当であるならば、日露戦争は近代最初の海戦であると言えよう。潜水艦、航空機は見られなかったものの、日露戦争は確実にユトランド海戦への道を示した一連の戦闘を含んでいた。しかしもちろんこのような指摘はこの議論とは相容れないこと、定められた結論とは一致しない点に触れずにはいられない。そこで少なくともこの文段の始めで一つではなく二つの例があると述べた。そしてこれからすぐに述べられなければならない二つ目の例は、さらに混み入っている。それはこの戦争が戦争の性質と遂行という点で、また二〇世紀史という文脈の中で、どのような位置にあるのかを問うものである。

戦争や戦闘状況という点、そして歴史的背景という点においてこの戦争が占める位置というこの第二の事項の両面が、理解や分析上に多くの問題を呈している。有益であるかどうかはわからないが、あえて読者にひとつの考えを提示しよう。

一つ目の考えは、現在の戦争概念に関するもの、特に今日、空軍大国であるアメリカ合衆国に「逆転の戦争」(Inside-out War) の遂行を許しているというデプテュラ (David Deptula) の理論である。この考えは、国家と社会が命令中枢と伝達機関、社会、産業、そして軍隊という輪状の同心円に位置して成り立っているという、ウォーデン (John Warden) の「五輪の概念」(Concept of five circles) に基づいており、歴史的に戦争は外側から内側へ、敵の軍隊による防衛を越え、社会・産業インフラを経て政治中枢に至るとしている。(2)現在の「逆転の戦争」では、空軍力が敵国の命令中枢を叩くことによって国家の管理能力を破壊し、政治・経済インフラさえ、さらには恐らく軍隊さえも飛び越すことができるというのである。敵軍を撃破することなく敵国を倒すという考えは全く新しいものである。

しかし矛盾するようではあるが、これはまさしく一九〇四年に日本が帝政ロシアに対して狙っていたことであると言うことができよう。日本は自力で倒せない国を相手に、また同様に自軍が倒すことのできない敵軍を相手に戦争をした。日本軍はロシア軍に対して現実には多くの勝利を得たが、ロシア軍の敗北は本質的に日本の軍事的能力を超えるものであった。これは日本が記録した勝利とはいえ、純軍事的以外の他の手段による敵の打倒であったのである。

ロシア国家の撃破はロシアの軍事的試みが止められることを意味しており、ここに非常に微妙で容易に見落とされてしまうポイントがある。日本にとっての標的は敵の軍隊よりも国家であり、決定的には軍事力（force）よりも権力（power）であったという意味で、日露戦争は従来の戦争とは非常に異なるものを提示していたのである。

二　二〇世紀史における日露戦争

それでは、二〇世紀史における日露戦争の位置とはどんなものであろうか。マニラ湾の戦いが帆船時代の最後の戦いであり、日露戦争における海戦は、新しい型の戦争の第一歩を示したことという考えは明白であろう。もちろん五マイル（八キロ）かそれ以上の距離をとった海上戦闘は前例を見ない、と論じることはできる。しかし、戦争と歴史という観点からすると、日露戦争は帝国や国家の戦争の時代へと誘導するものであったと考えることができるだろう。我々は二〇世紀の歴史を望遠鏡の反対側から覗いてしまいがちであるように思う。

我々は二つの世界大戦が山場であるとするルカーチ（John Lukacs）説で二〇世紀の歴史を見る[3]。しかし山場は低く平坦な部分で区切られるべきであり、ほぼ間違いなく大恐慌は二〇世紀史の道筋を決める上で二つの大戦と並んで重要であった。そこで私は次のような歴史に関する意見を二つ繰り返したい。我々は国際秩序を変質させた一九三一年あるいは一九三七年から一九七五年までの一連の戦争の中で、第二次世界大戦を最も重要な一部分――それが一つのまとまりとして捉えられるのであれば――であると見なすべきなのである。

それまでの四世紀の間に現れたヨーロッパ中心の世界を破壊したのは、一つではなく複数の一連の戦争であり、その結果として前例のない全く新しいものが生まれた。すなわち、地球上のすべての陸地が初めて独立した主権国家群の支配下に置かれたのである。そしてこの状況は世界が情報革命と、一九四五年以来産業や社会を形作って来た観念の破棄に面した時に到来した。非常に突飛で逆説的な意味で、主権国家は退行に向かい始めるちょうどその時に絶頂期に達したのである。

日露戦争は非常に異質なものの先触れとなり、実にこの過程全体を開始したと言えるだろう。それは（一八七〇年の普仏戦争以来）過去三〇年以上の間で初めての大国間の戦争であり、また五〇年間で最も長い大国間の戦争であり、さらに一八五四年から一八五六年のクリミア戦争を除けば、一八一五年以降に大国が係わった最も長い戦争であった。

しかし矛盾するようであるが、それはすこぶる一九世紀的な戦争であった。大国のステータス、帝国主義的野心、勢力範囲、経済利権の排他的側面、経済的にはもちろん、ある意味では政治的な自立政策、これらのすべてがこの戦争中やそれ以前に影響力を持っており、それらはまさしく前世紀に属するものだったのである。筆者は第一次世界大戦が二〇世紀最初の戦いであったのと同じように、第二次世界大戦は一九世紀最後の戦いであったと論じて来たが、そのような見方は間違っていたようだ。今日、新たな千年紀の始まりに我々が見ているのは、一九世紀的な観念への回帰と、第二次世界大戦中に優勢になった観念の放棄だからである。

いずれにせよ、日露戦争は一連の戦争の最初のものであり、主に一九世紀的観念また信念によって引き起こされ形作られたもので、それが国際社会を永久に変えてしまったのだと、論じることはなお可能なのである。

三　戦争形態と日露戦争

戦争の遂行形態という面では、日露戦争について強調しなければならない点が数多くある。第一点は恐らく最も明らかで、そのためしばしば見落とされるのであるが、この戦争が速射砲やライフル、そして機関銃を使った最初の大国間の戦争であったことである。

この戦争では第一次世界大戦のような様相の戦場を見ることができるが、実は一八六四年から一八六五年の南北戦争におけるリッチモンドの戦いや、一八七七年の露土戦争におけるプレブナの戦いにも第一次世界大戦のような戦場を見ることができる。戦場や指揮系統の面で、新しい武器の影響は決して過小評価できないが、さしあたり一つ言えることがある。今までのところ戦場では大型火砲の重要性は決して控えめには見られないが、一九〇四年から一九〇五年の戦争は、それが比較的低下した初めての戦いであったということである。

それ以前は戦場における全損耗人員の半数が大型火砲によるものであったが、第一次世界大戦までにこの数値は約一五パーセント、六分の一弱に減少した。この減少は歩兵火力の大幅な性能向上の結果であった。マスケット銃によって戦死者が集中する有効射程距離は恐らく一〇〇メートルで、それは防御側に二度の一斉射撃の時間を与えたが、日露戦争時には有効射程距離が四〇〇メートルまで広がっていた。これは攻撃側の歩兵部隊が五分以内では到達できない距離であり、防御側に前例のない広い範囲を精射するための時間を与えるものであった。大型火砲の力よりも歩兵火力こそが、第一次世界大戦において「塹壕戦における膠着」(trenchlock)という現象を産み出したのであり、これらの新兵器を使った初の大国間戦争である日露戦争から、日本軍は他に並ぶ者のないほど自動火器の重要性を自覚した軍隊となったのである。この点では日本は世界に先行していたが、もちろん今までにない防御側の力に気付いていたということとは、日本が新たな不均衡を是正しようとしていたことを意味するわけではない。

しかし、これらの点よりも恐らくより重要なのは、この戦争の他の軍事的側面であろう。この戦争は兵力数と距離との点で空前の展開を見た戦争であった。満州中部のロシア軍は最大時で三一万を数え、モスクワやロシアの中心部から八八〇〇キロも離れて戦闘を遂行したのである。これだけの人員がこれだけの距離の、しかも未完の単線鉄道の先端に展開したということは前例がない。このような距離にわたって展開した唯一比較に価する例は、ボーア戦争(一八九九～一九〇二年)における大英帝国の動員であるが、このときはもちろん英軍が正規の陸軍といえるようなものから反撃されることがなく、展開と補給は海上から行われたのであった。日露戦争よりも多くの人員が戦争に参加した例は他にもあり、一八一二年のナポレオン軍が明らかな例であるが、多数の人員を遠くへ送ったもう一つの戦争がある。それは一八六一年から一八六五年のアメリカ南北戦争である。ここに一つ比較のポイントがある。アメリカ南北戦争は戦闘領域が広すぎて統一された指揮系統で戦うことができなかった。日露戦争について非常に興味深いのは、戦域の広さと軍の規模において、「軍集団」(army group)や「戦争の作戦次元」(operational level of war)といった概念の基礎が見られることである[4]。

このような事柄に言及することは、簡単に相手を納得させられるので説明の手間が省けるのかもしれない。しかし実際のところ、「戦争の作戦次元」(operational level of war)とはこの二〇年にわたってほとんど『聖書』のような扱いを受けてきたものであり、そのような扱いを主張する人々が、実は作戦についての基本的理解を欠いているのを隠すために、金科玉条にしてきたのではないかと思われる。にもかかわらず、基礎的事実と議論自体は比較的容易に述べることができる。

満州で戦って(ロシアが)負けた戦争の規模と期間として、

例えば奉天会戦では三〇万の兵員と一四七五門の野砲を擁するロシアの三個軍と、二七万の兵員と一〇六三門の火砲を擁する日本の五個軍が投入され、前線は一五五キロ、戦闘は奥行き八〇キロの地域で六日間にわたって行われ、会戦全体では戦闘開始の予備段階から最終的なロシアの撤退まで一八日にわたった。

この戦争の後、ロシア軍の幕僚達はかなりためらいつつも今日、我々が「戦争の作戦次元」(operational level of war)と理解するであろう「作戦の概念」(concept of operations)への道を模索し始めた。しかし必然的にこの概念は非常に不完全な理解に基づくものであり、公式の承認や導入にはつながらなかった。実際、「作戦術」(operational art)という単語は、一九二三年から一九二四年の間にスヴェーチン(A. A. Svechin)によって初めて作られたのであり、もちろんそれが戦間期の産物であったということ自体、まずは第一次世界大戦が、そして次にロシア革命(内戦)がこの概念の形成に決定的であったことを明確に示している。日露戦争はこの点において、主役というよりはせいぜい前座的な役割を果たしたにすぎない。(5)

しかし実際には日露戦争と第一次世界大戦の間の時期に、何重にも防御された長い前線によってもたらされる問題がロシア軍内で注目されるようになった。それは特に、同時攻撃が一度きりの「決戦」(decisive-battle)を回避する成功への手段となるだろうという予測の下、前もって選んでおいた数多くの狭い戦線において、全体的な戦闘地域にわたって集中攻撃をかけるような切りこみ的戦闘が行われるべきであるという提案の形をとっていた。一九一六年のブルシーロフ攻勢(訳者註:コヴェル・スタニスラヴ会戦)に代表されるロシア軍の攻勢は通常認識されるよりも古い起源を持っているのである。さらに議論を呼ぶかもしれないが、満州での戦争の経験は少なくとも一人のロシア司令官ネズナーモフ(A. A. Neznamov)に、戦争による要請は社会の軍事化によってのみ満たされると確信させた。このような議論は不思議なことに、一九二〇年代のソビエトの政治・軍事指導者層の間での議論を予測するものとなり、またそれはオガルコフ(Nikolai Ogarkov)の主張により一九七〇年代にも繰り返された。ネズナーモフとオガルコフの類似性は、特に彼らの考えが当時の国家の最高権威者により拒絶されたということ、また彼らが仕え、その見方を拒まれた国家——帝政ロシアとソビエト連邦——がその決定を下した世代の内に姿を消したという事実において際立っている。(6)

歴史を逆にたどる際には、ある出来事に、実体以上の重要性や重大性を与えないよう注意が必要であるが、日露戦争について確実に言えることは、これらの様々な事例の中でも、この戦争が前例のないほどの兵員と策源地からの距離、そして戦闘の規模と長さを擁して戦われたという点で、明白な重要性を持っていたということである。戦闘の規模と長さという面では、第一次世界大戦が日露戦争よりも大規模で長期間にわたる個々の戦闘や戦役を生むことになったが、そのような傾向を作り出した点において日露戦争の地位は否定できない。

四　海戦における日露戦争の意義

海戦については、注意と慎重な考察を要する問題が数多くある。特にこの戦争が通信妨害の出現を見た最初の戦争であるということが挙げられる。一九〇四年二月、ロシアの無電技師が、旅順沖で展開中の日本海軍駆逐艦の電波信号を妨害したのである。(7)

さらに日露戦争は作戦の遂行にあたって機雷が非常に重用された初めての戦争でもあり、実際、日本の損害に関しては中心的な破壊手段であった。防御面でも攻撃面でも機雷は二つの世界大戦において重要となり、日本は一九四五年、アメリカの海上機雷封鎖により敗北を喫した時になってその重みを思い知るのである。

とはいえ結局どちらの世界大戦でも、日露戦争ほどに機雷が戦略的重要性を付されることは恐らくなかっただろう。機雷はアメリカ南北戦争においてその最初の犠牲者を出したが、一九世紀の残りの期間に全く本格的な役割を果たしていなかった。しかし、戦闘海域を限定し、また莫大な戦略的効果を生む恐るべき武器として日露戦争時に再登場した。

議論のあるところではあるが、機雷の威力が絶頂に達した「瞬間」は一九一五年三月十八日のダーダネルスの戦いであった。ある意味ではイギリスの海軍力を封じたという第一次世界大戦における機雷の戦略的重要性は、まさしく機雷の戦略的効果の頂点を示すものであった。(8)日露戦争における日本側の戦艦の喪失は機雷によるもののみであり、——一九〇四年五月十五日に「初瀬」と「八島」が触雷し失われたことの衝撃は決して過小評価できない——全体を通してこの兵器は日本海軍の損失の主原因であった。そしてこのような状況は、必要な対策が立てられた結果、後の戦争において繰り返されることはなかった。

この論文の始めの部分で述べた考え——一八九八年五月一日のマニラ湾で行われた戦闘が帆船時代の最後の戦いであった——が正しいとすれば、それに続いて日露戦争で行われた様々な戦闘は、その全体を見ても、日本海海戦一つをとっても、汽船時代の最初の戦いであったと言えるだろう。一九〇五年五月の戦いは、それが戦われた海域の広さという点でも、風や潮流に制約されない蒸気の力という点でも、また可視的な水平線を越えての伝達を可能にした無線電信の重要性という点でも、海上戦闘の遂行における新しいものを提示していた。

かなりの部分でこの新しい要素は弩級艦革命に関係している。必然的に日本海海戦がこの新型戦艦の唱導者、反対者双方による議論に用いられ、証拠や結論はその議論が正当化しようとする内容に拠っていた。実際に弩級艦に関する考えを正当化するために用いられたこの海戦は、自らを一方あるいは双方による最も不誠実で操作的な虚偽的扱いに任せることになった。

しかし、一九〇五年五月二十七日から二十八日にかけて戦われたこの日本海海戦は、実に異常な海戦であった。それは明白で圧倒的な勝利――実際は一方の壊滅――に終わった。その理由として、まず艦船、組織、訓練といった点で二つの海軍の間に著しい格差があったことが挙げられる。かなり拮抗した隊形で戦われた一九〇四年四月十三日（訳者註：旅順口閉塞作戦）や八月十日（訳者註：黄海海戦）の海戦とは異なり、日本海海戦では損失を出しながら過去の数々の勝利を勝ち取って来た戦闘経験を持つ艦隊と、艦艇の寄せ集めでしかない艦隊とは言えないような代物が戦ったのである。

日本海海戦では、ロシア艦隊の一番遅い補助艦の速度が九ノットに制限されており、日本の戦艦や装甲巡洋艦からなる艦隊より六〜七ノット遅かったことから、日本の艦隊は呆れるほどの容易さで敵の裏をかき、その火力をバルチック艦隊の要である旗艦「クニャージ・スウォーロフ」と「オスラービヤ」に集中することができた。日本艦隊の砲撃は約七〇〇〇ヤード（約六五〇〇メートル）の距離で始まり、――ロシア側はより遠距離から砲撃を始め、正確に射撃したようであるが、全く武運に恵まれず、一発も命中しなかった――そして、日本艦隊はこれらの二艦を主に六インチ（一五センチ）砲からなる大量の砲撃により、文字通り圧倒して終わったのであった。

戦闘開始当初は「スウォーロフ」も「オスラービヤ」もその装甲を貫かれることはなかったが、距離が縮まるにつれ、「オスラービヤ」は大口径の砲弾により帯甲の一部を失い、繰り返し穴をあけられた。そして「オスラービヤ」はあっという間に転覆させられ、最初に沈んだロシア艦となったのである。海峡にかかった靄で時々中断されながらも接触によって、夕暮れまでには「ボロディノ」「アレクサンドルⅢ世」、そして「スウォーロフ」も撃沈された。ロシアの戦艦群が巡洋艦隊同士の戦闘に出くわした一局面でのみ、ロシア艦隊はよくその任務を果たし、巡洋艦、戦艦は繰り返し日本の巡洋艦を攻撃して、そのうちの四隻に多大な損傷を与えた。

しかし夜には日本の戦艦と巡洋艦が、戦闘の主導権を駆逐艦や水雷艇に任せて戦域から去り、ロシア側の砲火により三隻の水雷艇が沈んだものの、二隻の旧式ロシア戦艦と一隻の装甲海防艦が夜間の数時間のうちに沈められたのであった。これらはこの戦いにおける日本側の唯一の損失であった。戦いは翌朝、無事に残った「アリョール」「アドミラル・セニャーウィン」「ゲネラル・アドミラル・アプラクシン」と「イズムルード」からなるロシアの戦隊が、より多くの砲と長い射程、そして速さを持つ敵に遭遇したことを知った時に終わった。

ロシア艦隊の多くが司令官の命によって降伏したが、巡洋艦「イズムルード」は降伏を拒み、日本の包囲陣を破って逃走した。「イズムルード」は石炭を使い果たしさえしなければウラジオストックに到達していたであろうが、降伏を避けるため自沈したのであった。他の場所でも個々のロシア艦が自沈し、降伏し、あるいは中立港で収容を求め、ある艦などははるかマダガスカルまで逃走した。古い装甲艦である「ウシャーコフ」のみが最後まで戦った。「ウシャーコフ」はその戦いの終わりを予測できたに違いないが、それでも運命を避けようとしなかったのである。また巡洋艦「アルマーズ」は生き延びてウラジオストックに到達し、大敗北の知らせをもたらした。それはロシア第二太平洋艦隊（訳者註：バルチック艦隊を構成する主力部隊）が、それまでに受けた敗北を覆してロシア海軍の極東における威信を回復してくれるであろうという、サンクト・ペテルブルクの最後の、絶望的に非現実的な望みに終止符を打ったのであった。

日本海海戦では、船齢や能力、速度、個々の船の乗組員や陣形の訓練といった、海戦におけるほとんどすべての面において、双方があまりにも不均衡であったため、最も冒険的な計画が結論として引き出された。日本軍は戦闘海域を決定し、初期の攻撃目標とされる個々の艦船や陣形を決めたという点で、ほぼ彼らが選択した通りの戦闘を行った。個々のロシア艦は勇敢に戦い、「人間は組織に勝る」という古い決まり文句を実行した。

しかし確実に弩級艦論争の双方が持論を支える材料を求めてこの戦争に執着することができ、またそうしたのである。日本海海戦について、また一九〇四年八月の黄海海戦についても、一つの単純な事実を述べれば事足りる。それは大口径砲の火力は効果的な損傷を与えるということ、すなわち大口径砲の火力しか効果的な損傷を与えられないということである。この戦いは、やがて越えられることになる射程距離で行われたが、重要な点は中口径砲では有効な砲撃はできず、遠距離にある敵に決定的な損失を与えることはできなかったということである。この決定的事項によって、日本海海戦は特に、また日露戦争全体が、弩級艦必要論（大艦巨砲主義）とその概念を非常に強調しており、それによって、少なくとも部分的には、戦艦開発の最終段階への道を固めたのである。(9)

五　日露戦争の教訓

しかしこれらは、他の考察事項に比べると重要度は高くない。特に重要なのは、勝利の捉えにくさである。このような表現は、戦闘海域における、特に日本海海戦においての日本側の徹底的勝利を考えると少し奇妙に見えるかもしれないが、ある意味では非常に重要なものである。

一九〇五年の日本海海戦と奉天会戦は、（ナポレオン戦争中の）トラファルガーの戦いやアウステルリッツの戦いの一〇〇年後に戦われた。政治指導者や軍上層部を始め、批評家達――「歴史家」という言葉を使うのは躊躇される――は「決戦」という概念を呈しているが、そのような表現に値する戦闘や戦役があるのかどうか疑問に思われる。日露戦争については、日本海海戦がロシアの勝利を生むことは決してなかったと言える。この戦闘は戦いが始まる前から既に敗北が決まっていたのであり、そうであるならば、戦争の帰趨が決まった後に戦われた戦闘が、戦争行為の結果に決定的影響を持ちようがないといえるのである。

トラファルガーやアウステルリッツの場合、この点はより明白である。トラファルガーは圧倒的なイギリスの勝利に終わったが、一〇年後、イギリスの戦艦は一〇年前にしようとしていたことを求めて未だに持ち場に留まっていた。一八〇五年十月のトラファルガー海戦で得られた勝利によっても、それ以前に領有していなかった海域の支配をイギリスが確立することはできなかったからである。アウステルリッツはナポレオンの最大の勝利であったが、同様の戦いが三年後には繰り返され、一八一二年（訳者註：対ロシア戦争）の敗北の種をまくことになった。

ほとんど認識されていないが、明白な理由から軍事的手段が決定力を欠くということは、この一〇〇年間の戦争の最も明らかな特徴であり、日本の勝利の完璧さにもかかわらず、この戦争は日本が抱える問題を解決しなかったのである。戦争は問題を解決しない。戦争は問題を置き換え、また一国家とその国民から別の一国とその国民へと問題を移していくかもしれない。戦争は、たとえ非常に限られた範囲では問題を変えるかもしれないが、基本的な経験則として、戦争は問題を解決しない。敗北は永遠の要素を持つのかもしれないが、勝利は良くてせいぜい一時的なものでしかない。そして明らかに一九〇四年から一九〇五年の戦争はこれらの基本的な点を明確に示しており、どんな本格的な議論をも許さない。

　この戦争は、またこの勝利は日本に四〇年間影響し続けることになり、一九三〇年代には日本国内の文民政権の優越性や国家の政策決定の上に破滅をもたらすものとなった。日露戦争の勝利は日本の中国大陸への関与を広げることとなり、それは朝鮮を防衛の第一線として確保することや、南満州を中国における日本の経済権益の主要な場として支配するという点では、即効的で明白な利益をある程度日本にもたらしたが、長期的な結果は良く言っても問題の多いものであり、議論の余地はあるが、結局は日本の国益にはならなかったのである。

　この最後の議論、少なくともこのような議論を提示することは、戦争はいつでもその立案者の意図したところと異なる経過と結果をもたらす、というクラウゼヴィッツ（Carl von Clausewitz）の格言の下手な二番煎じに過ぎないと思われるかもしれない。この格言の微妙さがしばしば別の格言によって隠されてしまうのはいささか不幸なことだ。その格言とはこれもまたプロイセン出身の大モルトケ（Helmuth von Moltke）の有名なもので、どんな計画も緒戦を生き延びられない、というものである。[10]

　しかし日露戦争の例に関する最も適切な論評は、全く思いがけず、他の戦争の緒戦においてもたらされた。それはアメリカの軍事史家であり評論家でもあるスティーヴン・ワインガートナー[11]（Stephen Weingartner）から筆者への、二〇〇一年三月四日の手紙の中で指摘されている。

　真珠湾上空に日本海軍の第一次攻撃隊が到達した時、その指揮官であった淵田美津雄はその目を疑っただろう。米太平洋艦隊が静かに錨を下ろして停泊しており、戦艦はフォード島の脇にぴったりと二列に並んでいて、彼に、かつて日本海軍による停泊中の敵艦隊への奇襲から始まった（彼が三歳の時に！）過去の戦争を思い起こさせた。この戦争でも奇襲を達成したと上官に知らせる無電暗号通信（トラ！トラ！トラ！）を送る直前に彼は思った。「このアメリカ人たちは旅順（攻略戦）について聞いたことがないのか？」と。

　真珠湾作戦を「日本の戦法（戦争の様式）」という、より大きな文脈の中で分析しようとする軍事史家は、淵田の観察に不滅の恩義を負っている。一九〇四年から〇五年の日露戦争を開始した事件に言及することで、淵田は日本の戦法という概念を正当化し説明するのに必要な歴史的関連性（つながり）を打ち立てるという歴史家の仕事を大幅に単純化してくれたのである。旅順と真珠湾の類似性は余りに明白でもし彼がそれに気付かなければ、その洞察力が問われたであろう。しかしここでこの明白さが真に重要なことを見え難くしている。旅順は特に、また日露戦争は全体として、淵田（そしてほとんどの歴史家）が追求し損ねている意味で、真珠湾と太平洋戦争の前兆となっていたのである。淵田はこの失敗を許され得る。彼はその時多忙であったから。そうでなければ彼も同じ問いを日本の側から問いかけていただろう。「我々日本人は旅順について何も聞いたことがなかったのか？」と。その答えは、よく考えられていれば、彼とその同国人を躊躇させていたはずである。

論点は非常に明らかで、議論の余地がないように見える。それは特に欧米で日露戦争が扱われる際、それ相応に考慮されることはめったにないが、ワインガートナーによって最も的確に示された、この戦争の本質と観点によるのである。日本は満州の馬賊や無法者に報酬を渡して、ロシアの鉄道を攻撃させたり、ロシアの後方地域でロシア軍の防衛力を分散させるためにゲリラ戦という形で見られたようなものに広く関与させたりした。それと同時に、日本は政治的手法や報道機関の慎重な利用によって、アメリカ国内でその立場や目的に対する同情を確保した。

この基礎事実は一九四一年に起こることとちょうどよい対比を見せている。日本は短期間の限定的戦争であればロシアを倒すことができるが、長期戦になれば負けるだろうと計算していた。そこで日本は軍隊と武器で得ようとしていた利益を確保するためにアメリカの調停を求め、それは実現された。日本の筋書きはほぼ完璧といえるもので、日本にとってきわめて重要で、かつ思いもよらなかったおまけつきであったのである。

ロシアに対して戦争をしかけることは日本をほとんど破産させ、戦争の終盤には、ニューヨークで、特に帝政ロシアのユダヤ人虐殺への報復の機会を得ようとするユダヤ人コミュニティの間で得ることのできた借款によって、やっと持ちこたえていたのであった。

この対比は、淵田のコメントをより皮肉なものにするようであるが、深みのあるものでもある。というのも、一九〇四年に順調に進んでいたのは日本による戦争行為の開始であり、その目的は、外交、つまりアメリカの調停によって早期の勝利が固められ保証されることが予測されるような限定戦争において、ロシアの打倒を確実にすることであった。

実際、アメリカによる調停は、日本独自の努力では確立できない勝利を保証し得た。そして一九四一年、またもや日本による戦争行為の開始があり、その目的は、早期の勝利を予測できるような限定戦争――アメリカが緒戦の敗北を受諾することと外交を組み合わせること――において、アメリカの打倒を確実にすることであった。そのような状況の皮肉さは、ワインガートナーが記したように深みのあるものである。

とはいえ本当のところ、根本的な性質は皮肉ではなくナンセンスであったと言えるであろうが。それはさておき、ワインガートナーの議論は恐らく正しいだろう。日本の思惑とは裏腹に旅順について聞いたことがない、もしくはその真の教訓を忘れてしまっていたのは、敵の方ではなく、日本人の方であったのだ。これらの様々な思考を考え合わせているうちに、恐らく無意識のうちに「虚言癖」に戻って来た（ワインガートナーの部分ではなく筆者の考えの部分であり、その区別は間違いのないようにしたい）。

この拙い文章のまとめとしては、日露戦争が戦史において占める位置という、作戦の遂行よりも戦争の本質に関係する最も重要で深い問題に立ち戻ることである。二〇世紀の前半には権力と軍事力がほとんど同一視された二つの世界大戦が見られたが、その中で国家の敗北は権力と軍事力の双方が損なわれない限り認められなかった。かなりの確信を持って、当時の日本軍は権力と軍事力との関係を適切に理解することはできなかったと言うことができ、また最も確かなこととして、国際社会における日本の国力の限界や、権力と関連した軍事力の限界についても、適切に理解することがなかったと言えるのである。

ここに日露戦争が破滅を招く暗示をしていたと言うことができる。なぜなら、戦間期にこの戦争は国家としての自信、自国の力への信頼の試金石となったからである。そこにはより強力な隣国を破る日本の力の証明があり、また日本は自国が関わった戦争の活動の責任範囲を決定することができたという証拠があった。日本が一九四一年十二月にアメリカとの戦争に突入した際、陸海軍の指導層は産業や財政、人口や軍事資源が国家として米国に劣っていることは認識していたのだろう。しかし優勢な見方は、日本の精神、大和魂が、国家の敗北の反証となるというものであった。日本の政治・軍事指導者層の中で決定権を持つ人々には、限定戦争による勝利以外の選択肢は、限定戦争による敗北ではなく、総力戦による敗北であるという認識が全くなかったのである。

その意味で日露戦争は、日本が戦争の現実から遠ざかっていく過程の一部をなしていた。とはいえ、第一次世界大戦中にあれだけの低コストで得た大幅な国家の発展と利得は、少なくとも一九〇四年から一九〇五年の戦争から引き出された「学ばれるべき教訓」と同じくらい重要であったと思われる。日露戦争は限定戦争であるが、一八世紀色の強い限定戦争ではなく、有名な一九五七年のニューヨーク会議で規定された基準に様々な点で合致するような限定戦争であり、ここにこの戦争の解釈の基本があるのかもしれない(12)。

陸戦の面では、「戦争の作戦次元」の方面が注意を引くが、この点は強調しすぎてはならない。海戦の面では、海戦の遂行上で大きな変化をもたらした兵器の使用を伴ったが、適切な見方を保つためには、この変化がその後に起こる二つの世界大戦で見られた別の変化——潜水艦と空母による衝撃——に比べれば、小さなものであったことを記しておく必要がある。政治的には、国際情勢や潜在的敵国についてて正しく読んでいた日本の国家指導者層にとって、日露戦争はその成果の頂点であった。

しかし恐らくこの戦争の真の重要性は、それ以前の二世紀にわたって戦われた戦争と、軍事力ではなく国家と権力に向けた戦争の形、以前に考えられていたような限定戦争の概念とは非常に異なる要素との間の掛け橋となったことにある。しかし恐らくそれは読者が個々人で決めなければならないもので、筆者が論すようなものではないのだろう。

編集委員会より

本論文は執筆者ウィルモット博士が、サンドハースト英国陸軍士官学校、英国国防省海軍戦史部、ノルウェー王立海軍大学校、グリニッチ大学海洋研究所、CITADELなどで行った日露戦争に関する講義に基づいている。本論文の内容は主として筆者の次の著書に反映されているので、詳細な史料と参考文献についてはそちらを参照されたい。

H. P. Willmott, *When Men Lost Faith in Reason: Reflections on War and Society in the Twentieth Century* (London: Praeger, 2002).

＊なお、執筆者から送られてきた本論文の註は膨大なため、執筆者の了承のもと編集委員会において新たに簡略な註を作成した。

編集委員会による註

(1) キブロン湾の海戦は七年戦争中の一七五九年十一月二十日に戦われた。英国艦隊がフランス艦隊に圧勝し、以後制海権を英国が把握した〔Spencer C. Tucker ed., *Naval Warfare: An International Encyclopedia* (Santa Barbara, Cal.: ABC Clio, 2002), pp. 836-38.〕。ナイルの海戦はナポレオン戦争中にネルソン提督率いる英国艦隊がナイル河口のアブキール島沖でフランス艦隊を撃破した戦い。英国が地中海の制海権を握り、フランスのエジプト遠征は退路を絶たれて失敗に終わった〔Tucker, *Naval Warfare*, pp. 754-56.〕。第一次(一八〇一年四月二日)と第二次(一八〇七年九月二〜

五日）のコペンハーゲンの海戦は、ナポレオン戦争中、デンマーク海軍の艦船がフランスの手に落ちることを恐れた英軍がコペンハーゲンに加えた攻撃。デンマークの海軍力を無力化したこれらの作戦は予防的先制攻撃の典型であった〔Tucker, *Naval Warfare*, pp. 255-56.〕。

（2）H. P. Willmott, *When Men Lost Faith in Reason* (London: Praeger, 2002), p. 10.

（3）*Ibid.*, pp. 5-6.

（4）*Ibid.*, pp. 47-48.

（5）スヴェーチンについては横手慎二「日露戦争に関する最近の欧米の研究」（軍事史学会編『日露戦争（二）——国際的文脈——』（錦正社、二〇〇四年）二八四—八八頁）を参照。

（6）Willmott, *When Men Lost Faith in Reason*, p. 48.

（7）これに関連して無線電信の発達が封鎖作戦に与えた影響については高橋文雄「『明治三十三年艦團部将校作業書』と日露戦争——マハン流地政学的戦略眼の影響を中心にして——」（軍事史学会編『日露戦争（二）』六四—六五頁）を参照。

（8）連合軍がいっきにコンスタンティノープルを攻略する狙いで行った、いわゆるガリポリ作戦を支援中の英仏艦隊は、一九一五年三月十八日にトルコ軍がダーダネルス海峡に敷設した機雷によって戦艦三を喪失、ほかに戦艦二大破という大損害をこうむった〔Tucker, *Naval Warfare*, pp. 288-90. H. P. Willmott, *Battleship* (London: Cassell, 2002), p. 73.〕。

（9）日本海海戦の弩級艦（ドレッドノート）論争への影響については、Willmott, *Battleship*, pp. 35-37.

（10）Willmott, *When Men Lost Faith in Reason*, p. 47.

（11）米国の軍事史家。第二次世界大戦全般、ホロコーストなどについて著作がある。

（12）Willmott, *When Men Lost Faith in Reason*, p. 162.

（元サンドハースト英国陸軍士官学校）

（防衛研究所）

研究ノート

遼陽会戦と松石安治

——殲滅戦の挫折——

篠原昌人

序　殲滅戦

明治三十七（一九〇四）年二月四日の夜、仙台の歩兵第四連隊の週番士官室で読書をしていた多門二郎中尉は、緊急呼集で将校集会所に向かった。そして連隊長から、日露の国交断絶を伝えられた。多門二郎とは、満州事変時の第二師団長である。多門中尉が読んでいたのは、メッケルの『独逸基本戦術』であった。彼が眼を落としていた、第九章　一般の戦闘学の始めにはこう書いてある。

「戦闘は敵を圧倒し之を殲滅する為め即ち戦争の目的を達する為めの単一なる手段なり」(1)（傍線筆者註）

メッケルのこの本は、歩騎砲の戦術などを要領よく述べたもので、若手将校の間で広く読まれたものと思われる。同じ二月四日、御前会議で開戦が決まった際も、軍当局は次のような作戦構想を持っていた。

「日本軍が勝利を得るの途は、一に兵力集中の迅速を利用し敵の集中中逐次に之を殲滅するの外なし」(2)（傍線同）

しかしながら結局、日本海海戦は別として、日露戦争においては陸戦では敵に大打撃を与えて無力化すること——つまり殲滅することはできなかった。満州軍総司令部参謀として出征した田中国重は、次のように回想している。

「日露戦役は真に日本軍が勝ちしにあらず、只毎戦最後の五分間に於て敵が負けたるなり、鴨緑江の戦闘のみは我軍が勝ちたり(3)」

日本軍は、まさにその最後の五分間で、ロシア軍を追撃して大打撃を与える意気込で戦いに突入した。しかし、様々な理由から追撃はできなかった。その反省があったのか、戦後になって陸軍は、教範類のなかに〝殲滅〟という用語を本格的に使い出すのである(4)。

ところで実際の戦場では、追撃、殲滅を求めた指揮官がいた。黒木第一軍の参謀副長として、作戦の立案にあたった松石安治大佐（福岡県生、旧制陸士六期、陸大六期）は、そのような積極論者の代表であろう。日露の大軍が最初にぶつかった遼陽の戦いで、松石は第一軍の大損害を覚悟して殲滅戦を主張したのであった。果たして、いつその機会はあったのか。成功の見込はあったのか。この小文では、限られた資料のなかからそれを探っていくこととする。

一　遼陽会戦の作戦計画

中華人民共和国遼寧省南部の遼陽は、現在人口一八〇万の大都市に発展した。かつての奉天が瀋陽と名を変えたのに対し、この街の名は変わっていない。石油化学、機械産業が盛んな工業都市で、多くの合弁企業が集中する。かつての満州は女真族が興った地であるが、遼陽もこの民族が街を造った。有名なのはラマ教の白塔で、八角一三層、一二世紀の建築とされている。陽の字がつく街は河川のそばにあることを意味していると言われ、遼陽の北側にも太子河が流れている。

日本がこの地に関心を持った直接の契機は、明治三十三（一九〇〇）年に起こった北清事変であろう。ロシア軍の満州居座りと共に、次第に対露作戦計画の研究が発展していったに違いない。明治三十五（一九〇二）年一月に日英同盟が締結され、両国によるロシア牽制の外交戦略ができあがった。これに驚いたロシアは、三回にわたって満州から撤退することを清国との間で取り決めた。公約は実行されるのか、日本は重大な関心をもって見守ることになる。

三十五年八月になって、参謀本部内の研究では次のように記述されている。

「而して露軍の集中、我上陸完結に後れたるときは、遼陽附近に兵力を集結し我を迎撃することとなるへし(5)」

当時ロシア軍は南満州に集中していた。だから自然とこの地に眼が向けられたのであろう。第一期撤兵は、同年十月八日までに完了した。翌三十六年四月八日は、第二期撤兵の期限であった。しかし十一日になって、清国駐在立花小一郎少佐は至急電報で、〝ロシア撤兵中止〟を伝えてきた。日露戦争の序幕が開いたのである。

（一）　田村怡与造の構想

参謀本部を事実上作りあげた川上操六亡き後は、田村怡与造が任務を引き継いだ。実に田村こそ、ロシアに対する作戦を練り始めた人物と言える。参謀本部の部長、次長として彼が行ったことは、各種勤務令の制定といった戦争前の基礎固めであった。田村自身は和戦両様の構えであったと思われる。しかし日露の外交交渉が始まると、さすがに破綻した場合を考慮してか、ひとつの研究を開始した。それは、韓国に出兵した時を想定しての兵站演習の準備であった(6)。しかしながら、田村時代には、まだ本格的な作戦計画はできていなかったとみるのが一般的である。

ただここにひとつだけ、田村に計画ありとする文書がある。陸軍中将で軍を離れ、貴族院議員となった谷干城の一文である。「田村怡与造の先見」と題されたもので、田村にはかなり大仕掛けの作戦案があったという。開戦冒頭より衆を以て寡を撃つもので、鉄嶺、開原まで手中に収めることをめざすものであった(7)。筆者は以前拙著のなかで、この計画は十三個師団を南満州に送って、遼陽附近でロシア軍と決戦する考えではなかったかと書いたことがある(8)。

（二）　児玉源太郎の構想

児玉源太郎が明治三十六（一九〇三）年十月に参謀本部入りすると、対露作戦計画は具体的に進められていく。同じ十月、松石安治は韓国京城に派遣された(9)。韓国内での兵要地誌調査や、ロシア側の動向を探るのが任務であった。三十六年暮れに基本的な計画がまとまり、それは第一期と第二期に分けられていた。第一期は韓国内での作戦であり、第二期は満州地域での作戦である(10)。陸軍の先陣は、半島に最も近い北九州小倉の第十二師団であった。

明治三十七年二月十日、日本はロシアに宣戦を布告した。海軍が旅順のロシア艦隊を警戒するなか、第十二師団は仁川に上陸した。開戦前までに、児玉源太郎を中心とする参謀本部は、満州での作戦方針を次のように決めていた。

「満州を以て主作戦地と為し、茲に我帝国軍の首力《ママ》を用い、敵の野戦軍の主力を求めて之を攻撃する為め、先つ遼陽に向って作戦すること(11)」

ここで遼陽は当面の目標とされたわけである。六月十日、大本営で対露作戦計画大方針評議が開かれ、序盤の作戦の評価と爾後の計画の大要が定められた。この直後に得利寺の戦いが起こり、松石は一気に武名を挙げることになる。

二　得利寺戦勝後の献策

明治三十七年六月十五日の得利寺戦は、南山で敗れたロシア軍が、旅順の救援のため南下したことから起こった遭遇戦であった。日本軍は奥保鞏大将の第二軍であった。この戦いは一日で決したが、決定的な役割を果たしたのが左翼の第四師団であった。六月十五日午前十一時半、得利寺西側の高地にあった歩兵第十九旅団（安東貞美少将）の一個連隊は、ロシア軍部隊と交戦した。この時連隊には砲兵がなかったが、師団長小川又次中将は砲兵一個大隊を与えて砲撃させた。午後一時、ロシア軍の退路に向かって砲弾が降り注いだ。公刊戦史は次のように記している。

「此歩兵第十九旅団の行動は、敵の意表に出でしものの如く、得利寺停車場構内人馬の混雑殆ど名状すべからず[12]」

ロシア軍の指揮を執ったのは、シタケリベルグ中将であったが、ロシア軍内部の意思疎通を欠き敗れた。今謙信と異名をとった小川又次は、得利寺の戦いは会心の出来だったと、後日家族に語ったという[13]。反面ロシア軍の観戦武官レッフレル少佐は、日本軍が追撃行動をとらなかったことに首をかしげている。この時点で、日本軍はロシア軍を分断したと言える。それはどういうことか。日本軍は朝鮮半島から南満州に入った第一軍、遼東半島南部から北上する第二軍という二個の主力軍がある。この中間に、独立第十師団（後の第四軍）が進んでいた。三方よりロシア軍主力を求める、ドイツから学んだ分進合撃作戦と言えよう。

対するロシア軍は、開戦当初、奉天、遼陽、旅順、満韓国境に兵力を分散し待ち構えた。しかし鴨緑江、南山、得利寺と敗れ、みずからの懐に日本軍が食いこんできた。図でみれば、ロシア側が日本を挟撃する態勢ともとられよう（地図Ⅰ参照）。しかし旅順のロシア軍は基本的に動けないのだ。要塞守備軍であり、その砲は固定されていた。したがって南山、得利寺の勝利によって、日本軍はロシア軍をひとまず分断したと言えるのだ。

この状況をいち早くみてとったのが、松石安治であった。第一軍の韓国上陸とともに、松石は大佐として黒木軍の参謀副長となった。参謀長は藤井茂太であり、共に陸軍大学校卒業であるが、意見は対立することが多かったという。松石は得利寺戦勝の報告を聞くや、長駆遼陽に進めと主張したのである。『陸海軍人物史論』によれば、次のようだ。

地図Ⅰ　松石の分析

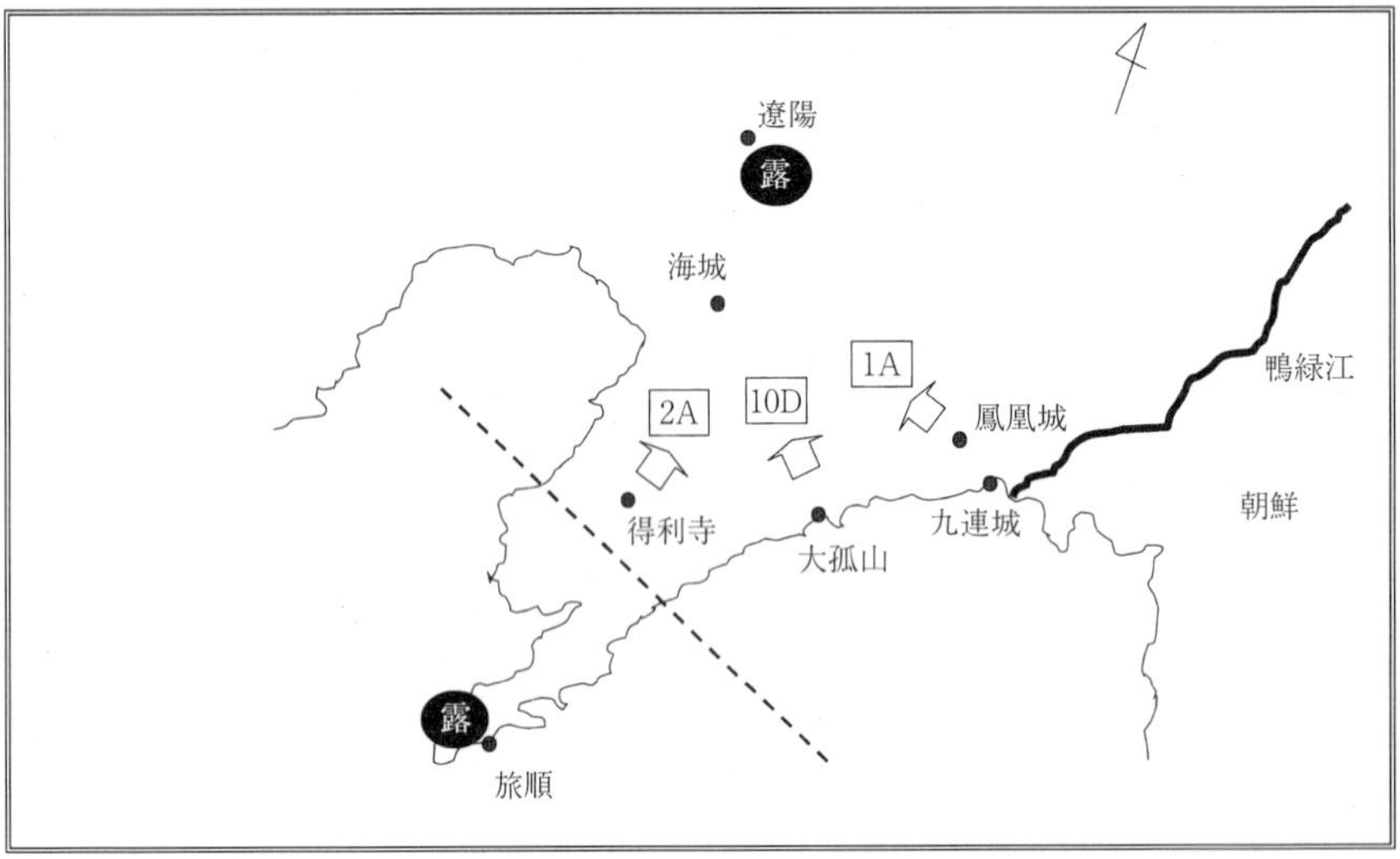

「敵軍曩きに鴨緑江、南山に破れ、今や復得利寺に大敗す。而して現下に於ける彼我の形勢を按ずるに、敵は一方旅順の要塞に據り、他方シタケリベルグの南下部隊は我奥軍に撃破せられ、蓋平方面に敗退し、別に我大孤山上陸軍に対する一支隊析木城南方の分水嶺方面にあるの外、約八万の精兵は総帥クロパトキンに率いられて遼陽にあり。而して我は乃木軍を以て旅順の敵を圧迫し、奥軍は敵を追うて徐ろに遼陽に向って本道を北進しつつあり。」

これはまさに、日本軍がロシア軍を分断したことを述べている。そして松石は、次に破天荒なことを口にするのだ。

「故に我黒木軍は敵が得利寺の新敗によって士気沮喪せるに乗じ、機先を制して断然攻勢に出で長駆遼陽を衝くべし。現に黒木軍司令部の所在地なる草河口より遼陽に至るには強行軍を以てすれば僅々四日行程のみ。我軍の遼陽強襲にして奏功せば戦局は茲に急進転して冬季に入る以前に於て敵を長春以北に撃攘するを得べし[14]」

『陸海軍人物史論』は、松石の言動を最もよく伝えている資料である。ここに書かれていることが単なる風聞でないことは、『機密日露戦史』によって、ある程度裏付けられている。[15]それによれば、初め第一軍が目標としたのは海城であった。ところが兵站の諸施設が整わないとの理由で、黒木司令官は許可しなかった。そこで松石は、ロシア軍の主力がいる遼陽に向かえと声を張りあげ決まったのだという。他方『機密日露戦史』によれば、得利寺戦の直前、六月十一日に第一軍参謀長から大本営にあてて電報が打たれている。前進計画に関するもので、全軍の作戦から必要があれば、「特別手段として約二師団を以て遼陽附近に進出」することもあるとしている。[16]

この三つの資料から推察されることは、第一軍の遼陽進撃は得利寺戦前から検討されていたということだ。特に戦勝後は、松石の主張は一段と強くなったのであろう。六月二十日午後四時軍命令は出された。

「軍は分水嶺附近の敵を攻撃する目的を以て、六道溝、乾草店、李家堡子の線に前進せんとす。[17]」

実際の運動は二十二日から始められ、二十六日頃に分水嶺の手前草河口に着く計画であった。そしてロシア軍部隊を撃退した後、遼陽に進撃することとなっていた。しかし、結局二十六日頃から梅雨が始まり、軍の行動は大きく遅れてしまったのである。

では雨が降らなかったとして、松石の遼陽急襲は成功したのであろうか。前記『陸海軍人物史論』は、軍司令部の草河口より遼陽までは、強行軍で四日あればよいとなっている。黒木軍司令部は鳳凰城にあり、草河口というのは誤りだ。鳳凰城から遼陽までは、直線距離でおよそ一二〇キロである。問題は行軍速度となる。明治四十（一九〇七）年に発行された『陣中備忘録』によると、行軍には常行軍、急行軍、強行軍の三つがある。強行軍は一日の行程を定めておらず、急行軍は一日九里から一一里となっている。仮りに一日一〇里＝四〇キロとすれば、急行軍は休憩日を置かないのでわずか三日で遼陽に達することになる。このような机上の計算が、果たして現実に可能なのであろうか。

地図を眺めればわかることだが、遼陽の手前、ことに東側は山岳地帯である。第一軍の前には摩天嶺、弓張嶺といった山々が連なっている。松石の言う強行軍とは、敵を駆逐しながら迅速に進むわけで、損害と疲労が生まれる。それは戦闘力の削減だ。たとえ昼夜兼行で遼陽に着いたとしても、すぐさま戦闘には入れないであろう。反対に敗退の憂き目をみる公算が大きい。六月二十日の第一軍命令は、一日の行軍をおよそ五里から六里としていた。松石の主張通り、遼陽への進撃は採用したが、決して強行軍で目的地を目指したのではなかった。その理由として、無謀さを指摘した人があったとすれば、松石は次のように反論したかもしれない。

「戦術なるものは、又決して数理的、『コンパス』的、及道理的耳の支配を受くるものにあらさることを忘るへからす。」(18)

三　遼陽戦の第一軍

（一）　太子河渡河問題

遼陽の街の北を太子河が流れている。この河は東から西に向かい、遼陽のすぐ東側で大きく北に方向を変え、さらに街の北から西に進んでいる。河の左岸（南側）に市街地があり、右岸（北側）は丘陵地となっている。遼陽戦は、結局この太子河をめぐる攻防によって決せられた。その主役が松石の属する第一軍であった。

満州軍総司令部では、八月初め遼陽攻撃計画を樹立し、第一、第二、第四軍に伝えた。第一軍は主力を太子河の右岸に移して遼陽の東方から、第四軍は遼陽、海城道の東側、第二軍は西側から攻撃するというものであった。一方ロシア軍は、三重の防衛ラインを作っていた。まず鞍山站附近の陣地、次いで遼陽前面の東・南・西を半円形に構成する陣地であり、三番目は市街に設けられた大小の堡塁であった。このうち最も堅固なものは、半円形の第二陣地であり、総延長およそ二五キロにわたっていた。(19)この線には、早飯屯、新立屯、向陽寺、首山堡といった、激戦が行われた地名が並んでいる。

日本軍の攻撃は、八月二十三日に始まった。迎え撃つロシア軍は、クロパトキン（Aleksei Nikolaevich Kuropatkin）総司令官のもとに、東部兵団（ビリデルリング大将）と南部兵団（ザルバエフ中将）である。当初クロパトキンは、第一の防衛ラインである鞍山站で決戦を行う考えであった。しかし第一軍の進撃が、ロシア側の予想を上回った。第一軍は、第二師団の弓張嶺夜襲（二十五〜二十六日、松永旅団）、第十二師団の紅砂嶺占領（二十七日、木越旅団）など、東部の山岳に拠るロシア軍を撃破した。このためクロパトキンは側面に脅威を感じ、二十七日になって主陣地への後退を命じた。八月二十八日、日本軍は三個軍、およそ一三万名の兵力で遼陽を包囲する態勢を作り上げた。ロシア軍総兵力は、約二二万名であった。

第一軍参謀副長の松石安治は、これより先に総司令部の松川敏胤に対し、次のような電報を送っている。

「敵は逐次太子河右岸黒英台附近に其兵力を延しつつあり。故に我は尚ほ遠く上流に於てするに非ざれば安全に渡河するを得ず[20]」

これは八月十二日の電報である。東側から遼陽に迫るのが、第一軍の任務だ。松石としては、どこで太子河を渡るか、策を練っていたのものと思われる。

二十九日、総司令部は松石へ、敵情判断と第一軍の行動を問う電報を送った。要は、第一軍の太子河渡河の時期であった。同じ電報は、参謀長の藤井茂太にも打たれている。こうした奇妙な行動をとったのは、松石への信頼が高かったからとされている。参謀副長の回答は次の通り。

「敵の遼陽を撤退するや否や不明なるも、察するに已に太子河右岸に退却中なるは疑うへからさるが如し。我第十二師団は、今三十日夜連刀湾より徒渉中にて、明朝第二師団続行の予定。[21]」

松石の眼は、早くも太子河右岸に、ロシア軍が配置されているのを見抜いていたようである。

遼陽を守るロシア軍への総攻撃は、八月三十日に始まった。最初の二日間は、強力な主陣地に阻まれて、第二軍と第四軍の前進ははかどらない。第一軍は計画通り太子河を渡り、ロシア軍を側背から圧迫する動きに出た。三十日深夜から翌朝にかけて、第十二師団と第二師団の一部は、連刀湾で河を渡り北岸に達した。連刀湾とは、遼陽のはるか東の地点である。渡河は成功した。

第一軍にとって幸運だったのは、渡河部隊を、ロシア軍が攻撃してこなかったことだ。太子河北岸、つまり右岸には、ビリデルリング大将の第十七軍団がいた。その兵は、絶えず太子河の南岸を警戒していた筈である。ロシア軍を混乱させたのは、近衛後備混成旅団――いわゆる梅沢旅団――の行動であった。梅沢旅団は、三十日から三十一日にかけて、連刀湾よりはるか上流の橋頭から太子河を渡った。これは第一軍本隊よりも、半日程早かったという。同旅団は抵抗を受けながらも、本渓湖附近まで進んだ。ロシア軍は、これを第一軍の主力と判断したらしい。ロシア軍が混乱している間に、第一軍は北岸に達したのである。半日というタイムラグを設けたのは、軍司令官の決断であった[22]。

(二)　九月一日の好機

クロパトキンが、黒木軍の渡河を知ったのは、三十一日午前十一時であった。すぐさま前面の陣地から、大兵力が太子河の右岸に移動させられた。シベリア第一軍団、第十

地図Ⅱ　明治37年９月１日

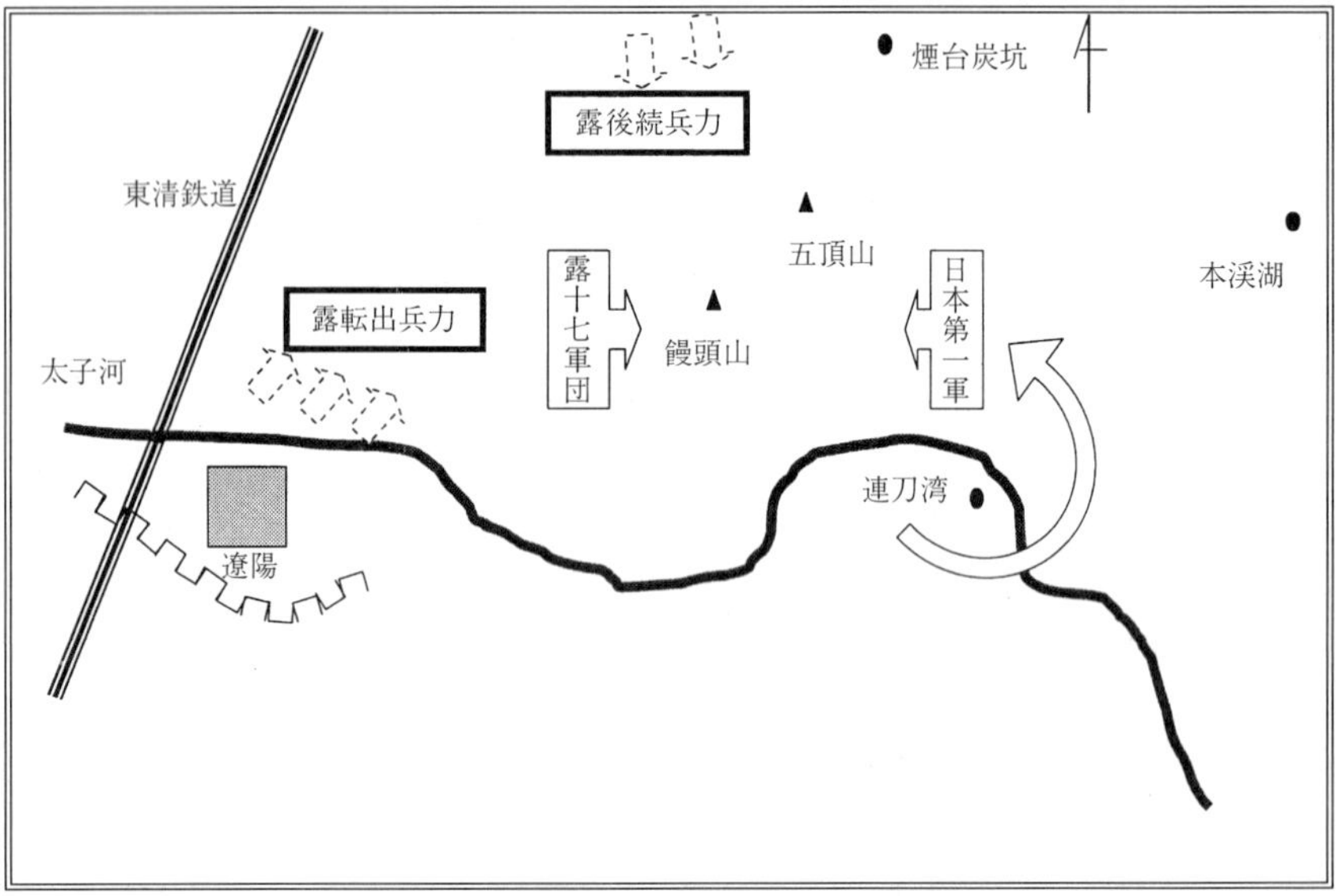

軍団、ミシチェンコ騎兵団らが、戦闘正面の変換を行った。さらに北方からは、オルロフ支隊、サムソノフ支隊が移動し、黒木第一軍に対する兵力は強大となっていく。ロシア側資料はこう書く。

「黒鳩公将軍をして敵に多大の損害を与え、既に其任務を了えたる前方陣地より軍を撤去し、黒木軍に対する軍の大部を本軍に集収し、且つ各地点に渡渉したる敵を太子河に圧迫すへく決定せしめたり(23)。」

クロパトキンは、二個師団強の第一軍に対し一大逆襲を試み、一挙に戦いを決める覚悟であったとみえる。

太子河を渡った第一軍は、西に方向を変えて側背から遼陽に迫った。三十一日から九月一日にかけて、饅頭山と五項山の争奪戦が起こった。九月一日、第一軍では幕僚会議を開いて論議が沸騰した。焦点は、敵を圧迫して東清鉄道に迫り、退路を断つべく攻撃するかどうかであった。二個師団で前面の敵を攻撃すべきか、それとも近衛師団も渡河させて、三個師団で攻撃するか両論あったという。この時松石は、「敵の全力を殲滅するは我軍の任務なり、之が為第一軍の二個師団全滅を期するも可なり」と絶叫したという(24)。藤井参謀長は態度をはっきりさせず、司令官の決定で近衛師団を待つこととなった（地図Ⅱ）。

この幕僚会議は、第一軍の攻撃が進捗しないため開かれたものだ。つまり詳しい時間帯はわからないが、攻撃は一旦中止となったのである。松石の主張は、簡単に言えば会議などやっている場合ではないということであろう。近衛師団はこの時、第四軍の支援をしており、結局同軍の反対で派遣されなかった。このため第一軍は、夜になって攻撃を再開する。饅頭山の争奪戦は、三日未明まで続くことになる。推測であるが、会議のために半日余の攻撃の空白が生じたと思われる。この点が重要である。

前日三十一日に、ロシア軍の大兵力が移動を始めた。九月一日になると、第一軍の前面には増強されつつあるロシア軍が映った。幕僚会議で甲論乙駁している間、ロシア兵は一層増えていったに違いない。相手が強大となってからでは遅い、早いうちに全力で攻撃しなければならない、というのが松石の考えであったろう。会議など開かず、松石案を採っていたらどうなっていたか。後の観察者は次のように語っている。

「講述者は、同軍の効果に関し松石案の実施せられんか、仮令奏功し得ずとも、其全軍に及ぼす成功は多大なりしものあらんと思惟す。[25]」

太子河渡河の際は、半日の遅れが成功をもたらした。九月一日の時は、半日の遅れで最大の好機を逸したと言えるかもしれない。

巷間遼陽の戦いは、普仏戦争中の、セダン開城を目指したものと言われる。九月一日は一八七〇年のこの日、フランスのマクマオン軍が、プロイセン軍の包囲によって、ベルギーに近いセダン要塞を明け渡した記念日である。メッケル（Klemens Wilhelm Jakob Meckel）以来の参謀教育によって、セダンの名はひとつの理想的戦例として、明治の高級軍人の胸に焼きついていた。松石は半日という時間の内に、殲滅へのきっかけをつかんだのだろう。

（三）　九月三日の好機

九月二日は、第一軍にとって最大の危機であった。ロシア軍は兵力を増し、饅頭山に攻撃が集中した。ここを中心点として日本軍を圧迫する計画で、何としてもここを奪う必要があったのである。饅頭山を死守していたのは、第二師団の第十五旅団（岡崎生三少将）であった。これに対し、ビリデルリングの第十七軍団は、大規模な夜襲をかけた。しかし日本軍はよく守り、三日未明になってロシア軍は退却した。第十五旅団のこの勇戦は高く評価されてよい。以後日本軍は、この山を岡崎山と称した。

さらに、日本軍にとって幸運が舞い込んだ。それは、オルロフ支隊の敗走であった。オルロフ支隊は、サムソノフ支隊とともに奉天方面から南下し、太子河右岸の友軍を支援する役目を持っていた。いわば予備軍的立場である。しかしオルロフ少将は、戦況の推移から、独断で兵(一個旅団規模)を動かしたところを、日本軍に撃破された。オルロフ少将は負傷して退却中、シタケリベルグのシベリア第一軍団とぶつかって、大変な混乱に陥ってしまった。饅頭山の奪取失敗とオルロフ支隊の敗走は、クロパトキンの攻勢意思を挫折させた。太子河右岸で依然優勢を保っていたにもかかわらず、九月三日の朝、クロパトキンは総退却の命令を下したのである。(26)

この時、再び松石は立ち上がる。第一軍参謀であった木下宇三郎は、次の通り回想している。

「九月二日、第一軍か遼陽の背後に廻り第十二師団と第二師団の岡崎旅団か太子河右岸に進出し、敵の背後を脅威し、敵の三・四軍団か之を追い払はされは背後危しとて九月一日夜より二日に亘りて岡崎山の争奪戦起り彼我の死屍累々たりしか、第一軍の任務は敵の鉄道線路を遮断するに在りとて、松石参謀副長其他か盛に唱え総司令部の小池亦第一軍の突進に同意し、軍参謀長、福田、木下は突出するは危し成功せは可なるも、失敗せは大害ありとて之に反対し、九月二日は軍司令部内に両論対立して決せす。(27)」

両論が対立したのは二日とあるが、この日はロシア軍が大攻勢をかけ、日本軍は防戦一方であった。三日午前、饅頭山の占領が確実となり、午後になって梅沢旅団が煙台炭鉱附近まで進出したとの報告が入った。この時、「軍司令部に於て再び攻防何れに決すべきやの論戦あり」と、『機密日露戦史』は伝えている。(28)やはり松石が立ち上がったのは、三日であろう。退却を始めたロシア軍を追撃せよと、声を張り上げたのである。

論争は、黒木司令官の一言で決した。黒木は、「それは出ぬがよかろう。」と言ったのであった。その理由は、極めて常識的であった。「既に皆善く働き、軍隊も使い尽しありて方法あるにあらず。致方なきにあらずや。(29)」というのであった。つまり予備隊がないというわけなのだ。それでも遼陽占領が確実となった翌四日、第一軍は追撃の動きをみせたらしい。次の記述が、それを暗示している。

「只午後に至り第一軍が朝来の濃霧に起因し、敵の主力を逸せるは遺憾なりし報告に接す。(30)」

一日遅れてロシア軍を追ったのだろうか。けれども戦場の霧は、ロシア側に味方したようだ。

では三日に突出していたら、殲滅に導くことができたのだろうか。黒木が断念したのは、兵力の予備がないことに加え、銃砲弾が底をついていたからだと思われる。また総司令部も、第一軍の孤軍長駆を戒めていた。松石の主張した突出・追撃とは、具体的にどのような内容であったのか、実ははっきりしていない。梅沢旅団で、ロシア軍の後方をかき乱すのか、第二師団と第十二師団を前方に突出させるのか。はっきり言えるのは、ロシア軍の退路を断つということだ。そのために追撃せよということだ。しかし行動に移っても、それは追撃にはならなかったであろう。火力なき追走というのが正確であろう。

それでも、追走であったとしても、ロシア軍を混乱させることはできたかもしれない。開戦以来ロシア軍は、致命的打撃は蒙らなかったにせよ、後退に後退を重ねてきた。今この大会戦でも後退命令が出たことで、全軍に敗北感が生ずることは否めない。そこへ日本軍が追ってくれれば、強い心理的圧迫を受けよう。日本軍の追走は、しかし単なる鬨の声なのだ。しかし、あわてふためくロシア軍にとっては、恐怖感を呼び起こす声となる。水鳥に驚いて、富士川を敗走した平家の大軍の例もある。松石はその著、「戦術講授書」で、追撃についてこう述べている。

「追撃の原則は必しも優勢なるを要せす。仮令少数にても其追撃迅速猛烈なるに在り。」(31)

松石は、千に一、万にひとつの可能性に賭けたと言ってよい。しかし一度は半日の空白で、もうひとつは司令官の決断で、殲滅の機会は去ったのであった。

結　攻勢極限点

戦い終わって日本軍が遼陽を占領すると、どこからともなく不思議な話が流れてきた。ロシア軍が撤退する時、街の壁に落書をしていったという。それは、どうやら従軍記者が書いたらしく、日本軍から講和の提議があった。その条件の第一条とは、ロシア側から優秀な指揮官と正直な経理官、それに真の看護婦を、日本側に提供したいというものであった。(32)落書であるから意味が曖昧であるが、言わんとするところはロシア軍の内実であった。つまりロシアの指揮官はレベルが低く、経理官は物資を我が物にし、従軍看護婦は慰みものになっているというわけである。

落書のなかで興味を引かれるのは、日本側から講和の話があったという点である。日本軍が遼陽戦を天王山としていたことは、これまで述べてきたところだ。満州軍参謀の尾野実信もこう述懐している。

「当時我軍に於ては、遼陽戦にて結末を告くるやもと重要視せり。」[33]

とにかくロシア軍に勝ったという安堵感からか、全軍の間に、戦争は終わりという空気が流れたらしい。その虚を突かれたのが、十月の沙河会戦であった。日本軍は懸命にロシア軍を押しもどしたが、とても追撃はできなかった。翌年三月の奉天会戦では、旅順を陥落させた第三軍も投入し、持てる力の全てで攻撃した。特に左翼の第三軍は、大迂回運動でロシア軍を捕捉しようとしたが果たせなかった。

クラウゼヴィッツ（Carl von Clausewitz）は『戦争論』のなかで、攻撃の極限点、勝利の極限点という見方を示している。往々にして攻者は、この極限点を突破してしまうのだという。遼陽での日本軍は、兵力にしろ戦意にしろ極点に達していたと思う。これ以後は、旅順攻略の長期化という誤算もあり、会戦のたびにある程度の打撃は与えるものの、徹底した戦果は得られないという同じ状態が続くのである。遼陽会戦は、日本の経済力も合わせた攻勢極限点の始まりであった。あるいは開戦前に誰かが、この地が攻勢極限点であることを見抜いていたのかもしれない。

日露戦争後の松石は、参謀本部の要職を歴任する。参謀本部第二部長、第一部長として、松石時代を築いた。明治四十三（一九一〇）年の暮れ、満州出張の折り宿舎でガス中毒にあい、翌四十四（一九一一）年に待命となった。明治末の重要な出来事は日韓併合だが、この過程で再び松石の名が登場する。当時の大韓帝国で、日本との合邦を主導する一進会の宋秉畯から、松石宛に書状が送られている[34]。日露開戦前に対韓工作に従事した松石であるから、併合に進む動きのなかで、何らかの役割を果したと考えられるのである。

註

（1）メッケル『独逸基本戦術』陸軍戸山学校訳（偕行社、一八九八年　防衛研究所戦史部蔵）後編一六二頁。旧カナ表記は現代式に改めた。以下同じ。

（2）参謀本部編『明治三十七・八年秘密日露戦史』（巌南堂書店、一九七七年）第一、一二一頁。

（3）同右、「日露戦役回想談」一九頁。

（4）明治四十二年「歩兵操典」（防衛研究所戦史部蔵）第二部戦闘の原則第二十三「戦勝を得たる軍隊は其効果を完全ならしむる為猛烈果敢に追撃を行い敵をして殲滅に陥らしむへし。」

（5）参謀本部編『明治三十七・八年秘密日露戦史』第一、八七頁。
(6)「兵站司令官職務研究記事」(防衛研究所戦史部蔵)は、田村史料と書かれている。
(7)日本史籍協会編『谷干城遺稿』(一九一二年、国会図書館蔵。一九七六年、東京大学出版会復刻)八五五頁。
(8)篠原昌人『知謀の人田村怡与造』(光人社、一九九七年)二二一頁。
(9)井口省吾文書研究会編『日露戦争と井口省吾』(原書房、一九九四年)三四頁。
(10)谷壽夫『機密日露戦史』(原書房、一九六六年)九五頁。
(11)陸軍省編『明治軍事史』下(原書房、一九六六年)一三五八頁。この部分の冒頭には、「平時に於て参謀本部の採りたる対露作戦計画の大方針は左の如し」とある。
(12)参謀本部編『明治三十七・八年戦役』第一巻(東京偕行社)六九二頁。
(13)筆者が、『陸軍戦略の先駆者小川又次』(芙蓉書房出版、二〇〇〇年)執筆の際、孫である小川利次氏から聞き取った。
(14)安井滄溟『陸海軍人物史論』(博文館、一九一六年)一三五―三六頁。この本は、日本図書センターから復刻刊行される予定である。
(15)谷『機密日露戦史』三四九頁。
(16)参謀本部編『明治三十七・八年秘密日露戦史』第二、七五頁。
(17)「第一軍鳳凰城以北の作戦に関する経過の大要」(防衛研究所戦史部蔵)。
(18)松石安治「戦術講授書」(軍事教育会、一八九七年・国会図書館蔵)一九〇頁。
(19)荒木貞夫「遼陽会戦」(一九〇七年、防衛研究所戦史部蔵)。
(20)谷『機密日露戦史』四六八頁。
(21)同右、四七四頁。
(22)「日露戦役回想談」(陸軍中将・国司伍七)八四頁。
(23)露国参謀部発刊「軍事彙集」遼陽戦闘全記(防衛研究所戦史部蔵)一九頁。
(24)谷『機密日露戦史』四七八頁。
(25)同右、四七八頁。
(26)旧参謀本部編纂『日露戦争』下(徳間書店、一九九四年)二二九頁。ロストーノフ編『ソ連から見た日露戦争』(原書房、一九八〇年)二八八頁。
(27)「日露戦役回想談」(陸軍中将木下宇三郎)七七頁。
(28)谷『機密日露戦史』四八〇頁。
(29)「日露戦役回想談」七七頁。
(30)谷『機密日露戦史』四八〇頁。
(31)松石「戦術講授書」一九九頁。
(32)上原勇作「日露戦役の感想」(防衛研究所戦史部蔵)。
(33)「日露戦役回想談」(陸軍大将尾野実信)一三頁。
(34)西尾陽太郎『李容九小伝』(葦書房、一九七八年)五一頁。

※戦況については、『ロシアはなぜ敗れたか――日露戦争における戦略戦術の分析――』(新人物往来社、一九八九年)、『日露戦争』下、『ソ連から見た日露戦争』を参考とした。

(会員)

戦場の食

――日露戦争における日本陸軍の糧秣体系――

藤田昌雄

はじめに

「日本陸軍と糧秣」ということばを聞くと、国運をかけて敢行された未曾有の大戦である大東亜戦争下での、補給難から端を発する戦傷者以外の犠牲として、多数の餓死者と患者が出るという飢餓状態を惹起させた、困難な戦局下での糧秣補給が思い浮かぶ。今から一世紀前に勃発した明治期最大の国難であり、また本邦初の本格的な総力戦である日露戦争でも、新興国日本にとって兵站と補給の面では、正面戦闘と並んで苦難の連続であった。

ただ日露戦争では、糧秣補給の困難は多々にあったものの、後の大東亜戦争に見られるような餓死者と患者を多発させた飢餓状態の発生はなかった。

本稿では、この日露戦争の戦場における陸軍将兵に対する糧秣補給がいかなるものであり、また初の本格的外征であり苦戦の連続であった「日清戦争」から一〇年という期間の間に、日本陸軍が大国ロシアとの戦争遂行に向けて、どのように本格的な糧秣補給の体系を構築していったかを考察してみることとする。

一　日露戦争以前の糧秣補給

日露戦争時における日本陸軍の将兵の野戦における糧秣体系について、当時の野外活動の基本マニュアルである「野外要務令」の沿革に併せて述べてみるが、本題を述べる前に、日露戦争以前の陸軍将兵の給与体系を概説する。

「糧秣」という用語は、陸戦の機動と補給の媒体が馬匹主体であった時期における、将兵の「食料」を意味する「糧」と、活兵器と呼ばれた馬匹の飼料である「秣」を併せて創られた用語であるが、本文においては兵員の糧食のみに焦点を当てることとする。

日本陸軍の給与規定には、平時の給与を定めた「陸軍給与令」（明治二十三〈一八九〇〉年制定）と、戦時の給与を定めた「陸軍戦時給与規則」（明治二十七〈一八九四〉年制定）の二つの給与規定があり、日露戦争はこの「陸軍戦時給与規則」によって戦時給与が行われた。(1)

「陸軍戦時給与規則」以前の戦時給与規定は、明治六（一八七三）年に戦時を想定して定められた「在外会計部大綱条例」が戦時給与規定の最初であり、糧秣の調達は戦闘地域での請負法と買い上げ法と呼ばれた現地調達を原則としたものであり、現地調達が不可能な場合のみに小荷駄と呼ばれる軍直属の馬匹編成の輸送部隊を整備して糧秣補充に当たることが規定されていた。(2)

明治七（一八七四）年の国軍初の外征である台湾征討（明治七年の役）の折は台湾征討軍には固有の兵站部隊がなく、給与は軍御用達の大倉組によって賄われている。台湾征討軍の編成は熊本鎮台の歩兵第十九大隊と第三砲隊と義勇兵の総兵力三六五八名が戦闘部隊であるほかに、大倉組より二三三二名の人夫を兵站要員として擁しており、人員の総合計は五九九〇名であった。(3)

台湾征討軍の糧秣の供給体系としては大倉組が携行していた大鍋四〇・ホウロク鍋四・飯取桶一六・七輪一〇・擂鉢四といった調理器材によって作られた握飯の主食と副食を竹皮に包んだものを、使役人夫が背負子や天秤棒で前線まで運搬する方式である。兵員一日当たりの糧秣は主食として白米六合であり、副食としてはアラメ・ひじき・糸コンニャク・アジの干物・梅干・沢庵・千切り大根等があったほか、非常食として伝来の糒《ほしい》や焼味噌や鰹節を準備した。飲料水も煮沸消毒した水を桶等で前線へ搬送している。(4)

続く明治十（一八七七）年に勃発した国内最後の内戦である「西南戦争（明治十年の役）」では、戦闘地域が外地ではなく糧秣の調達が容易な国内であることから、明治六年の「在外会計部大綱条例」を土台として「出征会計事務概則（別名「明治十年ノ役給養法」）」が定められ、現金給養を基本として、状況に応じて現品支給する給与体制がとられた。

またこの時に初めて携帯口糧が定められて糒二日分の携行が規定されたほか、これ以外に非常食として予備糧食の呼称で兵員各自が乾麺麭と鰹節を携帯している。(5)

明治十八（一八八五）年になると対外戦争を念頭に置いて事前備蓄の糧秣を戦闘地域に送付しての補給を行う形式の「戦時会計部服務規則」が定められ、日清戦争直前の明治二十七年七月三十一日になると勅令一三三号で戦時における人員・馬匹に対する給与の基本を提示する目的で「陸軍戦時給与規則」が布告され、さらに具体的事項を規定した「陸軍戦時給与規則細則」が陸軍省達で定められた。

後にこの「陸軍戦時給与規則」は、各種の兵站・補給関係の教範の改正と併せて、逐次の改正を受けており、大東亜戦争下では平時給与を規定した「陸軍給与令」と合併されて昭和十八（一九四三）年七月二十八日に勅令六二五号で「大東亜戦争陸軍給与令」となっている。

「陸軍戦時給与規則細則」では具体的な戦時における人馬の給与は、出征人馬糧秣の定量により通常糧秣と携帯糧秣の二つに定められている。(6)

通常糧秣は戦場で提供される糧秣のうちで、後方地域等の比較的安全な地域で提供される完全定量と、前線で提供される部隊が携行する携行定量に分類され、また携帯糧秣は戦闘時の糧秣の補給が困難な場合を想定しての将兵各人があらかじめ携帯する携帯口糧と呼ばれる非常用の糧秣である。

二 「野外要務令」の制定と給与方法の確立

兵站関係の法令の整備と併せて、明治二十四（一八九一）年に、野戦での具体的な戦時規定を定義した教範である「野外要務令」が制定される。

「野外要務令」の沿革は、明治二十二（一八八九）年に、従来のフランスに代り国軍の範となったプロイセン陸軍の「野外要務令」を基として作成された「野外要務令草案」が最初であり、後の審議によって明治二十四年に「野外要務令」が制定され、建軍以来初の本格的外征である日清戦争をはさんで、「野外要務令」は明治三十三（一九〇〇）年に改正がなされる（表1）。

「野外要務令」の制定に当たっては、ドイツより招聘した陸軍大学校軍事教官メッケル（Klemens Wilhelm Jokob Meckel）少佐によるところが大きく、この教範の制定によって従来の国内防衛から外征が可能な形態に国軍の体制が整えられ、特に兵站面では後方兵站より各師団への物資輸送を司る輜重兵の増強と共に、各聯隊・大隊に弾薬・糧秣を携行運搬する小行李と大行李の設置が規定されている。

陸大教官として来日したメッケル少佐が主幹で行われた明治十八年十一月の第一回参謀官旅行に続いて、翌明治十九（一八八六）年三月二十九日から四月十九日までの三週間の日程で行われた参謀官旅行においては演習開始前年の明治十九年二月より合計七回の事前講義が「参謀官旅行準備講義」の名称で行われており、第一回目の参謀官旅行準備講義は明治十八年十月二十二日に行われたもので、輸送と輜重についての講義が行われている。

この第一回目の参謀官旅行準備講義の冒頭に、メッケル少佐は日本陸軍の運用形態について「餘日本ノ地形ヲ観ルニ道路狭小ニシテ橋梁堅固ナラズ加之國内至ル處山アリ水田アリテ野砲ノ運轉ニ便ナラズ故ニ師團ハ唯山砲兵ノミヲ付シ又輜重及行李等ハ駄馬編成ト定ム」と評価しており、これを基とした編成と教育が後に日清戦争を勝利に導き、また日本陸軍の近代的な基礎を形作ったものである。(7)

この参謀官旅行の結果として、後方兵站から師団隷下部隊への兵站を担当する輜重兵大隊・兵站縦列・輜重監視隊の改変がなされるとともに、部隊付きの兵站部隊である行李の定義が定められる。

表1　糧秣体系の沿革

年代	区分	数量
明治二十二年「野外要務令草案」	糧食	精米六合 食塩三匁又は梅干 魚菜若干
	携帯口糧	糒三合 食塩若干 ＊状況により糒の代わり乾麺麭ないし精米
明治二十四年「野外要務令」	糧食	精米六合 食塩ないし梅干 魚菜若干
	携帯口糧	糒三合 食塩若干 ＊状況により糒の代わり乾麺麭ないし精米
明治三十三年「野外要務令」	糧食	精米六合 副食物若干
	携帯口糧	糒三合 副食物若干 ＊状況により糒の代わり乾麺麭ないし精米

輜重兵大隊の改変では、明治十八年十二月「達乙第百六十三号」で定められていた大隊本部と中隊二つで編成されていた輜重兵大隊が、戦時では大隊本部と糧秣縦列五個と馬廠一個へと増強されるものであり、動員された一個輜重兵中隊で一個糧秣縦列が編成されるほか、軍馬の管理機関として常時一〇〇頭の軍馬を収容可能な馬廠が編成されるような計画が立てられている。(8)

また、兵站輸送部隊の基幹として各師団単位で兵站縦列一個と輜重監視隊三隊の編成が定められた。

兵站縦列は師団直轄の輸送部隊として、輜重兵大隊とは別に後方に設置された倉庫と師団間の糧秣輸送を担当する部隊であり、輜重監視隊は将校以下五〇名の完全乗馬編成の部隊で、戦時に際して師団単位で民間から召集した軍夫による糧食等運搬の輜重縦列を統括・管理・護衛するための部隊である。

またこの「輜重兵大隊」の改変と併せて、明治六年の「在外會計部大綱條令」に従って、戦時のみに臨時編成がなされる小荷駄の体系をより実戦的な形態である戦闘部隊に従属する専門

行李の体系が生まれ、ここに始めて隊付輜重である大李と小行李が誕生する。(9)

行李の定義は「行李ヲ分テ二種トナス一ハ戦闘中必需ノ物品ヲ載スル者ニシテ之ヲ小行李ト名ケ一ハ宿營地ニ於テ要スル所ノ物品ヲ載スル者之ヲ大行李ト名ク故ニ甲ハ軍隊ニ直従セシメ乙ハ稍離隔シテソノ後方ニ隋ハシム」とされている。(10)またこのとき大行李に、「戦用炊具」と呼ばれる鉄鍋と組立式の鉄竈という竈と付属品からなる炊出用の携帯炊事具が配備され、給食の準備がなされている。

大行李と小行李の設置と併せて、給養方法についても「宿舎給養」「倉庫給養」「徴発給養」「縦列給養」「携帯糧秣給養」の五つの方法が規定された。(11)

「宿舎給養」とは宿舎の主である舎主に糧秣の給養を依存する方式（甲種）の給与ないしは、宿舎に宿営する部隊が携行した糧秣を自炊する方法（乙種）であり、友好地域における駐留軍等で用いられる方式である。

「倉庫給養」は外地駐留軍が用いる給養であり、駐留軍兵站倉庫より糧秣の給養を受ける方式で甲・乙の二種類がある。

「徴発給養」は徴発令に基づいた内地徴発と、戦時における外地徴発があり、この外地徴発は国軍の標準的な兵站方式として後の大東亜戦争まで踏襲されたものである。

「外地徴発」にも、占領地での官憲と高級司令部間を通して行われる官憲徴発と、部隊が指定された地域内に徴発隊を派遣して行われる部隊徴発があり、現地におけるトラブル対処のため徴発隊の指揮官は将校として、「……徴發隊ノ指揮官ハ將校ヲ以テ之ニ任シ而シテ徴發物品ハ規則ノ如ク證票ト交換セシムベシ……」というように相応の金額の支払いないしは登票の発行が義務づけられている。(12)

「縦列給養」は大行李を通じて師団の糧秣縦列より補給を受ける方式である。

「携帯糧秣給養」は部隊が携帯する「携帯口糧」を用いる給養方式であり、通常の給養が受けられない場合のみに用いられる非常手段であり、各兵科ともに駐屯地出発の際より将兵各自が二日分の携帯口糧を携行するもので、使用に際しては高等指揮官の許可が必要である。

三　日露戦争に備えての兵站の改正

明治三十三年になると既存の「野外要務令」に代わって、日清戦争での戦訓を取り入れた「新野外要務令」が制定される。

この新要務令の兵站部門には戦闘の激化に備えて兵站縦列の糧秣保有量が一日分増加されたほか、日清戦争までは「宿舎給養」「倉庫給養」「徴発給養」「縦列給養」「携帯糧秣給養」の五つであった給与方法が「宿舎給養」「倉庫給養」「携帯糧秣給養」「徴発給養」の四つの方式に改められている。[13]

兵站方面では、日清戦争の戦訓から輸送量の増大のために輜重兵大隊の編成が駄馬と輓馬の混合編成となり、明治三十二（一八九九）年の戦時編制により各師団隷下の輜重兵大隊は人員一五三〇名・馬匹二一八六頭の編制になっている。[14]

この戦時編制によって平時では「大隊本部」と二個中隊で編成されていた輜重兵大隊は、大隊本部と駄載中隊二～三個と挽曳中隊二～三個の合計四～六個中隊（縦列）と馬廠の編成となる。なお、明治期の輜重兵大隊は食糧運搬の糧食縦列の編成のみで、弾薬は師団直轄の弾薬大隊が編成する弾薬縦列に委ねられていた。

輜重兵の兵站物質輸送方式には、「駄馬」と呼ばれる馬に荷物を載せる「駄載」と、馬で荷車を牽引する「挽曳」の二種類があり、前者では「三三式輜重駄馬具」と現地調達の「駄馬具」が使用され、後者では正規の「三六式一馬曳二輪輜重車」と徴発した「大八車」や現地車両が用いられたのである。[15]

「三三式輜重駄馬具」は、通称駄載鞍ないし駄鞍と呼ばれる駄載専用の鞍であり二十五貫（九三・七五キロ）の貨物を搭載でき、「輜重車」は輜重兵の輓馬編成への移行に伴って、明治二十四年に制定されていたもののほとんど用いられていない「有坂式一馬曳二輪輜重車」を基として、新型の「三六式一馬曳二輪輜重車」が明治三十六（一九〇三）年に制定されている。[16]

「三六式輜重車」は大八車と同一の形状をしており、軍馬一頭による挽曳が主流ではあるが、状況に応じて引綱と呼ばれる牽引索により四名の人員での臂力牽引も可能であり、貨物の搭載量は駄載の倍の五〇貫（一八七・五キロ）である。また、この「三六式輜重車」の他に日露戦争中には「三八式輜重車」が制定されている。[17]

「三六式輜重車」は日露戦争後に改良がなされて明治三十九（一九〇六）年に「三九式輜重車」の名称で制定され、のちに大東亜戦争終結まで国軍基幹輜重車として用いられている。また戦時に際して輜重輸卒の大量確保のために、輜重輸卒の在営期間を従来の四カ月から三カ月に短縮して、年四回の入営と変更している。[18]

糧秣の調達に関しても、従来は各師団単位での調達がなされていた糧秣を全軍が画一化して調達するために、陸軍大臣直轄の中央機関として明治三十（一八九七）年三月十三日に陸軍中央糧秣廠が設置され、明治三十五（一九〇二）年には陸軍糧秣廠と改称され軍での統一した糧秣の調達体制が整えられる。[19]

また、個人装備の面でも日清戦争での戦訓を基として飛躍的な改善が行われる。

明治三十年になると硝子《がらす》吸筒《すいつつ》と呼ばれていた従来のガラス製の水筒に代わって、割れることがないほかに直接火に掛けて飲料水の加熱や煮沸消毒が可能なアルミニウム製水筒が制定され、同年十一月より東京砲兵工廠において生産が開始される[20]。

明治三十一（一八九八）年になると、従来の給食食器としての機能しかなかったブリキ製の飯盒に代わって、直接火に掛けて二食分四合の米の炊飯が可能なアルミニウム製飯盒が制定されて、同年二月より大阪砲兵工廠内に設置された飯盒工場で生産が開始される[21]。

アルミニウム製飯盒が制定されたことから、大行李での炊事班による給食方式以外に、兵員各人に配給された食材を兵員自らが調理する飯盒炊爨《はんごうすいさん》の方式が確立され、大行李の配食が受けられない戦闘地域での携帯口糧以外の温熱給食が可能となったほか、冷めた給食の再加熱も可能となり満洲という寒冷地における戦闘での寄与は相当のものとなった。

四　携帯口糧――焼麺麭と牛缶

次に国軍の携帯口糧の主食である「乾麺麭」と、副食の代表である「牛缶」の制定にいたる経過を見てみる。

（一）　携帯口糧……重焼麺麭制定の沿革

明治十年の西南戦争の折より携帯口糧の主食として、糒と併せて乾麺麭が採用されていることは前述の通りであるが[22]、日清戦争前の明治二十二年六月に第三師団軍医部では糒に代わる主食として欧米列強で広く用いられている副食兼用の干肉入りの肉入乾麺麭を、師団の非常糧食として使用が可能かどうかという審査実験が行われている[23]。

この時期は、軍全体としての糧秣を統括する中央機関である陸軍糧秣本廠がない時代であり、各師団単位で師団軍医部と監督部（師団経理部の前身）の糧餉部《りょうしょうぶ》において糧秣の調達・管理・研究がなされていた時代であり、この実験は明治二十二年六月二十四日から同年六月三十日の七日間にかけて、名古屋衛戍病院の看護学習得兵一九名を二班に分けて行われている[24]。

実験は一週間の期限内で食事として肉入乾麺麭と湯茶のみを食べるものであり、一班は定時の食事時間に喫食して、残る一班は食事時間を定めないで不定期での喫食を行うものであり、この比較によって兵員の乾麺麭の喫食嗜好を調査したものである。

この比較試験に提供された肉入乾麺麭は、一〇〇グラムの牛肉入乾麵麭が二枚で一食分となっていて、一日分は乾麵麭六枚で合計重量は六〇〇グラムであった。

この肉入乾麵麭に対して、今まで第三師団が携帯口糧としていた糒は、一食分が一三五グラム、三食分の合計が四〇五グラムであり、これに食塩三五グラムが付けられて合計四四〇グラムが携帯口糧の定量であった[25]。

試験結果としては、栄養の見地から見れば肉入乾麵麭は既存の糒よりも卓越した栄養素を持っているものの、日本人の味覚の見地から見れば一日三回の喫食には耐えられるものでなく、戦闘時の携帯口糧としての利用以外は今後も研究の価値が大きいもので、既存の糒との併用を匂わせる内容で結んでいた。比較実験の結果は明治二十二年十一月の『偕行社記事』第二十四号に「行軍演習並ニ戦時携帯口糧適否考案」の題名で「……此肉入乾麵麭ヲシテ一般軍隊ノ携帶口糧ニ充テ行軍演習ニ際シ三食以上ノ糧食トサスコト今回試食ノ方法ニ據テハ斷シテ勇壯活ナル動作ハ望ムベカラザルナリ然レドモ之ヲ平食ニ挾ムコト一日一食或ハ小夜食等臨時補充ノ食料トナスハソノ飢餓ヲ忍フニ足ルモノニシテ道明寺糒ノ比ニアラザルヘシ是ニ因リテ遂行スルニ一時ノ補充食トナスモ行軍演習時特ニ戰時ニ在テ三食以上ノ糧食ト爲スニ至テハ適當ト斷言スル能ハス寧ロ保險上不適當ナリト云ハン……」との報告が掲載されている。なお、この「肉入乾麵麭」であるが、かなりの硬さのものであり、一食分を食べるのに平均三〇から四〇分の時間を要したほか、水分として一人当たり平均一七〇〇ccの湯茶を飲用したという記録が残されている[26]。

本格的な乾麵麭の登場は明治二十七年の日清戦争の折であり、水の少ない大陸での戦闘を考慮して、従来までの国軍基幹携帯口糧である糒の代替として西南戦争で使用されたビスケットに改良を施した「小型ビスケット」を採用することとなり、軍は国内屈指の洋菓子メーカーである風月堂に対して「小型ビスケット」の製造を命じており、軍の委託を受けた風月堂では、「戦時用ビスケット」の名称で軍に納入され、日清戦争で用いられた[27]。

また、日露戦争開戦直前の明治三十六年六月二十八日から七月四日に至る一週間の期間においても、陸軍軍医学校で牧山教官が主幹となって、既存の携帯口糧である糒を欧米列強と同一のビスケットスタイルへの変更が可能かという実験が「携帯口糧試験」の名称で行われている[28]。

具体的な実験内容は一週間の期間内で、兵員に携帯口糧として糒・大ビスケット・小ビスケットの三種類を提供して、実食によってどれが新規の新携帯口糧となるかの比較を行った実験である（表2）。

以下に実験において提案された携帯口糧の基本概念と、

表2　比較糧食の一日分一覧表

種類	品　目	数　量	各個重量	合計重量
第一種	糒	四合八勺	六五〇・四グラム	八八五・〇グラム
	牛肉大和煮缶詰	一缶	二三四・六グラム	
第二種	大ビスケット	六枚	六六〇・四グラム	九一二・〇グラム
	甲水煮牛肉缶詰	一缶	二五一・六グラム	
第三種	小ビスケット	一八枚	六七六・三グラム	九三二・八グラム
	乙水煮牛肉缶詰	一缶	二五六・五グラム	
上記の第一種から第三種の糧食には、調味と塩分補給のために、食塩を配給				

試験に出された第一種から第三種の三種類の糧食を示してみる。

一、栄養ヲ完フスヘシ、即チ能ク体力ヲ維持スベキ諸要素ヲ含有スベシ

二、重量容積倶ニ成ルヘク小ナルヘク、且携行ニ便ナルヘシ

三、久キヲ経テ変セス、且縦令直ニ食フヘカラサルモ、食フニ手数ヲ要セサルヘシ

四、佳味ナルヘシ或ハ佳味ノ食トナルヘシ然レトモ佳味ニ過クルハ亦悪シ、徒食セラルルコトアレハナリ

五、補給シ易カルヘク、且其価格成ルヘク廉ナルヘシ

実験の主眼には、従来の糒を中心とした糧秣体系を、列強と同等の乾麺麭形態に変更して近代戦遂行能力の向上に主眼を置いたものであったが、日本独自の食生活と文化の相違より、列強と同等の完全な乾麺麭形態を受け入れることができなかったのである。

このような状況の中で、最終的な結果として国軍の携帯口糧は既存の糒と、大ビスケットに改良を施したもので、後の乾麺麭の母体となる重焼麺麭の二元体制を採用することとなり、一年後の日露開戦に及んでいる。

この新たに制定された重焼麺麭は一食分の麺麭二個を油紙で包み更にタコ糸で縛着したものを、六〇個宛に防湿のためのブリキ張りのなされた木箱に収めたものである。(29)

(二) 携帯口糧……牛缶制定の沿革

牛缶が陸軍の携帯口糧として採用されたのは、明治十八年に広島の缶詰製造業者の脇隆景が広島鎮台に備蓄品である軍用貯蔵品として納入したのが最初であり、続いて広島の缶詰製造業者である浅枝富三郎・浅枝彦兵衛が歩兵第十一聯隊（広島）・歩兵第二十一聯隊（広島）・歩兵第十二聯隊（丸亀）・歩兵第二十二聯隊（松山）へ納入している。[30]

牛缶の採用に関しては、携帯口糧の副食として塩分・動物性蛋白質の補給と嗜好の点から牛缶が最適であるため、軍は日清戦争勃発前より戦時を想定して米国より総額二五万円相当の牛肉缶詰を輸入している。しかし、欧米風の大味な味付けが味覚の鋭い日本人の舌に合わないほか、保存・運用の面でかなりの混乱を期したため、陸軍より牛缶の運用に一日の長があり、艦艇用の保存糧食として明治十五（一八八二）年以降牛缶を常用していた海軍に牛缶製造の指導を受けている。[31]

この指導は、明治二十六（一八九三）年に鶴田義昭主計が海軍の牛缶を参考にするべく、海軍省経理局長の川口武定（元陸軍経理学校長）を訪ねて、製造技術をはじめとする各事項の指導を受けたものであり、ここに陸軍の統一した携帯口糧の副食としての牛缶が誕生した。[32]

牛缶の調達にあたっては各師団毎に、戦時を想定して二〇日分の携帯口糧の備蓄が計画されていたため、これに見合う分量の牛缶を国内の優良缶詰製造業者より買い上げを行うとともに、不足分を軍御用達の民間組織である大倉組に調達を依頼して米国で製造することとしたのである。この牛缶は調理方法が醤油煮しめ方式で調理を行うために、米国で製造されたものは日本より調味料の醤油が持ち込まれている。

牛缶の大きさとしては、明治二十五（一八九二）年より岡山市の缶詰製造業の大久保善一郎が軍に納入していた牛肉大和煮四〇匁入缶詰（一五〇グラム）の寸法である幅二寸四分（七・二七センチ）・高さ一寸七分（五・一五センチ）のサイズが最良のものとされて、携帯口糧である個人携帯用牛缶の標準サイズとなり、九六個宛に木箱に納められるようになるほか、部隊携行用の大型の二斤入牛缶が制定され、広島の山陽堂や長崎の松田等で請負製造がなされる。[33] また同年九月には「兵食缶詰改良審議会」が組織され、十月十五日の会合では全国から優良缶詰製造業の代表四〇名余りが集まり、製法や缶形態の統一等が審議されている。

牛缶を中心とした、日清戦争中の軍需缶詰は総額二五一万五七三八円である。[34]

日露戦争開戦後の明治三十七（一九〇四）年四月から十一

月にかけての軍が民間から買い上げた缶詰は二一三万五〇〇〇円で重量にして九八万貫（三六七五九トン）であり、日露戦争を通じての戦地への缶詰の追送は合計九四四万貫（三万七二七五トン）であった(35)。

日露戦争中に軍が民間から買い上げた缶詰の合計金額は二三〇九万九二〇九円であり、内訳は、獣肉一三四一万八七七一円・鶏肉一九万九六七四円・魚肉九四八万七六四円であり、これ以外に米国から牛缶一五〇貫（五・六トン）を輸入している(36)。

また、戦争後半より牛肉不足のために、代替品としてサケ・マス・イワシといった水産缶詰が大規模に採用されており、水産局の指導下で明治三十七年四月より日露戦争終結までの約一年半の期間で全国一一六の水産缶詰製造所で、総額五三七万円・二四八万九〇〇〇貫に及ぶ一二種類の水産缶詰が製造されて、戦線に送られている(37)。

この中で日清戦争の折に誕生した鰯缶の供給率は高く、全戦役中で民間から買い上げた缶詰のうち軍用鰯缶詰は六三万八七八貫を占めていた。

五　日露戦争の戦場における給与

戦闘部隊の糧食の規定は明治三十三年改正の「野外要務令」では通常糧食の携行定量と携帯口糧があり、通常糧食の携行定量として「精米六合」と「副食物若干」が定められ、携帯口糧として「糒または乾麺麭ないしは精米」と「副食物若干」が制定されているのは前述のとおりであるが、実際の戦闘部隊ではどのような食事が摂られたのであろうか(38)。

日露戦争での主要糧秣を列記すると、通常糧食の携帯定量から見ると代表的なものとして磨搾米・精米・四〇匁入牛肉缶詰・一六〇匁入牛肉缶詰・塩干魚肉・乾物野菜・鰹節・福神漬・醤油エキス・醤油・味噌・大麦・清酒が挙げられる(39)。

主食は磨搾米および精米と大麦であり、二斗入の二重の叺《かます》に収納されている。

副食の代表としては缶詰が挙げられ牛肉缶詰は、個人携帯用の四〇匁入牛肉缶詰と部隊携帯用の一六〇匁入牛肉缶詰の二種類があるほか、戦争勃発後は急増した食肉の需要に対応すべく多くの魚肉缶詰が製造・供給されている。

また乾燥品としては、乾物野菜と塩干魚肉があったほかに伝来の鰹節も多用されている。乾物野菜の主体は切干大根と乾燥昆布である。

漬物は福神漬が一番多く用いられ既存の樽詰のタイプ以外にも、戦闘用として缶詰タイプの缶入福神漬が出現している。

醤油と清酒は一升瓶に収められ、味噌は味噌樽で供給がなされたほか、インスタント調味料として水で希釈して用いる缶入り粉末の醤油エキスが初めて戦争に投入された(40)。また、部隊単位で主計が生肉を徴発する場合でも、生獣を従軍させて適宜に屠殺して生肉を得る方法が多々採られており、日露戦争後には専用の屠獣器も開発されている。

携帯口糧では主食は糒と重焼麺麭の二重体制であり、副食の主流は牛缶を主とした缶詰である。

また給水方面でも、既存のプロイセンから輸入した「普式携帯給水装置」と国産の「石地式濾水器」「坂式濾水器」といった濾水器材以外にも(41)、第九師団を例にとれば、明治三十七年七月後半より飲料水の煮沸消毒のためにプロイセン陸軍の「普国陸軍給水車」をもとにして製造された馬匹牽引式の「沸水車」を各歩兵聯隊隷下の小行李に二台宛を充当して、飲料水の煮沸消毒に従事させている(42)。

給水面では旅順の土壌が水の便が悪いため想像を絶する苦戦が展開され、当初は徴発した空樽等で前線まで煮沸消毒した水を輸送したが、糧食同様搬送要員が敵火に曝されるため、現地軍は臨時の「ズック製搬水器」や「組立式搬水器」を急造して、前線部隊への給水を行ったのである。

最後に日露戦争最大の要塞戦である旅順攻囲戦と、日露両国の雌雄を決した奉天会戦時の戦闘部隊の給与について見てみる。

七カ月にわたる旅順攻囲戦の給養は第三軍経理部と各師団経理部が、倉庫給養を核として、包囲軍という地の利を生かして陸海の鉄道の便を大いに利用した倉庫給与が主であり、不足分を現地物資の徴発給養で補っている。

表3　第九師団歩兵第七聯隊第二大隊明治三十八年二月第三旬糧食一覧

日　　時	献　立		
	夕　食	朝　食	昼　食
二月二十一日	豚肉 白菜 葱	福神漬	豚肉 白菜
二月二十二日	卵 白菜	福神漬	塩鰤
二月二十三日	豚肉 白菜 葱	福神漬	干鰯
二月二十四日	牛肉 白菜 馬鈴薯	福神漬	塩サンマ
二月二十五日	塩鰤	福神漬	卵 白菜 葱
二月二十六日	豚肉 葱 白菜	福神漬	塩鰤
二月二十七日	鶏肉 葱 白菜	福神漬	豚肉 白菜
二月二十八日	牛缶詰	福神漬	牛缶詰

表4　第九師団歩兵第七聯隊第二大隊明治三十八年三月第一旬糧食一覧

日　時	献　立		
	夕　食	朝　食	昼　食
三月一日	携 帯 口 糧		
三月二日	糧食部より直接分配		
三月三日	鱒缶詰	福神漬	牛肉缶詰
三月四日	携帯口糧		
三月五日	牛肉缶詰	福神漬	牛肉缶詰
三月六日			
三月七日			
三月八日	牛肉缶詰 鶏肉 白菜	梅干	ナシ
三月九日	携 帯 口 糧		ナシ
三月十日	携 帯 口 糧		

攻城戦においての戦闘部隊への糧食給与は、当初は各歩兵大隊の大行李が後方で炊飯した飯を握り焼飯として梅干ないし漬物を包蔵したものをカマスや土嚢袋で、前線の各中隊へ搬送を行うものであったが、攻城戦という特殊状況下においては輸送要員自身が敵火に曝されることが続発しており、地形を利用しての隠密輸送がとられたほか[43]、地形をも利用できない激戦地では、「手投飯《しゅとうはん》」と呼ばれる、握飯と副食や乾麺麭を包飯布と呼ばれる布や新聞紙に包んで、各前線陣地に隠密接近した大隊大行李と各歩兵中隊の使役要員で編成した運飯員が陣地に投げ込む方法も採用されている[44]。

携帯糧食においては、攻撃間の補給困難や占領陣地維持などの長期の陣地確保と困難な戦闘の展開を考慮して、多くの攻城部隊に四日分の乾麺麭が配られたほか、部隊によっては鯣《スルメ》・鰹節・氷砂糖等を配備した部隊もある。

また旅順戦を物語る事例として重焼麺麭をめぐる特異なエピソードがある。これは、物資の極度に欠乏した戦闘下において、重焼麺麭の包装紙は落し紙、タコ糸は外套・携帯天幕の補修糸として用いられたもので、現地軍は白いタコ糸をカーキ色に染める要望を糧秣本廠に提出しているのである[45]。

奉天会戦における給与例については、第九師団歩兵第七聯隊第二大隊の給与日誌から実際の戦場での献立を抜粋してみる[46]。

給与日誌に残る二つの週間給与献立は、会戦直前の二月二十一日から二十八日にかけての給与（表3）と、会戦時期に当たる三月一日から十日までの給与（表4）があり、前者は決戦直前の時期での体力と士気維持のために聯隊隷下の各歩兵大隊大行李の炊事班での温熱給食が行われているのに対して、後者は戦闘開始に鑑みて兵員各人の携帯口糧ないし各自の飯盒による炊爨が主体となっており戦闘の経過から欠食となる日時も散見できる。

結　語——日露戦争後の糧秣体制——

日露戦争における戦勝は日本陸軍にとって多くの貴重な戦訓をもたらしており、編制・装備・兵器面での軍の近代改変と併せて、戦訓に基づいた「歩兵操典」を初めとする教範類の改正も始まり、この改正は兵站・補給を掌る「野外要務令」にも及び、日露戦争を戦い抜いた明治三十三年制定の「野外要務令」に代わり、明治四十（一九〇七）年になると戦訓を取り入れた新しい「野外要務令」が制定される。

この新規に制定された「野外要務令」では戦術面の改定と共に後方支援の面でも改革がなされており、今までは詳細に規定されていた大行李と小行李の編成定数がなくなり、作戦に応じて編成されることになったほか、携帯糧秣が携帯口糧甲と携帯口糧乙の二種類に改変されている。

表5　明治四十年「野外要務令」の糧秣体系

年　代	区　分		数　量
明治四十年「野外要務令」	尋常糧秣		精米六合　副食物若干
	携帯糧秣	携帯口糧甲	精米及び副食物一日分
		携帯口糧乙	乾麺麭及び副食物一日分

これは、大行李からの給食を受けないでも兵員各人が携帯する飯盒によって飯盒炊爨が可能なためであり、ここに携帯糧秣が、精米と副食物一日分よりなる携帯口糧甲と、乾麺麭と副食物一日分である牛肉缶詰よりなる携帯口糧乙の二種類となっている(47)（表5）。

なお重焼麺麭の名称であるが、日露戦争終に重焼が重傷を連想させることから、名称が乾麺麭に変更されたほか(48)、日露戦争での「乾麺麭ノ價値ハ戰役ノ經驗ニヨレバ、種々ノ非難アリ。日露戰役當時ニ於ケル主ナル缺點ハ單味ニシテ習慣ニ適セザルト、喫食ニ際シ口中ノ唾液ヲ吸收シ、且携帯中、容易ニ破碎シ、雨水ニ浸猿ルトキハ忽チ溶解スルヲ以テ、戰時山野ヲ拔渉シ、體熱加ワリ、渇ヲ醫スル飲用水ノ乏シキ場合ニ使用スベキ携帯口糧トシテハ最適ナラズト云フニアリ。故ニ之ガ製法ヲ改良シ風味ト、保存トヲ害セザル程度ニ於テ、脂肪量ヲ増加シ、尚一層定量ヲ減スルヲ可トスト論セシモノアリ。」という戦訓から(49)乾麺麭の製法が改良されて、大正三（一九一四）年の青島攻略戦には新型の「乾麺麭」が登場している。

また、青島攻略戦では携帯口糧に対して戦訓を基として陸軍主計団より「携帯口糧ハ、軍事上ヨリ負擔量ヲ極限スルヲ以テ、衞生上ニ於ケル養價ノ要求ハ或ル程度迄之ヲ讓歩セザルベカラズ。然レドモ決戰期ニ於ケル體力ヲ旺盛ナラシムル爲メニハ、僅ニ飢餓ヲ凌クノミニ止ムルコト能ハス。之ニ加フルニ、軍事上ヨリハ携帯・使用及補充ノ便否ヲ顧慮シ、經濟上ヨリハ、資源・生産力・耐久力等ニ就キ種々反對ノ要求アルヲ以テ、ソノ性能ヲ全部滿足セシムルコトハ到底望ムベカラザルコトトス。」との評価が出されており、[50]この評価を基として、大正五（一九一六）年になると陸軍糧秣本廠が乾麺麭・牛肉缶詰・醤油エキス・福神漬の四つの携帯口糧の規格と製法を定めた「戦用糧食製造法大要」が作成され、新規格の携帯口糧の製造が開始された。[51]その後も、各戦役の戦訓を基として日本陸軍では正面の編制・装備・兵器の改正と併せて、兵站糧秣体系に始まる後方支援方面の改正も適宜に行われていき、資源小国というハンディを背負いながらも欧米列強に対抗する軍隊を整備して、大正期のシベリア出兵を経て、後の昭和における満洲事変・支那事変を経て運命の大東亜戦争への道を進むのである。

註

（1）「陣中經理要覧」（陸軍省経理局、一九三五年）一五一・一八五頁。
（2）木村重行『作戰給養論　巻四』（主計団記事発行部、一九一八年）二一―三頁。
（3）孔版「兵站参考綴」（糧秣廠勤務梅村中佐旧蔵史料）。
（4）同右。
（5）木村『作戰給養論　巻四』二一―三頁。
（6）「陣中經理要覧」一五一頁。
（7）「参謀演習記事」（陸軍大学校、一八八六年）。
（8）同右。
（9）同右。
（10）同右。
（11）「野外要務令草案」（陸軍省、一八八九年）一七三丁。
（12）「歩兵野外勤務行軍及駐軍ノ部」（陸軍省、一八九〇年）三十丁。
（13）「野外要務令」（陸軍省、一九〇〇年）二七四丁。
（14）「明治三十二年陸軍平時編制表」。
（15）「輜重勤務講授録　全」（陸軍大学校将校集会所、一九二二年）二二一―二二二頁。
（16）輜重兵史刊行委員会編『輜重兵史』（輜重兵会、一九七九年）二三〇・二四〇頁。
（17）「輜重勤務講授録　全」二二一・三五頁。
（18）同右、一五頁。
（19）『世界國防の趨勢』（東京毎夕新聞社、一九三八年）四四頁。
（20）『明治工業史　火兵・鐵鋼篇』（工學會、一九二九年）三〇五頁。
（21）同右、三三一頁。
（22）若松会編『陸軍経理部よもやま話』（若松会、一九八二年）一六五頁。
（23）『偕行社記事　第二十四號』（偕行社、一八八九年十一月）一四頁。
（24）同右、一四頁。

(25) 同右、一四頁。
(26) 同右、二〇頁。
(27) 若松会編『陸軍経理部よもやま話』一六七頁。
(28) 孔版「衛生一斑」（糧秣廠勤務梅村中佐旧蔵史料）。
(29) 木村重行『作戦給養論　巻壱』（主計団記事発行部、一九一八年）三三〇頁。
(30) 日本缶詰協会編『目で見る日本缶詰史』（日本缶詰協会、一九八七年）二四七頁。
(31) 若松会編『陸軍経理部よもやま話』一六六頁。
(32) 同右。
(33) 同右、一六七頁。
(34) 日本缶詰協会編『目で見る日本缶詰史』二四八頁。
(35) 同右、二四九頁。
(36) 同右。
(37) 同右、五六頁。
(38) 「野外要務令」（陸軍省、一九〇〇年）二七八頁。
(39) 陸軍省編刊『明治三十七八年戦役統計』第六巻第十六編（一九一一年）。
(40) 同右。
(41) 「陸軍衛生學教程全」（陸軍士官学校、一九一一年）一五九頁。
(42) 平山多次郎「日露戰争ヨリ得タル野戰勤務上ノ教訓」（陸軍主計団記事発行所、一九一五年）五二頁。
(43) 同右、一五二頁。
(44) 同右、一五四頁。
(45) 同右、五二頁。
(46) 孔版「第九師團歩兵第七聯隊第二大隊給與日誌」（第九師団歩兵第七聯隊第二大隊本部、一九〇五年）。
(47) 「野外要務令」（陸軍省、一九〇七年）二七二丁。
(48) 若松会編『陸軍経理部よもやま話』一六六頁。
(49) 木村『作戦給養論　巻壱』二一一頁。
(50) 孔版「衛生一斑」。
(51) 孔版「戰用糧食製造法大要」（陸軍糧秣本廠、一九一六年）。

（慶昌堂印刷株式会社）

戦場に響いた楽の音

――日露戦争と陸海軍軍楽隊――

谷村政次郎

はじめに

日本の洋楽史の研究者にとって、軍楽隊に関する研究は避けて通ることはできない。特に吹奏楽の分野においては、明治初期には全くの独壇場であったことから、その担った歴史的功績はよく認識されている。

幕末から明治初期の日本に洋楽をもたらした人物に焦点を当てた『洋楽伝道者の軌跡』(1)、資料探索によって多くの事実を明らかにした『十九世紀の日本における西洋音楽の受容』(2)の二書は、洋楽渡来の過程を多角的に検証しており、日本の洋楽史研究に一石を投じた貴重な文献である。軍楽隊に関しては、『陸軍軍樂隊史』(3)と『海軍軍楽隊』(4)の二書が、よく知られている。これらの文献からは、日本における洋楽史の伝来の過程とそれに携わった人物、陸軍及び海軍の軍楽隊のそれぞれの足跡を窺い知ることができる。ただし、西南の役、日清戦争、北清事変、日露戦争等に参戦した軍楽隊の活動状況に関する記述は断片的で、大東亜戦争時のものと比べると極めて心許ない。

日露戦争には、陸軍三隊、海軍四隊の軍楽隊が参戦した。各軍司令部に付属して広い大陸を汽車、車馬、徒歩で行動した陸軍に対し、海軍は各艦隊司令部付として旗艦に乗り組んだ。これらの軍楽隊の行動及び参加者に関しては、「戸楽会」(陸軍)及び「楽水会」(海軍)の両軍楽隊ＯＢ会にも正確な記録は残されていない。

少ない資料の中でも、『明治の陸軍軍樂隊員たち』(5)と題する一書は、第二軍に付属して日露戦争に参戦した一軍楽隊員の日記を、その子息が翻刻し、あらゆる資料を精査して補足した極めて精度の高い労作である。

本稿では、今まであまり日の目を見ることのなかった、日露戦争に参戦した軍楽隊の活動状況等に関して論述するものである。

一　陸軍軍楽隊の日露戦争

当時の陸軍軍楽隊は、戸山学校軍楽生徒隊（東京）、近衛師団（東京）、第四師団（大阪）の三隊であった。師団軍楽隊は一隊約五〇名で編成され、必要に応じて二分し、二五名編成を「半隊」と呼んでいた。

一九〇四（明治三十七）年五月に参謀総長大山巌から出された「臨時陸軍軍樂隊編成要領」[6]は、楽長（楽長補）一、楽手・楽手補二五に計手と従卒各一を加えた隊長以下二八名の編成であった。

各軍に付属して出征した軍楽隊及び内地部隊は、次のとおりである。[7]

出征部隊

（一）　第一臨時軍楽隊

一九〇四年五月、近衛師団軍楽隊を中心に戸山学校軍楽生徒隊からも楽手、楽手補若干名を補充した半隊が、楽長永井岩井を隊長として編成され、第一軍に付属した。

一九〇五（明治三十八）年六月十八日、脚気等の疾病のため内地に後送された楽手補福元喜六が東京予備病院渋谷分院にて戦病死している。

（二）　第二臨時軍楽隊

一九〇四年六月、第四師団軍楽隊から半隊が、楽長補小畑賢八郎を隊長として編成され、第二軍に付属して出征した。

この軍楽隊に関しては『明治の陸軍軍樂隊員たち』に、編成完結時から大阪に凱旋するまでの行動が、詳細に記録されている。

同書によれば、一九〇四年六月二十六日[8]に「幸運丸」で広島県宇品を出港、七月二日に張家屯に上陸した。そして翌年の十二月十日[9]に「讃岐丸」に乗船して柳樹屯を出港、同月十三日に兵庫県和田岬沖に投錨後上陸、入浴、消毒等を受け、十五日午後第四師団司令部に凱旋している。

（三）　第三臨時軍楽隊

一九〇四年八月、第四師団軍楽隊の残員によって半隊を編成し、楽長古谷弘政を隊長として第三軍に付属して出征した。翌年二月古谷楽長は病気のため戸山学校軍楽生徒隊の楽長補山本銃三郎に代わった。

一九〇四年十月二日、長嶺子戦地定立病院に入院中の楽手補伊津野乙彦が、腸カタルのため戦病死している。

古谷隊長が病を得て交代せざるを得なかったのは、同軍楽隊が付属した第三軍の第七師団歩兵第二七連隊（旭川）に令息陸軍歩兵中尉古谷荘一[10]が配属されており、十一月二十六日に二〇三高地で戦死を遂げたことが一因であったかも知れない。

内地及び守備部隊

（一）　近衛師団軍楽隊

約半数を出征部隊に派出した残員により、楽長補吉田又三郎を隊長代理として、出征兵及び英霊の送迎、戦死者の葬送等に対する演奏業務に従事し繁忙を極めた。

（二）　戸山学校軍楽生徒隊

軍楽生徒隊長の楽長工藤貞次の指揮の下に、戦時下でありながらも生徒の教育を継続しつつ、増加する後送傷病軍楽隊員のために予備・後備の楽手を召集して補充した。

予備・後備の召集に関しては[11]、楽器の演奏から離れていた者が果たして役に立つものか疑問視されていたが、一週間ほどの訓練で現役当時に復したという。大陸の補充に手一杯だったためであろう、半隊を二度にわたって派遣した第四師団軍楽隊には、隊員の補充がなされなかったことから、事実上演奏活動は停止していた。

大陸における各軍楽隊の演奏活動の詳細は確認できないが、第二臨時軍楽隊の記録から他の行動等を推し量ることができよう。

同軍楽隊は、第二軍麾下の多くの部隊等での演奏活動に忙殺されたほか、外国の観戦武官団や通信員に対する慰安演奏も頻繁に行っている。

厳冬期にはラッパのピストンが凍結、クラリネットの先端から氷柱が下がり、金管楽器のマウスピース（吹き口）が口に張り付いて出血するなど悪戦苦闘している。

無蓋貨車や馬車による移動も頻繁に行われたが、三月十[12]五日午後の満州軍総司令官大山巌元帥の奉天入城に際しては、その前夜に「強行軍ニテ明十五日正十二時迄ニ奉天城門外ノ軍司令部ニ着スベキ《ママ》」の命令を受け、極寒の中を夜行軍で駆け付けている。

時には過酷な行動もあったが全般的には余裕があり、戦地の硝煙の臭いはあまり感じられない。前線では苦戦を強いられていたと思われるが、意外と軍司令部にはのどかな雰囲気がただよっていたようである。

一例を挙げると一九〇四年九月二十九日の軍司令官主催の茶話会には、大山総司令官をはじめとして、観戦武官等も招待され、手品、軽業、踊り、芝居等の余興が行われている。慰問団のほか兵卒の中には芸達者な者が多かったようだ。

軍楽隊は奏楽の外に仮装舞踏会と称して、ピエロ、印度軍人、古武士、女学生、西洋婦人、支那婦人等に扮装し、ランサーやワルツの舞曲を披露して大喝采を博している。時には女装の軍楽隊員を相手に将校がダンスをすることもあった。

慰問団の一員としてか、多くの講談速記本を残して有名な講釈師桃川實も訪れている。[13]「講釈師見てきたような嘘を言い」と言われるが、当時は今で言うレポーターのような役目を果たした従軍講釈師がいて、実際に戦場に赴いて実見したことを釈台《いた》にのせていた。当然商売柄、見てきた以上に脚色していたようではある。

第三軍に同行した講釈師桃川若燕と乃木大将の親交はよく知られており、帰国後も乃木邸の一隅に起居していた。若燕は、「乃木大将と辻占売り」という名作を残している。

二　海軍軍楽隊の日露戦争

海軍では鎮守府[14]に軍楽隊を置くことになっていたことから日露戦争当時は、横須賀（神奈川）、呉（広島）、佐世保（長崎）、舞鶴（京都）の各海兵団に配置されていた。そのほか、第一艦隊旗艦にも一隊配置されていたが、必要に応じて鎮守府の軍楽隊が艦隊に乗り組み、日露戦争末期には、第一艦隊から第四艦隊までの各旗艦に配置されていた。

海軍軍楽隊の編制は[15]、「海軍軍樂員條例」に「鎮守府及艦隊ニ配置スル軍樂員ノ一隊ハ概ネ左ノ如ク編制シ軍樂師一名ヲ以テ其長トス」として、隊長以下、軍楽手一七名、軍楽生九名、計二七名の編制が定められていた。「三笠」の軍楽隊が人数が多かったという説[16]もあるが根拠はない。

一八九七（明治三十）年十二月一日に少尉相当官の軍楽長[17]が設けられ、軍楽隊の長の格が上がった外は、このままの配員で日露戦争に参戦した。

（一）　第一艦隊軍楽隊

第一艦隊軍楽隊が連合艦隊旗艦「三笠」に乗り組んだのは、一九〇三（明治三十六）年十二月二十六日で、八月十日の黄海海戦時は軍楽長本村四郎が率いていた。翌年一月十二日、呉軍港において軍楽師丸山壽次郎率いる呉海兵団軍楽隊と交代、更に同年五月二十七、八日の日本海海戦直後の六月十四日に軍楽長瀬戸口藤吉に代わった。

第一艦隊軍楽隊の「三笠」における配置[18]は、次のとおりであった。

1　前後部各主砲十二吋砲塔の伝令一名宛
2　信号助手として艦橋上にあるもの四、五名
3　上、中甲板に於ける負傷者運搬手約二〇名
4　無線電信助手六名（兼務）

黄海海戦では一等軍楽手山本寅一、同山口朝藏、二等軍楽手古田金一、一等軍楽生進藤市太郎、同早川貞承、同堀内宗一の戦死者六名と負傷者七名を出した。この海戦の「三笠」の戦死者三三名中、六名が軍楽隊員であることは驚くべきことで、いかに危険な場所に配置され奮戦していたかを物語っている。

日本海海戦では軍楽隊員からは八名の戦傷者が出たのみで戦死者はいない。最高見張り三名の中、二名は軍楽隊員で共に負傷しているが、本職の乗員は無傷であった。

一九〇五年九月十一日の佐世保軍港における「三笠」の爆沈事故の際は、一〇名の殉職者を出しているが、瀬戸口軍楽長は上陸中で難を免れた。

（二）　第二艦隊軍楽隊

一九〇四年一月に軍楽長吉本光藏が率いる軍楽隊が第二艦隊に配置された。吉本軍楽長は、一八九九（明治三十二）年七月一日に海軍軍楽隊最初の留学生としてドイツのベルリンに向かい、軍楽全般を勉学していたが、日露の風雲急を告げたことから、学業半ばで一九〇二（明治三十五）年六月十一日に急遽帰国していた。

「出雲」における軍楽隊は軍医科に属し、治療所員助手及び負傷者運搬手で、軍楽長といえども配置は一治療所員助手であった。一九〇四年八月十四日の蔚山《ウルサン》沖海戦時及び日本海海戦時の軍楽隊員は、最近存在が明らかになった吉本軍楽長の手帳及び軍艦「出雲」戦時日誌に記載されている。

一九〇五年一月二十四日に軍楽師野坂榮太郎率いる佐世保海兵団軍楽隊と交代している。

（三）　第三艦隊軍楽隊

一九〇四年二月に軍楽師赤崎彦二が率いる軍楽隊が第三艦隊に配置された。同年六月二日に旗艦を「厳島」から「日進」に変更したことにより移乗している。

黄海海戦の際は、「日進」後部艦橋への被弾により海上に吹き飛ばされ、「戰死遺體ヲ止メザルモノ九名」の一人が、「三笠」以外で唯一の軍楽隊員戦死者一等軍楽手伊藤蕃である。

翌年三月二十日、呉において赤崎軍楽師、軍楽手二名、軍楽生九名が退艦し、軍楽師内田誠太郎が軍楽手二名、軍楽生一一名を率いて乗艦している。全員が一度に交代していないのは、すでに補充がスムーズにいかない状況になっていたものと推測する。

（四）　第四艦隊軍楽隊

一九〇五年二月七日の旅順口鎮守府開庁に伴い、軍楽師佐野國盛を隊長とする軍楽隊が配置された。同年六月の第四艦隊編成に際し、同軍楽隊が旗艦「厳島」に乗り組んだものと推測される。なお横浜沖で実施される凱旋観艦式に参列途上の十月十八日、伊勢湾に集合した連合艦隊の伊勢神宮参拝の際には、佐野軍楽師率いる第四艦隊軍楽隊も参加している。[19]

陸軍軍楽隊が泥濘と極寒の大地で、悪戦苦闘しながらも演奏活動に専念したのに対し、艦隊勤務の海軍軍楽隊は、戦闘配置に就きながら必要な演奏業務を行っていた。

「三笠」「出雲」両艦の戦時日誌には、航海中に軍楽隊員に対する救急法、包帯術、負傷者運搬法、看護法等の訓練を実施したことが記載されている。

「三笠」軍医長のものと思われる戦闘詳報の「日本海海戦ニ於ケル負傷者救治ノ状況」[20]には、軍楽隊員に関して次のような記述がある。

「負傷運搬手動作　傷者運搬手タル筆記、従僕ハ歴戦ノ素養アルモ、軍樂隊員ハ本年一月乘艦シテ爾來傷者運搬装創法ヲ教育シ漸ク熟練セシモ、海戰ノ經驗ナキニ因リ實戰ニ際シ狼狽ノ虞アランコトヲ疑念セシカ、意外ニモ斯ル杞憂ヲ認メサリシノミナラス、敏捷勇敢ニ動作シテ装創ヲ完フシ、且ツ豫想セシヨリ負傷者ノ少カランコトヲ以テ運搬手ノ不足ヲ認メス遺憾ナク職務ヲ盡シ尚ホ戰後傷者ヲ送院スルマテ寢食ヲ忘レ熱心看護ノ勞ヲ執リシハ小官最モ満足ヲ表スル處ナリ」

第三艦隊軍楽隊に関しては、戦時日誌にほとんど記載されていないことから、細部に関しては不明であるが、ほぼ同じ勤務態様であったろうと推察する。

第一及び第二艦隊の演奏業務に関しては、次のような記録がある。

「出雲」戦時日誌には、「明治三十七年三月九日一一一五英國軍艦『フェニックス』出港　本艦ヨリハ英國國歌ヲ吹奏シテ厚意ヲ表ス」と記載されている。戦場に向かう際も必要に応じて演奏できるように、諸外国の国歌の楽譜も用意していたようだ。

四月二十三日に元山津を出港したウラジオ艦隊捕捉行動では、濃霧のため霧中航行を実施しているが、「（略）僚艦相見エス變針ニ非常ノ困難ヲ來シタリ故ニ汽笛ヲ以テ整合符ヲ吹キ喇叭ヲ鳴ラシ軍樂ヲ奏シ若クハ塵芥ヲ投シテ水路ヲ標識スルコトトセリ（略）」と翌二十四日の戦時日誌に記録されている。

後続艦に航路を知らせるために、軍楽隊の演奏も含めてあらゆる方法を使ったようである。後甲板に整列した第二艦隊軍楽隊は、何も見えない海に向かって、力いっぱいどのような曲を演奏したのだろうか。

日本海海戦時「三笠」乗り組みの三等軍楽手河合太郎（後軍楽特務大尉）は、大東亜戦争開戦直後、雑誌『吹奏樂』(21)に「日露戦争の回顧」と題して、次のように記述している。


「（略）決死隊員の出發とか重要任務を帯びて退艦する場合とかに演奏する位でそのときの曲は始めロングサイン（特に敵性語を用ふ）で見送ったが、どうも我々にはピンと來ない。何んだか日本軍樂には女々しいと云ふので軍艦行進曲に變更したが、何んと此れは又勇ましい限りで、勇氣百倍したものだった（略）」


海軍ではスコットランド民謡「アウルド・ラング・サイン」（Auld Lang Syne）を「ロングサイン」と呼んでいた。当時すでに別れの曲として使われていた「蛍の光」のことである。一九一四（大正三）年一月二十日、海軍教育本部発布の軍歌集『海軍軍歌』(22)には、「別れ」「決別」の題名で、同じ旋律に別々の歌詞がついた二曲が収録されている。

この『海軍軍歌』に民間人の作詞、作曲であるためか、或いは個人を讃えた内容のためか、当初は収録されなかったが、昭和十四年の増補版から載っている海軍軍人に愛唱された「上村将軍」という軍歌がある。第二艦隊司令長官上村彦之丞を歌ったもので、蔚山沖海戦を叙事詩的につづっている。

雑誌『東郷』(23)に連載された「上村将軍研究ノート（その一五）」に、「軍歌上村将軍」と題して詳細に検証された記事が載っている。

作詞者佐々木信香は、日露戦争当時鹿児島の第七高等学校造士館の学生で一九歳であった。郷土の武人の活躍に感動し、鹿児島湾を臨む祇園州で海を見つめて沈思苦吟、二週間ほどで詩作したという。後に母校の教授として国文学の教鞭をとったことからも、文筆に秀でていたことがうなずける。

新聞に掲載されたこの歌詞に感動して作曲したのが、当時鹿児島師範の書記で後に鹿児島養育院の院長となった佐藤茂助であった。琵琶歌風(24)に作曲したと本人が語っていることから、薩摩琵琶の素養のある人であったのではないかと推察する。

この歌が海軍軍楽隊員に特に好まれたのは、三番の「折しも起る軍楽の響きと共に長《とこし》へに……」と多くの軍歌の中でも、唯一軍楽隊の演奏が歌い込まれているからであろう。

問題は蔚山沖海戦後、実際に軍楽隊の演奏が実施されたかということである。当日の軍艦「出雲」の戦闘詳報、戦時日誌には軍楽隊の演奏の記述がないことから、どの程度正確な内容でニュースが伝わったか定かでなく、「鹿児島にいて海戦の断片的なニュースを報道で知った作詞者が、想像をたくましくして作詞したのであろう」と推測してきた。

しかし、平成十五年十月に、第二艦隊の吉本軍楽長の遺族が保存していた遺品の中に、『明治三十七年八月十四日於蔚山沖對浦塩艦隊第二戦隊戦闘記事』(25)と題するガリ版刷りの冊子があったことから、新たな事実が確認できた。

この記事には、当日の午前四時二五分の「左舷艦首約一点ノ處ニ怪シキ燈火ヲ三個認メシモ忽チ消失ス」からはじまり、ウラジオ艦隊との海戦の模様が詳細に記された後、次のような記述がある。

十時四分　面舵打方止メ戦闘中止針路ヲ反轉シ遥カ後方
　　水平線下ニ殘シ置キタル「リューリック」ニ
　　向フ
十時五分　針路南ニ定ム此時我三番四番艦少シク後ル
十時九分　休メ
十時十二分　軍樂隊後甲板ニテ戰後ノ奏樂ヲナス
（略）
十時四十分　總員後甲板副長ヨリ俘虜來ラバ全員全力ニ
　　テ救助セヨ云々ノ訓諭アリ

とここまで記載されている。

このとおりであれば蔚山沖海戦後に第二艦隊軍楽隊は、明らかに奏楽を行っていたことになる。ただし「上村将軍」三番の「英雄の　腸《はらわた》　ちぎれけん　救助と君は叫びけり　折しも起る軍楽の……」と歌われているように、露艦「リューリック」乗員を救助した際ではなく、戦闘中止のわずかに八分後であった。

三　軍楽隊員の参戦者と死没者

日露戦争に参戦した軍楽隊員の個人名を探索する方法を模索している中に、軍楽隊員の個人履歴表に叙位叙勲の記載があることに着目、官報に当たって見ることにした。

一八八三（明治十六）年七月から発行されている官報の「叙任及辞令」欄には、士官以上の軍人の昇任、人事発令及び叙勲者全員（兵卒一般人を含む）が掲載されている。戦役の恩賞である叙勲、賜金、従軍記章は、その数がぼう大なことから官報付録として長期にわたって分割して掲載され、半年から一年後になることも多い。一九〇六（明治三十九）年四月一日付の叙勲、賜金の受章者には、自動的に「明治三十七八年戦役従軍記章」(26)が授与された。

この戦役に参戦した陸海軍将兵、軍属、その他百万人を超えるであろうが、その中から軍楽隊員を拾い出すことは、至難の業かと思われたが意外と容易であった。

日露戦争当時の軍楽隊[27]の階級は、次のとおりである。

	少尉相當官	准士官	下士官	兵卒
陸軍	樂長	樂長補	一等・二等・三等樂手	樂手補・樂生
海軍	軍樂長	軍樂師	一等・二等・三等軍樂手	一等・二等・三等軍樂生

他の兵科の階級の末尾が、尉、曹、兵、卒であるのに対し、軍楽科は、長、補、師、手、生と異なり、官報付録の叙勲者名簿からの判別が容易であった。

軍楽隊員はまとまって掲載されることが多いので見つけ出し易いが、逆に見落とすと多数の人名が欠落してしまう恐れがあり注意を要した。稀に他の兵種の中に一名だけ載っていることもあり、見落としている可能性はある。

陸軍軍楽隊に関しては、官報第六九七九号（一九〇六年十月二日）から第七〇二四号（十一月二十七日）までの間、五回に分けて一六八名が、第一軍、第二軍、第三軍、内地及守備隊（二隊）と区分して掲載されていたため、その所属軍楽隊は明らかである。

一方海軍軍楽隊に関しては、官報第六八七五号（一九〇六年六月一日）から第六九〇四号（七月五日）までの間に一四回に分けて二一八名が掲載されているものの、区分がないため所属軍楽隊を特定できない隊員が多い。陸軍の「内地及守備隊」のように、内地の海兵団勤務だけの者もいたと思われる。

なお戦死等による靖國神社合祀者の叙勲等は、別のかたちで授与されることから前記の人数には含まれていない。

日露戦争の参加軍楽隊員数は、おおむね次表のとおりである。

							死没者	計
陸軍	樂長	三	樂長補	二	樂手等	一六八	三	一七六
海軍	軍樂長	三	軍樂師	五	軍樂手等	二一八	二〇	二四六

（楽手等は楽手、楽手補及び計手五名、従卒四名を含む。軍楽手等は軍楽手及び軍楽生。死没者は、戦死、戦病死、戦傷死及び殉職）

陸軍はこの戦役において戦死者がいなかったことから、靖國神社への合祀者は皆無と思われていたが、一九〇七（明治四十）年五月一日に楽手補二名のほか同行の一等計手一名、計三名の戦病死者が合祀されていることを、今回の調査で確認できた。

軍楽隊員の死没者は、陸軍が脚気、腸カタル等の戦病死であったのに対し、海軍は大部分が戦死、戦傷死及び「三笠」爆沈による殉職だったことは、この戦役の特徴をそのまま反映しているといえよう。

四　誤り伝えられた軍楽隊の行動

軍楽隊に関しては、軍隊内においても軟弱な職種として軽蔑する雰囲気があったが、報道関係者でもかなり認識に欠ける面があった。

戦後の雑誌に、河合軍楽大尉(28)の次のような記述がある。

「大阪の或る新聞の『日露戦争実記連続講談』の〝黄海海戦の巻〟に、『この日は非常な激戦にして傭兵の楽隊すら、すべて下甲板に集合し短剣を用意、イザという場合には、いつ何時でも死ぬ覚悟をなしたるが……』と云う、およそ侮辱した認識不足の記事が出ていたので、私たち一同癪にさわってたまらず、厳重に抗議を申込んだことがあった」

同じような例として、一九〇四年八月二十九日の『東京日日新聞』三面に載った黄海海戦の「軍樂隊の奮戰」と題する記事の一部を紹介する。

「（略）由來《ゆらい》海軍《かいぐん》に於《お》ける樂隊《がくたい》は廿七八年戰役《せんえき》の頃《ころ》には非戰闘員《ひせんたういん》として乘組《のりくみ》居たりしが今回《こんくわい》日露戰端《にちろせんたん》を開《ひら》くに當《あた》り樂長《がくちやう》元村某《もとむらぼう》は各樂隊員《かくがくたいいん》を代表《だいへう》し司令長官《しれいちやうくわん》に出願《しゆつぐわん》して曰《いは》く『不肖等《ふせうら》と雖《いへど》も身《み》を軍籍《ぐんせき》に委《ゆた》ぬる以上《いじやう》は非戰闘員《ひせんたういん》として徒《いたづ》らに戰闘《せんたう》を傍觀《ばうくわん》するは本懐《ほんくわい》に非《あら》ず願《ねがは》くは國家《こくか》の爲《た》め戰闘《せんたう》に參加《さんか》し出來得《できう》る限《かぎ》り働《はたらき》たし』と申出《まをしい》でたるを以《もつ》て長官《ちやうくわん》は其申請《そのしんせい》の志《こころざし》殊勝《しゆしよう》なるを諒《れう》とし直《ただ》ちに信號助手《しんがうじよしゆ》として之《これ》を採用《さいよう》するに至《いた》れり勿論《もちろん》彼《か》の二十七八年の頃《ころ》に於《お》ける樂隊員《がくたいいん》にして他《た》の任務《にんむ》に當《あた》る時《とき》は指先太《ゆびさきふと》くなり且《かつ》聲《こえ》を惡《あ》しくして奏樂《そうがく》に差支《さしつか》ゆると稱《しやう》して戰闘中《せんたうちう》と雖《いへど》も敢《あへ》て何事《なにごと》をも爲《な》さゞるを常《つね》としたりき（略）」

「元村某」とは、本村軍楽長のことであろう。隊長が代表して申し出なくても、軍楽隊員の戦闘配置は決められていた。「海軍軍樂員條例」（明治十九年七月十五日海軍省令第六八號）第六條には、「軍樂師以下平時戰時共ニ奏樂ノ外艦營ノ業務ニ服セシムルコトアル可シ」と定められており、「非戰闘員」なる記述はまったく根拠がない。

日清戦争の黄海海戦を歌った「勇敢なる水兵」の主人公

瀕死の三等水兵三浦虎次郎に、最初に駆けつけた負傷者運搬員は、軍楽隊員の一等軍楽生高見喜安であったことが、その事実を証明する一例である。(29)

日露戦争時の艦隊軍楽隊の勤務状況は、第一艦隊勤務の河合軍楽大尉の次の記述により、海戦前後の演奏は皆無と思われてきた。(30)

「後年インチキ日本海々戦の記事に、全艦出動するとき或は戦ひに勝ったとき嚠喨たる軍樂の響が起りなどゝあったが、アレは全く嘘で、そんな呑氣千萬なものではなく、軍樂器は艦底深く納めて私達は配置についてゐたのである」

しかし、第二項で明らかにしたように「出雲」乗組の第二艦隊軍楽隊は少し状況が違っていたようで、「上村将軍研究ノート（その一五）」には、次のような海軍大将山本英輔の回顧談が載っている。

「上村将軍は士気を鼓舞することに妙を得た人であった。明治三十七年二月九日、日露戦争緒戦の旅順港外の海戦で、わが連合艦隊は旅順港外を東より西へ一通過して、露艦隊ならびに砲台と砲火を交え、敵に大打撃を与えて引き上げたが、その時モウ一戦やりたいものだと主張された位であった。戦い終わるや、直ちに軍楽隊を上甲板に集め、軍楽を奏しつつ、勇ましく甲板を巡らしめられた。その時の奏楽はなんとも言えぬ勇壮さで、勝ち誇りたる士気をいやが上にも勇躍せしむるに大なる効果があった」

これは出師の命を受け佐世保を出港後三日目、最初の合戦があった直後のことである。同じ海軍軍楽隊でも、司令長官の意向で戦闘時の勤務態様が異なっていたようである。一つの記述だけで他を推し量るのは、注意を要することを痛感した。

おわりに

陸軍軍楽隊一七六名、海軍軍楽隊二四六名、合計四二二名が死没者も加えた日露戦争従軍の確認できた軍楽隊員数である。

陸軍軍楽隊は直接戦闘に参加することはなかったが、猛暑極寒の中、苦難の行動を行っていたが、前線の将兵の士気鼓舞及び宣撫工作に多大の貢献をしたことであろう。

海軍軍楽隊は艦隊と行動を共にしたことから、主な海戦に参加（第四艦隊を除く）しており、犠牲者も決して少なくなかった。軍楽隊の効用をよく認識した上での艦隊旗艦配乗であろうが、専門以外の分野でも予期以上の活躍したことは特筆すべきことである。

これらの隊員の中には軍楽隊長に栄進し、日本の音楽界に大きな功績を残した者もいるが、大部分は全国で後進の育成に尽力し、吹奏楽発展の礎を築いた。

当時の日本には、西洋音楽に一般民衆が接する機会はほとんどなかったが、日露戦争の最中にも建設が続けられた日比谷公園音楽堂では、一九〇五年八月一日に開堂式が行われ、楽長永井建指揮の陸軍戸山学校軍楽生徒隊及び軍楽長吉本光藏指揮の横須賀海兵団軍楽隊による公園奏楽が始まった。

陸軍軍楽隊はロッシーニの歌劇「ウイリアム・テル」序曲、海軍軍楽隊はワーグナーの歌劇「ローエングリン」抜粋曲など、それぞれ一〇曲を演奏した。当初は吹奏楽のみであったが大正に入って管弦楽も取り入れられ、昭和十八年九月まで続けられた。全般を通じて格調の高い演奏曲目により、日本の洋楽発展の牽引力となっていた。

日露戦争という国運を賭けた大戦争の片隅に、このような分野で活躍した文化的集団があったことを、記録として止めておきたい。

註

（1）中村理平『洋楽伝道者の軌跡――日本近代洋楽史序説――』（刀水書房、一九九三年）。

（2）塚原康子『十九世紀の日本における西洋音楽の受容』（多賀出版、一九九三年）。

（3）山口常光編『陸軍軍樂隊史――吹奏楽物語り――』（私家版、一九六九年）。

（4）楽水会編『海軍軍楽隊――日本洋楽史の原典――』（国書刊行会、一九八四年）。

（5）須藤元夫編『明治の陸軍軍樂隊員たち――吹奏楽黎明期の先達――』（陸軍軍樂隊の記録刊行会、一九九七年）。

（6）同右、四七二―七三頁。

（7）山口編『陸軍軍樂隊史』一一〇―一二頁。

（8）須藤編『明治の陸軍軍樂隊員たち』四八七頁。

（9）同右、六七一―七四頁。

（10）同右、一一二頁、「古矢隊長の悲話」と題して次のように綴られている。

「旅順が陥落した数日のちのこと、第三軍では乃木軍司令官以下全軍によって、爾霊山の麓で慰霊祭が執り行なわれた。寒風膚を刺す荒涼たる野に建った、真新しい木の墓標に、深く頭を垂れて英霊の冥福を祈る三軍の将兵たちに、葬送のマーチが物悲しく響き渡ってゆく。そして遺族を代表して年輩の古矢楽長が、静かに霊前に進み出る。五十のよわいを越えた古矢、彼は痩せこけた肩をさらに落して、墓前にうずくまって動こうともしなかったという」

古谷楽長の姓はなぜか「古矢」となっている方が多いが、日露戦争当時の官報には「古谷」と載っている。また楽長の子息は「従七位勲六等功五級陸軍歩兵大尉古谷荘一」で、靖國神社に明治三十八年五月二日合祀されている。

(11) 春日嘉藤治「軍樂轉戰の思出」(『吹奏樂』一九四二年二月號、吹奏樂發行所)二一頁。山口編『陸軍軍樂隊史』一一二頁には「約一カ月の練習で、現役のころと変らぬ腕前になって関係者を安堵させたという」と伝聞が載っている。

(12) 須藤編『明治の陸軍軍樂隊員たち』五七三―七四頁。

(13) 講談に関する事項は、六代目宝井馬琴師匠からの聴取(二〇〇四年四月)。

(14) 「海軍軍樂員條例」(明治二十二年三月二日海軍省達第三七號)第二條「軍樂員ハ奏樂ノ爲メ適宜ノ人員ヲ一隊トシ各鎮守府各艦隊ニ配置シ又軍樂及之ニ關スル音律等ノ學術研究ノ爲メ軍樂練習所ニ在泊セシム」。

(15) 同右、第三条。

(16) 司馬遼太郎『坂の上の雲』(『サンケイ新聞』一九七二年七月三日)「三笠が連合艦隊の旗艦であったために、その人数は多かった」と記述されているが、前掲「海軍軍樂員條例」のとおり、第一艦隊といえども軍楽隊長以下二七名であった。これは、横須賀の記念艦「三笠」の中に掲示されている黄海及び日本海の両海戦の人員表及び軍艦「出雲」の戦闘時軍醫部員(軍樂隊)配置表で確認できる。

(17) 海軍の階級は明治三十年九月十六日勅令第三一〇號「海軍武官官階改正」により、それまで最高位だった軍楽師(准士官)の上に、軍楽長(少尉相当官)が設けられ同年十二月一日から施行された。

(18) 河合太郎「日露戰爭の回顧」(『吹奏樂』一九四二年二月號)二六―二七頁。

(19) 同右、二六頁。

(20) 「明治三十八年五月二十七日戰闘詳報」(『戦艦三笠すべての動き』第四巻、一九九五年、エムティ出版)九一―九二頁。

(21) 河合「日露戰爭の回顧」二七頁。

(22) 『海軍軍歌』(海軍教育本部、一九一四年)、当初は二七曲であったが、増補、改正、訂正等を重ね昭和十八年十一月の最後の大幅増補改訂により四八曲となった。

(23) 佐野純雄「上村将軍研究ノート(その一五)」(『東郷』東郷会、一九八一年二月号)。

(24) 堀籠次男「戦う海軍軍楽隊――上村将軍研究ノートを拝読して――」(『東郷』一九八一年五月号)三七頁。

(25) 『明治三十七年八月十四日於蔚山沖對浦塩艦隊第二戰隊戰闘記事』(ガリ版刷り、八頁、別紙付図附、午前四時二五分から一一時四〇分まで記載。リューリック乗員救助収容時までないことから、発見から合戦、軍楽演奏前後までの部分を保存していたものと思われる)。

(26) 明治三十九年三月三十日勅令第五一號「明治三十七八年從軍記章條例」。

(27) 陸軍の階級は明治三十二年十月二十五日勅令第四一一號「陸軍武官官等表中改正」により、一等軍楽長(少尉相当官)が楽長、二等軍楽長(准士官)が楽長補、一等軍楽手から三等軍楽手までの下士官が一等楽手から三等楽手までと改正され同年十二月一日から施行された。

海軍は註(17)のとおり。

(28) 河合太郎「戦艦三笠・軍楽隊奮戰記」(『吹奏楽研究』吹奏楽研究社、一九六一年六月号)二三頁。

(29) 堀内敬三『日本の軍歌』(実業の日本社、一九六九年)一二一頁。昭和十六年十一月元海軍軍楽長瀬戸口藤吉の葬儀の際に、筆者堀内敬三が元「松島」乗組の軍楽隊員から直接聞いた目撃談。

(30) 河合「日露戰争の回顧」二七頁。

(元海上自衛隊東京音楽隊)

「奇襲断行」か「威力偵察」か？

――旅順口奇襲作戦をめぐる対立――

相澤　淳

はじめに

日本は、二〇世紀の前半期に、ロシアとアメリカという この世紀後半期に世界を二分する大国と、二つの戦争＝日露戦争（一九〇四～一九〇五）および太平洋戦争（一九四一～一九四五）を戦った。そして、この二つの戦いでは、日本はともに海軍による奇襲でその戦端を開いていた。それは、国力の劣る側の日本が、ロシアおよびアメリカという大国に戦いを挑む上で、開戦初頭の奇襲を必要不可欠な行動と考え、それによって相手国に物理的さらには精神的に大きなダメージを最初に与え、その後の戦いを有利に運ぼうとしたからだと思われる。

ところで、後者の戦いでアメリカに対する海軍の開戦奇襲作戦（真珠湾奇襲）を立案・実行した山本五十六連合艦隊司令長官は、真珠湾作戦立案に際して、前の戦い（日露戦争）での海軍の開戦奇襲作戦（旅順口奇襲）に対して次のような評価を下していた。

> 我等は日露戦争に於て幾多の教訓を与へられたり　其中開戦劈頭に於ける教訓左の如し
>
> （一）　開戦劈頭敵主力艦隊急襲の好機を得たること
>
> （二）　開戦劈頭に於ける我水雷部隊の士気は必ずしも旺盛ならず（例外はありたり）其技倆は不充分なりしこと
>
> 此点遺憾にして大に反省を要す
>
> （三）　閉塞作業の計画並に実施は共に不徹底なりしこと
>
> 吾等は是等成功並に失敗の蹟に鑑み日米開戦の劈頭に於ては極度に善処することに努めざる可からず　而して勝敗を第一日に於て決するの覚悟あるを要す[1]

この旅順口奇襲およびその後の閉塞作戦で連合艦隊の指揮をとっていたのが、ほかならぬ東郷平八郎司令長官であった。しかし、右記の評価を見る限り、山本は日露戦争後半期の日本海海戦において決定的勝利を収め、日本を勝利に導いた東郷に対して、その戦争初期の作戦については大きな疑問を抱いていた姿が浮かび上がる。それは、山本がこの教訓の中で「不十分」「遺憾」「大いに反省」「不徹底」「失敗」などの言葉を列挙し、日米戦争開戦の作戦時には「極度に善処する」必要性を説いていることで明らかなのである。

実は、この日露戦争初動の旅順口奇襲作戦に関しては、山本を待つまでもなく、日露戦争開戦前の段階で、海軍軍令部側より東郷の作戦指揮について疑問が発せられていた(2)。しかし、結局、この作戦は実行の段階で東郷の主導性の下に遂行される結果となっていた。それでは、こうした疑問すなわち海軍軍令部と東郷の対立点とはいったいどのようなものだったのであろうか。本稿では、まず、開戦に至るまでの極東における海軍に関する状況を概観した上で、両者間にあったこの対立点を明らかにする。その上で、その対立がその後の日露戦争の展開にどのような意味を持つものであったのかについて考察しようとするものである。

一 日露開戦時の海軍力比較

日露戦争が戦われた二〇世紀初頭における日本とロシアを比べると、やはり国全体の力（国力）はロシア側の優位にあったことは確かと言えるであろう。ただし、日露戦争開戦となった一九〇四年初頭の段階での極東における海軍力に限って比較すると、日露両海軍の戦力はほぼ拮抗する状態で、その保有戦力は、旅順口とウラジオストックを基地とするロシア側（太平洋艦隊）が戦艦七隻、一等巡洋艦四隻を中心とする約一九万トンだったのに対し、日本側が戦艦六隻、一等巡洋艦六隻（六六艦隊）を中心とする約二六万トンであった。しかも、地理的条件や兵站能力を考えれば、日本海軍側に地域的な海軍力の優位があったことはほぼ間違いない。そして、日本がこの時期にロシアに開戦することを決定した裏には、確かにこの海軍力についての計算があったのである(3)。

しかしながら、こうした海軍力における日本の優位な状況は必ずしも安定したものではなかった。それは時を経るとともにロシア側に優位に転ずる可能性が大きかったのである。逆に言えば、日本が日露間の戦争を不可避と判断する以上、早期に開戦する必要に迫られていたということなのである。日本海軍は、ロシアの極東政策について「日本を圧服して、以て東洋に雄威を振はんとするには常に其の海軍を凌駕する艦隊を備ふるを以て唯一の手段」とし、ロシア海軍はまさにそのために大拡張政策を行っているものと認識していた。そして、その完成の暁には、ロシア側が太平洋艦隊と「之に合し得べき」バルト艦隊合わせて総計約五一万トンに達する、日本の約二倍の艦隊を保有することも承知していた(4)。

一方、ロシア海軍側では、一九〇二年から一九〇三年にかけて「一九〇五年の対日作戦」が計画されていた。一九〇五年が選定された理由は、この年には一八九八年以来の海軍拡張計画により予定していた太平洋艦隊の編成が完了し、旅順口には戦艦一〇隻、巡洋艦一三隻の主力が集中し、ウラジオストックには巡洋艦四隻が配置されることになっていたからである。そして、この作戦計画では「戦争不意に突発せし場合を基礎とせり即ち日本は宣戦布告を用いずして戦闘行為を開始せるものとせり」という前提の下、それでも地中海やバルト海からの極東への艦隊増援を不必要としていた。その理由は、その時までに編成が完了している太平洋艦隊が日本艦隊主力（六六艦隊）を十分に凌駕していると計算されていたからであった(5)。

結局、日露の戦端はロシア側の想定どおり「日本の宣戦布告がない」ままで開かれたが、しかしながらその時期はロシア側の希望を砕く、一九〇四年初頭という大幅な前倒しで行われた。しかも、ロシアの太平洋艦隊の編成作業は予定よりも遅れており(6)、このときまでに極東地域に配備されたロシア艦隊は、上記の日本艦隊とほぼ拮抗するぎりぎりの戦力だったのである。日本側からすれば、この時期はまさに極東ロシア海軍を撃破できる絶好のチャンスであった。ただし、このチャンスは、日本がそれを逃せば一転日本側の危機として跳ね返ってくる可能性もあった。日本の奇襲攻撃からロシア太平洋艦隊が生き残れば、それがヨーロッパ方面からの増援ロシア艦隊と合同し、極東における日露海軍戦力の逆転現象が起こり得たからである。したがって、日本側はこうしたロシア海軍「各個撃破」のチャンスを是非とも生かす必要があった。そして、その作戦として計画されたのが開戦劈頭の旅順口奇襲作戦だったのである。

二　日本海軍の作戦方針

（一）『極秘海戦史』

日露開戦に向けた日本海軍の準備状況を知る上で最も有用な資料の一つが、一九〇五年から一九一一年にかけて海軍軍令部で編纂された全一五〇巻にも及ぶ『極秘　明治三十七八年海戦史』（以下、『極秘海戦史』）である。ただし、この海戦史は、その「極秘」の区分が続いていた期間、すなわち日本海軍が消滅する第二次世界大戦終了までは一般の目に触れることがなく、秘密事項に差し障りのない部分のみが全四巻の『明治三十七八年海戦史』として出版されていたに過ぎなかった。したがって、日本における日露海戦史に関する本格的研究は、第二次世界大戦の終了を待たなければならなかった。しかも、こうした状況に輪をかけて終戦時の混乱によって日本に残った『極秘海戦史』はわずか一セットとなってしまった。それも一般の目には触れない時期が戦後も長く続くことになり、結局、『極秘海戦史』が日本の研究の世界で使われるようになったのは一九八〇年代の半ばと、終戦から四〇年をも経た時期となったのである。(7)

ただし、この『極秘海戦史』を使った研究は、実は戦前のイギリスには存在していた。日本の同盟国であったイギリスはこの『極秘海戦史』の提供を受けていたからである。この資料に基づき、ジュリアン・S・コルベット（J. S. Corbett）が「日露戦争における海軍作戦」という研究をまとめた。しかし、この研究も秘密扱いとされ、閲覧はイギリス海軍内の高級士官に限られた。結局、この研究が公刊されたのも、第二次世界大戦終了後約五〇年を経た、一九九四年となった。(8)

本稿では、以下、このように未だ限られた使用状況と言ってよい『極秘海戦史』に基づき、旅順口奇襲作戦に焦点を当てて日本海軍の対露作戦策定過程およびその作戦経緯を追っていく。

（一）　海軍軍令部の作戦方針

日露関係は一九〇三年に入るといよいよその緊張の度を増していったが、その年の前半期から日本海軍は徐々に戦争準備の体制に入っていった。四月二十九日山本権兵衛海軍大臣は、常備艦隊、各鎮守府司令長官に対し「一朝非常の令あるに當ては、毫も違算なきを期すべし」との訓示を行い、五月七日には突然の開戦に備えるため、六六艦隊の人員を直ちに充実し「以て出戦に差支なからしむること」など五段階にわたる準備策に取り組み始めた。(9)十月十九日には常備艦隊司令長官を日高壮之丞から東郷平八郎に交代する山本大臣の抜擢人事があり、年末の十二月二十八日には戦時編成として、常備艦隊は連合艦隊へと編成替えとなった。そしてさらに二日後の十二月三十日には「戦争は海軍を以て開始する」ということが、参謀本部と海軍軍令部（以下、「軍令部」と略す）の熟議の末に陸海軍間で合意された。(10)

そうした中で、開戦の年となる一九〇四年の一月初旬に、軍令部は次のような「対露作戦方針」を決定した。

まず、「開戦の時機」については、以下のような判断から、開戦劈頭の戦略的奇襲の必要が強調されていた。

今日の如く露の艦隊旅順口、浦潮斯徳の二方面に分れ、而も其の戦備未だ固からざるに際し、之を急撃するの利なるは固より論を俟たず、蓋帝国が確実に戦争終局の目的を達し得ると否とは実に開戦の劈頭先ず機先を制すると否とに依りて決す、而て機先を制するには開戦時期の選定機宜に適するを要す

開戦は固より帝国政略の定むるところに拠るべきものなるべく、単に戦略上の見地に基き戦闘行為を開始するが如きは固より避くるべきところなりと雖も、廟議一たび兵力を以て時局を解決するに決したる上は、戦闘行為開始時期の選定は宜く戦略上の必要に適応する如く処断するを最緊要なりと認む(11)

次に具体的な作戦計画については、次の四つの場合を想定していた。

第一計画は露国艦隊旅順口並に浦潮斯徳方面に分れ、其の警衛未だ全からざるに際し、我より進んで機先を制せんとするものなり

第二計画は露国艦隊旅順口並に浦潮斯徳方面に分れ、其の戦備警衛完備せる場合に対するものなり

第三計画は朝鮮半島の東西に分立せる露国艦隊一所に合同せんとし、若くは合同して動作せる場合に対するものなり

第四計画は露国に於て極力旅順口及び浦潮斯徳方面の防備を厳にし、其の主力艦隊出戦せず、且内外の情勢よりして我が主力艦隊敵の根拠地に近く位置を持続する能わざる情況に至りたる場合に対するものなり(12)

ただし、この四つの作戦計画中、「第一計画の実施に至りては、政略及び戦略上の判断好く機宜に適応するありて、始て実行するを得べきなり、而て開戦の際最速に最大有利なる効果を収得し得るは、実に第一計画を断行するにあり」として、第一計画の断行を主張していた。そして、その第一計画の遂行要領では「内外に対し我が軍隊行動の秘密を保つ為成し得る限りの手段を画し、連合艦隊（第一、第二艦隊）を佐世保より出発せしめ旅順口方面の敵艦隊を急撃せしめん」とすることが明記されていた。さらに、「一朝開戦に機先を失するの結果第二、第三若くは第四計画に依るの止むを得ざるに至らば、海軍作戦の進行は意外に遅

緩となるを免れざるべく、随て作戦初期に於て、朝鮮半島に於る帝国の利権を維持するは、非常に困難を来し、恐らくは一時之を断念せざるべからざるに至らん」との悲観的見解も示していた。

このように軍令部は「機先を制すること」すなわち第一計画（旅順口奇襲作戦）断行の必要性をくり返した上で、それが日露戦争全体の遂行においてもいかに重要かを強調していたのである[13]。

（三）　東郷司令長官の作戦腹案

開戦劈頭の旅順口ロシア太平洋艦隊主力への奇襲攻撃に最重点をおく軍令部の作戦方針に対して、東郷連合艦隊司令長官はその約一カ月前の一九〇三年十二月十五日付の伊東祐亨軍令部長からの私信に対する返信の中で、次のようなロシア艦隊への作戦案を記していた。

まず、旅順口のロシア主力艦隊に対しては、「容易に出て来らざるべし」との推察の下、日本艦隊の根拠地を朝鮮半島西岸に進め、「務めて頻繁に偵察艦を出すは勿論時々威力偵察を行い敵を誘出せんことに努む」としていた。それでも「敵尚出て来らざるときは我が陸軍を韓国に派遣」し、この場合の敵の襲撃に対する警戒として「一等巡洋艦以下及び駆逐艦を適宜組合せて巡邏」させるとしていた。

そして、東郷は「右の如き事を繰返し居る中には敵艦隊も終に出て来るならん」と予想し、「此の時我が艦隊前記の如く巡邏の為め分離しあるは甚しく不利益なれども相當の注意を施せば此の様なる場合に務めて多く勢力を集合せしむるの考案も附くべく駆逐艦をして日没を待ちて襲撃せしむるの考案も附くべし」と考えていた。すなわち、東郷の旅順艦隊への作戦は、敵を誘出する作戦を繰り返し、なんとかその艦隊を引っ張り出し、主力艦同士の「雌雄を決する」決戦で叩くということが根本だったのである[14]。

ただし、この作戦案はあくまで「先ず開戦布告ありて然る後始て艦隊に行動を起すべき命令下るものとして立案せるもの[15]」で、そうでない場合として以下の作戦も書き加えられていた。

廟議愈愈開戦と決すれば敵に余り警戒を加へざるうち先ず駆逐隊を八口浦迄派遣し置き敵艦隊の動静を探り其の旅順口外に碇泊せるもの若くは大連湾に在るものを知らば之を急襲せしめて開戦の布告に代ふる上策と思惟す又豊橋を旅順口に沈没せしめて（石材を満載し「セメント」を以て之を固め）敵の出口を防ぐが如きは最奇策なるべく唯之を決行するには最有為なる将校下士卒を全然死地に置かざるべからずして稍忍び難きことなるも進みて此の

奇策に當らんとする決死の者あるは大に頼母敷事なり[16]

ここで書き加えられた二つの作戦は、まさに後の開戦劈頭の旅順口奇襲作戦およびそれに続く旅順口閉塞作戦として実行に移されたわけであるが、問題はこの両作戦とくに前者について東郷がどの程度重点を置いていたかということであった。

なお、ウラジオストックのロシア巡洋艦部隊については、東郷の作戦案では「大巡洋艦が北海道を脅す策に対し我の執るべき策は別に無し（中略）小樽の如きは暫く彼が為す儘に放棄して可なり[17]」と、とにかく旅順の主力艦隊に作戦の重点を置いていたことは間違いなかった。

三　意見対立の表出

日露開戦に向けた連合艦隊の作戦行動計画は、その後軍令部と連合艦隊司令部の間で詰められていったが、そうしたやり取りの中で開戦も差し迫った一九〇四年一月三十一日に東郷司令長官は伊東軍令部長に次の意見を提出していた。

一令の下第一第二駆逐隊をして旅順口港外敵艦隊を急襲撃せしむるの目的を以て予め該両隊と春日丸龍田を八口浦まで派遣し置きたし其の時期は主力出発より少くも二日前なるを要するか故に其の御含にて右の如く取計差支なき旨主力発進を命せらるゝ前予達せらるゝ様希望す旅順口閉塞は第一著には施行せす[18]

ここでは、東郷が先に提案した開戦と同時の駆逐艦部隊による旅順口奇襲が現実の作戦計画となり、その中身（駆逐隊の八口浦：朝鮮半島西南岸への先発など）が詰められている一方、旅順口の閉塞作戦については、当初は実施しない方針が示されていた。

これに対し、伊東軍令部長は山本海軍大臣と協議の上、「第一第二駆逐隊春日丸及ひ龍田を前以て八口浦まで派遣し置かるゝことは差支なき考にして其の出発時機を御希望通り通知することも出来る見込なり[19]」という回答を二月一日に発電した。そして同じ日、伊集院五郎軍令部次長も次のような電報を東郷司令長官に発し、襲撃の予定期日について問い合わせていた。

第一第二駆逐隊の旅順港外敵艦隊を急襲するは発令後第何日の予定なるや又天候等の為め其の襲撃を実行すること能はすとすれは次に第一撃を敵に加ふるは何隊にして其の日取は第何日になるへきや返電を乞う[20]

これは、先の「対露作戦方針」の中にある「第一計画の断行」すなわち開戦劈頭の奇襲を重視していた軍令部として当然の質問であった。当時の駆逐艦は三〇〇トンあまりの小艦で、その行動は天候に大きく左右されるものだったのであり、奇襲断行の立場からはその代替案は欠かせないものだったからである。これに対し、東郷は、翌二月二日、次のように答電していた。

第一第二駆逐隊旅順口急襲は発令より第二日の夜より翌朝黎明迄の筈天候の為めに此の計画通りに実行し得さるときは其の凪き次第矢張第一第二駆逐隊をして実行せしむるの考なり(21)

この答えに対して、伊集院次長は当然のこととして「尚襲撃の確実な時期を知らんと欲し(22)」て、さらに次の電報を東郷司令長官に発した。外交的処置をとったあとに奇襲実行までに時間が空きすぎては、奇襲の成否に重大な影響が考えられたからである。

最初の打撃を露國艦隊に加ふるの時期は外交上の最後の手続を取るに至大の関係を有す返電に依れは天候の如何に依り其の時期確定せさるか如し第二日の夜駆逐隊の襲撃出来さる場合には翌朝戦隊を以て攻撃せられるや前段の主意に基き可成確実の時機を回答あらんことを希望す(23)

この伊集院次長の東郷司令長官への再度の質問について、『極秘海戦史』では「戦略上は、敵の備なきに乗して一大打撃を与ふるを得策と為すか故に、出来得る限り確実に襲撃の時機を定め、間髪を容れさるの機に於て、之を決行せさる可らさる(24)」として、その妥当性を認めている。しかし、それに対する二月三日の東郷の回答は以下のようなものであった。

我か艦隊を敵の強勢なる海岸砲台火の下に暴露せしむるは本職は戦略上寧ろ最後の手段と考え居れり故に其の砲台掩護の下に在る艦隊を攻撃するにも成るへく戦隊を用ひす駆逐隊の夜襲に依らんとす其の時期は天候の為めに左右せらるゝことは免れさるも先つ第二日の夜に実行出来されは第三日の夜は出来るものと予期して外交上の手続を取られては如何(25)

ここでは、明らかに軍令部と東郷の間に作戦方針の違いがあったことが見て取れる。軍令部（伊集院）が開戦劈頭の旅順口奇襲に、その「対露作戦方針」にある通り、戦艦・

巡洋艦などの主力部隊（戦隊）投入までも要求し、開戦第一撃の効果を最大化することを期待していたのに対し、東郷にとって旅順口奇襲は駆逐艦部隊のみによる「開戦を告げる上策」以上ではなかったようで、主力部隊はあくまでもその後予定される誘出作戦によって引き出された敵主力部隊に対して、洋上での決戦に備えるためのものであった。そして、東郷が一月九日に隷下の部隊に予め示していた「連合艦隊戦策」も、まさに「敵艦隊と洋中に遭遇して之と決戦する戦法の綱領を予示する」[26]もので、その中には後の日本海海戦で有名になる「丁字戦法」もすでに含まれていたのであった。

しかしながら、この両者間の開戦第一撃をめぐる矛盾・対立は、実際の日露開戦となった二月八日深夜から九日にかけての戦闘経過（第一次旅順口攻撃）を見ると、一見解消していたかのようであった。それは、駆逐艦部隊による奇襲攻撃が、発令（二月六日）二日後の深夜に天候に影響を受けることなく予定通り実施できていたという「幸運」にもよるが、何よりもその翌日、東郷指揮下の戦艦等の主力部隊が旅順口ロシア艦隊への砲撃も実施していたからである。連合艦隊は、この開戦劈頭の旅順口攻撃に軍令部が期待した主力部隊の投入も行ったのである。

それでも、実は、この作戦における軍令部と東郷の矛盾点は存在し続けていた。なぜなら、東郷は自身の作戦方針に何ら変更を加えずに、開戦劈頭の旅順口奇襲を実行に移していたからなのである。

四　作戦発動の経緯

（一）　開戦までの経緯

ここで改めて前節で示した軍令部と東郷の間のやり取り後の、すなわち二月三日以降二月八日深夜までの開戦の経緯を確認しておきたい。

一九〇四年二月三日午後七時、日本海軍の奇襲の対象となるべき肝心の旅順ロシア艦隊主力（戦艦六、一等巡洋艦一、巡洋艦五）が出港したとの知らせが、突然、東京の日本海軍中央部に入った。これに対し、軍令部は翌四日午後八時、佐世保集結中の連合艦隊等に「佐世保軍港に近づき敵意を表するものと認むるときは直に之を撃破すべし」と命令した。ただし、この時の軍令部の判断は「今直に戦端を開くは彼の為に不利とする所多大なるのみならず（中略）彼より対敵行為を開始するが如きは蓋希有のことなりとするを得べし（中略）故に我は更に何等の確報に接する迄は容易に艦隊を動かさず、静に機の熟するを待たんとす」というもので、実際、そのロシア艦隊は四日の午後には帰港していた。そして、その知らせも翌五日午後三時半には「全部港外に碇泊」中として入っていた。開戦間際のこのロシア旅順艦隊の出港騒動は、まずは事なきを得たのである。(27)

一方、二月四日の御前会議では「露國との交渉を断絶するに際せは、最後の通牒を発すると同時に、艦隊にも発進命令を下す」との方針が正式に決定した。翌五日午前には、山本海軍大臣は、伊東軍令部長、伊集院軍令部次長とともに参内し、「開戦の好機今日にあるを奏上し、作戦命令書を捧げて聖断を仰ぎ」裁可された。その作戦命令の中には「連合艦隊司令長官は速に発進し先つ黄海方面に在る露國艦隊を撃破すへし」と明記されていた。同日午後二時、外務大臣はドイツ駐在公使経由でロシア駐在公使への「最後通牒」を発信した。そして、それは六日午後四時にロシア外相へと送られた。こうして、日露の戦端は、いよいよ切られることになったのである。(28)

(二) 東郷の作戦方針

東郷連合艦隊司令長官は、二月四日の御前会議の決定について、同日、伊集院軍令部次長より次のような電報を受けた。

> 外交上最後の手続を為すと同時に艦隊発進の命令下ることに決定せられし故に主力発進二日前に第一第二駆逐隊等を八口浦まで進め置き急襲撃を為すの策は自然変更の必要あるへしと考ふ(29)

ここで、東郷は当初の予定を変更して「発進命令を受けて後、艦隊と共に駆逐隊をも伴ひて旅順口付近に至り」、ここで初めて駆逐隊を分離発進させて旅順口のロシア艦隊を奇襲することとした。ただし、この奇襲については「若し天候の為めに妨けられて、之を断行する能はさる時は、臨機日程を順延すること」も同時に決定していた。すなわち、二月一日から二月三日にかけての軍令部(伊集院)からの「外交上の手続き後間髪を入れず旅順のロシア艦隊を急襲撃する」という奇襲断行の要求に対しては、東郷は「天候によって駆逐隊がこれを断行できないときは、順延する」という二月二日の返答そのままに行動することとしたのである。(30)

しかし、この二月四日の伊集院軍令部次長からの電報が示していたことは、「艦隊の出撃が、外交上の最後の手続きと同時になった」ということで、その後に間髪を入れずに行うべき奇襲が「順延」されれば、それだけその奇襲効果が薄められることは明らかだった。したがって、東郷が、軍令部決定の「対露作戦方針」にある「開戦第一撃の断行」

により「機先を制する」という方針をここで軽視していたことは間違いない。ただし、このことは、東郷にとってはあるいは大した問題ではなかったのかもしれない。前年十二月中旬に伊東軍令部長宛私信で記していたその作戦計画案は、宣戦布告後の対露作戦こそを中心としたものだったのであり、おそらく東郷はここに記された旅順ロシア艦隊の「誘出作戦」をその後淡々と実行すればそれでよいと考えていたと思われるからである。そして、そのことは、駆逐隊の旅順口奇襲が予定通りの八日深夜に実施された翌日、九日の東郷直率の連合艦隊主力部隊の行動によってさらに明確になるのであった。

（三） 主力部隊による砲撃

二月五日午後五時、いよいよ連合艦隊に「露國艦隊撃滅の為め」[31]の発進命令が出された。そして、翌六日午前九時から駆逐隊をはじめとして連合艦隊が次々と佐世保を出撃し、正午には主力部隊も出港した。その二日後の八日深夜、まず駆逐隊による旅順口奇襲が実施された。しかし、この攻撃は、攻撃開始前の駆逐艦同士の衝突事故なども原因となり、突撃隊形が乱れるなど、十分な成果を挙げ得ないままに終わった。ロシア艦隊に与えた損害は、戦艦二隻、巡洋艦一隻を航行不能に陥らせる程度だったのである。[32]

しかし、もし、東郷がこの駆逐隊の夜襲に引き続き、翌九日早朝の段階で、すでに旅順口付近に達していたその主力部隊をもって旅順口に停泊中のままだったロシア艦隊主力部隊に攻撃をかけていれば、敵は全滅に近い損害を被っていた可能性が十分にあった。旅順のロシア艦隊は、九日午前九時三十分の段階でもその混乱状態を脱していなかったからである。[33]

ところが、東郷が旅順のロシア艦隊に対して主力部隊を以って砲撃を開始したのは、正午になってからであった。[34]この時には、すでにロシア側も昨夜来の混乱状態を一応脱しており、要塞砲および艦砲による激しい反撃を東郷艦隊は受けることになった。そして、東郷は三〇分程度の砲撃実施の後、高速でこの海域から離脱し、そのまま一挙に朝鮮半島西岸の根拠地（牙山）まで引き下がってしまったのである。[35]このように、東郷の開戦劈頭の旅順口攻撃には確かに戦艦などの主力部隊投入があったが、それは軍令部が熱望していた「機先を制する」ための主力部隊による第一計画の「断行」とは程遠い行動に終わっていた。

しかしながら、実はこれも、東郷の予定通りの行動だったのである。それは、連合艦隊が佐世保を出港する直前の二月六日午前八時に、東郷が伊東軍令部長に発電した「艦隊の予定行動」には次のように記されていたからである。

連合艦隊は本日順次に当地を発し、八日午前八時大青島付近に達し、直に旅順に向ひ前進、其の夜第一駆逐隊、第二駆逐隊、第三駆逐隊をして旅順港外（中略）索敵襲撃せしめ、第一戦隊、第二戦隊、第三戦隊は迂路を取り、九日朝旅順港前に現れ、威力偵察を試み、十日牙山湾に入る(36)

九日の主力部隊の行動は、まさにこの「威力偵察の試み」と捉えられるのであり、その「威力偵察」とは十二月中旬の東郷の作戦案では「敵艦隊を洋上に誘出する」ための行動のひとつに過ぎなかった。そして、東郷にはもともと「我か艦隊を敵の強勢なる海岸砲台火の下に暴露せしむる」つもりがなかったことも、二月三日の東郷の伊集院宛回答でも明らかなのであった。東郷の主眼は、あくまでもロシア艦隊の主力を引っ張り出して、それと洋上で決戦することにあった。したがって、東郷が九日にその主力部隊による旅順口砲撃を威力偵察程度の三〇分で打ち切ったことも、その後に主力部隊を牙山へ直行（十日入港）させていたことも、自分自身の作戦方針を貫いた予定通りの行動だったと見ることができるのである。

五　旅順艦隊の壊滅

二月八日から九日にかけて実施された開戦劈頭の旅順口奇襲で、結局、連合艦隊はロシア太平洋艦隊に決定的打撃を与えることはできなかった。奇襲は「成立」したが、第一撃で「機先を制する」までの奇襲の「成功」には至らなかったのである。その後、連合艦隊はロシア艦隊の旅順からの誘出作戦を試みつつ、三回にわたる旅順口閉塞作戦（二月、三月、五月）も実施したが、これらもすべて失敗に終わった。東郷の考えた「ロシア艦隊を引っ張り出し洋上で叩く」という作戦は、なかなか実現しなかったのである。そうした機会がようやく訪れたのが、八月十日の黄海海戦であった。ロシア皇帝よりウラジオストックへの移動を命じられた旅順のロシア艦隊が出港し、これを東郷の連合艦隊主力が迎え撃った。しかし、ここでも東郷はロシア艦隊に決定的打撃を与えることができず、その大部分は損害を受けつつも旅順に引き返してしまった。すなわち、開戦劈頭に撃ち損じた旅順艦隊の脅威は、一九〇四年八月中旬以降も存在しつづけたのである。連合艦隊の主力はその後も旅順封鎖のために黄海に貼り付かなければならなかった。しかも、その連合艦隊も本国に帰って修理を必要とするほどの被害を黄海海戦で受けていたのである。

一方、ロシア側は、名将と謳われたマカロフ太平洋艦隊司令長官の戦死（触雷）後、その損失を補うが如く四月末に第二太平洋艦隊の編制に入った。この新編の艦隊は、その名の通り太平洋方面に廻航されるべきもので、これが極東地域に到着し、生き残った旅順艦隊（第一太平洋艦隊と改称）と合体すれば、この地域での日露の海軍バランスはロシア側の優位に転じかねなかった。開戦前の日本海軍の不安が、ここに再燃し始めたのである。実際この第二太平洋艦隊が編制成ってバルト海を出港したのは、約半年後の十月中旬であったが、日本海軍側は旅順艦隊になかなか決定打を与えられなかったことから、次第にあせりを増していた(37)。そうした中で、五月下旬、旅順攻略のための陸軍部隊である第三軍が新編されたのである。

この第三軍の任務は「成るべく速に旅順要塞を攻略し如何なる場合に於ても陸上の敵をして第二軍の後方に危害を与えざらしむ(38)」ことで、すなわち、陸軍の旅順攻略の主眼は、まずは日露戦争の陸上における決戦場＝満州に北上する第二軍の後方の安全を図ることであった。しかし、実はこの第三軍こそが、当初海軍が独力で陥落すら可能としていた旅順を陥落させ、さらには専ら海軍の任務であった旅順艦隊の壊滅をも最終的に果たした部隊なのであった。ここで、第三軍の戦闘経過について詳しく述べる余裕はないが、「如何なる場合に於ても」旅順のロシア軍の北上を阻止するという「最重要の」任務からは、旅順要塞の陥落は「成るべく」時間的に早いに越したことはないが、その陸上封鎖でも任務達成には大きな支障はなかったとも言える(39)。

しかし、その「封鎖」ではすまない事情が、海軍側から生じて来た。第三軍は、十一月中旬、「旅順港内を瞰制し得べき地点を占領し敵艦隊の戦闘力を奪ふ(40)」海軍的任務を改めて求められたのである。この「敵艦隊」とは、連合艦隊が黄海海戦で再び撃ち漏らしていた残存勢力であった。しかも、それにはある時間的制約がついていた。海軍は、十一月末に至っても旅順における陸上の戦況に発展がない場合は、連合艦隊による海上からの旅順封鎖を解くと陸軍に伝えたのである。これは、既にバルト海を出港した第二太平洋艦隊の極東廻航に備え、修理及び準備態勢確立のため連合艦隊を本国に帰す必要があったためであった。しかし、もしこの時、連合艦隊の封鎖が解かれ旅順のロシア艦隊の行動が自由になれば、その脅威を直接受けるのはまさに遼東半島にある陸軍部隊であった。それに対し、陸軍側は乃木希典第三軍司令官の意見を聞いた上で「一月上旬までに敵艦隊の戦闘力を奪う」旨の意見を示したが、海軍側はそれでは「時機を失う」として取り合わなかった。そして、これは東郷連合艦隊司令長官の意見でもあった(41)。

結局、「旅順港内を瞰制し得べき地点」である二〇三高地は、多くの犠牲を払いつつ、十二月五日に第三軍によって完全占領となった。そして、その翌日からこの観測点による陸上からの重砲隊の攻撃により、旅順艦隊は壊滅することになった。ここに一〇カ月に及ぶ連合艦隊の旅順作戦は終了した。しかし、開戦当初から強硬に貫かれた「旅順艦隊を引っ張り出し、これを洋上で壊滅させる」という東郷の作戦方針は、ついに達成されないままに終わっていたのである。

おわりに

開戦劈頭の旅順口攻撃をめぐる東郷連合艦隊と軍令部の対立について、イギリスに渡った日本の『極秘海戦史』を紐解いて研究をまとめていたコルベットは、次のように東郷の作戦方針を擁護している。

軍令部は攻勢作戦を求めていたが、東郷の考えは違っていた。（東郷の作戦は）地理的に有利な側が採るべきドクトリンに基づいており、（中略）完全な制海権は必要なく、陸上部隊の上陸を可能にする部分的な制海権獲得、すなわち防勢作戦で十分であった。(42)

確かに、海軍の旅順作戦は、陸軍の朝鮮半島上陸作戦を側面から擁護することからも重要だったのであり、連合艦隊がここで一挙に攻勢に出て逆にロシア艦隊および旅順の要塞砲により壊滅させられるようなことになっていれば、開戦直後に日露戦争全体の展開に重大な支障が生じていたことは明らかといえよう。ただし、この陸軍としては朝鮮半島上陸を支える支作戦である海軍に任せたはずの旅順作戦が、結局、陸軍部隊の大規模な投入（第三軍）なしには解決しなくなってしまったことも事実であり、それは偏に旅順のロシア艦隊が存続しつづけたこと、すなわち連合艦隊がこれを撃ち漏らしていたことの結果だったのである。そして、この状態がさらに長く続き、東航を果たした第二太平洋艦隊と旅順艦隊が合同するようなことになっていれば、日露戦争全体の中での日本側の勝利も危ういものになることが、当時としてはかなり危惧されていたのである。

こうした観点から見ると、コルベットの「防勢作戦を取った東郷」への高い評価には疑問が残る。朝鮮半島という地域的な戦争におけるほぼ同じ戦力の国同士の戦争として日露戦争を見れば、確かに彼の評価は頷けるものであるかも知れない。しかし、国力に大きな開きがあり、増援部隊により戦力の開きも相手側に有利になることが十分予想されていた日露戦争においては、多少の危険を冒しても緒戦の奇襲によって相手方に大きなダメージを与える必要があるという判断、すなわち軍令部の作戦方針は十分な妥当性があったのである。そして、少なくともそのチャンスが二月九日の連合艦隊主力部隊の早朝攻撃で可能であったことは、本文で指摘した通りである。

こうしたコルベットと違う評価を東郷の緒戦の作戦に下していたのが、冒頭にその評価を示した山本五十六であった。彼は、日米戦争という、これまた国力のかけ離れた国との「次の」開戦に当たって、旅順口奇襲の反省を次のように締めくくっていた。

> 日米開戦の劈頭に於ては極度に善処することに努めざる可からず　而して勝敗を第一日に於て決するの覚悟あるを要す

山本の日米開戦劈頭の真珠湾奇襲作戦とは、まさにこの日露開戦時の教訓に基づいた、大きな危険を冒しても「勝敗を第一日目に賭ける」という意気込みで決行された「攻勢」作戦だったのである。

註

(1) 防衛庁防衛研修所戦史室『戦史叢書　ハワイ作戦』（朝雲新聞社、一九六七年）八四頁。なお、山本は、旅順作戦終盤の一九〇四年十一月に海軍兵学校を卒業し、翌年の日本海海戦には連合艦隊主力部隊の一等巡洋艦「日進」乗り組みで参加したという、最後の日露戦争体験組であった。

(2) たとえば、この対立の一端については、田中宏巳『東郷平八郎』（ちくま新書、一九九九年）七〇―七七頁。

(3) 海軍軍令部編『極秘　明治三十七八年海戦史』第一部巻一、二〇頁。

(4) 同右、一九頁。海軍大臣官房「極秘　日露戦役参加者史談會記録」（防衛研究所蔵、⑪日露M37-436）。

(5) 露国海軍軍令部編『千九百四、五年露日海戦史』第一巻上、帝国海軍軍令部訳（海軍軍令部、一九一五年）一六二頁。

(6) 大江志乃夫『バルチック艦隊』（中央公論新社、一九九九年）一五八―六八頁。

(7) 外山三郎『日露海戦史の研究』上・下（教育出版センター、一九八五年）。

(8) Julian S. Corbett, *Maritime Operations in the Russo-Japanese War, 1904-1905*, vol. I, II (Annapolis: Naval War College, 1994).

(9) 海軍軍令部編『極秘　明治三十七八年海戦史』第一部巻一、二二一―二四頁。なお、本海戦史からの直接引用に当たっては、「カナ」書きを「かな」書きに改め、旧漢字に関しても一部新漢字とした。

(10) 同右、三七頁。

(11) 同右、四一―四三頁。

(12) 同右、四三―四四頁。

(13) 同右、四四―四八頁。
(14) 海軍軍令部編『極秘　明治三十七八年海戦史』第一部巻二、一五―一七頁。
(15) 同右、一七頁。
(16) 同右、一六―一七頁。
(17) 同右、一五頁。
(18) 同右、一八―一九頁。
(19) 同右、一九頁。
(20) 同右、一九―二〇頁。
(21) 同右、二〇頁。
(22) 同右。
(23) 同右。
(24) 同右、二一頁。
(25) 同右。
(26) 同右、二三頁。
(27) 海軍軍令部編『極秘　明治三十七八年海戦史』第一部巻一、七二―七七、八八頁。
(28) 同右、七七―七九、八七―八八頁。
(29) 海軍軍令部編『極秘　明治三十七八年海戦史』第一部巻二、二二頁。
(30) 同右。
(31) 同右、六一頁。
(32) 同右、一四七―六五、一八八―八九頁。
(33) 外山『日露海戦史の研究』上、四四九頁。
(34) 海軍軍令部編『極秘　明治三十七八年海戦史』第一部巻二、一七〇頁。
(35) 同右、一八〇頁。なお、この時、第二艦隊の上村彦之丞司令長官より明朝（十日）再度の旅順口攻撃の意見具申が東郷になされていたが、これは退けられていた。
(36) 同右、六六頁。
(37) 桑田悦編『近代日本戦争史　第一編　日清・日露戦争』（同台懇話会、一九九五年）五〇七―〇八頁。
(38) 沼田多稼蔵『日露戦争新史』（兵書出版社、一九二四年）四九―五〇頁。
(39) 谷壽夫『機密日露戦史』（原書房、一九七一年）一六六頁。
(40) 沼田『日露戦争新史』一七〇頁。
(41) 同右、一七〇―七二頁。
(42) Corbett, *Maritime Operations in the Russo-Japanese War; 1904-1905*, vol. I, pp. 72-75.

（防衛研究所）

研究余滴

日露戦争における海軍戦時教育

岩橋幹弘

海軍の教育機関としては各鎮守府隷下に新兵の教育を行う海兵団が存在するが、本論では術科教育と将校及び相当官に対する教育を行う中央教育機関のみを考察対象とする。

一　日露戦争当時の海軍教育機関

日露戦争当時の海軍教育機関の中心は明治三十三年五月に設立された「海軍教育本部」(以下、「教育本部」)である。教育本部は大正十二年四月に海軍省教育局の新設に伴って廃止されるまで海軍教育の中心であり続けた(1)。明治三十六年末に教育本部長隷下に存在する教育機関は海軍大学校、海軍兵学校、海軍機関学校、砲術練習所(明治四十年九月に砲術学校)、水雷術練習所(同水雷学校)、機関術練習所(同工機学校)である。他に主計官練習所(同経理学校)が海軍省経理局長隷下、海軍軍医学校が海軍省医務局長隷下に置かれており(共に大正七年八月に教育本部長隷下)(2)、この四学校四練習所が日露戦争当時の主要中央教育機関である。他に

二　日本海軍の教育制度と戦時教育(日清戦争時及び日露戦争開戦時まで)

日本海軍の教育制度の特徴は「教育する側」(教官等)には「海軍定員令」に定員及び増員標準数が定められているのに対し、「教育される側」(学生等)には定員がなく、その都度情勢に応じて必要な人員が決定されることになっていたという点である(3)。こうした特徴は教育規模の拡大縮小に柔軟性をもたせる反面、戦時や戦争が差迫る緊迫した情勢下では「今、実戦部隊から学生として現役兵員を引き抜く

ことは実戦部隊の能力を下げる」という配慮から、教育が、常に後手にまわるという欠陥を内包した。このような特徴のもと、平時に積み上げた戦力同士がぶつかる形の戦争であった日露戦争以前において日本海軍は「戦時においては教育を中断、出来るだけ多くの現役要員を戦場に送り込み、目前の戦争に集中する」戦時教育体制をとった。初の本格的対外戦争であった日清戦争開始に先立ち、日本海軍は以下のように海軍兵学校・機関学校を除く教育機関をすべて閉鎖して学生等を実戦部隊に投入、「教育する側」の人員・教材（機械類、練習船等）に至るまでを戦争につぎ込んでしまう。(4)

海軍大学校　明治二十七年六月授業停止。二十九年一月授業再開。

砲術練習所　明治二十七年練習中止。二十八年十一月練習教育再開。

水雷術練習所　明治二十七年六月練習中止。二十八年九月新規に練習学生募集、再開。

機関術練習所　明治二十七年六月閉鎖。二十八年九月練習生復帰、教育再開。

＊主計官練習所及び軍医学校は明治二十七年末に廃止。（後に復活）。(5)

教育中止の時期はいずれも二十七年六月頃である（砲術練習所は史料に記述を欠くが、前後の記述等から見て、同じく六月頃と思われる）。この時期は朝鮮出兵方針の閣議決定（六月二日）、情勢切迫による艦隊編制の変換（六月十五日）等、具体的な戦争準備が進んでゆく時期である。また教育再開時期は二十八年九～十一月であり、完全な平和回復後、かなりたってからである（海軍最後の作戦・威海衛夜襲が二十八年二月四～五日、北洋艦隊降伏が十二日、講和条約締結が四月十七日）。教育中止期間は二十七年六月～二十八年九月の約一五カ月間（十一月までのマックスでは約一七カ月間）であった。(6)

日露戦争における戦時教育も同様であり、日本海軍は開戦直前に大部分の教育を中断してしまう。(7)明治三十六年十二月三日の主計官練習所学生卒業期短縮（三十七年三月卒業予定を三十六年十二月卒業）に始まり、主要中央教育機関は卒業繰り上げ、練習生の一時免生等によって順次閉鎖されてゆき、三十七年一月頃までに兵学校・機関学校以外のすべてが閉鎖される。この時期の状況を日清戦争同様に追ってみると、政府の対露戦争決意が三十六年十二月二十一日、政府から陸海軍に対する戦争準備命令が二十九日、連合艦隊の臨戦準備開始が三十七年一月九日である。すなわち日清戦争の経験をもとに、政府方針が戦争に傾き、具体的戦争準備が進む時期に教育中断の判断が下されたと見てよいだろう。

やがて、三十七年二月、日本海軍は日露戦争に突入する。開戦直前に中断された海軍の教育が戦時下において、どのような経過をたどったのかを次章で引き続き検討する。

三　日露戦争下での海軍戦時教育

日清戦争開戦前に閉鎖された教育機関は終戦まで閉鎖されたが、日露戦争での教育機関は「戦争中も平時と同様の教育を継続（これを本論では仮に「第一パターン」とする。以下同じ）」、「戦争中の全期間閉鎖（「第二パターン」）」及び「戦争中のある時期に教育を再開（「第三パターン」）」の三パターンに分けられる。

（一）「第一パターン」の考察

「第一パターン」は日清戦争と同様、海軍兵学校及び機関学校である。以下、両校の日露戦争との関係を整理してみる。(8)

（兵学校の場合）

三一期（三十三年十二月入校）

平時通りの教程（三年）終了後、三十六年十二月卒業、少尉候補生として練習艦乗組み、実務練習開始。三十七年一月、練習中止（遠洋練習航海も中止）、実戦配備。

三二期（三十四年十二月入校）

教育期間一カ月繰り上げ、三十七年十一月卒業。練習艦で約二カ月間、航海術中心の練習を実施、遠洋練習航海を省略して、少尉候補生のまま実戦配備。

三三期（三十五年十二月入校）

一カ月卒業繰り上げ、三十八年十一月卒業。すでに兵学校は平時態勢になっており、遠洋練習航海が復活（通常の教育期間三年に復するのは三五期から）。

すなわち、日本海軍は、あと一歩で戦力になりかけていた二クラスを青田刈りして戦線に投入しただけで、日露戦争開戦時（三十七年二月）にすでに一年二カ月間の教育を受け、二年生であった三三期は戦争終結に間に合っていない。もちろん、日露戦争においては極端な速成教育で、教育不十分な要員を戦争につぎ込む必要は全く生じなかったのであるが、そこには戦争による人的損耗に備えて速成教育を行おうとする発想は見られない。もし、日本海海戦があれほどの完全な勝利と日露戦争そのものの終結につながらず、連合艦隊の何分の一かの艦艇・乗員が傷つき、バルチック艦隊を撃ちもらして、「第二次日本海海戦」が必要になったと仮定した場合、艦艇は急速修理を行うとしても、三三期が三十八年十一月に卒業し、二カ月間の洋上訓練が必要だとすれば三十九年一月までは、少なくとも将校に関する限り、補充がきかない。そして、三三期が補充されたとしても、彼らは専門術科教育も艦隊での錬成訓練も受けておらず、同様の教育課程で日本海海戦に投入された三二期が候補生として伝令等でしかなかった程度の働きしかできないはずである。歴史に「ＩＦ」という仮定は禁物であるが、日本海軍が戦争に対して万が一のリスク管理を考えていなかった可能性が高いのだけは事実である。

　では、数のバランスという点ではどうだろうか。日露戦争までの戦争においては、たとえ戦時においても急速に艦艇が増加するわけでもなく、占領地に置かれる陸上部隊が拡大することもないから、海軍に大量要員養成の必要性はない。艦艇喪失に伴い、人員に犠牲が出たとしても、艦が失われればその艦の定員が浮くわけであるから、人員損耗を即座に補充しなければ戦争継続が困難になるという事態も考えにくい。ただし、戦闘が繰り返されれば、必ず人員損耗は生じる。戦争に備えるためには、ある程度の犠牲を見越した要員養成が数の面で必要になるのではないだろうか。この点から見た兵学校教育と戦争による損耗とのバランスを見てみる。日清戦争後、兵学校の規模は急速に拡大し、採用数は鰻登りに増えてゆく。日清戦争終結直前（二十八年一月）入校の二五期の採用三六名に対し、二六期は二倍近い六二名、二七期はさらにその約二倍の一二三名と倍々の勢いで増加し、三十二年入校の三〇期は二一〇名とほぼ六倍に達する。しかし、これは「日露戦争の人員損耗に備えた将校の大量養成」ではない。この大幅な増員は明治二十九～三十八年にかけての一〇カ年間継続対露大建艦計画によって、戦艦六隻・装甲巡洋艦六隻を中核とする艦隊を整備し、海軍全体が艦艇の数・量で四一隻・七八三七七トン（二十九年）から五三隻・一三九六三七トン（三十六年）へ、軍人現役人員で一五八一一人[9]（二十九年）から三三六七四人（三十六年）へと大きく膨張してゆくという状況に伴うものと考えるのが自然である。艦が増加し、定員が増加するから生徒数を増やすという平時軍拡による増員にすぎない。したがって三〇期以降の採用は頭打ちになってしまい、日露戦争で若年将校の損耗を予想するなら、増員すべきはずの三一、三二期の採用数は逆に二〇〇名に減っている。対露戦が現実味を帯びてきている時期の採用数がむしろ減るという現実からは戦争の人的損耗に対応した要員養成のバランス（ある程度の損耗を見越した採用数増員）という発想はみられないと言ってよいであろう。

（機関学校の場合）

一二期（兵学校三二期相当）

　三十七年二月に繰上卒業（四月卒業予定）、機関少尉候補生としての実務練習を省略して、連合艦隊に配乗。

一三期（兵学校三二期相当）

　三十八年三月繰上卒業、実務練習を省略。

一四期（兵学校三三期相当）

　日露戦争終結後の三十九年三月卒業。実務練習が復活。

　機関学校も兵学校とほぼ同様に戦争の直撃を受けた二クラスを青田刈りして戦力化しただけであって、戦争に備えた速成教育は行っていない。人数の点でも兵学校とほぼ同様で、兵学校二五期相当の五期・二五名が三〇期相当の一一期は六一名と二倍以上に増加するが、増員はこれで頭打ち、日露戦争後の生徒数は大きく減ずる。こちらも戦争による人的損耗に備えた増員というよりも海軍の規模拡張に伴う増員と見た方が自然である。

　さて、このような日露戦争下での兵学校・機関学校教育の状況が海軍に及ぼした影響について考察したい。ある時期に極端な大量採用や速成教育が行われれば、海軍は将来に亘って不十分な資質・訓練状況の将校を抱え込むという悪影響を被ることになるが、日露戦争では、そのような状況は生じていないから、その点での悪影響はなかったと見てよい。では逆のケースはどうだろうか。増員を行わずに、人的損耗を伴う戦争に突入した場合、長期戦になれば、人的戦力が底をつき、またその戦争を乗り切っても、特定時期の要員が極端に不足するはずである。そこで、兵学校・機関学校卒業生がどのくらい日露戦争で戦死したかを見てみる。(10)

（兵学校）一期〜二一期卒業生（日清・日露両戦争参加）

　合計七〇六名

　日露戦争戦死二九名　日清戦争戦死二〇名

　日露戦争のみの戦死率　六八六分の二九＝約四・二パーセント

　二二期〜三二期卒業生（日露戦争のみ参加）

　合計一〇六二名

　日露戦争戦死八〇名

　一期〜三二期の日露戦争のみの戦死率　一七四八分の一〇九＝約六・二パーセント

　＊一期〜三二期全戦死率（含戦病死、殉職、日清・日露以外の戦死）は約一三パーセント

（機関学校）兵学校ほど綿密なデータはとれない。二期〜一三期（兵学校二二期〜三三期相当）の全戦死率は三八三分の四六＝約一三パーセント

　以上から見て、戦争が起こっても兵学校・機関学校卒業生は、それほど死なない。逆に戦争に備えて、へたに兵学校・機関学校を増員すれば、戦争が終わった後、余剰人員

を生み出してしまう可能性が高いということが言えると思う。彼らには基本的に大佐クラスまで給料を払い、恩給も出さなければならないとすると、これは貧乏国日本にとって、ゆゆしき大問題である。この程度の人的損耗なら戦争が迫っても、あるいは実際に起こっても、兵学校・機関学校の採用数は増やす必要がない。それ以後の人事政策によって吸収できるとするのが、当時の海軍にとって合理的な教育体制であったといえるのではないだろうか。一クラスの三分の二、二〇〇名近い兵学校卒業生の戦死者が出る戦いなど、日本海軍にとって想像もできない異常事態であった。(11)

（二）「第二パターン」の考察

次に「第二パターン」の教育機関について見てみる。海軍大学校は日露戦争の全期間閉鎖され、教育途中で軍務に就いた学生の復校は三十八年十月からである。約二年間にわたって海大を閉鎖した海軍は日露戦争後、学生数増加、受験資格緩和等によって、戦争で海大入校の機会を逃した者の救済措置をとっている。(12)この海大教育中断の影響も兵学校・機関学校同様、卒業生の損耗という視点から検討してみる。(13)

日露戦争以前の海大甲種学生（相当期含む）卒業生七八名　戦死者一一名

将校甲四期（日露戦争で中断）卒業四名、途中戦死者一名

戦死者内訳（日清戦争二名、北清事変一名、日露戦争九名）

日露戦争までの戦死率　八三分の一一＝一四・五パーセント

日露戦争のみの戦死率　八〇分の九＝約一一パーセント

兵学校・機関学校の場合より戦死率は高いとはいえ、日露戦争戦死者九名のうち五名が日露戦争後半の三十七年八月以降に集中しており、「参謀の相次ぐ戦死、絶対数不足による戦争の継続困難」という事態は想定しにくい。戦争中は海大を閉鎖、戦争後に採用数を増加するという方法は少なくともこの時代としては合理的といって良いであろう。

主計官練習所・軍医学校も、開戦直前の三十七年一月閉鎖、再開は主計官練習所が三十八年六月、軍医学校は同年十二月である。(14)この両校の閉鎖が戦局にどのような影響を与えたかを同様に主計官、軍医の戦死者のデータから見てみる。(15)

（主計官の場合）主計官戦死　大主計六、中主計一　合計七名

主計官現在員　大主計一〇二、中主計二八、少主計一九　合計一四九名　戦

死率約四・七パーセント。

（軍医の場合）　軍医戦死　軍医中監一、軍医少監一、大軍医三、中軍医三　合計八名

軍医現在員　軍医大監一二、軍医中監三一、軍医少監三三、大軍医一二一、中軍医三八、少軍医三八名　合計二七三名　戦死率約二・九パーセント。

太平洋戦争では危険な艦橋にあって戦闘記録をとる主計科士官や艦内奥深い戦闘治療所で治療にあたる軍医の戦死率が高率に上ったとされるのに対し、この時期の両者の戦死率は低く、やはり教育の一時中断は合理的といえよう。

（三）「第三パターン」の考察

最後に日清戦争とは異なる「第三パターン」の教育機関について見てみたい。

砲術、水雷術、機関術練習所の閉鎖は開戦前の三十六年十二月である。ところが三練習所は三十八年初頭に教育を再開する。教育再開の理由を『極秘明治三七・八年海戦史第五部巻七』（以下『極秘日露海戦史』）では「海軍教育本部は「戦局ノ推移ニ鑑ミ」「戦局ノ大勢漸ク定マレルニ伴ヒ」とし、『極秘日露海戦史　第五部巻二』「教育一般」は「戦局ノ進捗ニ鑑ミ」とするなど、いずれも曖昧である。『帝国海軍教育史』も再開の事実を述べているだけで理由の記述を欠く[16]。三十八年初頭の「戦局」は旅順要塞が陥落、連合艦隊は修理、訓練、休養の時期である。ようやく旅順封鎖から連合艦隊が解放された時期ではあるが、次に予想される最大の戦闘であるバルチック艦隊との決戦に備えて艦隊の練度を猛訓練で上げなければならず、実際にそうした時期である[17]。「戦局の大勢が定まったから教育を再開」という余裕のある時期ではなく、教育再開にはよほど切実な理由がなければ理屈に合わない。また、この教育が現場での訓練（ＯＪＴ教育）によって修得可能なものなら、練習所をわざわざ再開する必要がない。この時の教育再開の理由は何か。現在、それを示す史料は発見できない。ただし、以下の二点は推定理由として指摘できるのではないか。

①日露戦争における海軍軍人軍属戦死傷者は戦死二〇一〇、戦傷一六八二、戦死傷合計三六九二名という莫大な数に上っている。日清戦争が戦死一一〇、戦傷二五五、戦死傷合計三六五名であるから、ほぼ一〇倍である[18]。しかも日清戦争は威海衛攻撃で海軍作戦がほぼ終了してしまうのに対し、日露戦争では日本海海戦以前の段階で、すでに日清戦争における全戦死傷者を上回る損害が出ている上、さらに最大規模の戦闘が予想されるバルチック艦隊との決戦が残っており、日清戦争に比べ、人的損耗とい

う点できわめて厳しい状態にあった[19]。

②日清戦争は宣戦布告（二十七年八月）から下関条約（二十八年四月）まで約八カ月（海軍作戦実質終了の北洋艦隊降伏の二月までは約六カ月）の戦争であり、戦争の全期間を通じて閉鎖された教育機関の閉鎖期間は戦争前後を含め一五〜一七カ月であった。日露戦争は宣戦布告（三十七年二月）からポーツマス条約調印（三十八年九月）まで約一九カ月（海軍作戦実質終了の日本海海戦の五月二十七日までは約一五カ月半）の戦争である。戦争期間は二倍以上であり、教育機関閉鎖の影響は日清戦争に比べ遙かに大きかった。いったん閉鎖された各練習所は戦争中全期間の閉鎖が予定されていたのか、途中再開が予定されていたのかを直接示す史料は得られないが、日清戦争の全期間（六〜八カ月）を上回る閉鎖期間（約一三カ月）を経過し、すでに日清戦争全期間の戦死傷者を上回る人的損耗が生じた明治三十八年初頭に再開されたのである。さて、以上の要因を踏まえ、さらに個別の練習所の再開状況を検討してゆきたい。

砲術練習所の再開は三十八年一月である。教育再開課程は第二六期教員教程（三十八年三月卒業・四八名）及び第五三期乙種掌砲兵教程（三十八年四月卒業・一六一名）である。日本海海戦までに卒業したのは三十六年末に教育を中断して実戦配備され、教育を再開したこの二課程のみで、再開後の三十八年二月以降に新しく入所した課程の卒業はいずれも三十八年七月以降となり、日本海海戦に間に合っていない[20]。

水雷術練習所も三十八年一月再開、三十六年末に教育を中断した第二二期（三十八年二月十一日卒業・一七名）・二三期（三十八年四月卒業・二二名）水雷術教員教程、第三八期水雷術練習生教程（三十八年三月卒業・八九名）、第一三期（三十八年二月卒業・二三名）・第一四期（三十八年四月卒業・二二名）水雷工教程及び第六回（三十八年二月卒業・一八名）・七回（三十八年三月卒業・一七名）無線電信術講習生の各課程の教育が再開される。日本海海戦に間に合ったのは、練習中断・再開を経たこれらの課程だけで、練習所再開後に新しく入所した課程は一課程を除き全て日本海海戦に間に合っていない[21]。この「一課程」が「速成無線電信術実習生二五名」（三十八年一月十四日入所、三月二十三日卒業）である。「再開後、新たに入所させた課程が日本海海戦に間に合った」のは、「機関術練習所速成教育」（後述）とこのケースの二例のみなのである[22]。この「無線電信要員教育」について、さらに検討したい。無線電信は日露戦争当時、実用化されたばかりの最新兵器であり、三六式無線電信機の連合艦隊各艦艇への艤装は開戦直前の三十六年暮から昼夜兼行で行われるも間に合わず、佐世保に集結した連合艦隊の出征に間に合わせるため、職工と部品を佐世保に送り込み、出征直前に連合艦隊全艦艇にやっと装備が整うというぎりぎりの状況であった。[23]本論で取り扱う教育（要員養成）という点で見てもかなり、ぎりぎりに人数を整えている。無線電信練習の開始は三十四年からであり、日露戦争開戦時における無線電信要員は下士官兵一五〇名、将校三七名にすぎなかった。[24]将校の養成の再開は戦争終了後であり、戦争中の教育は行われていないが、将校全体の損耗が軽微なものであったのは既述のとおりであり、将校無線電信要員三七名のうちの戦死者もわずか四名であった。[25]これに対して一五〇名の下士官兵は衛生状態の良くない各艦艇で昼夜の激務に従事したため健康を損なう者が続出したとされている。[26]具体的な損耗数は不明だが「半減した」とも言われている。こうした状況で、通常九〇日の無線電信術講習に対し、わずか二八日間という速成無線電信術実習生が置かれる。ただし、日本海海戦に間に合ったのは教育が再開された六、七期及び速成教育を合わせた合計五九名だけであった。教育再開後の三十八年三月に開始された第八回無線電信術講習の卒業は六月で、日本海海戦には間に合わない。したがって、「水雷術練習所における教育再開後の速成教育が日本海海戦に間に合った」といっても、これは開戦時までに限定された要員しかそろわず、損耗が多く、それまでの教育や経験の蓄積のなかった当時の最新兵器要員に対して、おそらくＯＪＴも困難だった可能性が高いという状況下での急速養成が例外的に成功したケースといえよう。

最後に機関術練習所がもっとも複雑な過程をたどる。[27]機関術練習所全体がまだ閉鎖中の三十七年八月に「第一回速成教育」として教育の一部が再開される。新設された「製罐工業専修」「鍛冶工専修」の二専修である。「製罐」は船体機関の罐の取り扱いやそれに付随するパイプの修理溶接等、「鍛冶」は各種金属要具の制作・溶接等が主たる教育内容となっている。期間は共に一七五日（通常の製罐工業専修が約二〇〇日）の速成教育である。これと併行して、三十八年二月、三十六年末に中断した第一七期機関工術専科練習生・第七期船匠工練習生を再入所させ、教育を再開する。機関工術専科練習生とは機関術、工業（各種工作機器の使用）、製罐（罐の使用や修理）、鍛冶（金属加工）等の技術を持った下士官兵の養成課程であり、船匠工練習生とは船匠術（木工及び船体応急修理等）の技術を持った下士官兵の養成課程である。速成工業専修は三十七年八月入所の第一期（四四名）が三十八年四月に卒業する（三四名、中途退所一〇名）。第二期六〇名は三十八年一月入所だが、卒業は日本海海戦後の三十八年九月（五六名、中途退所四名）である。一方、教育を再開した機関工術・船匠工練習生の卒業は三十八年六月である。

要するに日本海海戦に間に合ったのは第一回速成教育三四名のみで、その他の課程はいずれも日本海海戦に間に合っていない。このように、機関術練習所は教育再開課程のみが間に合った砲術練習所、教育再開課程と速成教育のみが間に合った水雷術練習所のいずれのケースとも異なり、教育再開課程すら間に合わず、他の練習所に先駆けて教育を開始した速成教育のみが間に合ったのである。三十八年二月時点で「機関術練習所は閉鎖状態」[28]という記録があるにもかかわらず、他の練習所に先駆けて教育を再開した理由を示す史料は見つからない。しかし①機関術練習所教育課程は砲術・水雷術練習所の各課程に対し、期間が長い[29]、②機関故障が非常に多く生じ、機関修理にあたる機関部員の任務が重要であった[30]、③機関科兵の損耗がかなり大きい[31]、④機関部員に対するＯＪＴ教育は困難だった[32]といった理由を状況証拠として挙げることは可能である。こうして機関術練習所は他の練習所よりも早く、速成教育が開始されたが、日本海海戦に間に合ったのは最初の一クラスのみであった。

四　日露戦争以降の海軍戦時教育（これからの研究展望）

日露戦争後に制定された「戦時定員標準」（大正十年制定）及び「戦時定員規則」（大正十四年）において日本海軍は戦時には大部分の教育を中止する前提で定員を定めている[33]。日清・日露戦争において実態として行われた「戦時における教育の中断」が定員という形で固定化するのである（ただし、これが日清・日露戦争における戦時教育の戦訓をどれだけ踏まえての決定であるかということを示す一次史料は、まだ発見できていない）。こうした日本海軍の教育体制が、戦争遂行しつつ戦力の再生産を図らなければならなくなる、この後の総力戦時代において、人的戦力の確保という面で、どのような問題を生じたかを諸外国との教育体制とも比較しながら検証していくことは、これからの日本海軍史研究の一つの新しい視点となるのではないだろうか[34]。

註

（1）末國正雄「帝国海軍の教育制度について」（防衛研究所図書館史料庫蔵、一九七二年。以下「末國・教育制度」）五頁。

（2）海軍歴史保存会編『日本海軍史第五巻』（第一法規出版、一九九五年）八六頁。

（3）「末國・教育制度」三一頁。

（4）海軍軍令部『極秘　廿七八年海戦史　省部ノ施設』（防衛研究所図書館史料庫蔵、編纂年月日なし）二五七―六五頁。海軍教育本部『帝国海軍教育史第五巻』九三―九四、二三九頁（以下『教育史』）。同『教育史第六巻』三七八―八〇頁。

（5）『教育史第六巻』七―七三、二二九、二三九―四一頁。
（6）日清・日露戦争の概要は海軍歴史保存会編『日本海軍史第一巻』（第一法規出版、一九九五年）三五六―七八頁、四九一―五四一頁。原剛、安岡昭男編『日本陸海軍事典コンパクト版（下）』二八―二九頁、三八―三九頁。海軍有終会編『近世帝国海軍史要』（復刻原本一九三八年刊。原書房、一九七四年復刻）五八四―六〇九頁、六二〇―六八頁。
（7）海軍軍令部編『極秘明治三七・八年海戦史第五部巻一』（防衛研究所図書館史料庫蔵、編纂年月日なし。以下『極秘日露海戦史』）八七―九〇頁。
（8）『教育史第四巻』（復刻原本一九一一年刊。原書房、一九八三年復刻）一九四―九六頁。『教育史第三巻』六三九―五七頁。秋元書房編『海軍兵学校　海軍機関学校　海軍経理学校』（秋元書房、一九七一年）二五頁（以下『秋元・海軍兵学校』）。
（9）海軍有終会編『近世帝国海軍史要』九五四―五五、九八三頁。
（10）小野崎誠編『海軍兵学校出身者（生徒）名簿（改訂版）』（信行社、一九八七年。以下『兵学校名簿』）及び『秋元・海軍兵学校』二三六頁から算定。
（11）太平洋戦争期の六六～七〇期平均戦死率は約六二・八パーセント、平均戦死者約一九五名に上る。拙稿『海軍兵学校リベラル教育の理想と現実』（防衛研究所図書館史料庫蔵、二〇〇三年）一四八頁。
（12）『教育史第五巻』七七三―七五頁。
（13）海大卒業者は秦郁彦編『日本陸海軍総合事典』（東京大学出版会、一九九一年）六一一―一三頁。戦死者は『兵学校名簿』の該当クラスの記述から算定。
（14）『教育史第六巻』一〇七、一八三頁。
（15）『極秘日露海戦史第七部巻五』二七九―八二頁。ただし戦死者は日露戦争全期間の数値であり、現在員は三十七年十二月三十一日現在であるので、本来は正確な戦死率にならないが、他に資料が得られなかったので一つの目安として示した。
（16）『極秘日露海戦史第五部巻一』九六―九七頁、『極秘日露海戦史第五部巻七』五、九頁。『教育史第五巻』二三三、四八四頁。『教育史第六巻』四八四頁。
（17）この間の連合艦隊の動きについては吉村昭監修『戦艦三笠すべての動き巻三』（エムティ出版、一九九五年）に詳しい。
（18）日露戦争戦死傷者数は『極秘日露海戦史第七部巻五』二三八頁。日清戦争戦死傷者は『近世帝国海軍史要』九八一頁。
（19）日清戦争の場合は威海衛攻撃までで、ほぼ海軍作戦は終了、その後の澎湖島砲撃では戦死〇、負傷一名の損害のみ。これに対し日露戦争においては日本海海戦までが戦死一八七九名、負傷一〇九七名、合計二九九二名。日本海海戦では戦死一一七名、負傷五八三名、合計七〇〇名である。日露戦争全死傷者の約八割が日本海海戦以前の戦闘によるが、単一戦闘での死傷者数は日本海海戦が群を抜いている。『極秘日露海戦史第七部巻五』二二六―三五頁から算定。
（20）『教育史巻五』二三三―三四頁。
（21）同右、四六三―八八頁。
（22）同右、四八五―八六頁。

(23) 電波監理委員会編『日本無線史第一〇巻　海軍無線史』(電波監理委員会、一九五一年)二二一―二二頁。
(24)『極秘日露海戦史第四部巻四』一二五―一二九頁。
(25) 註(24)の史料及び『兵学校名簿』。
(26) 電波監理委員会編『日本無線史第一〇巻　海軍無線史』二二二頁。
(27)『教育史巻六』四五五―五二六頁。なお四七九頁に「明治三十七年二月二十八日練習再始」とあるが、これは『極秘日露海戦史第五部巻二』九七―九八頁の記述、他の練習所再開が三十八年初頭である事実から見て「明治三十八年」の誤りである。
(28)『極秘日露海戦史第五部巻二』九〇頁に機関術練習所は三十八年二月五日時点で「閉鎖ノ状態」とあるにもかかわらず、同書九二頁で、すでに三十七年八月六日に山本海相から「機関術練習所教育ノ一部ヲ開始シ(中略)速成練習」の告達が出されている。
(29) 砲術練習所各課程は約一〇〇日、水雷術練習所各課程が約九〇～二〇〇日なのに対し、機関術練習所の課程は二四〇日である(『教育史巻五』一九一―九四、四〇三―一一、四八六―八七頁。『教育史巻六』四二七―二八頁)。
(30)『極秘日露海戦史第六部』「艦艇」第二編は「艦艇機関」についての記述であるが、巻三～一三までの一〇巻分がそっくり機関故障と修理・対策についての記述に当てられ、戦闘のたびに罐・タービン等に損害・故障・破損による修理の必要が生じている状況が繰り返し記述されている。また、『極秘日露海戦史第六部巻三』二四七―四八頁の「戦役間艦内ニ於ル機関工業一般」から戦艦「朝日」の状況をみると「罐の数が非常に多く、戦時補修のいとまなく、使用激甚のため、小局部の衰朽や欠損が多い」「(罐水面計臺管に)蝕孔・罅裂を生じたものに修理を加えた数は三十七年十月のみで一〇個にも及んだ」として「製罐工業の主なる者」「機関に属する者」の重要性をはっきり指摘している。
(31) 死傷者状況分析によれば比較的死傷者が少ない機関部員の致死率は高い。これは死傷者の最も多い信号部員は敵弾に身を晒すことが多いのに対し、機関部員は敵弾を蒙ることが少ないが、常に艦底で勤務するが故に、危難に際し脱出が困難であるという任務の差によると分析されている。『極秘日露海戦史第七部巻五』二四〇頁。
(32)『自明治卅七年十二月至仝卅八年五月　下士卒教育報告』は艦艇、海兵団等が戦時中に下士官兵に対して実施した教育の報告であるが、艦艇で行われている実地教育のほとんどすべてが射撃、水雷発射訓練であり、機関部員に対する教育訓練は、ほとんど見られない。断片的な報告として「本期間(三十七年六月一日～十一月三十日・岩橋註)ハ対敵準備上一令ノ下直ニ機関ノ全力ヲ発揮シ得ル状態ニ在シヲ以テ戦闘航海ニ必要ナル部署教育ハ普々実施シタレトモ練習號教育ヲ実施シ能ハザリシハ遺憾ナリ」(戦艦「敷島」教育主任・機関長「機関術教育ニ関スル意見」)がある。旅順閉塞作戦に従事中の連合艦隊各艦は、つねに戦闘に備えた機関の準備を実施しておかなければならないため、機関部は基礎教育を実施している余裕がないという状況がわかる。海軍省『自明治卅七年十二月至仝卅八年五月　下士卒教育報告』(防衛研究所図書館史料庫蔵、⑪日露M三七―二二四五)

(33) 海軍省『海軍制度沿革巻一〇(二)』(復刻原本一九四〇年刊、原書房、一九七二年)一〇二八―四五頁。一部の教育を中止し、教育を継続するのは、海軍兵学校・機関学校・経理学校・軍医学校及び通信学校の電信術練習生速成教育であり、海軍大学校及び他の術科学校は教育の全部を中止。

(34) 実際には昭和十二年十一月二十日に支那事変中は戦時定

員を適用しない旨の通達が出され、戦争の拡大にしたがって、教育の規模は、むしろ拡大していくが、こうした「中止を前提としていた戦時教育の状況に流されての拡大」は後追いになり、最後まで十分な成果を収めなかった。「末國・教育制度」三三一頁、五〇五―一三頁。

(防衛研究所)

研究ノート

露日戦争におけるウラジオ巡洋艦戦隊の作戦

（原題：一九〇四～〇五年の露日戦争におけるウラジオストック巡洋枝隊の攻勢行動）

ワーディム・ルオービィッチ・アガーポフ

堤　明　夫　訳

はじめに

一九〇四年から一九〇五年にかけての露日戦争は、ロシアの歴史においても海戦が主体となった数少ないもののひとつである。敵対する大陸国家たるロシアと島嶼国家たる日本両国の間には、陸続きの国境が無かった。このため、ロシアのクロパトキン（Kuropatkin）陸軍大将は後になって次のように述べている。

「あの戦争における主な活動は、我々の海軍によって果たされなければならなかった。もし我が艦隊が日本の艦隊を打ち負かしていたならば、大陸における軍事作戦は不要であったであろう。我々が太平洋上で活発に作戦する艦隊を保有していたならば、日本は陸軍の一部を本国に留めざるを得ず、更には物資の海上輸送にも困難を来したであろう……。これにより日本は中国領土での戦争は不可能になったと思われる。

日本は制海権を得ることによって、自国沿岸の防衛を考慮する必要なく、彼らの全陸軍を我が陸軍に対して動かすことができた……。日本は海の支配者であることでその陸軍が必要とする全ての補給物資を輸送し得たし……何らの支障もなく彼らの注文どおりに、欧州や米国から武器、軍事物資及び食料、馬、牛を輸入することができた。(1)」

ウラジオ巡洋艦戦隊は、露日戦争の間、日本の海上交通路を破壊することができ、そして実際に一九〇四年二月から同年八月までの間に一度ならずそれを実行したロシア帝国海軍の太平洋における唯一の艦隊であった。「ウラジオ巡洋艦戦隊の話は、例え大きな挑戦の炎ではないとしても、少なくとも海上におけるロシアの敢闘精神を示すものであろう。」(2)

一　戦隊の編成とその任務

ウラジオストックを母港とする巡洋艦戦隊を旅順のロシア太平洋艦隊主力から分離した独立作戦部隊とする最初の案が提出されたのは一九〇一年三月のことであったが、これが実施に移されたのは一九〇三年四月三十日に旅順で行われた軍事会議の席上であった。「一九〇三年太平洋海軍作戦計画」及び「一九〇三年戦時太平洋海軍力の配備」(3)によれば、ロシア太平洋艦隊は次のような編成であった。

1　攻撃艦隊

——戦艦艦隊（旅順）（第一及び第二戦艦小隊、偵察隊、及び第一駆逐隊等）

——巡洋艦戦隊（ウラジオストック）（最終的には一九〇三年六月二十日に「太平洋艦隊巡洋枝隊」という正式名で編成された。）

2　防御艦隊

——防御支隊（旅順）（第二駆逐隊、砲艦、機雷敷設艦、及び時代遅れの巡洋艦等）

——防御支隊（ウラジオストック）（水雷艇等）

3　補助艦

——軍隊輸送船、病院船、及び救難船艇等

一九〇四年初めにおけるウラジオ巡洋艦戦隊は、次の艦艇で構成されていた。即ち、装甲巡洋艦「ロシア（Rossiya）」「グロモボイ（Gromoboi）」「リューリック（Rurik）」、防護巡洋艦「ボガツイリ（Bogatyr）」、仮装巡洋艦「レナ（Lena）」（元義勇艦隊汽船）、機雷敷設艦「アレウート（Aleut）」、軍隊輸送船「カムチャダール（Kamchadal）」及び「ヤクート（Yakut）」、水雷艇一〇隻（第二〇一～二〇六、二〇八～二一一号）である。

戦艦を主体とする旅順の艦隊とは別に、強力な装甲巡洋艦三隻を中心とする独立作戦部隊を編成することは、「ロシア巡洋艦による海上交通破壊によって日本に奇襲をかける機会ができ、日本はこれに対抗するためにその艦隊を二つに分けざるを得なくなる。また当然のことながら、要すればこれらの巡洋艦を旅順の本隊に合同させて一つにすることも容易であろう」[4]と考えられた。加えて、ロシア海軍軍令部は次の二つのことも考慮に入れた。

第一に、ロシアの装甲巡洋艦は「艦隊決戦用の艦艇ではなく、洋上を自由に動き回る作戦を目的としており、特にクリミア戦争以来ロシアの主たる海軍敵国として考えられてきた英国の海上交通に対する攻撃用として建造された」[5]ものである。

第二に、日本の装甲巡洋艦六隻の注意をウラジオ巡洋艦戦隊に引き付けることによって、ロシア旅順艦隊に対する日本艦隊主力の優勢度を著しく弱めることになる。

これらの目的を持って編成されたウラジオ巡洋艦戦隊の司令官には、当初シュタケルベルク（E. A. Shtakelberg）海軍少将が任命されたが、しかしながら彼は病気のために一九〇四年一月三十日付けでレイツェンシュタイン（N. K. Reitsenshtein）海軍大佐と交代させられた。

二　ウラジオ基地の状態

ウラジオストックは、艦隊用の基地として旅順に比べて重要な利点を備えていた。即ち、二つの出入口を持つ外海から隔離された港湾であり、かつあらゆる喫水の艦船の移動も可能である深い水深を有することである。また最も不便な点は冬季における九〇～一二〇日間の港の凍結であった[6]が、この問題は砕氷艦「ナデージヌイ（Nadezhny）」が配備されたことによって解決され、年間を通しての航行が可能となった[7]。更に、ウラジオストックはあらゆる大きさの艦船を修理することができる大型乾ドックを有する極東唯一の基地であったが、ただしその一方で各種資材は不足がちであり、かつ修理設備の能力もそれ程高くはなかった[8]。

三　一九〇四年一月～同年八月の間のウラジオ巡洋艦戦隊の攻勢行動[9]

（一）　第一次出撃（二月九～十四日）

露日開戦の報を受けるやいなや、四隻の巡洋艦「ロシア」「グロモボイ」「リューリック」「ボガツイリ」は、対馬海峡近辺における日本の海上交通路に対する奇襲を企図してウラジオストックを出港した。その時には日本の艦隊の大部分は黄海にあって済物浦及び旅順港付近のロシア艦艇と交戦しており、このため日本海側で敵の有力な部隊と遭遇することは全くありそうもないと考えられた。しかしながらこの好機の下でさえも、戦隊司令官レイツェンシュタイン大佐は顕著な成功を収めることができなかったのである。

二月十一日、北海道からさほど遠くないところで、戦隊はその最初の生け贄たる小さな沿岸汽船「奈古浦丸」を見つけた。船員及び乗客は退船が許され、「グロモボイ」が乗客四名及び船員三七名を収容したものの、二名の船員が荒れた海の中で溺れてしまった[10]。その後、この汽船は「ロシア」及び「グロモボイ」によって撃沈された。

しかし北海道西方で首尾よく始められた活動にもかかわらず、戦隊司令官は朝鮮東岸の沿岸に向かうように命令した。そしてその途中、荒天及び締めつけが不十分であった艦砲の砲口覆いの間から侵入した海水が砲身の中で凍結するという事態によって、彼は戦隊をウラジオストックに帰投させてしまった[11]。

「ロシア」乗組のコロコロフ（Kolokolov）海軍少尉は日記にこう記した。「悪魔はそれが何であるかを知っている！我々は朝鮮に向かって進んでいた……突然、我々は母港に向かうように命令された……それはこう呼ばれる〝全くの無計画な行動　退屈な航海〟さあ、家に帰ろう[12]。」

（二）　第二次出撃（二月二十四日〜三月一日）

ウラジオ巡洋艦戦隊の第二次出撃は、ロシア・朝鮮境界から元山に至る朝鮮東岸海域の探索を目的として行われた。だがそこでは日本船舶の往来がなかったので、この出撃は当該海域において日本の活動を妨害することは不可能であるという、ごく当たり前の結論をレイツェンシュタイン大佐にもたらしただけで終わってしまった。このため戦隊内に不満の声が挙がった。「ここに何もいないならば、なぜ対馬海峡に行かないのか。敵がその兵力を朝鮮南部及び満州に集中させるということは解っているじゃないか[13]。」

（三）　三月六日の日本艦隊のウラジオストック砲撃

旅順においてロシアの最良の戦艦二隻が重大な損傷を受けたこと（訳註：二月四日の日本駆逐隊の夜襲（雷撃）による「レトウィザン」「ツェザレウィッチ」の損傷及び座礁）を機会に、日本の連合艦隊司令長官、東郷平八郎海軍中将は、上村海軍中将が指揮する装甲巡洋艦五隻及び防護巡洋艦二隻よりなる第二艦隊を旅順港封鎖からウラジオ巡洋艦戦隊の対応に振り向けた。これによって三月六日、日本の第二艦隊はウスリー湾に侵入してウラジオストックを砲撃した。この時、ウスリー湾のロシア沿岸砲台は攻撃を撃退する準備が整っていなかった[14]。ウラジオ要塞の防御施設建設は未だに完了していないどころか、その要塞の火砲は射撃を行うことさえできなかったのである。また防御機雷は実際に必要とされるところには敷設されていなかったし、更には湾の内奥に位置していたロシアの巡洋艦さえもが迅速に出港する準備が整っていなかった。幸いにも日本側の砲撃による損害はあまり重大ではなかった。日本側は約二〇〇発を発射したがそのほとんどは不発であり、女性一人が死亡し、病院地区で水兵が五名負傷したに過ぎなかった。しかし上村中将の艦隊が旅順方面へ引き返した後になって、彼の行動がロシア側に強い影響をもたらし始めた。

日本艦隊の砲撃によって、多くの士官及び軍属は彼らの家族をより安全な場所へ移動させることとなり、これがウラジオストック市街から市民が避退する引き金となった。このため、三月九日には多数の群衆が鉄道の駅に集まることになったが、この時は一両の列車が定員超過の状態でロシア内陸に向かったに過ぎなかった。

結局、日本艦隊によるウラジオストック砲撃は、ロシア側にプロパガンダの良い材料を提供したことになった。上村中将の艦隊が南方に去った後になって、ロシアの巡洋艦は様子を見るために港外に出てきた。敵はすでに遠くに去っていたが、レイツェンシュタイン大佐は極東総督アレクセイエフ（Alekseev）海軍大将に対して、上村中将の部隊を追跡したが彼らは優速によって幸運にも逃げおおせた、と報告したのである。またIllyustrirovannaya letopiの『russko-japonskoi voiny』（一九〇四～〇五年に発刊されたジャーナル）は一九〇四年四月に、日本のウラジオストック砲撃は、①要塞は海上からは十二分に攻撃できない、②日本の砲術はそれまで一般に考えられていた程優れたものではなかった、と論じた[15]。露日戦争における旅順攻略及び後の第一次世界大戦中の青島攻略（一九一四年）は、日本軍の指導者達もまたこの時にロシアが考えたのと同じように考えたことを示している。すなわち要塞に対する作戦としては、艦隊よりも陸軍の方をより頼りにするようになったのである。

（四）戦隊の活動休止期間（三月一日～四月二十三日）

ウラジオ巡洋艦戦隊は、三月九日付けでその正式名称を「太平洋艦隊巡洋分遣枝隊」と改められた。また新しく太平洋艦隊司令長官となったマカロフ（Stepan Makarov）海軍中将は、戦隊司令官のレイツェンシュタイン大佐を旅順に召還し、彼の職をイェッセン（K. P. Iessen）海軍少将に与えた上で、「旅順の主隊に合同する準備を整えよ、日本艦隊との交戦恐れるに足らず」と指示した[16]。

（五）第三次出撃（四月二十三～二十七日）

イェッセン少将は戦隊司令官に就任してから僅か一カ月の内に「敢闘精神高揚のため」に元山奇襲を決定した。攻撃には三隻の巡洋艦「ロシア」「グロモボイ」「ボガツイリ」が参加し、これに「水雷艇第二〇五号」及び「第二〇六号」が協同した[17]。水雷艇の任務は、港内の偵察と港内にいる日本輸送船の攻撃であった。

真水と石炭の補給のために出港を一日遅延することを余儀なくされ、戦隊がウラジオストックを出港したのは四月二十三日であったが、この時新たに黄海から到着した上村中将の装甲巡洋艦五隻、防護巡洋艦五隻、通報艦一隻、駆逐艦四隻、水雷艇二隻及び補助艦艇からなる第二艦隊が、元山方面から接近しつつあった。日本艦隊はウラジオストック近くにおいてロシア側の牽制行動を企図していた。言うまでもなく、そのような強力な敵に遭遇した場合には、ロシアの巡洋艦戦隊の運命は火を見るより明らかであった。四月二十四日の朝、「ボガツイリ」の電信機は信号を受信し始めた。それは「最初はかすかであったが、次第にあたかも我が戦隊の艦艇が近接してくるかのように明瞭になった」[18]。すぐにそれは暗号化されていない日本語の平文であることが分かった。戦隊旗艦「ロシア」に通訳として乗艦中であったウラジオストックの東洋協会日本語科の学生がそれをロシア語に翻訳した。「厚い霧が艦隊の運動、視覚信号距離、針路、速力を妨げている」[19]。後日再照合されたその時の両軍の航跡は、幸運にもこの霧によって僅か数マイルの距離で互いに発見されることなくすれ違ったことを示していた。

翌四月二十五日の朝、元山港内に侵入したロシアの水雷艇は日本の汽船「五洋丸」を見つけ、その全乗員を陸上に避退させてからこれを撃沈した。水雷艇はその後戦隊に合流し、巡洋艦「ロシア」に曳航された。その日の夕刻、元山の北東海面において汽船「萩ノ浦丸」を発見し、「ボガツイリ」が退船させた日本人一五名及び朝鮮人一二名を収容した後、「グロモボイ」が自艦の処分員を送り込んで沈めた。

その夜ウラジオ巡洋艦戦隊は、利源に陸軍兵力を示威上陸させ、これを再収容したものの悪天候のため船団より分離した輸送船「金洲丸」に遭遇した。三〇一名が乗船しており、その中には日本陸軍第三七歩兵連隊の第九中隊（将校五名、特務曹長二名、下士官兵一二一名、通訳二名及び元山日本総領事館員一名）がいた[20]。ロシア側は、中隊長椎名陸軍大尉を含む二〇八名を捕虜としたが、船上に残された残余の陸軍部隊は降伏することを拒絶した。巡洋艦「ロシア」が「金洲丸」に魚雷を放ち、更に砲撃を加えた。その輸送船は四月二十六日の朝になってから沈んだが、船上の日本兵は船が完全に沈むまでロシア巡洋艦に対して小銃で撃ち返し、これによって見物のため甲板に出てきた「ロシア」の操舵員と倉庫員が負傷してしまった。

ロシア巡洋艦による攻勢行動の次の段階は、旅順及びウラジオストックに対する日本の艦砲射撃の報復として日本の函館港を砲撃することであった。しかし、戦隊司令官は「捕虜の乗艦中に要塞砲撃を企図することは危険である」

と判断した。そして戦隊のウラジオストックへの帰還はまたもや霧によって助けられ、三隻のロシア巡洋艦は同じ航路を反航する一〇隻の日本艦隊を再度やり過ごすことができた。

首尾良い四月のこの行動は期待どおり巡洋艦戦隊の奮闘精神高揚を促したが、それも四月十三日のマカロフ中将の戦死によっていくぶんそがれてしまった（訳註：座乗する戦艦「ペトロパブロフスク」が旅順港外で日本側が敷設した機雷に触れ轟沈したことによる）。しかしながら、巡洋艦戦隊による攻勢行動はすでに一九〇三年に予期されたとおり、日本海軍の兵力分割をもたらした。即ち、日本海軍はウラジオストックを監視するため対馬の尾崎湾に第二艦隊の装甲巡洋艦四隻を分派したが、これは旅順港内にあるロシア艦隊主力の封鎖を続ける日本艦隊の勢力を弱体化させることとなった。

（六）　ウラジオストック近傍への日本の機雷敷設

四月二十九日、上村中将は再び彼の艦隊を率いてウラジオストック近傍に現れ、駆逐艦「白雲」「朝潮」「暁」「朝霧」の四隻が金角湾の入り口に計七五個の機雷を三列に敷設した。これらの機雷に対するロシア側の掃海は中途半端に実施されたため、七月十七日になってから「水雷艇第七〇七号」がこれに触雷してウスリー湾に沈んだ。

（七）　巡洋艦「ボガツイリ」の座礁

一九〇四年五月十五日の朝、ウラジオ巡洋艦戦隊は最初の重大な損失を被った。「ボガツイリ」がスラビヤンスカヤ湾のブルセ岬（訳註：ウラジオストックの南西約二四マイル、アムールスキー湾対岸）で座礁してしまったのである。その遭難は霧中をあまりにも高速で航行するよう命じたイェッセン少将の失策であると考えられた。「ボガツイリ」は重大な損傷を被ったが、後に離礁させて修理ドックに入れることができた。しかしウラジオストックの貧弱な修理設備及び資材不足のため、「ボガツイリ」は翌年七月まで行動することができなかった。

五月二十二日、ロシア太平洋艦隊の新司令長官に任命されたスクリドルフ（N. I. Skrydlov）海軍中将がウラジオストックに着任した。戦死した故マカロフ中将の後を継いだのであるが[21]、彼はその時すでに日本軍の包囲の下にあった旅順には行くことができなかった。

太平洋艦隊の「第二艦隊」がバルチック海のクロンシュタットで編成されたのに伴い、ロシア太平洋艦隊の編成が五月二十五日付けで変更されて、それまでの太平洋艦隊の部隊が「第一艦隊」と改称され、ウラジオ巡洋艦戦隊の正式名称も新しく「太平洋艦隊第一艦隊巡洋分遣枝隊」となった。更に、ウラジオ巡洋艦戦隊司令官のイェッセン少将は陸上勤務に移され、彼の職はスクリドルフ中将と共にサンクト・ペテルブルクからやってきた第一艦隊司令長官ベゾブラーゾフ（P. A. Bezobrazov）海軍中将に取って替わられた。[22]

（八） 第四次出撃（六月十二～二十日）

四月後半から五月のほとんどの期間、ウラジオ巡洋艦戦隊は何らの攻勢行動をも取らなかった。「グロモボイ」の掌砲長マツベイ・ラプテフ（Matvei Laptev）は、その時のことを次のように妻に書き送った。「四月の元山襲撃以来海に出ていない。それは危険であるかのように。我が艦隊はそう大きくはないので、クロンシュタットからの艦隊が到着した後で作戦が開始されることになるであろう。しかしそれが八月より早くなることは無い……戦争はまだ長引くと思われるので、新年を迎える前に私が予備役に編入されることは無いであろう……。」[23]

四月から五月の間に、日本軍は満州及び遼東半島で攻勢を開始し、増援のために日本から戦場への新たな兵員及び補給物資の輸送が行われた。スクリドルフ中将の太平洋艦隊司令部は、三隻の水雷艇（第二〇三号、第二〇五号及び第二〇六号）をもって北海道近海の漁船を攻撃すると共に、三隻の装甲巡洋艦をもって対馬海峡東側で日本と朝鮮南部間の海上交通を破壊する計画を立案した。それは、五月に日本軍は重大な損害を被った（訳註：戦艦「初瀬」「八島」の機雷による沈没、及び衝突事故による巡洋艦「吉野」の喪失のこと）ので、敵の残存兵力の全てが旅順付近に集められたと考えたからだった。しかし実際には上村中将の艦隊は対馬の根拠地にいた。ロシア側が情勢判断において再度の誤りを犯したために、ウラジオ巡洋艦戦隊はほとんど確実な死に直面するかもしれない作戦に送り出されることとなった。

六月十二日、ベゾブラーゾフ中将指揮下の巡洋艦「ロシア」「グロモボイ」「リューリック」の三隻がウラジオストックを出港した。六月十五日の本曇りの朝、戦隊は首尾良く対馬海峡に入り、その直後に数隻の日本輸送船に遭遇した。その日本側指揮官は日本の主要基地である佐世保から僅か二〇マイルの距離のところでロシア艦艇に遭遇するとはまったく予期していなかった。艦長ダビッチ（N. D. Dabich）海軍大佐が指揮する「グロモボイ」はこの混乱を最大限に利用し、二隻の軍隊輸送船「和泉丸」及び「常陸丸」を沈めることができた。「和泉丸」は空船の状態で内海に戻るところであったが砲撃されて沈み、七名が死亡、二五名が負傷し、一〇五名が捕虜となった。一方の「常陸丸」は近衛後備歩兵第一連隊の一個大隊を広島から南尖子へ輸送中であり、乗組員一二九名、将校及び下士官兵一〇九五名、馬三二〇頭を載せていた。全速力で日本沿岸に逃れようと試みたもののすぐに追いつかれ、砲撃によって沈められた。この「常陸丸」の遭難は露日戦争間に海上で生起した最も恐ろしい災難の一つとなった。乗船者のうち生き残ったのは、兵士一三三名を含む二〇〇名以下に過ぎなかった。[24] ベルギーの全権公使アルベール・ダンサン（Albert D' Anethan）男爵が日本に派遣され、大災難で非業の死を遂げた将校・下士官兵計六三五名の近衛兵の葬儀が東京で挙行された。[25]そして旅順要塞攻略に使われる予定であった攻城砲がこれらの兵員と共に海底に沈んだ。[26] 日本軍は一九〇四年九月になるまでこれらの火砲の代わりを用意することができなかったため、歩兵は十分な火力支援を得られず、乃木陸軍大将の第三軍は三回の血にまみれた旅順強襲の実施によってその代価を払わねばならなかった。[27]

三隻目の日本輸送船「佐渡丸」は、鉄道大隊及び電気技師を塩大澳に輸送中であったが、「リューリック」の最初の要求に応じて停船したものの、船内に動揺が広がったために救助艇を降ろすべしとのロシア側の命令を迅速に遂行することができなかった。このため退船はきわめて緩慢なものとなったが、すでに日本の哨戒艦「対馬」に発見されており、かつ「佐渡丸」が救助要請の無線を発信したのを傍受していたため、ロシア側には待っている余裕はなかった。しかも、上村中将の艦隊は迎撃のため対馬の根拠地である尾崎湾を出港したものの、不意の雨に見舞われて視界が三〇〇〇メートルまで減少したためウラジオ巡洋艦戦隊を発見することができずにいたのであるが、[28] 戦隊司令官ベゾブラーゾフ中将は優勢な兵力の敵に発見されるという極めて妥当な恐れを抱いたため「リューリック」に「佐渡丸」の即時撃沈を命じた。「リューリック」は四名の英国人を含む三〇名の捕虜を収容した後二発の魚雷を発射し、戦隊に合流した。[29] 後になって、「佐渡丸」はなおも浮かび続け、程なく港に曳航されて修理されたことが判明した。

三隻のロシア巡洋艦は日本沿岸に沿って対馬海峡から首尾良く日本海に逃れたが、この時四隻の日本巡洋艦と僅か一〇マイルですれ違っていた。翌日、日本向けの石炭を運ぶ英国汽船「アラントン（Allanton）号」を捕獲した。ロシア側は石炭を「戦時禁制品」であると宣言し、その汽船は拿捕されてウラジオストックに回航させられた。[30] しかしながらその決定は後に抗議を受けることとなり、そして十月二十二日になってサンクト・ペテルブルクの高等捕獲審判所はその汽船及び貨物を所有者に返す判決を下した。[31]

六月二十日、巡洋艦戦隊は金角湾に帰投した。それとほとんど時を同じくして、北海道を襲撃して三隻の日本の帆船「安静丸」「八幡丸」「清栄丸」を撃破し、帆船「博通丸」を捕獲した「水雷艇第二〇三号」「第二〇五号」及び「第二〇六号」の三隻が帰還した。

対馬海峡におけるウラジオ巡洋艦戦隊の行動は、ロシア国内外の世論に大きな影響をもたらした。国内では、旅順防衛に参加した者は後でその成功のニュースが要塞を防御する者達の敢闘精神を著しく向上させたことを思い出し[32]、皇帝ニコライ二世は日本輸送船の撃沈を「愉快なニュース」と称した[33]。また国外では『デイリー・メール』紙及び『タイムス』紙が、日本はその海上優勢を失ったと報じ、「日本と朝鮮間の海上交通は断れた。重大な損害を被った後の東郷提督は、明らかに彼の全目標に対処するには十分な数の艦船を保有していない[34]」と書き立てた。

「グロモボイ」の某士官は次のとおり書き残している。「敵が膨大な兵力の姿を我々に見せつけるだけでは、護衛無しの兵員輸送を行うための海上の占有を保証することができないという、日本が犯した重大な失策をロシア側は活用した[35]。」

（九） 第五次出撃（六月二十八日〜七月三日）

ウラジオ巡洋艦戦隊の第五次出撃は、第四次の時と同じような危険を伴う行動であった。これは、明らかにロシアの提督は教訓から学ばないことを証明する決定であった。三隻の装甲巡洋艦、仮装巡洋艦「レナ」及び水雷艇八隻（第二〇一〜二〇六号、第二一〇号、第二一一号）に出撃が命令された。その任務は、先ず元山を襲撃してそこで日本軍と交戦し、その後敵に最大限の損害を与えつつ黄海に向かうというものであり、敵の海上輸送を破壊し、そして兵力に大差がなければ敵艦艇との交戦を回避してはならないというものであった。

戦隊は六月三十日の夜の間に元山に接近し、そして朝になって八隻の水雷艇が港内に乱入したが港は空であった。結局、帆船「清渉丸」と沿岸汽船「幸運丸」を焼き討ちし、元山市街に四七ミリ砲で砲撃を加えただけであった。反対に水雷艇第二〇四号を航法上のミスにより沈没させてしまい、残余の水雷艇は「レナ」を伴ってウラジオストックに帰投させられてしまった。巡洋艦「ロシア」に嚮導された戦隊は命令に従って対馬海峡に向かったが、そこにはすでに上村中将が装甲巡洋艦四隻、防護巡洋艦四隻、通報艦一隻、特設巡洋艦及び水雷艇一八隻からなる艦隊を率いて待ち構えていた。海峡に接近中に戦隊旗艦の無線機は戦隊が発見されたことを示す日本側の電信を受信し始めた[36]。敵艦隊との遭遇は七月一日の午後六時過ぎに対馬南方で生起した。しかし敵との交戦に入ることを規定した全ての命令は直ちに忘れ去られ、数分後には戦隊は日本軍から全速力で逃回していたことは明らかである。高速を維持するには機関科員を手助けするために水兵達を機械室へ送る必要があった。それでも、最も低速な日本の巡洋艦でも二〇ノットを超えるのに対して、旧式な「リューリック」は一六ノット以上を出すことはできなかった！　しかしながら日本の巡洋艦は躊躇しながら動いた。午後八時になって攻撃を開始しようと準備していた日本の水雷艇群はサーチライトで照射された上、砲撃によって追い返された。ロシア艦艇は四時間にわたる絶望的な追跡を受けた後で、暗闇が追跡者の目を覆った。

七月二日に巡洋艦「グロモボイ」は日本人が釜山で建設中の鉄道用の枕木及び梁を小樽から輸送中の英国汽船「チェルトナム（Cheltenham）号」を捕獲した。その貨物は戦時禁制品であるとされて船と共に没収された。

翌七月三日、戦隊はウラジオストックに帰投した。戦隊司令官のベゾブラーゾフ中将は病気のために戦隊を離れ、その職には再びイェッセン少将が就いた。そして、この対馬海峡における出来事により、艦隊司令長官は機関科員の職務を容易にするために三組目の機械技術兵及び補給兵のチームを巡洋艦に乗り組ませることにしたのである。(37)

（一〇）　第六次出撃（七月十七日〜八月一日）

ウラジオ巡洋艦戦隊の最も華々しい行動は七月に行われた第六次の出撃である。それは司令部が全戦争期間を通じて立案した作戦計画の中では、最も長距離の巡航で、かつ日本と米国を結ぶ海上交通路が存在する太平洋に進出する最初で最後のものであった。そして戦隊には戦時禁制品を輸送する中立国船舶だけでなく、敵の艦船を破壊する任務も課せられた。しかしながらこの作戦が決定されたのは、敵の海上交通に損害を与えるという要求のためではなく、むしろウラジオ巡洋艦戦隊と旅順艦隊との合同を一時的に延期することによって、ウィトゲフト（Withoeft）海軍少将の艦隊が旅順からウラジオストックへ突破するのを遅らせるためであったと考えられる。(38)スクリドルフ海軍中将は巡洋艦による通商破壊戦の効率を信じておらず、むしろ巡洋艦を艦隊決戦に使用する方を好んだが、それはあまり適切ではなかった。彼は単に主たる作戦の合間合間を縫って何かをするという目的のためだけに巡洋艦戦隊を太平洋に進出させたように見える。

装甲巡洋艦「ロシア」「グロモボイ」及び「リューリック」の三隻による太平洋への突破は、七月二十日の夜明けに津軽海峡を函館要塞から十分視認できるところを通過することでなされた。それは開戦前には不可能であると考えられていた行動であった。[39]そしてウラジオ巡洋艦戦隊はゆっくりと南に進み、次の週の内には東京湾の入口に到達した。七月二十日から二十五日までの間に、戦隊は汽船「高島丸」及び帆船「喜寶丸」「第二北生丸」「自在丸」「福就丸」の五隻の日本船舶を沈めた。更に、戦時禁制品を運ぶ四隻の外国汽船、ドイツの「アラビア（Arabia）号」及び「テア（Thea）号」、英国の「ナイト・コマンダー（Knight Commander）号」及び「カルカス（Calchas）号」を拿捕した。この内の二隻は回航員と共にウラジオストックに送られ、そして他の二隻「ナイト・コマンダー号」及び「テア号」は乗組員と船舶書類を収容した後に撃沈された。もっとも「テア号」の撃沈は後で賠償金を支払われなければならなかった。

イェッセン少将に率いられたウラジオ巡洋艦戦隊の行動は、きわめて大きな国際的反響を引き起こした。しかしながら、戦隊では予備の石炭の搭載や補給船の手配といった航海可能日数を増加させるための方策が何ら採られていなかったので、太平洋上で十分な作戦日数を費やすことができなかった。七月二十三日にはすでに「グロモボイ」の搭載石炭の過度の消費が明らかとなっており、このため戦隊は撤退を余儀なくされた。三隻の巡洋艦は再度津軽海峡を通過して日本海に戻り、八月一日金角湾に帰り着いた。

（一一）第七回行動（八月十二〜十七日）：八月十四日の蔚山沖海戦[40]

七月三十日、日本陸軍は旅順要塞正面への攻撃を開始し、八月七日以降その砲兵部隊は市街及び港内を砲撃する事態となったが、クロパトキン中将の満州軍は遼陽付近に兵力を集結させただけであった。そのような状況を受けて、太平洋艦隊司令部は旅順にある第一艦隊の主力を温存するため、ウィトゲフト少将に対して残存全艦艇をもって日本艦隊の封鎖を突破してウラジオストックへ向かうよう命令した。これを受けてウィトゲフト少将は八月十日に艦隊を旅順から出港させた。そしてこれに応じてウラジオ巡洋艦戦隊は対馬海峡においてこの旅順を脱出した艦隊と合流することを企図した。しかしながら、旅順艦隊出港の通報がウラジオストックへ届くのが遅れるであろうことは周知の事実であったので、旅順艦隊側の誰もがその支援を当てにはしていなかった。[41]実際、第一艦隊が旅順を離れることをウラジオストックが知ったのは八月十一日になってからであり、それはすでにウィトゲフト少将が黄海で日本艦隊に撃破されて戦死した後であった。このためウラジオ巡洋艦戦隊が八月十二日に対馬海峡に達したときには、そこには合流すべき何物も存在しなかった。

予期された事態ではあったが、八月十四日の夜明けには巡洋艦戦隊はウラジオストックへの退路を遮断するために待ち構える日本の四隻の強力な装甲巡洋艦「出雲」「吾妻」「常磐」「磐手」に向かって進んでいた。ロシア巡洋艦の乗員は当初視認した艦艇が旅順艦隊の一部であることを切望したが、その誤りはすぐに理解された[42]。そして巡洋艦戦隊は警報を鳴らして戦闘配置に付いた。ロシア側乗員の誰一人として目の前の戦闘の結果にいかなる希望も幻想も抱いていなかった。特に「リューリック」はその速力及び装甲の不足の故に、敵艦艇と交戦するよりもむしろ通商破壊のためのものであることは総員周知のことであった。

戦闘は相互の距離が一〇キロメートルとなった午前五時一〇分（東京時間五時二三分）に開始された。「グロモボイ」の前部砲群指揮官であったウラジスラフエフ（Vladislavlev）海軍大尉によると、そのような距離ではロシア側の一六門の二〇センチ主砲は撃ち返すことができず、僅かに四門の二〇センチ砲のみが射撃可能であり、特に「リューリック」の搭載砲は時代遅れのもので射程は短かった[43]。距離が更に縮まったとき、日本側二七門及びロシア側二二門の一五センチ副砲が射撃を開始した。しかし、直ちにロシア艦隊で使用されていた一五センチ・カネー砲は大仰角での射撃時にその操作歯車の歯が衝撃によって破損してしまうことが露呈し、これによってロシア巡洋艦の半数の砲が射撃不能となってしまった。日本軍の技術的な優越もまた重大な意味を持っていた。ロシア海軍のものより高性能な砲弾は、戦闘においてほぼ間違いなく炸裂し、装甲の無い上部構造物、煙突、艦橋を破壊し、多くの火災が発生して艦の木造構造物や上塗りされて部厚い層となっている塗料を一斉に燃え尽くし、重大な人的損傷をもたらした。更に、近代的な測距儀及び光学照準器の装備とより高い射撃速度、より長射程の火砲による砲撃は、ロシア艦上に炸裂する砲弾の数の多さとなって現れた。

砲戦が始まって一時間のうちに、「リューリック」はすでに建造時から予期されていた運命がその身に降りかかることとなった。無防備の操舵室に砲弾が命中したため、操艦が不能となってしまったのである。

二時間にわたり「ロシア」及び「グロモボイ」は僚艦が撃ちのめされるのを援護しようと試みたが兵力の劣勢は如何ともし難く、三隻のロシア巡洋艦は猛烈な砲撃に曝され続けた。最終的に、午前八時二五分になってイェッセン少将は旗艦の砲の大多数が使用不能となったことを知らされ、戦隊を北に避退させることを決定した[44]。それによって彼は日本の装甲巡洋艦の注意を「リューリック」から逸らそうとしたのであるが[45]、「ロシア」と「グロモボイ」はかろうじてウラジオストックに逃げ帰ることができたものの[46]、全ての砲撃力と推進力を失った「リューリック」は日本の巡洋艦「浪速」と「高千穂」によって止めを刺され、最後は乗員自らの手によってキングストン弁を開いて沈められた。同艦乗組の二二名の士官のうち、艦長ツルソフ（E. A. Trusov）海軍大佐を含む九名が戦死し、九名が負傷した[47]。また七九六名の下士官兵のうち一九三名が戦死し、二二九名が負傷した[48]。

逃げ延びた巡洋艦「ロシア」は士官一名と水兵四六名が戦死し、士官六名と水兵一五九名が負傷した。もう一方の「グロモボイ」の損失は、戦死が士官四名及び水兵八九名、負傷は艦長ダビチ海軍大佐を含む士官六名及び水兵一七四名であった。しかしこれらの多大な人的損失にもかかわらず、ロシア艦隊の某専門家は装甲巡洋艦「グロモボイ」の被害は大したことなく、艦の戦闘能力にとっては重大なことではないと見なしたことは注目に値する[49]。実際、両艦とも一カ月でほとんど全ての被害が修復されたのであった。

ケフリイ（Kefely）医師の集計による最終的な巡洋艦戦隊の人的損失は、砲弾の炸裂衝撃及び破片により、戦死・士官一四名、下士官一名及び水兵三二八名、負傷・士官二八名、下士官六名及び水兵六三五名であった[50]。

これに対する日本艦隊の人的損失は、日本側の記録によると僅かに士官二名、水兵四二名が戦死し、士官四名及び水兵七八名が負傷したに過ぎず、重大な被害は装甲巡洋艦「磐手」ただ一隻が被っていただけであった[51]。

四　蔚山沖海戦後のウラジオ巡洋艦戦隊（一九〇五年八～九月）

蔚山沖海戦後、ウラジオ巡洋艦戦隊の次の行動までにはかなりの間があり、翌一九〇五年五月になってから短期間の北海道方面の襲撃を行い、帆船「Yaiya-Maru」「Senrio-Maru」「Koyo-Maru」及び「Hokuzei-Maru」の四隻を撃沈した（訳註：この四隻については日本船名を確認できなかった）。またロシア水雷艇の手によって帆船「第三八幡丸」を沈めた。

しかしながら、日本海海戦におけるロシア太平洋第二艦隊壊滅の報を受けた後は、ウラジオ巡洋艦戦隊は如何なる攻勢行動をもとることがなかった。出撃することが二隻の残存する巡洋艦に求められたが、結果は輝かしくとも無益な損耗で終わり、そして日本艦隊に対する向こう見ずな企てと呼ばれるに過ぎないことが明白であったからである。

結　び

露日戦争の間、全ロシア艦隊と同様にウラジオ巡洋艦戦隊もまた己に関して何らの見込みも持っていなかった。その理由は、①ロシア艦隊の技術的な後進性、②巡洋艦戦隊の攻勢行動のための不十分な編成、の二つであった。情勢そのものは、ウラジオ巡洋艦戦隊が敵の海上交通に重大な損害を与えることができるという、外洋における巡洋艦本来の用法を提起したにもかかわらず、ロシアの海軍司令部は常にウラジオ巡洋艦戦隊に対して敵の優勢な艦隊を撃破することを課した。それはあたかも「ワリヤーグ」の場合と同じような新しい英雄――殉教者たる水兵達（訳註：「ワリヤーグ」は開戦早々日本艦隊と交戦したが衆寡敵せず中立港たる仁川港内に封じ込められ、その結果一九〇四年二月九日に降伏するよりも港内で自沈する道を選んだ）――を作り出そうと試みているかのようであった。その結果ウラジオ巡洋艦戦隊は、沿岸を制圧することができる朝鮮北部の港湾か、敵艦隊と遭遇する可能性がきわめて高い対馬海峡か、あるいはまた偵察や日本の小型船舶を捕獲するために他の方面に振り向けられるかのいずれかとなった。換言すれば、ウラジオ巡洋艦戦隊の任務は、敵艦隊との遭遇によって確実な死に曝されるものか、さもなくば水雷艇によってでも簡単に解決できるようなもののどちらかであった。そのような戦略が良い結果をもたらす訳がなく、そして巡洋艦「リューリック」の喪失は日本の海上交通路に対するウラジオ巡洋艦戦隊の攻勢行動を終わらせることとなった[52]。

数十年もの間、ロシアの提督達は英国に対する巡洋艦戦のために他の如何なる軍事行動にも適さない航洋巡洋艦を造り続けてきた[53]が、その大きさと建造費は同時代の戦艦とほぼ同じであった[54]。加えて、そのような海上作戦が持つ特殊な性格を理解しておらず、そのための準備もできておらず、そしてそのような巡洋艦を艦隊決戦に振り向けることを優先していたような印象がある。ウラジオ巡洋艦戦隊には二つの対照的な任務が課せられていた。即ち、①日本の海上輸送を破壊すること、②それ自身で日本の艦隊の一部を引きつけること、であった。しかし二つの二流海軍力の間の局地的な争いにおいては、艦隊の行動は艦隊戦闘という純軍事的範囲に限定される必要があった。なぜなら本格的な巡洋艦戦、即ち通商破壊戦は、概して中立国の拒否的な反応しかもたらさなかったからである。そしてロシアの提督達はそれを十分に認識していた。マカロフ提督及びスクリドルフ提督は、彼らの巡洋艦にとって日本の海上交通は決して良い目標ではなく、むしろそれらを艦隊主力の一部として使う方がより有益であると信じていた。敵の海上交通に対する戦い、即ち日本の海上輸送の破壊は、ロシア海軍の任務項目の中で高い優先順位を与えられてはいなかった。ウラジオ巡洋艦戦隊の乗組士官達でさえもが、敵の

行動図（1904年 2～8月）

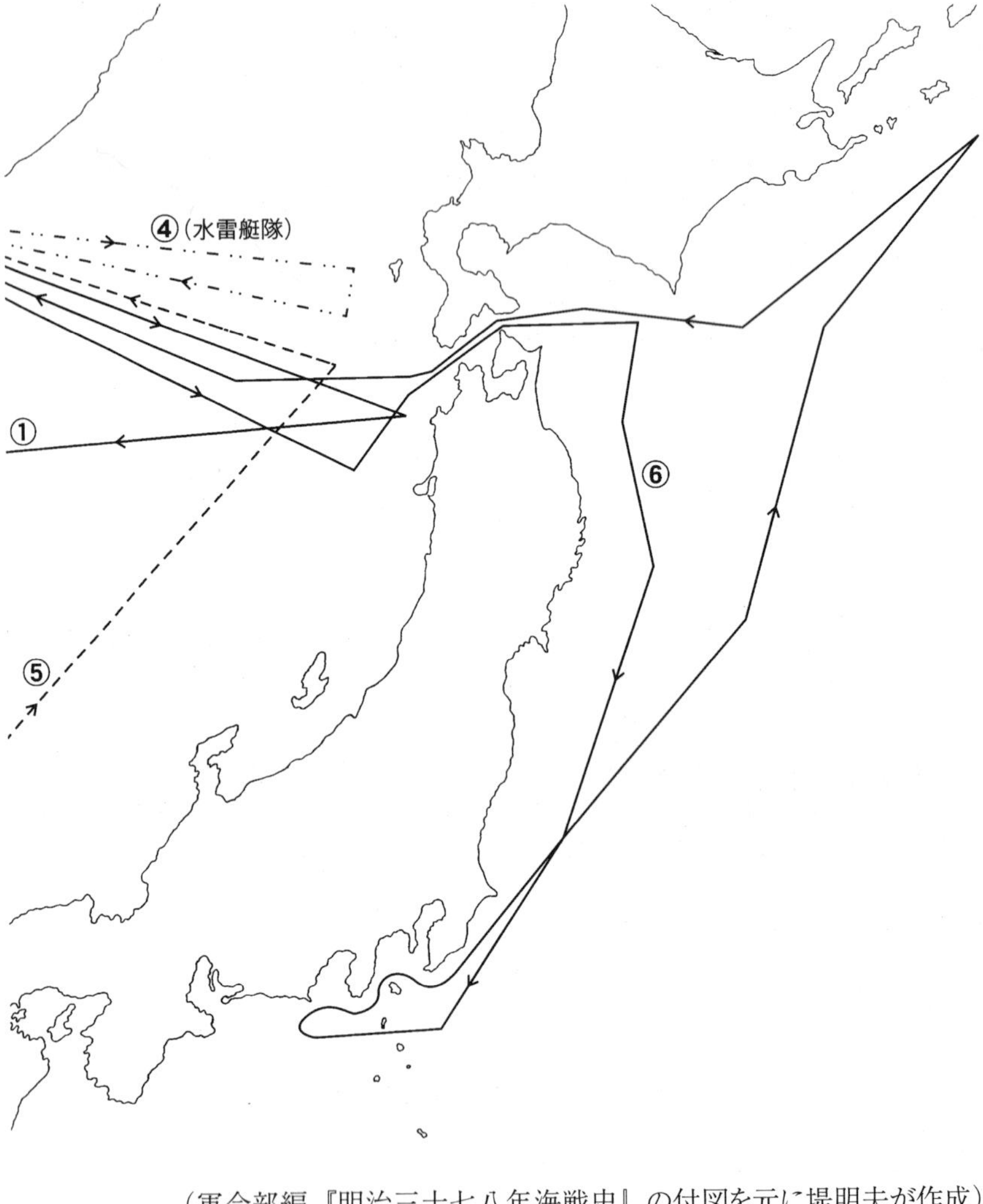

（軍令部編『明治三十七八年海戦史』の付図を元に堤明夫が作成）

ウラジオ巡洋艦戦隊

①：第１次出撃　２月９日～同14日
②：第２次出撃　２月24日～３月１日　（航跡は推定で作図）
③：第３次出撃　４月23日～同27日
④：第４次出撃　６月12日～同20日
⑤：第５次出撃　６月28日～７月３日
⑥：第６次出撃　７月17日～８月１日
⑦：第７次出撃　８月12日～同17日
（「常陸丸」の撃沈：６月15日）
（太平洋進出：７月20日～同25日）
（蔚山沖海戦：８月14日）

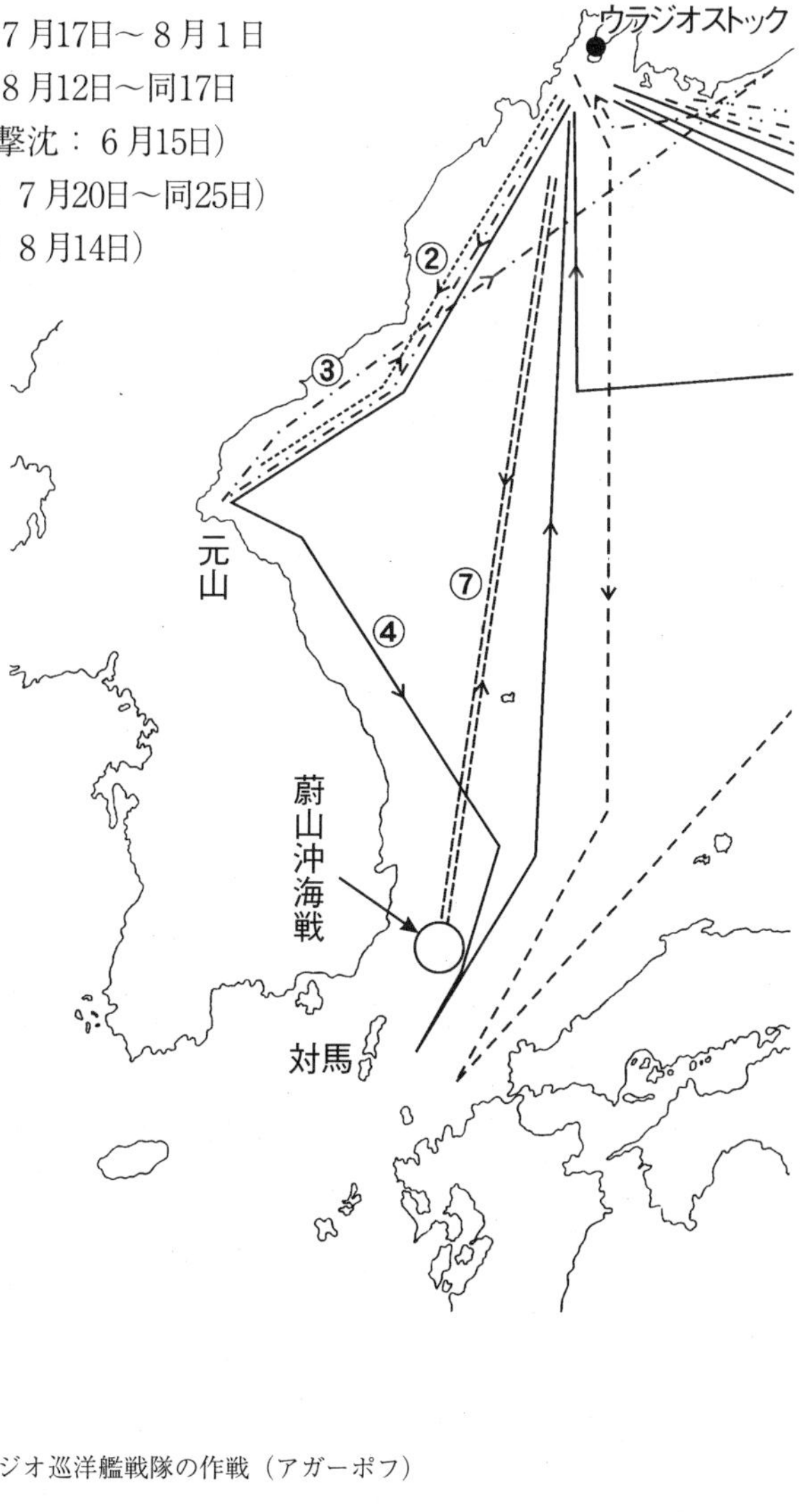

海上交通を破壊することの意味を理解していなかったのである。

前出のコロコロフ少尉の日記は、ウラジオ巡洋艦戦隊に課せられた任務の全貌を我々に描いて見せる。そこに記されている任務には、「牽制行動」「偵察」「函館砲撃」「巡洋艦「ワリヤーグ」の撃沈」(訳註:仁川港内に封じ込められた「ワリヤーグ」を日本軍の手に落ちないようロシア艦艇によって撃沈することを一時は企図したものと考えられる)及び「旅順艦隊への合同」が示されている。その結果、ウラジオ巡洋艦戦隊は通商破壊戦においては僅かに三隻の軍隊輸送船、英国及びドイツの各一隻を含む計七隻の汽船と一四隻の帆船を沈め、後に釈放された二隻を含む四隻の外国汽船及び一隻の日本帆船を捕獲したに過ぎない。一九〇五年三月の『祖牛新報』誌によれば、ウラジオ巡洋艦戦隊によって沈められた日本船舶の総トン数は一万五二八〇トンであり、これは開戦前の全日本商船隊の二・六%に当たる。そしてほぼ同じトン数(二万三三二二トン)がこの戦争期間中に座礁等の事故で失われた(55)。ウラジオ巡洋艦戦隊の行動の結果は事前に予測され得たことであろう。米国のマハン(A. T. Mahan)は一八九〇年に出版した著作の中で、巡洋艦の行動が成功するか否かは主力部隊にかかっていることを述べている(56)。そしてそれらの支援なしには、また外洋において敵艦隊を圧迫することなしには、巡洋艦は確実な局地的成功を達成することはできず、更には海戦においても勝利が得られず、結局は彼らの目的を達成することはできない、としている。ロシア太平洋艦隊が開戦初日以来失った海上優勢によって、不十分な兵力をもってするウラジオ巡洋艦戦隊の作戦は多分に冒険的なものとなってしまったと断言し得る。そして得られた全ての局地的な成功にもかかわらず、総合的な勝利は日本海軍にもたらされたのである。

露日戦争はマハンのシー・パワー論の正しさをもう一つの具体例をもって示した。即ち、日本海軍は一九〇四年だけで一三隻のロシア船を含むウラジオストックへ突破を試みる二三隻の商船を拿捕した(57)。一九〇五年の一月から五月の間に日本海軍は太平洋から日本海に通じる全ての海峡の管制権を得て、これによりウラジオストック向けの貨物を輸送する二二隻の外国籍商船を拿捕することができた(58)。このように、日本海軍による海上封鎖の方がロシア側の巡洋艦戦より効率的であるということが判明したが、実際には、その巡洋艦戦さえ本格的には起こらなかったのである。

註

(1) *Otchet general-adjutanta Kuropatkina*, V. 4, Itogi voiny (S-Petersberg, 1906), pp. 145-55.

(2) McCormick F., *The tragedy of Russia in Pacfic Asia,* Vol. II (NewYork, 1907), p. 176.

(3) *Russko-yaponskaya voina 1904–1905 gg. rabota istoricheskoi comissii po opisaniyu deistvii flota v voinu 1904–1905 pri morskom generalnom shtabe.* Book. 1 (S-Petersburg, 1912), pp. 65–80.

(4) Slavlev, *Ocherki iz boevoi zhizni Vladivostokskoi eskadry Russkaya starina.* 1913. V. 156 (Book, 10), p. 35.

(5) Velikii kniaz' Aleksandr Mikhailovitch, *Soobrazheniya o neobhodimosti usilit' sostav russkogo flota v Tihom okeane* (S-Petersburg, 1896), pp. 5–6.

(6) Zabugin N. P., *Osudohodstve na russkom Dal' nem Vostoke,* (S-Petersburg, 1896), p. 59; Makarov S. O., 'Vosmo-zhno li iskusstvennym putem vosprepyatstvovat' zamerzaniyu buhty Zolotoi Rog' //*Zapiski obshchestva po izucheniu Amurskogo kraya,* V. 5, Issue. 1. 1896, pp. 1–14.

(7) *Russkoe sudohodstvo,* 1904. No. 3 (263), pp. 227–28.

(8) *Voina Rossii s Yaponiei v 1905 godu* (Otchet o practicheskih zanyatiyah po strategii na kursah voenno-morskih nauk pri Nikolaevskoi Morskoi Academii v prodolzhenii zimy 1902-1903 gg.), (S-Petersburg, 1904), p. 136.

(9) ウラジオ巡洋艦戦隊の戦闘行動の描写は，特にことわりのない限り，以下に拠った。Egoriev V. E., *Operatsii Vladivostokskih kreiserov v russko-japonskuyu voinu* (Moscow-Leningrad, 1939), pp. 65–235.

(10) *Opisanie voennyh deistvii na more* v 37–38 gg. Meidzi (translated from japanese language), V. 3, *Deistviya protiv russkoi Vladivostokskoi eskadry* (S-Petersburg, 1910), p. 4.

(11) *Illustrirovannaya letopis' russko-yaponskoi voiny.* Issue 1, pp. 20–21.

(12) Kolokolov G., *Na kreisere "Rossiya"* (S-Petersburg, 1997), p. 7.

(13) *Ibid.,* p. 9.

(14) Ayushin N. B., Vorobiev S. A, Gavrilkin N. V., Kalinin V. I,' *Vladivostokskaya krepost* (S-Petersburg, 2001), p. 62.

(15) *Illustrirovannaya letopis' russko-yaponskoi voiny.* Issue 2, p. 77.

(16) Makarov S. O., *Documenty,* Vol. 2 (Moskow, 1960), pp. 579–82, 597–98.

(17) Slavlev. 'Ocherki iz boevoi zhizni Vladivostokskoi eskadry', *Russkaya starina.* 1913. V. 156, Book. 10, p. 37.

(18) *Ibid.,* p. 38.

(19) Kolokolov G., *Nakreisere "Rossiya",* p. 12.

(20) *Opisanie voennyh deistvii na more* v 37–38 gg. *Meidzi.* V. 3, p. 16.

(21) Prikaz Ego Imperatorskogo Velichestva ot 1 aprelya 1904 g. /*Sbornik prikazov i tsirkulyarov o lichnom sostave chinov flota i morskogo vedomstva* (S-Petersburg, 1904).

(22) Prikazy komanduyushchego flotom v Tihom okeane No. 5 ot 9 maya and No. 23 ot 15 maya 1904 g. /*Prikazy komanduyushchego flotom v Tihom okeane* (Vladivostok, 1904).

(23) "Glubokouvazhamaya Glikeriya Andriyanovna!" *Semnadtsat' pisem Matveya Lapteva*//Ural. 1994. No. 6, pp. 240–

44.

(24) *Opisanie voennyh deistvii na more* v 37-38 gg. *Meidzi*. V. 3, pp. 34–36.

(25) 'The d'Anethan dispatches from Japan, 1894–1910', *The observations of Baron Albert d' Ane-than Belgian Minister Plenipotentiary and Dean of the Diplomatic Corps* (Tokyo-Tallahassee, 1967), p. 191.

(26) Bartelett E. A., *Port-Artur, osada i kapitulyatsiya* (translation from English language) (S-Petersburg, 1908) p. 62; Jukes Geoffrey, *The Russo-Japanese War 1904–1905* (Oxford, 2002), p. 40.

(27) *Istoriya voin* (translation from English language) (Moscow, 2003), p. 149.

(28) *Opisanie voennyh deistvii na more* v 37–38 gg. *Meidzi*. V. 3, pp. 23–24.

(29) *Illustrirovannaya letopis' russko-yaponskoi voiny*. 1904, Issue. 5, p. 19, 134.

(30) Pravila, kotorymi *Rossiya namerena rukovodstvovat' sya v voine s Yaponiei*/Sheftel Ya. M. Pravo morskoi voiny (Petrograd, 1915), p. 122.

(31) *Sbornik reshenii vysshego prizovogo suda po delam russko-yaponskoi voiny* (S-Petersburg, 1913), pp. 3–4.

(32) Lilie M. I., *Dnevnik osady Port-Artura* (Moscow, 2002), p. 123.

(33) Impator Nikolai II. Dnevnik/militera. lib. ru/nikolay-2/

(34) Dal' nii Vostok. 1904. July 7, p. 1.

(35) Slavlev, Ocherki iz boevoi zhizni Vladivostokskoi eskedry//Russkaya starina. 1913. V. 156. Book 11, p. 324.

(36) Kolokolov G., *Na kreisere "Rossiya,"* p. 31.

(37) Prikazy komanduyushchego flotom v Tihom okeane No. 110 ot 29 iunya 1904 g. /*Prikazy komanduyushchego flotom v Tihom okeane* (Vladivostok, 1904).

(38) Melnikov R. M., *"Rurik" by l pervymt* (Leningrad, 1989), pp. 170–71.

(39) *Voennoe obozrenie Severnoi Korei* (S-Petersburg, 1904), p. 137.

(40) 海戦の詳細は以下を参照。Egoriev V. E., *Operatsii Vladivostokskih kreiserov v russko-japonskuyu voinu*, p. 195–235; Kolokolov G., Na Kreisere "Rossiya" pp. 41–48; Melnikov R. M., *"Rurik" by l Perrvmt*, pp. 174–202; Slavlev, Ocherki iz boevoi zhizni Vladivostokskoi eskadry/*Russkaya starina*. 1914. V. 157, Book 1, pp. 104–13.

(41) *Russko-yaponskaya voina 1904–1905* gg. Book 3 (Petrograd, 1915), p. 27.

(42) Slavlev, Ocherki iz boevoi zhizni Vladivostokskoi eskadry//*Russkaya starina*. 1914. V. 157, Book 1, p. 106.

(43) *Ibid*., p. 106.

(44) Falk E. A., *Togo and the rise of Japanese sea power* (London-NewYork-Toronto, 1936), p. 352.

(45) 'Raport kontr-admirala Iessena' *Russko-yaponskaya voina. Deistviya flota*. Documenty. Dep. 2, Doneseniya glavnokomanduyushchih. Book 1, (S-Petersberg, 1910), pp. 184–92.

(46) Koktsinsky I. M., *Morskie boi i srazheniya russko-yaponskoi voiny ili prichina porazheniya: crisis upravleniya* (Mos-

cow, 2002), p. 151.

(47) *Tsirculyar Glavnogo Morskogo Shtaba* No. 241 ot 20 avgusta 1904 g. /Sbornik prikazov i tsirkulyarov o lichnom sostave chinov flota i morskogo vedomstva (S-Petersburg, 1904).

(48) Melnikov R. M., *"Rurik" by l perymt*, p. 202.

(49) Klado N. L., *Sovremennaya morskaya voina. Morskie zametki o russko-japonskoi voine* (S-Petersburg, 1905), pp. 426-28; Slavlev, Ocherki iz boevoi zhizni Vladivostokskoi eskadry //Russian antiquity, 1914, V. 157, Book 2, p. 331.

(50) Kefely Ya. I., *Poteri v lichnom sostave russkogo flota v voinu s Yaponiei. Statisticheskoe issledovanie* (S-Petersburg, 1914), pp. 48-51.

(51) *Opisanie voennyh deistvii na more* v 37-38 gg. *Meidzi*, V. 3, p. 64.

(52) Krestyaninov V. Ya., *Tsusimskoe srazhenie 14-15 maya 1905 g.* (S-Petersburg, 1998), p. 26.

(53) Kondratenko R. V., 'Iz istorii razrabotki plana kreiserskoi voiny na Tihom okeane' /*Rossiiski flot na Tihom okeane: istoriya i sovremennost'*. Issue 1 (Vladivostok, 1996), pp. 33-38; Makarov S. O., *Documenty*. V. 1 (Moscow, 1953), pp. 463-69, 493.

(54) *Sudovoi spisok 1904 g* (S-Petersburg, 1904), pp. 64-71.

(55) *Russkoe sudohodstvo*. 1905, No. 3 (275), p. 126.

(56) Mahan A. T., *Vliyanie morskoi sily na istoriyu, 1660-1783* (Moscow-Leningrad, 1941), p. 158.

(57) *Pod flagom Rossii: istoriya zarozhdeniya i razvitiya morskogo torgovogo flota* (Moscow, 1995), p. 260.

(58) *Opisanie voennyh deistvii na more* v 37-38 gg. *Meidzi*. V. 4 (S-Petersburg, 1910), pp. 21-27.

編集委員会付記

①本論文においては一九〇四年三月六日の上村中将指揮下の日本艦隊によるウラジオストック砲撃がとりあげられているが、この事件については左記の論文が日本側の事情を分析しており示唆に富む。

　松村正義「上村艦隊のウラジオストク艦砲射撃」（『軍事史学』第三八巻一号、二〇〇二年六月、九九－一〇七頁）。

②一一二－一一三頁の「ウラジオ巡洋艦戦隊行動図」は、アガーポフ氏の論文にあわせて堤明夫一佐が作成したものである。

（ロシア国立極東大学大学院）

（防衛大学校）

解　説

アガーポフ論文への補論

堤　明夫

はじめに

今回ロシアのアガーポフ氏の手になる原題「一九〇四～〇五年の露日海戦におけるウラジオストック巡洋枝隊の攻勢行動」（以下「アガーポフ論文」と略す。）の翻訳を担当させていただく機会を得た。しかしながら、アガーポフ論文のテーマは、海戦や通商破壊戦といったことを含めて恐らく日本側読者にとってはあまり馴染みのない部分であると思われる。このため翻訳に当たってはできる限りわかりやすい表現に努めたつもりではあるが、なお不十分な点を補うために、僭越ながらアガーポフ論文を日本側読者が読む上で参考となると思われる事項のいくつかについて、同論文の〝補論〟という形でまとめることとした。なおアガーポフ論文は英文のため、本稿で引用した原文も英文である。

一　ウラジオ巡洋艦戦隊について

（一）　部隊の名称

ウラジオ巡洋艦戦隊の正式な名称は、当初が「The Cruiser Detachment of the Pacific Ocean Squadron（太平洋艦隊巡洋枝隊）」、次いで「The Separate Cruiser Detachment of the Pacific Ocean Fleet（太平洋艦隊巡洋分遣枝隊）」と改称され、バルチックで太平洋艦隊第二艦隊が編制されて以降は「The Separate Cruiser Detachment of the First Squadron of the Pacific Ocean Fleet（太平洋艦隊第一艦隊巡洋分遣枝隊）」とされている。

日本側では従来から旅順を本拠地とする戦艦中心のロシア太平洋艦隊本隊を単に「旅順艦隊」と呼び、これに対する本論文のテーマとなるウラジオストックの巡洋艦四隻を中心とする部隊を「ウラジオ（浦塩）艦隊」と呼んでいることが多い。例えば公刊戦史である軍令部編『明治三十七八年海戦史』をはじめ、最近に至る著作物でもこの名称が使用されている。一般的な概念としては数隻以上で編成される部隊を「艦隊」と称することもあるので、正式名称ではないとは言え、巡洋艦四隻を中心とするこの部隊を「ウラジオ艦隊」と称することも誤りではないであろう。

装甲巡洋艦「ロシア」

装甲巡洋艦「グロモボイ」

装甲巡洋艦「リューリック」

防護巡洋艦「ボガツイリ」

一方、本アガーポフ論文においては著者はロシア海軍内における通称名から「Vladivostok Cruiser Detachment」という英語表記を使用しており、またロシア海軍の公刊戦史『千九百四五年、露日海戦史』の軍令部訳ではこれを「ウラジオストーク巡洋枝隊」としている。

以上のことを踏まえ、本論文の訳出に当たっては著者の意図することの実態をわかりやすく表現するためこの部隊名を「ウラジオ巡洋艦戦隊」と表記し、適宜これを略して「巡洋艦戦隊」「戦隊」という語も使用した。

また、今日においては「fleet」を艦隊、「squadron」を戦隊と訳すのが一般的であるが、後者については日露戦争当時の日本海軍では艦隊、戦隊の両方の訳語を公式に当てていたので、アガーポフ論文翻訳においては全て「艦隊」で統一した。

（二）　装甲巡洋艦と防護巡洋艦

アガーポフ論文の中でロシア海軍側及び日本海軍側の巡洋艦の艦種名として「装甲巡洋艦」「防護巡洋艦」という二つが出てくるが、これらについて簡単に説明する。

「装甲巡洋艦」と「防護巡洋艦」は、それぞれ英語表記の「Armored Cruiser」及び「Protected Cruiser」の日本語訳で、時期的にはほぼ一八九〇年代から一九一〇年代に

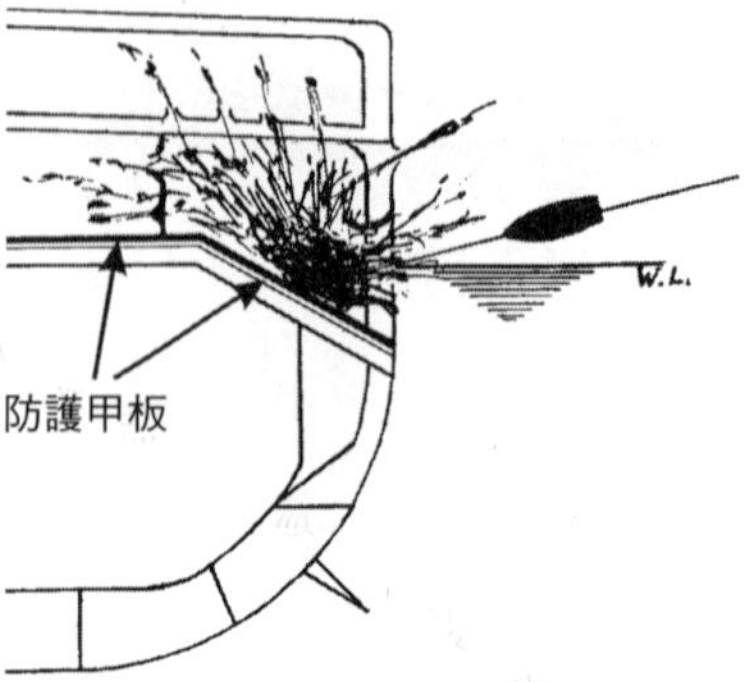

防護巡洋艦

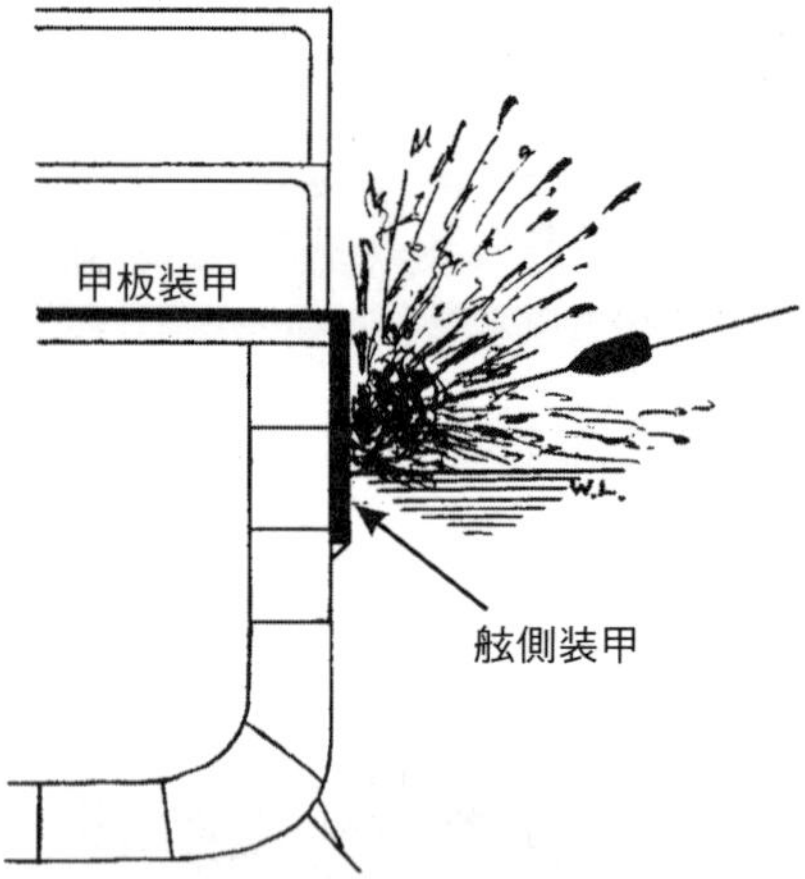

装甲巡洋艦

かけて各国海軍で建造された巡洋艦を、敵の砲弾に対する船体の防御方法の違いによってこのように区別して呼んでいる。

「装甲巡洋艦」とはその名のとおり船体の舷側を装甲で覆った大型の巡洋艦のことであり、後の巡洋戦艦や重巡洋艦へと発展していく流れにあるものである。日本海軍では英国海軍の建造思想の流れを汲んで、この「装甲巡洋艦」を戦艦に次ぐ「準主力艦」としての位置付けとし、このため船体は厚い舷側装甲で効率的に防御できるようにコンパクトに設計されていた。これに対して、ロシア海軍は本論文に記されているようにフランス海軍の流れを汲んで通商破壊戦に適した艦型のものが主流であり、舷側装甲の厚さやその装着範囲よりは航続距離や航行性をより重視するため、ほぼ同じ兵装でありながら英国や日本海軍のものより船体（排水量）が比較的大きいのが特徴である。

一方、「防護巡洋艦」とは一般的に舷側装甲を持たないか有していてもきわめて薄く、主として甲板を厚くした防護甲板と呼ばれるものによって敵弾に対する防御を図った比較的小型な巡洋艦のことで、後の軽巡洋艦に繋がるものの先駆である。その用法としては帆船時代の「フリゲート(Frigate)」の流れを引き継ぐもので、「戦列艦（Ship of the Line)」の様に艦隊戦闘を主目的とするのではなく、捜索、偵察、監視、通報、通商破壊、対小型艦艇、等々の多用途な任務である。このため、砲撃力や防御力といったものよりは軽快優速で、かつ長距離巡航能力を有することが求められた。

しかしながら、これら「装甲巡洋艦」「防護巡洋艦」という名称は、ロシア海軍や日本海軍はもちろん、当時の主要国海軍における正規の艦種名ではなく、あくまでも便宜的な通称であって、正式には装甲巡洋艦は「一等巡洋艦」、防護巡洋艦は「二等巡洋艦」又は「三等巡洋艦」という艦種に分類されていた。

参考までに当時の日露両海軍の代表的な巡洋艦の要目を示すと上表のとおりである。

	装甲巡洋艦		防護巡洋艦	
	八　雲	ロシア	笠　置	ボガツイリ
常備排水量（ton）	9695	12195	4900	6675
備　砲	8吋×4門 6吋×12門 3吋×12門	8吋×4門 6吋×16門 3吋×12門	8吋×2門 5吋×10門 3吋×12門	6吋×12門 3吋×12門
水雷発射管（門）	5	5	6	6
舷側装甲厚（mm）	178	152	—	—
速力（knot）	20.0	19.4	22.5	23.0

(三)　作戦行動について

(ア)　出撃回数について

アガーポフ論文のテーマであるウラジオ巡洋艦戦隊の作戦行動については、日本では旧海軍の公刊戦史である『明治三十七八年海戦史』を始めとして日本側からの視点のものはあるが、ロシア側の視点で書かれたものはほとんど無いと言って良い。ロシア海軍の公刊戦史『千九百四五年、露日海戦史』全七巻も旧海軍から翻訳・公刊されているが、この中にはウラジオ巡洋艦戦隊の作戦行動に関する記述はない。おそらく未刊のままとされている第五巻がこれに関する部分と推定される。

これらのことから、旧海軍の公刊戦史『明治三十七八年海戦史』を始めとする日本側文献では、ウラジオ巡洋艦戦隊の出撃回数は蔚山沖海戦時で六回とするものが見受けられるが、アガーポフ論文に記されているようにこの時までで計七回である。これはウラジオ巡洋艦戦隊が第二次の行動において日本側に損害を与えないまま早々に切り上げてしまったため、当時の日本側としてはこの行動について全く把握できなかったことによるものである。このため第二次出撃以降の行動記述が日本側文献では一つ少ない回次表記となっているものがあるので、ロシア側のものと比較する場合には注意が必要である。

（イ）　通商破壊の成果について

開戦以来蔚山沖海戦までの七回の出撃によってウラジオ巡洋艦戦隊が挙げた通商破壊戦の成果については、アガーポフ論文に記されたものと日本側の文献で示されているものとは一致しており、ロシア側、日本側の両方の記録が正確であることが確認できる。

ただし、蔚山沖海戦後においては、日本海海戦の直前の時期にロシア巡洋艦二隻が短期間日本海に出撃したことについて、その行動自体は従来から日本側でも知られていたことであるが、アガーポフ論文に記されているように具体的な船舶名を挙げての四隻撃沈については、調べた限りでは日本側の記録には見出せなかった。このためこの四隻の正式な日本語船舶名等は不明である。明治三十六年及び三十七年の逓信省管船局発行の『日本船名録』によると、次のものが登録船舶名の中に見られるが、これらが該当するものかどうかは残念ながら判明しなかった。識者のご教示をお願いするところである。

「Yaiya-Maru」　：「八重丸」(?)
「Senrio-Maru」　：「占領丸」
「Koyo-Maru」　：「第二　弘陽丸」
「Hokuzei-Maru」　：「北征丸」

二　巡洋艦戦について

（一）　制海権と巡洋艦戦

海軍の実施する作戦を理論的な観点から大きく区分すると、制海権の獲得のための作戦と、制海権の行使のため作戦とに分けられる。前者の制海権獲得のための作戦とは、艦隊決戦に代表される文字通り敵対する海軍兵力間の直接的な戦闘行動であり、これによって海上を自由に利用し得る管制権を得ることを目的とする。これに対して後者の制海権行使のための作戦とは、敵艦艇との戦闘を作戦目的とするものではなく、海上交通の管制を目的とする種々の行動である。即ち、海上を利用することで自国に益となり敵国に損害を与えることに関わる全ての作戦であって、巡洋艦戦や通商破壊戦あるいはその逆の通商保護戦はその代表である。

アガーポフ氏は「二つの二流海軍力の間の局地的な争いにおいては、艦隊の行動は艦隊戦闘という純軍事的範囲に限定される必要があった。」としているが、制海権の獲得はそれの行使に繋がらなければ海上作戦全体として意味を成さないことは明らかであろう。なぜなら、海軍そのものが制海権の獲得によって自国の海上管制権を保証し、逆に敵国のそれを拒否するためにこそ存在するからである。

そして、理論的な段階としては制海権を獲得した後にその行使のための諸作戦が実施されるべきものであるが、現実問題としてはすべての時と海域における絶対的な制海権の獲得はいかなる大海軍をもってしても不可能なことであり、このため海上作戦遂行上は制海権獲得のための諸作戦とその行使のための諸作戦とは平行して実施せざるを得ないものである。

この制海権行使としての巡洋艦戦について、アガーポフ氏は「ウラジオ巡洋艦戦隊には二つの対照的な任務が課せられていた。即ち、①日本の海上輸送を破壊すること、②それ自身で日本の艦隊の一部を引きつけること、であった。」として、この両者の任務が相反するものであるかのように述べているが、制海権獲得とその行使とが平行して行われるという現実論からすると、巡洋艦戦の本質においてウラジオ巡洋艦戦隊に課せられた二つの任務は同一のものであると言える。

つまり、巡洋艦戦によって敵国海上交通路の破壊を行うならば、必然的に敵国側はそれに対処するために海軍兵力の相当数を割かなければならないからである。これの典型的なものとしては、第一次世界大戦においてドイツ海軍が実施した巡洋艦戦が挙げられる。たとえば、巡洋艦「エムデン」「カールスルーエ」やシュペー（Graf von Spee）提督率いる東洋巡洋艦戦隊の例、あるいは北大西洋での巡洋艦による船団攻撃の例などである。前者の「エムデン」やシュペー戦隊では、英国を始めとする連合国は太平洋、インド洋及び大西洋において多数の艦艇をかき集めた長期の捜索・追跡活動を実施せざるを得なかったし、また後者においては船団護衛のために本来は制海権獲得のためである戦艦を割いてまでこれに充てざるを得なくなったのである。

そして忘れてはならないことは、巡洋艦戦というものは制海権獲得のための主力艦隊を保持していてこそ初めて成り立つものであるということである。もし片方の海軍がこの主力艦隊を保持していないとするならば、相手海軍は敵国の巡洋艦戦に対処する作戦を実施しなくても、主力艦隊を含む全海軍力をもって最初から敵国の海軍及び海上通商を全面的に封鎖してしまうことによって、敵国が巡洋艦戦を実施することさえ不可能にできるからである。

したがって重要なことは、制海権獲得のために準備された主力艦隊の作戦と、制海権行使を目的とする巡洋艦戦とが適切に連携、連動していなければならないということなのである。すなわち、巡洋艦戦を成功させるためには、敵の海軍兵力がこれに割かれないように自国の主力艦隊が敵国海軍の全兵力を引き付けるような適切な動きを取ることが必要であり、同じく主力艦隊の作戦を成功させるためには、適切な巡洋艦戦によって敵の海軍兵力を可能な限り分割させてこれに引き付けることが必要なのである。

(二) ウラジオ巡洋艦戦隊の巡洋艦戦

右に述べた巡洋艦戦の本質に照らすことにより、日露戦争においてウラジオ巡洋艦戦隊が実施した作戦行動について、単に通商破壊の成果からのみではなく、本来の巡洋艦戦としての評価が可能となる。すなわち、日露戦争におけるロシア太平洋艦隊の戦略上の最大の欠陥の一つとして、ウラジオ巡洋艦戦隊の作戦行動が制海権獲得のための作戦を実施すべき旅順の主力艦隊と全く連携、連動が取れていなかったことである。

制海権獲得を目的とすべき旅順艦隊は、開戦初日の失策以降その存在目的のための動きが全く見られなかった。いくぶん遅きに失したとは言えマカロフ提督が太平洋艦隊司令長官に就任した直後にその予兆が現れたが、それも僅か一カ月余にして旗艦「ペトロパブロフスク」沈没とともに潰えてしまった。旅順港内に籠もったままの主力艦隊は、黄海海戦で殲滅されるまでの間連合艦隊に取っては脅威であり続け、これを旅順近海に引きつけていた。このことをもって旅順艦隊の行動を艦隊決戦に備えた「待機艦隊作戦(Fleet in Being)」と見る向きもあるかも知れないが、これは単に要塞によって身の保全を図るだけの「要塞艦隊作戦」であって、「待機艦隊作戦」はこれとは全く意味が異なる。「待機艦隊作戦」を一言で言うなら、我に有利な艦隊決戦の機会・状態を作為しつつ、その時が到来するまで早期の艦隊戦闘を避けるものである。これには機会・状態作為のための積極的な行動が無ければならないし、最終的に艦隊決戦による制海権獲得という本来の目的に繋がっていなければならない。

しかしながら実際には旅順艦隊はただ存在すること以外には戦略的にまったく何もしなかったに等しいし、もう一方のウラジオ巡洋艦戦隊も、通商破壊戦の成果はともかくとして本来の巡洋艦戦としては制海権獲得のための作戦にはまったく貢献できなかったのである。

開戦当初から旅順艦隊は連合艦隊のほぼ全勢力を引き付け、このためウラジオ巡洋艦戦隊に対しては哨戒・警戒以外にはほとんど役に立たない第三艦隊が割り当てられていたに過ぎなかった。この状況にもかかわらず、ウラジオ巡洋艦戦隊は六カ月の間に七回計四三日間の行動をしたのみであり、かつその七回の出撃には何らの一貫した構想が見られないのである。もしウラジオ巡洋艦戦隊が状況を最大限に利用し、長距離・長期間作戦のための補給等の手段を講じて、これらに基づく活発な作戦行動を適切に採っていたならば、通商破壊戦において多大な成果を収め得る可能性があったであろう。そしてこれに対処するため連合艦隊はもっと早い時期から装甲巡洋艦を主体とする第二艦隊をウラジオ巡洋艦戦隊に振り向けざるを得なくなっていたであろうし、これによって手薄となった連合艦隊に対して旅順艦隊には本来実施すべき制海権獲得のための作戦の好機が生まれていた可能性もあったのである。

アガーポフ氏の論文はウラジオ巡洋艦戦隊の作戦について、その通商破壊戦の結果の論述にほぼ限られており、この戦隊が担うべき巡洋艦戦の本質に立脚した日露戦争におけるロシア太平洋艦隊全体からする視点や、ロシア海軍全体の戦略の中での位置付けについてほとんど触れられていないことはいささか残念であり、ロシア側からする貴重な論文だけに惜しまれるところである。

三　蔚山沖海戦について

（一）　カネー砲について

アガーポフ論文の蔚山沖海戦の項の中で、ロシア巡洋艦に副砲として搭載された仏国カネー（Kane, Canet）社設計の六インチ（一五センチ）砲について、機構上の不具合によってそのほとんどが射撃開始早々に使い物にならなくなってしまったことが述べられているが、この事実は今日まで日本側においては知られていなかったことの一つであろう。訳者も長年砲術界の末席に身を置いてきた者の一人ではあるが、このアガーポフ論文で初めて知った事実である。

当時のロシア海軍艦艇の搭載砲は、そのほとんどが仏国カネー社製のものか、それをロシアのオブコフ・ワークス（Obukoff Works）工場でライセンス生産したものである。ウラジオ巡洋艦戦隊の諸艦に搭載されたものが、カネー社からの輸入品なのかロシアでライセンス生産されたものかは残念ながら分からない。したがってアガーポフ論文で記されている六インチ砲の不具合が、元々のカネー社の設計に起因するものなのか、あるいはロシアにおけるライセンス生産での製造工程上の理由によるものなのかなどは不明である。

しかしながら、もし本論文に記されたことが事実であるとするならば、この砲はロシアの戦艦及び巡洋艦に数多く搭載されていることから、黄海海戦や日本海海戦においても他のロシア艦艇に同様のことが生起したことも考えられ、だとするとこのことが砲戦の帰趨に多少なりとも影響を与えたのではないかと推察される。今後の更なる研究が待たれるところである。

翻って日本海軍では、明治期における艦載砲は独国クルップ社製及び英国アームストロング社製のものがそのほとんどを占めており、仏国カネー社のものを採用したのは、日清戦争において清国の巨艦「定遠」「鎮遠」に対抗するためにフランスで建造した「厳島」「松島」と国産の「橋立」の三隻、いわゆる「三景艦」にその主砲として各一門宛搭載した三二センチ砲の一種類のみである。余談ではあるが、この時これら三艦の副砲についてはフランスの強い要請を排し、英国に調査のため派遣した山内萬壽治の意見を入れて英国アームストロング社製の新式一二センチ速射砲を採用した。以後、日露戦争時の装甲巡洋艦「吾妻」などフランスで建造した艦もあることはあるが、艦載砲についてはフランス製は全く採用していない。結果論ではあるが、明治二十八年の黄海海戦ではこの三景艦の三二センチ・カネー砲がまったく役に立たなかったのに対して、副砲の英国製速射砲が清国艦隊撃破に大いに活躍することとなったことは有名な話である。

因みに、この仏国カネー社製火砲の名が今日の「カノン(Cannon、加濃)砲」という用語の語源となっていることは広く知られているところである。

(二)　砲戦について

当時の諸国海軍における一般常識として、海戦では艦砲射撃によって敵の戦艦や巡洋艦を「撃沈」するのではなく、それによって戦闘能力や航行能力を喪失させるものと考えられていた。このことは当時の連合艦隊においても、作戦参謀たる秋山真之が米国留学中に見聞してきた米西戦争の教訓などと共に良く認識されていたはずである。もちろんそこには当時の艦載砲とその砲弾とそれに対する装甲の関係についての実状、そして砲術そのものの未発達というものが存在する。特に砲術については、まだまだ帆船時代のものとさして変わらない程度の段階にあったからである。

蔚山沖海戦の項では、アガーポフ氏は沈没した「リューリック」について砲戦における艦自体の能力の低さを強調している。確かに「リューリック」は一八九二年の就役であり、就役時こそ列強海軍の装甲巡洋艦建造に大きな影響を与えたものの、日露戦争時にはすでに旧式に属していた。速力の遅さはもちろんであるが、舷側装甲は厚さこそ「ロシア」「グロモボイ」とほぼ同じであるもののその装着範囲ははるかに狭く、かつ材質は他の二艦が新しい「ハーベイ鋼」であるのに対して在来の鋼板を使用していた。しかしそれでも日本側の砲撃によっては沈まなかった。アガーポフ氏が記しているように「リューリック」は戦闘力と航行力のほぼ全てを失った結果として最後は自沈したのである。

蔚山沖海戦におけるこの「リューリック」にしても、またその直前の黄海海戦においても艦砲射撃によって沈没したロシアの戦艦及び巡洋艦は一隻もない。そして蔚山沖で傷ついた「ロシア」「グロモボイ」も日本側は修理に数カ月を要する大被害と見ているのに対して、実際は設備・資材不十分とされたウラジオストックにおいて両艦とも僅か一カ月で修復できた程度であったことが本アガーポフ論文で明らかにされている。当時の艦砲射撃の能力とそれに対する装甲を含む艦艇の性能との関係はこのようなものであり、艦砲射撃のみによる敵艦の「撃沈」というものが実際問題として如何に難しいものであったかが分かるであろう。

このような海戦についての認識としてもまたその実態からしても、黄海海戦や蔚山沖海戦は当時の「海戦」としては全くの常識の範囲内のものであって、むしろ日本海海戦の結果の方がその常識を覆す異常なまでに突出した事態であることを理解する必要がある。したがって蔚山沖海戦における日本側の戦闘について、「果敢な肉薄攻撃を行えば、他の二艦にも致命的損傷を与え得たであろう」とか「攻撃の不徹底が痛感されてならない」などの批評を下した論述も見られるが、それは明らかに日本海海戦が残した突出した結果や、これを契機として諸国海軍において一斉にもたらされたその後の「大艦巨砲主義」の実態を知った上で、当時の実状を無視した批判をするという姿勢であると言える。

これらのことから、蔚山沖海戦についての評価として日本側の攻撃を不首尾として批判することは適当ではなく、逆に劣勢な立場であったウラジオ巡洋艦戦隊側の勇敢な戦闘振りの方こそ高く評価されるべきであると考える。「ロシア」及び「グロモボイ」の二隻が自らも敵の優勢な砲撃に曝されて被害を受けながら、航行不能となった「リューリック」を四度にもわたって援護しようとした行動は賞賛に値すると言って良い。

この観点に立つならば、日露戦争におけるロシア海軍について、その戦略や作戦の誤りはともかくとして、単に日本海海戦を頂点として日本海軍によって一方的に打ち破れたとする結果を見るだけではなく、この蔚山沖海戦を始めとする日露戦争期間中に随所に見られる勇敢な戦闘振りや、あるいは旅順やウラジオストックにおける被害艦艇の修復能力などを含め、その全体にわたって再評価がなされる必要があるものと考える。

おわりに

本来であるならば、アガーポフ氏のロシア側からするウラジオ巡洋艦戦隊に関する論述に対して、これに対する日本海軍側の対応・作戦等についてまとめるべきであるが、それを論述するには相応の調査・分析を要することであるので、他の機会に譲ることとしたい。

最後に、ウラジオ巡洋艦戦隊の巡洋艦四隻の内、蔚山沖海戦で沈んだ「リューリック」を除く「ロシア」「グロモボイ」「ボガツイリ」の三隻のその後について記しておきたい。これら三隻は日本海海戦に参加することもなく、またバルチック艦隊が壊滅した後は戦隊として新たな作戦行動を実施することもなく、行動可能な状態を保ったまま母港ウラジオストックで日露戦争の終結を迎えた。そしてこの三隻はその後もロシア海軍籍に留まり第一次世界大戦にも参加したとされるが、大正十一（一九二二）年に至ってウラジオストックで解体されたとする以外その詳細は不明である。この点についても識者のご教示をお願いするところである。

（主要参考文献）

翻訳及び補論執筆に当たり、参考とした主要文献は次のとおり。

(1) 軍令部編纂『明治三十七八年海戦史』（全二巻）（内閣印刷局朝陽会、一九三四年）。
(2) 露国海軍軍令部編纂『千九百四五年、露日海戦史』海軍軍令部訳（全七巻、内第五巻欠）。
(3) 『仏国海軍ローラン大佐講述　日露戦争ニ於ケル日本軍ノ作戦』（海軍大学校、一九三四年）。
(4) オットー・グロース『世界大戦より見たる海上作戦の教条　全』海軍軍令部訳（一九三〇年）。
(5) ラウル・カステックス『戦略理論』馬渡重和訳（全五巻）（水交社、一九三三年）。
(6) A・T・マハン『海軍戦略』尾崎主税訳（海軍軍令部、一九三二年）。
(7) Julian S. Corbett, *Some Principles of Maritime Strategy* (Annapolis: U. S. Naval Institute Press, 1918 (1988)).
(8) Fred T. Jane, W., *The Imperial Russian Navy* (London: Thacker & Co., 1904).
(9) 『和英対照　普通海軍用語集』（海軍機関学校、一九〇八年）。
(10) 『日本船名録』（逓信省管船局、一九〇三〜〇五年）。
(11) 『日露海戦記　全』（佐世保海軍勲功表彰会編・発行、一九〇六年）。
(12) 『タイムス　日露戦争批評』（時事新報社編・発行、一九〇六年）。
(13) 外山三郎『日露海戦史の研究』（教育出版センター、一九八八年）。
(14) 児島襄『日露戦争』（全八巻）（文藝春秋・文春文庫、一九九六年）。
(15) 司馬遼太郎『坂の上の雲』（全八巻）〈文春文庫〉（文藝春秋、一九九九年）。
(16) 月刊誌『世界の艦船』各巻（海人社）。

（防衛大学校）

ロシア陸軍の満州作戦

デビッド・シンメルペンニンク
横山久幸訳

一　開戦前夜のロシア陸軍

ロシア帝国の日露戦争における大きな軍事的失敗と帝国末期の政治状況の間には、ある興味深い関係が存在している。一九〇四年から一九〇五年にかけて戦われた日本との戦争は、五〇年前の英仏との間のクリミア戦争と同様、ロシア帝国の周縁で起こった戦争である。そして、これらの戦争では近代化された敵軍との戦闘におけるロシア軍の兵站能力が常に問題となった(1)。日露戦争においてもクリミア半島での戦いと同様に、遼東半島でのほとんどの戦いでロシア軍を指揮した将軍は防勢作戦に終始している。この防勢作戦には、当然のことながらロシア海軍の強大な要塞がある旅順において展開された長期にわたる英雄的な攻囲戦も含まれている。また、日露戦争と第一次世界大戦の間には、さらに注目すべき類似性がある。すなわち、それまでの戦争には見られなかったほど、銃後と前線がより密接に関わるようになったことである。南満州におけるロシア軍は、一九一七年におけるウクライナと白ロシアでの対独戦と同様、敵が優勢であったがゆえに敗退したわけではなかった。日露戦争の場合、首都を巻き込んだ容易ならざる政治的な混乱の影響を受けて、ロシアの将軍たちが失敗を重ね、そのことがロシア軍の後退をもたらしたといってよい。

事実上の開戦となった一九〇四年二月六日のロシア太平洋艦隊に対する東郷提督の不意をつく旅順への急襲は、ロシア軍に対してかなりの衝撃を与えることになった。この奇襲ではロシア側の損害が比較的少なかった。しかし、近代国民国家に生まれ変わったばかりの東洋の島国に強大なロシア帝国に挑戦する大胆さがあるとは予想していなかっただけに、ロシア帝国の誇りが傷つけられ、ロシア軍の士気に深刻な打撃を与える結果となった。皇帝ニコライ二世

(Nicholas II）は、日本人を「マカーキ（東アジア原産の小さな猿）」と呼んで一笑に付したほどであり、ロシア参謀本部の情報部門も日本を潜在的脅威とは認識しておらず、ましてや日本の軍事的能力が高いとは評価していなかった。例えば、駐日ロシア大使館付武官は、一九〇三年における陸軍大臣への報告の中で、「（日本の軍隊は、）最早、アジア遊牧民の集団といった程度ではなくなっているが、かといってヨーロッパ諸国のような近代的軍隊でもない。ヨーロッパに追いつくには一〇年以上、おそらくは一〇〇年を必要とするであろう」と記していた。(2)このため、日本が戦争準備を開始してもロシア軍将校の多くは、日本をいわば前時代にロシアが打ち破った中央アジアの汗国群とほとんど変わらないと見て、植民地における東洋人との小競り合いを想定していたに過ぎなかった。その上、ロシア陸軍は日露戦争が勃発する四年前（一九〇〇年）に義和団事件が起こった際、満州地域を容易に占領したこともあって、日本に対する低い評価はほとんど変わることがなかった。

しかし、日本の軍隊は二〇世紀に入って、ヨーロッパの近代的な軍隊の水準にかなりの程度まで達していた。一八六八年の明治維新後に日本が取り組んだ野心的な軍事改革は、皮肉にもピョートル（Peter）大帝からも何らかの感化を受けており、この改革によって日本は近代的な軍隊を建設していった。四五〇万の陸軍と主要な三個艦隊からなる海軍を保持していたロシアに較べれば、数において日本の戦力はささやかなものであった。しかし、当時のロシア軍の東アジアにおける兵力展開状況を考慮した場合、日本が勝利する公算は決して低いものではなかった。旅順のロシア太平洋艦隊は日本海軍と量的にはほぼ互角であったが、指揮官の能力は明らかに日本側に較べ劣っていた。また、開戦時における在満州ロシア軍部隊は九万八〇〇〇名の野戦軍と二万四〇〇〇名の鉄道守備隊であった。(3)しかし、ロシア太平洋艦隊の乗組員の多くがそうであったように、日本軍と対峙している陸軍部隊は能力と自信がともに不足している将校によってしばしば指揮されることになった。

極東の戦線とロシアの政治経済上の中心地が遠く離れていたことは、ロシア軍にとって兵站を維持する障害となった。特に、日本海軍が緒戦において極東周辺海域の制海権を獲得したために、その後のロシア軍の輸送は、唯一、八〇〇〇キロに及ぶ単線のシベリア横断鉄道に依存することになった。この鉄道を利用した場合、ヨーロッパの兵站基地から満州まで六週間を要し、ロシア軍は毎月およそ二万名の兵員増強が可能であった。(4)また、満州においては、騎兵隊による消極的なわずかの偵察活動を除いて、日本軍に関する信頼できる情報源がほとんどなく、ロシア軍の指揮官は極めて乏しい敵情に依存しなければならなかった。ロシア陸軍の参謀本部は、開戦以前にはほとんど日本軍を無視しており、戦いが始まってもロシア軍は役に立つような日本軍内部の情報をほとんど得ることができなかった。しかも、極東ロシア軍には日本軍に関して何らかの知識を有する将校が不足しており、鹵獲した文書の分析や捕虜の訊問に困難をきたした。しかし、ロシア軍にとって最大の障害となったことは軍隊の士気が低いことであった。この戦争の正当性を十分に確信していた日本軍と異なって、ロシア軍将兵は、何故、戦うのかが理解できないままに、遠い満州の地での戦いに赴くことになったのである。

陸上の戦いのほとんどは、現在の中国北東部である満州の南端に位置する遼東半島の真北一帯を戦場として行われた。この半島は北京地方と韓国北部を切り離すような形で二五〇キロほど海に突き出している。そして、この当時、半島南端の旅順港はロシア海軍の基地となっており、大連は商業港であった。ロシアは、日露戦争が勃発する半年前に旅順と極東の行政府がある満州中部のハルビンを結ぶ東清鉄道を開通させていた。旅順方面への補給路としては、この鉄道のほかに生活物資を運ぶ古いマンダリン街道が平行に走っているだけであった。

これら二つのルートは、遼東半島の西岸に沿って起伏する平原と広い高地の多い東部の間を通っていた。そして、高粱が成長する季節になると、西岸の平原のほとんどはキビのような高い茎で覆われ、しばしば三〜四メートルの高さにまで達した。このため、日本軍が旅順攻略に向かった時期には、ちょうど日本軍の進軍を覆い隠す役目を果たすことになった。遼東半島は東側が山岳地帯で西側が起伏する丘になっており、その北方には清朝の祖先が都とした奉天があった。奉天は人口が約一五万で、この地方最大の都市であった。奉天と遼東半島南端のロシア租借地を結ぶ一帯で最も重要な都市は遼陽とマンダリン街道を約六〇キロ下った遼東半島北西部の営口（条約港）であった。

満州防衛に関するロシアの公式な戦争計画は、陸軍大臣であったアレクセイ・クロパトキン（Aleksei Kuropatkin）が一九〇一年に初めて立案したものと、一九〇三年に立案されたものがある程度であった。しかし、極東ロシア軍の司令官は、それ以前の一八九五年ごろから対日戦に備え始めていた。(5) 両者とも極東における日露両軍の相対的な戦力比をほぼ的確に評価していた。クロパトキンは、極東における日本陸軍の優勢を認めて防勢による戦略を採用していた。この戦略は、時間を稼ぐことによって日本軍を満州の奥深くひき寄せて日本軍の兵站線を延ばし、その一方で、この間にヨーロッパから十分な戦力を増強して、日本軍より優勢な態勢を整えた上で反攻に転じるという計画であった。

クロパトキンが描いた作戦は、ほぼ明らかに一世紀前にロシアがナポレオンの大陸軍を撃退した時の戦例そのものであった。一八一二年の戦いでは、ロシアのクツーゾフ（Kutuzov）将軍は緒戦から交戦することを避け、むしろ敵が長期間の遠征によって疲れるのを待つ持久戦略を採ることによってフランス軍を壊滅させた。しかし、満州の地はロシアではなかった。満州の民衆は、ロシア軍に代わって日本軍にゲリラ戦を挑むつもりは毛頭なかった。しかも、ロシア軍は祖国を守るためならともかく、植民地を守るために戦うことに関しては極めて消極的であった。ロシア軍の戦意は、一八一二年の防衛戦とは明らかに異なっていた。

その上、一九〇三年におけるクロパトキンの戦争計画では、海軍力の見積りに関してあまりにも楽観的であった。クロパトキンは、優勢なロシア艦隊によって日本軍による満州への補給を阻止することができると確信していた。開戦の火蓋を切った東郷提督による旅順への奇襲攻撃の成功は、まさに、クロパトキンの海軍力に対する過信が大きな誤りであったことを早くも証明することになった。

また、クロパトキンの計画自体も自らが設けた祖国防衛の優先順位上の制約のために危険を孕んだものとなっていた。すなわち、日本軍がロシアとの戦争に最大の努力を傾注したのに対し、クロパトキンは極東防衛を二義的な問題とみなしていたことである。陸軍大臣であるクロパトキンにとって、ロシア帝国の軍事戦略的な優先度は、まず、ドイツの侵略に備えることであり、反ロシア的な空気が強いポーランド地方を含む脆弱な西側の国境を防衛することであった(6)。その結果、サンクト・ペテルブルクは対日戦の本質を植民地戦争と看做し、日露戦争が勃発しても決して優秀な部隊を投入するようなことをしなかった。例えば、開戦とともに素早く満州へ向けて優秀な部隊を派兵した日本軍に対して、ロシアは日本軍と対峙したシベリア歩兵部隊とコサック軍に対して、増援部隊をツァーの精鋭連隊から引き抜いて極東へ送ることをほとんど行わなかった。

開戦直後、ツァーは極東のロシア地上軍の指揮官に陸軍大臣であったアレクセイ・クロパトキンを任命し、この部隊を満州軍と命名した。クロパトキンの司令官就任は適任と思われていた。というのも、クロパトキンは、中央アジアとバルカン諸国において輝かしい勝利を収めたスコベレフ（Skobelev）将軍の参謀長としての経験があり、この戦いにおいて果断で勇敢な将軍という名声を得ていた。しかし、クロパトキンが満州で最初にとった指揮は大方の予想を裏切るものであり、この新任のロシア軍司令官が決してスコベレフの真の継承者ではないことを明らかにした。満州戦域におけるクロパトキンの戦争指導は決断を躊躇し、しかも用心深いものであった。クロパトキンは戦闘が起こるたびに重要な戦いの緒戦であると再三再四まじめに明言して、わずかでも勝利に疑念が生じると撤退させるだけであった。

クロパトキンの臆病さは日本軍に対するある種の畏敬の表れでもあった。多くの部下と違って、クロパトキンは、日本軍が「ロシアのような強大国に敢えて挑むほど必死」になっていると真剣に感じていた。(7) 一方、クロパトキンをアレクセーエフ（Alekseev）極東総督の指揮下に置いたことも災いし、クロパトキンは満州軍を存分に指揮することができなかった。アレクセーエフは軍事的な才能がさほどあったわけではないにもかかわらず、極めて自尊心が強くあまりにも自信家であり過ぎた。

二　遼東半島の戦い

一九〇四年二月初めの東郷提督によるロシア旅順艦隊への奇襲の成功をもって、直ちに日本が周辺海域を制したわけではなかった。しかし、実際の損害よりも奇襲を受けたことに対する心理的な打撃が大きく、旅順艦隊は旅順砲台の威力圏を出て、洋上で日本海軍と戦うことを敢えてしようとはしなかった。ステファン・マカロフ（Sepan Makarov）提督がロシア太平洋艦隊の新しい司令長官として三月八日に列車で旅順に到着したとき、ロシア海軍の士気は大いに高まった。マカロフは疑いもなくロシアで最も有能な海軍軍人であり、ロシア海軍は、マカロフの果敢な指揮で、太平洋において、まもなく自信を取り戻すように見えた。しかし、マカロフは着任してから五週間後に、旗艦「ペトロパブロフスク」が港の近くで機雷によって沈んだために艦と運命を共にし、ロシア艦隊の栄光を回復することができなかった。マカロフ提督の戦死は、戦争のほとんど全期間を通じて事実上、日本が制海権を確保することを許すこととなった。

一方、日本軍は東郷提督が制海権を獲得する以前に大陸に向けて陸上兵力の海上輸送を開始し、開戦直後の二月から三月にかけて黒木為楨大将を指揮官とする第一軍の主力を韓国に上陸させた。一九〇三年のクロパトキンの戦争計画では、朝鮮半島においては日本軍とは交戦しないと規定していた。そのため、このときにロシアがとった唯一の行動は、ミシチェンコ（P. I. Mischcenko）少将麾下のシベリア・コサック騎兵による偵察だけであったが、この偵察隊も第一軍の急進撃を前に撤退しただけであった。このことはロシア軍が日本軍を阻止する絶好の機会を逸したことを意味していた。第一軍の進軍経路は、起伏が多い地形で大軍を進めるのに適した道がほとんどなく、しかも早春の雨で道がぬかるんでいた。おそらくロシア軍は日本軍を迎え撃つのに、それほどの兵力を必要としなかったであろう。日本軍が韓国北部の国境沿いにある鴨緑江に達したときになって、初めてロシア軍は阻止行動に出た。

この戦闘は四月末に鴨緑江河口近くの靉河村落から少し上流の地点で始まった。ザスリッチ（I. M. Zasulich）中将麾下の約一万六〇〇〇名の歩兵と三〇〇〇名の騎兵及び砲六二門を有するロシア軍は、渡河してきた第一軍の四万二五〇〇名の歩兵と砲一七〇門と鴨緑江右岸において対峙した。[8] 数週間もの時間的な余裕があったにもかかわらず、ザスリッチは部隊の位置を察知されないような工夫を施すことをほとんどしなかった。第一軍に同行した英国観戦武官のサー・イアン・ハミルトン（Sir Ian Hamilton）中将は、ロシア軍の様子に関し、戦いの直前であったにもかかわらず、ロシア兵が平然といつもの日課をこなしていることを目前にして驚いたことを次のように回想していた。

> 日本軍の砲兵部隊は、大砲の射程内で動き回っているロシア軍を見ることができる位置まで前進していた。そのため、ロシア軍の様子は日本軍の砲兵を非常にジリジリさせるものであった。日本軍は、あたかもウサギに吠えることを禁じられたフォックス・テリアのように、捕らえることができる位置に網を仕掛けて、その前で跳ね回っている獲物を早まってびっくりさせるのではないかというような様子であった。[9]

ロシア軍のこの様な無警戒さ故に、日本軍の偵察部隊はロシア軍の配置に関する正確な情報を容易に集めることができた。

前線にあるロシア軍指揮官のザスリッチは相反する二つの命令を手にしていた。直属の上官であるクロパトキンは決戦に巻き込まれることなく、黒木の第一軍の進撃を妨害する作戦を行うように指示していた。一方、アレクセーエフは攻勢に出ることを強く要求していた。[10] しかし、結局、この戦いで主導権を握ったのは黒木の方であった。黒木は斥候によってロシア軍の左翼の防御が比較的脆弱であることを知り、そこに主力を向けることにした。かなり離れた下流地点で陽動を行い、高粱と灌木によって隠蔽されている第一軍右翼の方にザスリッチの注意を一時的に向けさせ、その隙に、黒木はロシア軍の左翼を迂回して密かに部隊を展開させた。そして、夜陰に乗じて鴨緑江の三角州の二つの島を占拠して対岸の洲に橋を架け始めた。

いよいよ、黒木は五月一日払暁を期して攻撃を開始した。この地を守備する東シベリア狙撃師団の三個大隊が第一軍の猛烈な先制攻撃に耐えていた。しかし、ザスリッチは依然として日本軍の主力が右翼に来ると確信していたため、左翼に増援を送ることに関してあまりに意を払わなかった。日本軍の榴弾砲は、露出したまま対峙している数少ないロシア軍砲兵隊をすばやく制圧した。ロシア軍の塹壕陣地から歩兵部隊を駆逐するために多少の時間を要したが、午後遅くには戦闘が終了した。英国観戦武官のハミルトンは、鴨緑江の戦いが始まる前まで、日本軍が「理解できないような拙劣な戦術で、ヨーロッパ人が結局は戦場で優れているることを証明するであろうという漠然とした予測」を持っていたが、五月一日以降、「そのような先入観が今では無くなり、もはやそう思うことはない」と述べていた[11]。

クロパトキンは、鴨緑江のロシア軍の左翼が遼陽方向に退却したことを理由に、ザスリッチの指揮権を剥奪した。その後の数カ月間、第一軍が満州南東の山地を踏破することに苦戦したことを考えれば、自然の地形の方がロシア軍よりも頑強に抵抗したといえよう。一方、鴨緑江の戦いの数日後に、奥保鞏大将の第二軍はロシア軍の抵抗を何ら受けることなく遼東半島の南東海岸に上陸した。

奥の最初の目標は旅順方面にあるロシア軍根拠地の制圧であった。疑いなく、第二軍の進撃を食い止める最良の地点は、遼東半島と南端をつないでいる幅五キロの峡部であった。この峡部の特徴は、鉄条網、罠、地雷といった死に至らしめる防御策の組み合わせによって要塞化された一群の南山高地から見下ろすことができ、そこにはトレチャコフ（N. A. Tretiakov）大佐麾下の砲六五門と兵員三五〇〇名の歩兵隊連隊が待ち構えていた。しかも、トレチャコフの直属上官であるフォーク（A. V. Fock）陸軍中将は、一万八〇〇〇名もの予備隊と砲一三一門を拘置していた[12]。しかし、鴨緑江の戦いと同様に、クロパトキンは南山でも最後まで戦闘を継続しないように指示していた。

奥将軍は五月二十六日、夜明けとともに第二軍の砲兵と西海岸にいる砲艦三隻の砲撃支援を受けて、第二軍の各師団に南山攻撃を命じた。日本軍による度重なる猛攻にもかかわらず、ロシア軍は一日にわたって南山を死守した。しかし、夕方早く、日本軍の歩兵部隊が海岸沿いに胸の高さまで水につかりながらトレチャコフ軍の左翼を突いて退却させ、形勢がわずかに変化し始めた。ロシア軍の最前線が第二軍の包囲網に押されて不利になり始めたにもかかわらず、フォーク将軍はクロパトキンの命令に忠実に従い、豊富な予備隊から援軍をトレチャコフに送ることを拒んでいた。しかも、フォークはその日に日本軍がかなり疲弊していることを知っていながら、南山高地に新しい部隊を送らなかった。それどころか、トレチャコフを無視してロシア軍に撤退を命じ、残存の部隊は夕方闇にまぎれて南に向かって急いで退却した。

南山戦における第二軍の勝利は血まみれであった。ロシア軍の戦死者が八五〇名であったのに対し、第二軍はこの戦闘で四三〇〇名を失った[13]。しかし、この戦いの勝利は日本軍にとってかなり価値があった。旅順はロシア軍にとって最も重要な太平洋の根拠地であったが、すでに事実上、海上から封鎖され、今また陸上においてもクロパトキンの主力からも切り離された。アレクセーエフ提督は敗北を予測して、五月の初めに鉄道で総督府を安全な奉天へ移していた。ステッセル（Anatole Stoessel）陸軍中将麾下の要塞守備隊は、もはや籠城戦を避けることができなくなったことを悟った。

アレクセーエフは早々と旅順を離れたにもかかわらず、攻囲された根拠地にこだわり、ロシア軍の最重要任務は旅順を救うことであると考えていた。他方、クロパトキンは日本軍をさらに満州の奥深く引き込もうとしていた。クロパトキンは海軍基地を何としても確保しなければならないとは考えていなかった。クロパトキンは自身が十分と思える戦力をもって遼東の北方において一大決戦をしかけ、一気に日本軍を壊滅させる作戦を考えていた。それ故、旅順の救出は間近に迫った自らの計画を妨げており、むしろ腹立たしい余計なことであった[14]。事実、秋になるとロシアの満州軍は、この二人の司令官の相矛盾する企図の間で動揺することになる。

三　遼陽会戦へ向けて

旅順を孤立させた後、奥将軍は直ちに北方に転じ、鉄道に沿って第二軍を前進させた。第二軍の新たな任務は、遼東において他の方面からそれぞれ進撃してくる日本の野戦軍と合流することであった。日本軍の計画では、それぞれに進軍している第一軍と新編制の第四軍に遼東半島の真北に位置する遼陽で第二軍を合流させ、兵力の集中を図ることであった。なお、旅順を攻略する任務は第三軍に与えられ、現在、乃木希典将軍の下で関東州において作戦の準備中であった。

クロパトキンは、夏季の間により多くの部隊を動員しようとしており、攻勢に移れるようになるまで、日本軍の旅順攻略を許しても良いと考えていた。しかし、アレクセーエフと皇帝の圧力に屈し、クロパトキンは不本意ながらも五月末に旅順を救援するための反撃に転じることに同意した。この任務をスタケルベルク（G. K. Stakelberg）陸軍中将の第一シベリア軍団に命じた。アレクセーエフは奥将軍の第二軍に対して四八個大隊をさし向けることを要求したが、クロパトキンは三二個大隊しかこの作戦に割かなかった。しかも、クロパトキンの命令はかなり不明瞭であった。すなわち、「貴部隊は可能な限り多くの敵部隊を拘束し、遼東半島の敵部隊を弱体化させよ」というものであり、この際「仮に、優勢な敵に遭遇した場合、決定的な戦闘は回避せよ」とまで付け加えていた(15)。第二軍の戦力が兵員四万名と砲二一六門であったのに対し、第一シベリア軍団は兵員三万三〇〇〇名と砲九八門しかなく、スタケルベルクは作戦の成功を期待することが極めて難しいと考えていた(16)。

スタケルベルクは、東清鉄道沿いに旅順北方一三五キロの得利寺付近で日本軍と対峙することに決した。騎兵隊による散発的な戦闘の後、スタケルベルクは六月十四日の夜明け前に攻撃を命じた。不幸にも、スタケルベルクは正確な攻撃時間を示さなかったために、部隊相互の戦闘を連携させることができなかった。結果的に、ある部隊は午前六時に、他の部隊は午前七時に塹壕陣地から出撃しており、かなり混乱した散発的な攻撃が夜明けとともに開始されることになった。

奥将軍も、その朝、ロシア軍に対する攻撃計画を持っていた。スタケルベルクは広範にわたって攻勢を採るといったかなり曖昧な企図しか持っていなかったが、奥将軍は、両翼を包囲しつつ中央から敵を撃破するという綿密な作戦を立てていた。しかも、スタケルベルクが敵情に関して信頼できる情報をほとんど持っていなかったのに対し、日本軍は、第一シベリア軍団の位置を正確に把握しており、より複雑な機動展開を計画することができた。開豁地の暴露陣地から砲撃していたロシア軍砲兵部隊を容易に沈黙させたのち、奥将軍は、早朝、スタケルベルク軍の中央と左翼に対し二個師団をもって攻撃を開始した。続いて数時間後には、他の師団が突然、ロシア軍の右翼を突いた。スタケルベルクは右翼に急行したが、もはや、退勢を挽回することができなかった。昼過ぎには日本軍に包囲される危険が生じたためにスタケルベルクは撤退を命じた。奇しくも、ロシア軍を完全な壊滅から救ったのは土砂降りの雨であった。

二、三日休息したのち、第二軍は遼陽へ向って再び前進し、七月下旬、鉄道支線の分岐点として戦略的に重要な得利寺北方の大石橋を確保した。この地は防御側に有利な地形であったが、ロシア軍は包囲されることを恐れて、またも退却してしまっていた。奥将軍はさらに前進し、まもなく、遼東半島の北部海岸から北上していた第四軍と合流した。この間、第一軍は交戦することなく防御が手薄な摩天嶺を通過していた。そして、八月上旬には、これら三個の野戦軍が大山巌元帥の指揮下に入り、遼陽戦に向けて戦力の集中が図られることになった。
クロパトキンの決心次第では、遼陽において地上戦の勝敗を決するような大会戦が生起していたかもしれなかった。ロシア軍は、日本軍の兵員一二万五〇〇〇名と砲一七〇門に対して、一五万八〇〇〇名の兵員と砲四八三門を有し、少なくとも、遼陽における戦力では量的に優位に立っていた。[17]しかし、コサックの斥候部隊は、日本軍の警戒線から中に潜入できないか、あるいはその気がなかったために、クロパトキンは日本軍に関する十分な情報を得ることができなかった。そのため、クロパトキンは日本軍の戦力を過大に評価してしまっていた。これまでの戦闘において早期に撤退を命じたのは、夏季における遼陽での決戦を想定して戦力を温存しておくためであった。そしてまさに、この決戦が八月に迫っていた。それにもかかわらず、クロパトキンの自信は今また揺らぎ始めた。それでも、クロパトキンが自らの置かれた状況に目を向けていたなら、アレクセーエフがこれまで以上に徹底的に抗戦することを要求し、その一方で、日本軍が決戦を意図してますます圧力を加えてきていることに気付いたであろう。
一八七〇年九月一日の普仏戦争におけるセダン包囲戦を除いて、近代戦においては、一九〇四年夏の終わりに行われた遼陽会戦まで、大部隊を動員した戦闘が行われたことがなかった。大山元帥は青年将校時代に観戦武官として普仏戦争に従軍し、プロシア軍を指導したモルトケの作戦から多くの教訓を学んでいた。それゆえ、大山にとっては、偉大なプロシア軍がセダンにおいて勝利した日に遼陽での決戦の日が近づくことは、幸先の良い兆しのように感じられた。[18]セダンの包囲では、プロシア軍の指揮官は、自ら「ネズミ捕り機（mousetrap）」と呼んだ戦術、[19]すなわち二個野戦軍で籠城軍を完全に包囲することによってフランス軍を壊滅させる作戦を採用した。この戦術は軍事史においてもよく取り上げられており、クロパトキンは市街地の前面で防御態勢を整えながら、ロシア満州軍がフランス軍と同様に「ネズミ捕り機」の罠にかかるのではないかという恐怖を抱いていた。そのため、クロパトキンはロシア軍の七〇キロにわたる第一線防御陣地の後方に、二段構えで防御陣地を構築して日本軍の攻撃に備えた。しかも、クロパトキンは効果的な反撃を確実に行うことができるよう、遼陽に結集したロシア軍のほぼ半数を予備軍として後方に拘置した。[20]
遼陽会戦は八月二十六日に本格的な戦闘が始まり、日本軍の第一軍が峠に布陣したロシア軍左翼の第三シベリア軍団に対して攻撃を開始した。左翼のロシア軍はその日一日持ちこたえていたが、夜になってクロパトキンはこの左翼が日本軍によって突破されたという報告を受けたために、第二線防御陣地まで後退するように命じた。戦闘の第二段階は二日間続き、日本軍の猛攻を受けた部隊は猛暑であったにもかかわらず、後退することなく奮戦した。しかし、再び、ロシア軍左翼に向けて日本軍が渡河作戦を敢行したとの不利な情報がもたらされ、クロパトキンは八月三十一日の夜に第三線（あるいは主）陣地に後退することを命じた。

日本軍の猛攻をしのぎ善戦している第一線と第二線防御陣地からの一見不可解な撤退はロシア軍の士気を低下させることになった。しかし、クロパトキンにとって、それらの行動は戦機に主力をもって大胆な反撃に転じることを企図した作戦に基づく当然の命令であった。残念なことに、クロパトキンが考えるような戦機は決して訪れることがなかった。そればかりか、その後三日間にわたって大山が攻撃を続行したために、決戦とまではいえないものの激しい戦闘が再三繰り返された。そして遂に、九月三日の早朝、クロパトキンは隷下の守備隊から落胆させられる一連の報告を受け取ることになった。これらの報告はいずれも敗北を予告するものではなかったが、疲れきった司令官にとっては戦況を総合的に判断し、最も恐れている包囲網が近づいていることを信じさせるに十分な報告であった。クロパトキンは「奉天以北に後退することを決心しなければならない」といい、隷下部隊に「そこを強化し、再編し、そして、反撃しよう」と命じた。[21]

クロパトキンは、この後退が最も有利な状況で行った判断であることを示した。すなわち、ロシア軍の損害がわずか一万八〇〇〇名であったのに対し、日本軍は二万四〇〇〇名に上る兵員を失ったことを指摘し、より重要なことは、ロシア満州軍が決定的な崩壊を招く前に大山の「ネズミ捕り機」戦術から逃れ、他日、再起を期すための後退であることを強調した。ロシアの司令官にとっては、九日間の遼陽会戦は成功ではなかったが、かといって敗北でもなかった。しかし、他の多くの人は異なった見解を持っていた。陸軍大臣サハロフ（Sakharov）は、「遼陽で、我が陸軍は断固として敵を撃退する明確な目的を持って戦った……結局、我々はこの目的を達成しなかった。とはいえ、それは日露の両軍の意気込みの差によって強要されたものであった。結果的に我々は敗北を経験することになった」と述べていた。[22]

クロパトキンにとって幸運だったのはロシア軍の退却に際して、都合良く激しい雨が降り、しかも日本軍の追撃が鈍ってきたことであった。このため、クロパトキンはロシア軍を三日以内に六〇キロ北の奉天まで無事撤退させることができた。十月の初めには、清王朝の旧都奉天の真南を流れる沙河を渡河した大山麾下の日本軍に対して、小規模な反撃を試みている。日本軍の一七〇個大隊に対して、ロシア軍は二六一個大隊を有し、遼陽会戦の際の兵力比よりもさらに優位に立っていた。(23) しかし、大山は、部下が戦死したロシア軍参謀の所持品の中に、幸運にもクロパトキンの作戦計画の写しを発見していたため、ロシア軍の企図を十分に事前に察知することができた。しかも、ロシア軍の作戦は十分に練られた計画ではなく、部隊の連携も不十分であったために、十月十日に開始された戦闘もわずか二日後には主導権が日本軍の手に渡っていた。このため、クロパトキンは十月十七日に戦闘中止を決心した。この戦闘では、両軍合わせた損害が八万名に上り、まさに高価な賭けであった。(24)

沙河の会戦で日本軍を撃退することに失敗した後、ロシア軍は冬季の間、奉天において塹壕陣地を構築していた。その一方で、十二月下旬には、ロシア軍の大規模な騎兵隊による日本軍の後方撹乱が失敗し、続く一月にも黒溝台付近の沈旦堡南方での反撃が不成功に終わった。両軍ともに、この地での戦いが戦争の帰趨を決することになることを予期していたが、日本軍の方が決戦準備のために多くの時間を費やしていた。しかし、この対陣の数カ月の間に他の戦域において劇的な戦局の変化が起こっていた。

四 旅順陥落と奉天会戦

ロシア軍主力が展開する奉天から四〇〇キロ南方の旅順要塞に対する日本軍の包囲は十二月初めで五カ月目に入っていた。旅順要塞の防御は、日本軍に対する過小評価による油断と予算上の制約から必ずしも十分ではなかった。その上、開戦以降の海と陸からの日本軍による封鎖によって、事実上、軍需物資の補給が断たれていた。しかも、よく知られている指揮系統上の混乱がロシアの要塞守備隊でも生じていた。クロパトキンは守備隊の指揮系統の混乱を取り除くために、二人の古参の将軍のうちステッセルに対して、ライバルでより有能なスミルノフ (K. N. Smirnov) 陸軍中将に指揮権を譲って旅順を船で退去するよう七月に命じていた。しかし、ステッセルは、守備隊の指揮を執り続けることこそが「祖国と軍隊のために緊要である」と厳かに宣言して、クロパトキンの命令を無視して旅順に留まった。(25)

日本軍は、乃木希典将軍麾下の第三軍に旅順要塞攻略の任務を与えていた。乃木は、かつて一八九四年の日清戦争において清国軍からこの要塞を奪取した経験があり、旅順の地形にはよく精通していた。一〇年前にはわずか一日で攻略し、一六名の戦死者を出したに過ぎなかった。しかし、ロシア軍を相手にした今、かなりの困難を伴うことが次第に明らかになってきていた。乃木は、東の丘陵地帯にある二つの外郭防御線を極めて容易に突破することができたため、八月初旬に第三軍が旅順郊外に到達したときには遅滞なく旅順を攻略して、日の丸を掲げることができると確信していた。旅順要塞を攻略するために乃木が用いた戦術は、歩兵によってロシア軍正面に対し猛烈な突撃を繰り返す波状攻撃であった。しかし、ロシア軍は防御態勢に多くの欠点を抱えていたにもかかわらず、乃木の予想を遥かに超える頑強な抵抗を示した。このため、乃木は八月末に防御用陣地の構築とロシア軍保塁に接近するための坑道掘削という忍耐を要する戦術に転換することを決定した。

旅順攻防の終焉は、十一月末に西方の二〇三高地を日本軍が奪取したことによってもたらされた。旅順のロシア軍は、この高地を喪失したことによって日本軍の効果的な弾着観測によって全軍が直接、砲撃にさらされることになった。もし、要塞内の規律が厳格に維持されていたならば、ロシア軍には持ちこたえる見込みがまだなくはなかった。残存する二万五〇〇〇の部隊は、しばらくの間籠城できるだけの十分な弾薬と食物を持っていた。しかし、ステッセル将軍は、ロシア軍の崩壊を少しでも持ちこたえようとする戦意を最早持ち合わせていなかった。ステッセルは、一九〇五年一月二日に自らの帰国とその際の身の安全も含んだ降伏に関する条件について日本軍と交渉を開始した。旅順のロシア軍の高級将校のほとんどが抗戦を継続することを望んでいることを知りながら、ステッセルは密かに降伏に動き出していた。後に査問委員会は将軍に反逆罪で銃殺を命じたが、ツァーが最終的にはステッセルを短期間の禁固刑に減刑してしまった。

長期にわたった旅順での籠城は、それまでのロシア軍における士気の源泉となっていた。旅順要塞における勇敢な抗戦の報告は、五〇年前のセヴァストポリ防衛戦での誇りを呼び起こしていた。それゆえに、旅順での敗北はロシア国内でも非常に風当たりの強いものとなった。そもそも国民の支持を必ずしも得ていた訳ではないこの戦争の度重なる悪い知らせによって、特に都市部において反抗的な無産階級と他の不満分子が早くも不穏な動きを煽動し始めていた。一九〇四年七月には、評判が良くなかったとはいえ、V・K・プレーヴェ（V. K. Plehve）内務大臣が過激派によって暗殺される事件が起き、冬までには、各地のストライキによって多くのロシアの工場が閉鎖に追い込まれていった。その上、教養ある市民の中の自由主義者は全面的な憲法改正を強く求めることによって、極東での戦争に対する不満の声を挙げ始めた。一九〇五年一月二十二日、嘆願書をツァーに提出しようとした無防備な労働者の群衆に向かって軍隊が無神経にも発砲したことによって、不満は一気に頂点に達した。いわゆる「血の日曜日事件」としてよく知られている出来事である。都市と地方の双方から巻き起こった反抗の波は、その後数カ月のうちに拡大し、専制政治を崩壊へと向かわせることになった。

一九〇五年初めにおける満州戦線のロシア軍陣地もまた、前途に対して暗然とした雰囲気に包まれていた。対する日本軍兵士は戦闘意欲が旺盛であったが、指揮官たちは武器・弾薬に不足を来し、補給の能力が限度に達していることを知っていた。ロシア軍が兵員を満州へ増強しているにもかかわらず、日本軍の増援部隊は底を尽き始めていた。しかも、ヨーロッパの銀行家は日本の資金調達に対して消極的であり、日本にとって戦争遂行のための資金を確保することが大きな負担となっていた。大山元帥は、これまで腹立たしいほどに決戦を回避しているロシア軍に対して、決定的な勝利をつかむための一大決戦を必死に追及した。

十二月下旬には奉天の南において日露両軍合わせて五〇万以上もの軍隊が対陣していた。ロシア軍はこの間、兵員二七万六〇〇〇名、三個軍を擁し、十月にサンクト・ペテルブルクによって罷免されたアレクセーエフの後をうけたクロパトキンがこれらの全軍を掌握していた。大山が総指揮をとる日本の五個軍の総数は二七万名で、ロシア軍にやや劣るだけであった[26]。大山は、兵力では劣勢であったが、両翼を展開してロシア軍を大胆に包囲する、モルトケ戦術とよく似た「ネズミ捕り機」戦術を試みようとしていた。奉天では日本軍は遼陽会戦に比べてかなり広範な展開を行った。クロパトキンはこの戦術に包囲される危険を回避するため、一五〇キロ以上にわたってロシアの防御線を伸長した[27]。

奉天における日露両軍による大規模な兵力の展開は近代戦において前例がなかった。成功の鍵は各軍の高度な協同動作と機動性、そして敵の情報であったが、これらの要素に関しては日本軍の方がロシア軍より優れていた。大山は二月二十六日に猛攻を開始し、高地の東側を防御するクロパトキンの左翼に対して戦力を集中した。クロパトキンは日本軍が主力をもって攻撃を開始してきたものと判断して素早く左翼方面に援軍を送った。しかし、戦闘が二週目に入っても、ロシア軍の偵察隊は乃木の第三軍が右翼に接近していることにまったく気付かなかった。クロパトキンは三月六日になってようやく第三軍の脅威を察知したが、そのときには、右翼へ援軍を送ってもすでに手遅れであった。翌日、クロパトキンは、崩壊の危険を冒すよりまだ時間があるうちに後退するほうが賢明であるとの判断を再び下した。

有力な後衛の働きによって、ロシアの三個満州軍は、北方の四平街に退却することができた。この戦闘で日本軍の死傷者が約七万名であったのに対し、ロシア軍は九万名を失っていたが、依然としたロシア軍の主力は健在であった(28)。大山元帥は、一八七〇年の普仏戦争においてナポレオン三世が捕虜となったセダン攻囲戦を再現することができなかった。いよいよ日本軍は兵員と軍需品と資金が不足し、もはやこれ以上追撃を続けることができなくなっていた。そして、ここ数カ月間、満州の地には不安定な静寂さが突然に訪れることになった。満州における戦いは遂に終わりを告げた。

五　戦闘の終焉

日露戦争最後の戦いは海で起こった。ロジェストヴェンスキー（Z. P. Rozhestvenskii）海軍中将が指揮するロシアのバルチック艦隊は、サンクト・ペテルブルク近くの海軍基地から五〇〇〇キロに及ぶ壮大な航海の後、五月二十七日に対馬海峡で東郷提督率いる日本海軍と戦いを交えた。日本海軍の作戦行動が満州での陸軍以上に迅速かつ果敢であったために、バルチック艦隊はわずかの時間でほとんど全ての艦船を失った。対馬海戦での敗北は、ロシアの継戦意志をほぼ消失させる結果になった。その間、都市部と地方の双方から燃え上がった不吉な革命の猛威は、いよいよロマノフ王朝に脅威を与えた。黒海艦隊の乗組員は暴動を起こし、戦艦「ポチョムキン」を乗っ取ってロシアからルーマニアに向かって回航してしまった。一方、日本も国民と国内経済に与える戦争の莫大な負担が満州での作戦を継続することに耐えることができない状況になっていた。

一方、アメリカ大統領セオドア・ローズベルト（Theodore Roosevelt）は対馬海戦が始まる以前に和平の調停に乗り出していた。日露両国は、一九〇五年六月、ニューハンプシャー州のポーツマスで和平交渉のテーブルについた。ロシアの代表団は元大蔵大臣のセルゲイ・ウィッテ（Sergei Witte）のみごとな交渉術によって、予想された要求よりもはるかに良い条件で日本の合意を引き出した。一九〇五年九月五日に締結されたポーツマスの条約によると、サンクト・ペテルブルクは、韓国に対する日本の支配権を認めて、満州から軍隊を撤退させることに同意した。しかし、七月に日本軍が占領したサハリン島については、南半分を除けばロシアの領有権は消失しなかったし、賠償金も支払うことがなかった。戦場でのクロパトキンの作戦指導と同様に、サンクト・ペテルブルクの極東外交術は、最初から炎を消すことをせず、火中から栗を拾い上げることに長けていた。

その後の一〇年間、満州での不面目な結果は、真剣でかつ綿密な調査の対象になった。ロシア軍は陸海軍の改革に資するために日露戦争を分析し、将校は将来戦の本質を明らかにするためにあらゆる戦闘について研究を行った。ロシア軍は改善すべき事項を多く見出したが、それでも一九一四年までに十分にそれらを生かすことができなかった。満州の場合と同様に、東プロイセンの戦場でドイツ軍と対峙するロシア軍は、指揮・統制と情報の不備のために損害をこうむることになる。

二〇世紀の最初の主要な戦争から、ロシア軍だけが正しく教訓を学ばなかった訳ではない。日本による大胆な賭けに惑わされ、外国の戦略家は、近代戦における勝利の要因が旧来の敢闘精神であったことを導き出し、あるアメリカ人研究者はこれを「攻勢主義」と呼んだ。その一方、機関銃、速射砲、連発銃を配備した強固な保塁に対する強襲法によって生じたおびただしい人的な損害に注目が払われることは少なかった。一〇万名の戦死者を出し、国家経済が破綻する寸前であったにもかかわらず、日本は戦いでロシアを打ち破ることができなかった。どちらかの陸軍が他方を打ち破ることよりもむしろ、お互いに国力を消耗したことによって戦争が終わった。満州の戦いが証明していたように、ヨーロッパの政治家が工業化時代における戦争の実態を正しく認識していたならば、一九一四年夏における各国の陸軍動員はそれほど性急には行われなかったであろう。

註

（1） Frederick Kagan and Robin Higham, eds., *The Military History of Russia* (New York: Palgrave, 2002) に掲載した拙稿を参照。
（2） V. I. Gurko, et al., eds., *Russkoiaponskaia voina* (St. Petersburg, 1910), Vol. 1, p. 430.
（3） N. A. Levitskii, *Russko-iaponskaia voina 1904–1905 gg.* (Moscow, 1936), p. 75.
（4） Ibid., p. 75.
（5） A. N. Kuropatkin to Nicholas II, memorandum, 20/7/1903, Rossiiskii gosudarstvennyi voenno-istoricheskii arkhiv, fund 165, inventory 1, file 897.
（6） クロパトキンの国家戦略に対する考え方を最も的確に表した文献としては、ツァーに上申したロシア帝国防衛に関する長文の覚書がある。A. N. Kuropatkin to Nicholas II, memorandum, 14/3/1900, Rossiiskii gosudarstvennyi istoricheskii arkhiv, fund 1622, inventory 1, file 269 を参照。
（7） A. N. Kuropatkin to Nicholas II, memorandum, 15/10/1903, Gosudarstvennyi arkhiv Rossiiskoi Federatsii, fund 543, inventory 1, file 182, sheet 19.
（8） Richard Connaughton, *The War of the Rising Sun and the Tumbling Bear* (London, 1991), p. 54.
（9） Sir Ian Hamilton, *A Staff Officer's Scrap-Book* (London, 1905), Vol. 1, pp. 87-88.
（10） Historical Section of the Committee of Imperial Defense,

Official History (Naval and Military) of the Russo-Japanese War (London, 1910), Vol. 1, p. 112.

(11) Hamilton, *A Staff Officer's Scrap-Book,* Vol. 1, pp. 133–34.

(12) Bruce W. Menning, *Bayonets before Bullets* (Bloomington, 1992), p. 159.

(13) J. N. Westwood, *Russia against Japan, 1904–1905* (Albany, 1986), p. 58.

(14) Menning, *Bayonets before Bullets,* pp. 171–72.

(15) I. I. Rostunov, ed., *Russko-iaponskaia voina* (Moscow, 1977), p. 156.

(16) Levitskii, *Russko-iaponskaia voina, 1904–1905* pp. 42–43.

(17) A. H. Burne, *The Liao-yang Campaign* (London, 1936), pp. 93–94.

(18) Connaughton, *The War of the Rising Sun, and the Tumbling Bear* p. 154.

(19) Michael Howard, *The Franco-Prussian War* (New York, 1962), pp. 207.

(20) Rostunov, *Russko-iaponskaia voina,* p. 274.

(21) Connaughton, *The War of the Rising Sun, and the Tumbling Bear* p. 164.

(22) Ibid., p. 167.

(23) Westwood, *Russia against Japan, 1904–1905* p. 116.

(24) Connaughton, *The War of the Rising Sun, and the Tumbling Bear* p. 221.

(25) Meirion and Susie, Harries, *Soldiers of the Sun and the Tumbling Bear* (New York, 1991), p. 85.

(26) Rostunov, *Russko-iaponskaia voina,* pp. 304–06.

(27) *Ibid.,* p. 274.

(28) Connaughton, *The War of the Rising Sun, and the Tumbling Bear* p. 235.

（ブロック大学）
（防衛大学校）

史料紹介

「明治三十七年五月一日〜明治三十八年一月三十一日　攻城工兵廠陣中日誌」

白石博司

解説

一　はじめに

大本営は、ロシア旅順要塞攻撃のため、攻城砲兵司令部（長　陸軍少将　豊島陽蔵）を編成して、その隷下に攻城特種部隊を配し、第三軍に配属させた。その内容は、野戦重砲兵聯隊、徒歩砲兵第一〜第三聯隊、徒歩砲兵第一独立大隊、第一攻城砲廠、攻城工兵廠等である。

日本陸軍において、攻城工兵廠が編成されたのは、この時と第一次世界大戦・山東半島の青島戦等[1]、例が少なく昭和十三年度帝国陸軍作戦計画等のなかに部隊の存在が見られる程度である。

旅順攻略直後の明治三十八年一月五日、乃木第三軍司令官から攻城工兵廠に対し、左記の「感状」が授与されている。

「明治三十七年七月上陸後、戰利器材ヲ整理シテ直ニ之ヲ戰闘ノ用ニ供シ、同年九月旅順要塞ニ對シ正攻工事開始以来、其器材材料ノ補給、交換、製作、調度ニ任シ、廠長以下黽勉《びんべん》[2]（ルビ筆者、以下同じ）努力克ク僅少ノ職員ヲ以テ延長十餘里ニ亘ル大作業ノ要求ニ應シ、加フルニ迫撃砲ヲ發明シ、手榴弾攻路頭鉄鈑、携帯防楯等ヲ創作シ、以テ要塞ノ攻略ヲ幇助シタリ。其功績偉大ナリトス[3]」

攻城工兵廠の任務・職務内容が的確に要約・表現されている。

要塞攻撃の場合、一般的には攻城工兵司令部が編成され、軍司令官に直属して全工兵の運用、攻城工兵器材の整備・補給及教育並びに工兵技術等について補佐する事となっているが、日露戦争第三軍の編成に当たっては、攻城工兵司令部は編成されず、第三軍司令部工兵部長の統制下で、攻城砲兵司令部の下に攻城工兵廠は置かれた。

攻城工兵廠（長　工兵中佐　今澤義雄）は、第三軍の編成と時を同じくして、明治三十七年五月一日に編成を令され、七月十一日大連に上陸して、滞留していた器具材料の整理を行い、大連及び南山の戦場付近の戦利器材を整頓し、八月一日乃至七日に亙り、営城子に集積所を設置し、諸隊に分配し、長嶺子までの鉄道の開通に伴い、営城子の集積所を閉鎖し、首廠を周家屯、第一支廠を土城子、第二支廠を龍頭河西、派出所を大連に配置し、主として材料・資器材の集積及びその補給・製作・修理を担当した(4)。

二 本「陣中日誌」の概要

本「陣中日誌」は、この攻城工兵廠が動員されたときから復員したときまでの間、毎日記録・報告していたものの原本を、攻城工兵廠長(5)であった今澤中佐(後に陸軍少将)が保管(6)していたものであり、平成十年になって御遺族の方から防衛研究所に寄贈され、世の中に出て来たものである。

記述されている内容は、時期を追って逐次定型化され、内容が充実して来る。その大部分は、直接の任務である攻城資器材の受入・交付が主体を占めているが、時期によってその重点が異なり、戦闘の様相の変化が実感できる。

日露戦争におけるこの種の一次史料が少ない現状にあって、日々の行動を詳細に記録している本史料は貴重なものであり、作戦戦闘、特に第三軍(旅順攻略戦)の細部を研究するものにとっては、異なった視点で旅順攻略戦を観察できる第一級史料である。

史料の細部は以下の八分冊であり、第八冊の史料綴以外は、暦年にしたがって綴じられている。

(一) 攻城工兵廠陣中日誌 其一「明治三十七年五月一日〜七月三十一日」

五月一日から七月三十一日までの日誌である。攻城工兵廠が編成を命ぜられ、逐次人員が整い、六月一日に第三軍の編成序列に入り、三個班に編成し、①資器材を集積・梱包、②爆薬・通信・測量器材の整備・梱包、③各種資器材の修理を実施し、それを御用船「北陸丸」に積載し、七月二日門司を出港、八日に青泥窪着、当初営城子集積所を開設し、材料・資器材の卸下・集積作業に着手した時期である。

(二) 攻城工兵廠陣中日誌 其二「明治三十七年八月一日〜八月三十一日」

八月分の日誌である。長嶺子までの鉄道の開通に伴い、首廠を周家屯、第一支廠を土城子、第二支廠を西龍頭、更に大連(青泥窪)に派出所を設定し、それぞれの資器材等を搬入し、支援の態勢を確立した時期である。

更に、八月十九日の第一回総攻撃に向けて、各部隊に資器材を交付するとともに、八月二十九日には工兵部長に第一期攻略計画案（望台攻略）を提出している。

（三）　攻城工兵廠陣中日誌　其三「明治三十七年九月一日〜九月三十日」
九月分の日誌である。第一次総攻撃の教訓から、正攻方針の決定に伴い、工兵部長榊原大佐の指導の下、対壕作業支援に着手するとともに、主防御線の前衛陣地の攻略を支援する等、次の攻撃に向けての準備の時期である。伏射防楯・携帯防楯・対壕頭防楯の作成、交付等が多くなるとともに、築城資器材の交付が増加している。

（四）　攻城工兵廠陣中日誌　其四「明治三十七年十月一日〜十月三十一日」
十月分の日誌である。迫撃砲の試射を行うとともに、その効果を認め、製作のための人員、器材を急増し、主力を挙げて迫撃砲及び弾薬を作製している。そして、十月二十六日の第二次総攻撃に向けて、各部隊に資器材、迫撃砲を交付している。

（五）　攻城工兵廠陣中日誌　其五「明治三十七年十一月一日〜十一月三十日」
十一月分の日誌である。十一月五日爆発車の模型完成し、増産に入る。また、各部隊から重焼パン空罐を集め、迫撃砲弾作製に流用。また、竹筒製手擲爆弾を考案し増産・配布。更に、十一月二十六日の第三次総攻撃に向けて、各部隊に資器材、迫撃砲等を交付している。

（六）　攻城工兵廠陣中日誌　其六「明治三十七年十二月一日〜十二月三十一日」
十二月分の日誌である。引き続き、露軍の要塞本体に対する攻撃を支援し、二〇三高地を奪取するとともに、最後の攻撃努力を支援。電燈班は、その任務を終了し、第三軍に編成替。工場における製品の主要なものは、迫撃砲弾、同装薬、手擲弾、手擲弾防楯等である。

（七）　攻城工兵廠陣中日誌　其七「明治三十八年一月一日〜一月三十一日」
明治三十八年一月分の日誌である。当面の戦闘が終結し、各種資器材の返納を受けるとともに、攻城における兵器等の製作が停止している。一月十九日に攻城工兵廠の復員命令が発出され、解隊に向けて動き出す。

（八）　攻城工兵廠陣中日誌　其八　攻城工兵廠関係史料綴「明治三十七年～明治三十八年」

第八分冊・史料綴には、①攻城工兵廠兵器材料梱包員数表、②攻城工兵廠器具材料運搬計画書、③追送を要する品目並びに員数表（電燈班）、④白熱點火器應用ニ関スル試験報告、⑤病床日誌（一名）、⑥探照電燈班報告（探照電燈ノ効力、十月十一日・十二日に於ケル敵状）、⑦探照燈の使用法、⑧野戦用探照燈、⑨ダムダム弾使用ニ対スル注意喚起、などが綴られている。

三　本「陣中日誌」の記載内容骨子

紙面の関係上、全てを紹介することはできないので、主要な項目を簡単に要約するとともに、次項において迫撃砲関係資料（その経緯、発射試験、使用法の説明）及び電燈班の運用について原文で紹介する。

（一）　新編部隊の編成要領、特に攻城工兵廠の展開の細部（首廠・支廠の展開、器具材料の運搬、保有器材の細部及び輸送の作業量手順の細部）が記されている。

（二）　各部隊に交付した器具、材料の数量が明記されており、戦場における補給の細部及びそれにより攻城工兵廠の作業の細部が理解できる。

（三）　第三軍の命令（戦闘命令については少ないが、日命、行動に当たっての留意事項等の通報）の細部が記されており、公刊戦史書等では読めない平時と同様の管理事項、通常業務に対する注意事項等が左記のように、第三軍幕僚長名で隷下部隊に発せられており、当時の状況が髣髴と確認できる。

ア、露国政府に属する建物及び露人の私有財産等の保全処置、掠奪行為の厳禁、露国捕虜及び露兵の屍体の取扱要領。

イ、戦地における死亡者の遺骨若くは遺髪の取扱い並びに戦死者の埋葬及び衛生処置（人畜等の死屍の処理、赤痢患者対応）。

ウ、弾薬節約、電信濫用禁止、冬季用被服の愛護、疾病予防、ダムダム弾の使用禁止、火災予防等に対する注意。

エ、報告・手続の細部要領（死亡通報の速達、叙位・叙勲、戦時名簿、戦闘詳報調製）等に関する留意事項。

オ、加給品（清酒、煙草、慰問袋）、恤兵品（品目、数量等）の配分。

カ、外国通信員の操縦の適切、彼等の利用留意。

（四）　緊要な時期の軍司令官訓示

（五）天皇・皇后陛下以下皇族及び武官等の差遣等の勅語・聖旨・令旨の内容
（六）満州軍総司令官等の発出した「感状」
（七）戦闘に即応した各種創意工夫（特殊急造兵器等の新意匠に依る製作）(7)の細部
ア、電気鉄条網の切断のための鉄條鋏の絶縁法
イ、電流鉄条網爆破切断実験（工兵第九大隊）
ウ、携帯防楯の製作・実験
エ、戦利火薬の燃焼速度実験
オ、一連の迫撃砲に対する作製、試射、交付等についての努力
カ、白熱點火器を応用した擲石地雷（仕掛応用地雷）
キ、竹（筒）製手擲爆弾の考案
ク、保塁に対する逐次爆発占領法（轉送爆発機の使用法等）
ケ、手榴弾防楯の構造・使用法

四　迫撃砲の発明、試作、試射、量産、運用について

九月二十五日に「迫撃砲の製作に着手」(8)と記されて以来、連日「木工所」において「迫撃砲」の製作が続けられている。そして工兵廠の中で試射の後、十月六日には、軍司令官、砲兵司令官、砲兵旅団長、工兵部長その他将校三十名余が参観して公開の試射が行われた。そして、試験射撃の成果を踏まえて、十月十七日、「迫撃砲説明書」を軍司令官、工兵部に提出し、その普及徹底を上申している。

更に、工兵第九大隊第一中隊は、十六日初めて迫撃砲を使用し、「此攻撃ニ於テ、初メテ迫撃砲ヲ利用シテ突撃実施ノ前後ニ於テ多数ノ爆薬ヲ敵壘ニ投擲シ、大ニ功《マ》果《マ》ヲ収メタリ(9)」と記録されており、左記報告書が第九工兵大隊長・杉山大尉から提出されている。

五　電燈班の運用について

もうひとつ特異な事項として、工兵廠の隷下に電燈班を置いている。攻撃目標に対し夜間照明を実施して、攻撃を支援している。電燈班（九十珊米射光機二坐を有し、内地に於て編成す）は、八月九日鉄道により長嶺子に到着し、軍の攻撃計画に基づき電燈を長春庵南方高地及龍頭河西の西南高地に置き、十七日照明の準備を完了し、十九日の第一次総攻撃に最初の照射を実施している。(10)

「その規模は小さく、九十珊電燈二箇を保有するに過ぎず、而も其光度十分ならす、用法も亦適当ならさりしを以て第一線部隊中には却て有害無益の感を懐きたる者

あり。僅かに八月十九日より二十一日に至る三夜及第二回総攻撃に於て十月二十六日及二十七日の両夜之を使用せしのみにて、十分の成果を収むるに至らざりし。[11]」と記述されている資料もあるが、本資料によれば、それ以上の使用が記録されている。

以下、迫撃砲に関する「要領書」「説明書」「迫撃砲成績調査報告」「十八珊知迫撃砲ノ要領」「戦場様相（迫撃砲について）」「爆薬効力報告（工兵第十一大隊）」及び「探照燈の効力」をそれぞれ紹介する。

おわりに

本史料は、日露戦争における作戦・戦闘、第三軍の旅順要塞攻撃を研究するものにとっては、一次史料として希少価値を有するものである。

攻撃そのものを担当した作戦部隊ではないが、要塞攻撃という特異な戦闘において、終局の「決」を付けたものは、爆薬戦と言っても過言ではない。その作戦を直接支援し、その戦闘具を考案、量産して基盤を作成したのは、この「攻城工兵廠」であった。

それが文初で紹介した、乃木第三軍司令官の「感状」に如実に現われているのである。

・原文を読み易くするため、句読点を付した。
・［ ］は、筆者が付した。

註

（1） 青島戦においては、攻城砲兵廠と攻城工兵廠とを合併して、攻城廠を編成。
（2） つとめはげむこと。精を出すこと。
（3） 本『陣中日誌　第七分冊』。
（4） 参謀本部編纂『明治卅七八年戦史　第五巻』三三〇頁。
（5） 攻城工兵廠長は攻城軍工兵部長に隷属し、攻城工兵廠に属する器具、材料の保管に任じ、其輸送を実施す（「攻城砲兵提要」明治三十七年五月）。
（6） 日誌冒頭に「陣中日誌ノ例式」が記されているが、その第八に「此日誌は諸部団隊復員完結の日を以て終局と為し、直に一本を謄写し、順序を経て陸軍省に、原本はその部隊に格納すべし。」とあり、部隊長が保管していたものと思われる。
（7） 十二月十八日に用語使用。
（8） 「擲爆砲」と呼称した箇所もある。
（9） 工兵第九大隊第一中隊小隊長新田又一郎「旅順要塞攻撃間日誌」十月十六日の項（靖國偕行文庫室所蔵）。
（10） 参謀本部編纂『明治卅七八年戦史　第五巻』三三〇頁。
（11） 参謀本部『戦史及戦術の研究　第二巻　要塞攻撃の教訓』（大正四年七月）一四－五頁。

編集委員会付記

日露戦争で使用された日本陸軍の迫撃砲については、以下が参考となる。
佐山二郎『日露戦争の兵器』（光人社、二〇〇五年）一〇五―一一三頁。

（靖國偕行文庫）

資料

一　迫撃砲試験射撃要領書〔第四分冊、十月七日の項〕

當廠ニ於テ考案セシ迫撃砲第一回発射試験ノ結果、更ニ改良ヲ加ヘ、別紙要領書ニ基キ、第二回精密試験ヲ明八日午前十時ヨリ周家屯東北方約六百米突ノ畑地ニ於テ施行致候。該砲採用ノ上ハ工兵隊長之レカ使用ニ任スル筈ニ付、該隊長ヲシテ試験ヲ實視セシメラレ候ハバ参考ニ可相成義トモ存候ニ付此段申進候也

別紙：迫撃砲試験射撃要領書

砲身ノ重量	二三吉〔kg〕〇〇〇
同　口径	〇・一二八密〔㎜〕
砲架ノ重量	二七吉〇〇〇
全弾ノ重量	二吉四〇〇（炸薬黄色薬一吉六〇〇）

目的　敵壘ニ接シテ徒手爆薬ヲ投擲スルハ完全ノ方法ニアラズ。故ニ装置簡単、移動容易ナル軽砲ヲ以テ投擲操作ニ代ヘントスルニアリ。

試験ノ要領　實弾ヲ発射シ、各部ノ機能ヲ鑑定シ左ノ各項ヲ決定スルニアリ。

一、装薬量
二、曳火時間（曳火索ノ長）
三、射距離

試験ノ方法　装薬量ノ種類ヲ二〇g、三〇g、四〇g、五〇gノ四種トシ、各装薬毎ニ四十五度ノ射角ヲ以テ三弾ヲ発射ス。其ノ内二弾ハ、塡砂弾装薬。二〇g、四〇gノ内、各一弾ハ仮装曳火弾。三〇g、五〇gノ各一弾ハ曳火弾トス。

判決要領ニ示ス三項ヲ審査決定シ、實用ニ供スルニアリ。

試験擔任官、大崎工兵大尉トス。

二　「迫撃砲説明書」〔第四分冊、十月十七日の項〕

迫撃砲ノ目的ハ、敵壘ニ対シ、徒手爆薬ヲ投擲スルハ

完全ナル方法ニアラス　故ニ装置単簡移動容易ナル軽砲ヲ以テ投擲操作ニ代ヘントスルニアリ

迫撃砲構造ノ大要

ア、砲身　砲身ハ木製ニシテ竹製ノ輪ヲ施シ、表面「ペンキ」ヲ塗布セリ

砲身ノ全長　〇・八三〇

砲腔ノ長　〇・六三〇

口径　〇・一二八

平均重量　一〇・〇〇〇吉

イ、砲架　砲架ハ幅〇米六〇、長一米一〇ノ床板ト砲身ヲ発射ノ位置ニ保持スル垂直材及ビ撑材ヨリ成リ、此ノ二材ヲ聯結スルニ鉄材ヲ以テス。而シテ此鉄材ハ四十五度ノ傾斜ヲ有シ砲軸心ニ平行ス。故ニ砲身ノ傾度ヲ点検スルニハ此鉄材ノ上縁ト砲身ノ側面ニ付着セル板ノ上縁トヲ平行セシムルモノトス。又后坐ヲ防止スル為メニハ床板ノ前端ニアル鉄材ノ頭部ニ砲床固定杭ヲ打入ス　而シテ砲架ノ全部ハ「ペンキ」塗ヲ施セリ。

砲架ノ平均重量　二七・〇〇〇吉

ウ、弾丸

弾丸ノ口径　〇・一二二

全弾丸ノ重量　二・四〇〇

弾丸ハ鉄鈑及鉲力鈑《ぶりき》ヲ以テ円柱形ニ製作シ、弾底ヨリ導火索ヲ通ジテ発射ノ際曳火ヲナサシメ雷管ニヨリテ爆発セシムルモノトス。而シテ導火索ノ長サハ〇米〇七〇ニシテ弾着後二秒時位ニテ爆発ス。弾丸ノ運搬及ビ貯蔵ノ際ニ於テ導火索ノ後端ニ対シ湿気ヲ防止スル為メ長〇米〇二〇弾底ニ突出セシメ、此ノ部ニ護謨《ごむ》帯ヲ施セリ。故ニ使用セントスル半日前位ニ於テ此ノ護謨帯ヲ取リ去リ、鋭利ナル小刀ヲ以テ鉛管頭ニ至ルマテ導火索ヲ割リ、少量ノ粉薬ヲ加ヘ紙ヲ以テ其口ヲ掩ヒ糸ニテ結束スルモノトス。弾丸ハ一〇発ヲ壱箱ニ収入シ運搬使用ノ際ニ便ナラシム

エ、装薬　装薬ハ黒色小粒薬ヲ用ヒ左ノ五種ニシテ各号ニ応スル射程ヲ記載セリ

装薬装類	薬　量	射　程
壱号装薬	〇・〇五〇	二八〇米〇〇〇
弐号	〇・〇四〇	二四〇米〇〇〇
参号	〇・〇三〇	二〇〇米〇〇〇
四号	〇・〇二五	一四〇米〇〇〇
五号	〇・〇二〇	八〇米〇〇〇

射程ハ風ノ方向ニヨリ前表ノ距離ヨリ二〇米〇〇

○乃至三○米○○○ノ伸縮ヲ生ズルモノトス。然レドモ風力ニ大ナル変化ヲ生ゼザル限リハ弾着ハ比較的精密ナルモノトス。平均躱避《たひ》［弾着の分散度合を言う］ハ約一五米○○○以内ナリ。

オ、属品箱　属品箱ハ五門分ノ属品ヲ壱個ニ収入セリ　其内容品左ノ如シ

標示杭	二、	標示縄（長　五米○○○）	一、	各一門属品
砲床固定杭	一、	掃除布	一、	各一門属品
送弾索	一、	小刀（隊用品ヲ応用）	一、	各一門属品

毎五門ノ属品

標悍（大小）	二、	垂球	一、
自在水準器	一、	火口掃除針	一、
洗矢	一、	大槌（隊用品ヲ応用）	一、

カ、装砲ノ大要　五門ヲ以テ一分隊トシ、二乃至四分隊ヲ以テ壱隊ヲ編成ス

其壱分隊ノ人員区別左ノ如シ

分隊長	下士	一
副分隊長	上等兵	一
砲手（一門ニ弐名）		一○

分隊長ハ示サレタル目標ニ向ヒ標悍ヲ以テ標線ヲ取リ、此線ヲ垂球ニヨリテ壕底ニ投影シ、標示杭ヲ打入シテ標示縄ヲ張ル。砲手ハ砲架ノ后端ヲ左右ニ動カシ、床板ノ側縁ヲ標示縄ニ平行セシメタル后、自在水準器ヲ以テ床板ヲ水平ニナス。尚一名ノ砲手ハ砲身ノ角度ヲ点検スルモノトス。壱番砲手ハ掃除布ヲ右手ニ纏メ、砲腔内ニ押込ミ腔内ヲ清拭シ、次ニ弾丸ト装薬トヲ取リテ砲側ニ至リ装薬ヲ弾底ニ付着スル針金ニテ弾底ノ中央ニ単簡ニ結束シタル后、送弾索ヲ頭部ノ鐶ニ通シテ砲口ヨリ装填ヲナス。弐番砲手ハ口火索ト小刀ヲ取リテ砲尾ニ至リ口火索ノ両端ヲ床板ノ上ニテ斜ニ截断ス。其長サハ床板上ニ一線ヲ画シ置キ、之ヲ定規トナスモノトス。而シテ截断シタル口火索ハ必ス其紅色ノ部ヲ前方トシ火口ヨリ送入シ、砲手ハ直チニ火縄ヲ以テ砲尾ニ至リ点火ヲナス。

キ、試射ノ要領　射撃目標ニ向ヒ標線ヲ取リ、目測距離ニ応ジテ装薬ヲ定メ、発射シタル後、左右ノ修正ハ標線ヲ変換シ、射距離ノ修正ハ装薬ヲ変換シテ行フモノトス。

ク、注意事項

（ア）　砲身ハ使用セントスル前日ニ於テ可成一夜間程火口ヲ閉塞シテ砲腔内ニ漏水シ置キ、翌朝水

ヲ捨テ倒ニナシ置キテ使用スルヲ可ナリトス。又発射后ハ必ス約一昼夜間砲腔ニ水ヲ満タシ置キ腔内ニ付着セル滓渣ヲ溶解セシメタル后、水ヲ捨テ内部ヲ清拭ス可シ。此レ砲身ハ木製ナルヲ以テ木質ニ常ニ少量ノ水気ヲ含有セシムルトキハ、砲ノ保存ヲ善良ナラシムルノミナラス、微少ノ空隙ヨリ漏出スル瓦斯ヲ防止スルニ最モ必要ナリトス

（イ）弾丸ノ底部ニ装着シタル導火索ノ端末ハ湿気ニ対シ充分ナル注意ヲ要スルモノトス。故ニ護謨帯ヲ取除キ粉薬ヲ装置スルハ使用前半日位ニテ長クモ一日以上ニ亘ラザルヲ要ス。又導火索ノ端末ヲ割テ粉薬ヲ附ケ結束スルニハ充分ナル注意ヲナシ、工兵廠ニ於テ実地ニ就テ説明シタルカ如ク厳密ニ施行セザルベカラス。此ノ作業粗漏ナルトキハ不発弾ヲ生スルモノトス。粉薬ヲ附シタル弾丸ノ打残ヲ生シタルトキハ再ビ護謨帯ヲ以テ其端末ヲ保護シ貯蔵スルモノトス。

（ウ）壱号装薬不足ヲ生シタルトキハ参号及ビ五号装薬ヲ合シテ使用スルトキハ薬量同一ナリトス。

（エ）火砲及弾丸ハ材料及職工ノ缺乏セル今日、種々ノ応用手段ヲ為シ苦心惨憺日夜ニ亘リ製作セルモノニシテ、就中弾丸ノ製作ハ火気ヲ用フル能ハザル為メ、鉄鈑ノ接合等非常ノ手段ヲ要シタルモノナリ。故ニ砲ノ使用ニ任スルモノハ充分ナル注意ヲ以テ火砲ヲ重愛セラレンコトヲ切望ニ堪サルナリ。

ケ、迫撃砲弾説明書追加

（ア）尋常弾　尋常弾ハ炸薬トシテ尋常火薬一吉ヲ弾丸ノ中央ニ固定セル円形ノ袋ニ入レ、此ノ炸薬嚢ノ周囲ニ沿ヒ鉛ト亜鉛ノ合金ヨリ製セル弾子ヲ填実セルモノニシテ全弾ノ重量ハ爆発弾ト異ナルコトナシ。然シテ曳火ノ為メ附シタル導火索ニハ雷管ヲ附セサルモノトス。

（イ）尋常弾ノ目的

尋常弾ハ、威力ニ於テ固ヨリ爆発弾ニ遠ク及バザルモノトス。故ニ左ノ二個ノ場合ニ於テ使用スルトキハ比較的有効ナルノミナラス大ニ爆発弾ヲ節約スルノ利アリ。

一、試射ヲ行フトキ

一、掩蓋ヲ有セサル散兵壕ニ対スルトキ

（ウ）尋常弾ト爆発弾ノ識別

尋常弾ハ、弾丸ノ頭部ニ白色ノ塗料ヲ施シアリ

三 「迫撃砲成績調査報告」〔第四分冊、十月十八日の項〕（工兵第九大隊 松山大尉）

十月十六日、鉢巻山及二龍山中腹ノ敵ヲ攻撃スル際、迫撃砲ヲ使用シ左ノ成績ヲ得タリ。

迫撃砲数 鉢巻山六門、二龍山五門 計十一門

設備位置	砲数	発射弾数
鉢巻山	六門	百二十発：四号五号モノモ重ニ使用ス、不足ハ三号ヲ用ユ
二龍山	五門	二十一発：五号装薬一〇、四号八、三号三ヲ使用ス

（発射ノ景況）

鉢巻山 掩蔽部及塹壕ニ落下セシモノ四十三発。各砲三分時ヲ距テテ連続七発発射セシメ、他ハ指命ニ依リ発射セシム。

二龍山 右翼ヨリ逐次指命発射セシム。皆敵ノ塹壕背後五六米ニ落下シ（直ニ塹壕ニ落下セシモノ数発アリ）一発ノ不発弾ナシ。一門ハ二発々射後三発目ニ点火スルニ砲内ニ爆発シ砲身破壊ス。迫撃砲ハ今回ノ攻撃ニ於テ始メテ応用シタリ。然ルニ其成績意外ニ善良ナルヲ得タリ。即チ其所望点ニ落達シタルモノハ敵ノ塹壕ヲ破壊シ、守兵ニ損傷ヲ與ヘ掩蔽部其他ノ構造物ヲ破壊スル等普通爆破ノ成果ヲ得ルノミナラス敵ヲ恐迫シ我兵ノ士気ヲ振起スルコト尤モ大ナリ。然レトモ之カ為メ手ヲ以テスル投入爆発術ヲ全ク廃止スルコト能ハス。之レ其所望構造ノ破壊ハ彼レニ比シ一層確実ニシテ且ツ頑強ナル敵ニ対シ肉迫シテ剣撃ヲ相交ユルノ際ニ在テハ此方法ニ依リ直接ニ彼レニ投入シ損害ヲ與フルノ外ナケレハナリ。兎ニ角迫撃砲ヲ以テスル爆破ノ我カ損害ヲ避ケテ彼レニ多大ナル損害ヲ與フルノ効果ニ至テハ実ニ大ナルモノアルヲ確認ス

（所見）

迫撃砲身ノ構造ハ持久力使用上共現在ノモノニテ可ナリト認ム。装薬ノ調製小量ナルモノ多クノ場合ニ於テ需用多シ。即チ今回費消セシモノ四号五号ノ装薬尤モ多シ。

射距離	
四号装薬	平均百六十米
五号装薬	平均百二十米

他ノ装薬ニ在テハ未タ多数ノ試験ヲ経サルヲ以テ掲記セス。

爆薬罐ノ製作

腔内爆発一発アリ。多分薬罐ノ某所ニ欠点アリタ

ルナラン

四　「十八珊知迫撃砲ノ要領」［第五分冊、十一月十四日の項］

現在使用シツツアル口径十二珊知ノ迫撃砲ハ徒手擲爆ニ換フルノ目的ニ出テタルモノニシテ、掩蓋ノ破壊等ニ其効力固ヨリ充分ナラズ。故ニ更ニ口径十八珊知ノモノヲ製作シテ試射ヲ行ヒタルニ、射距離百二十米突以内ニアリテハ最モ良好ナルガ如シ。本弾丸ハ炸薬トシテ黄色火薬五吉四〇〇、全弾ノ重量七吉五〇〇ニシテ掩蓋及機関砲砲座等ニ向ヒ近距離ヨリ精密射撃ヲ行フトキハ其効偉大ナルベシ。

構造ノ大要ハ現在ノ十二珊知口径ノモノト同一ニシテ砲身ノ腔長ヲ〇米五〇ニ減シ、口径ヲ十八珊知ニ増大シタル為メ僅少ノ重量ヲ増加シタルノミナリ。弾丸ハ武力製ニシテ二重罐トナシ堅固ニ製作シ、弾底ニハ二個ノ鉛管ヲ附シ曳火索二個ヲ装シテ不発ノ患ナカラシム。本砲ハ一方面ニ一門ヲ用ヒ極メテ有利ナル目標ニ向テノミ射撃スル考按ナリ。故ニ弾丸ノ製作モ少数ナルヲ以テ射撃ヲ行フ為ニハ必ラズ仮装弾ヲ用ユルモノトス。仮装弾ハ炸薬尋常火薬三吉ヲ用ヒ、若干ノ弾子ヲ填実シテ全弾ノ重量ヲ爆被弾ト同一ニナシタルモノトス」

五　「戦場様相」［第六分冊、十二月十九日の項］（工兵第九大隊第一中隊長大村大尉報告）

ア、迫撃砲ハ其利、益々増進シ、彼我二十米突（外壕モナク支那囲壁ト相対ス）ノ距離ニアルト、地形上我砲兵支援困難ナル為メ、全然之ニ因テ砲戦スル事トナリ。昨夜ノ如キハ例ニ依リ敵ハ我構築物破壊ノ為ニアラズシテ、迫撃砲破壊目的ニ出テタルラシク、一時迫撃砲戦トナレリ。勿論應戦セザレバ構築物ヲ目標トスルヲ以テ止ムヲ得サルナリ。昨夜十発ノ中三発不発アリ。慥《たし》カニ導火索ハ火尾ヲ振ッテ前進シタルモ落下シテ爆発セス。

（中略）

イ、敵ノ迫撃弾ハ、近頃導火索ノ点火ヲ現ハサズ、之ヲ目撃シテ避クル事能ハス危害ヲ増進セリ

六　爆薬効力報告［第六分冊、十二月二十五日の項］（工兵第十一大隊）

ア、地雷トシテノ爆薬（略）

イ、迫撃砲及手榴弾トシテノ爆薬

北砲臺ニ対シテ午後二時爆発ト仝時ニ正面ニ対シテハ三門（内一門ハ一八珊砲）ヲ布置シ、二号装薬（二

〇〇米）ヲ以テ内庭ニ向テ砲撃シ、右翼陣地ニ二門ヲ布置シ咽喉部ニ向テ発射セリ。此ノ時ニ当リ、敵ノ大部ハ爆発ノ土石ニ当リテ壓潰シ、残兵僅カニ内庭ノ土嚢《どのう》散兵壕ニ依リ我突撃隊ヲ支阻セリ。

此ノ時ニ当リ、爆薬戰ニ熟練ナル我工兵ハ、巧ミニ手擲弾ニ点火シ導火索ノ燃焼漸ク熟スルヲ待チ、高キニ依リテ之ヲ敵中ニ投ス。爆薬ノ敵中ニ爆発スル事、連続絶ヘス、反之敵ハ少数ノ爆薬ヲ少数ノ兵ヲ以テ高キ我ニ向テ投スルガ故ニ、此爆薬戰ニ於テ我ハ確カニ優勢ヲ占メ、敵ヲシテ退テ咽喉部ニ近キ土嚢胸 墻《きょうしょう》ニ據ルノ止ヲ得サルニ至ラシメ、迫撃砲弾ハ内庭ノ各所ニ落下シ、敵ヲシテ騒擾身ヲ措ク所ナキニ至ラシメタリ。

午后四時迫撃砲隊ハ、十二珊砲二門ヲ進テ壕底ニ陣地變換ヲ行ヒ敵ノ投スル爆薬ノ危険ヲ冒シテ五号装薬（八〇米）及之ヨリ小ナル装薬（六〇米）ヲ以テ咽喉部付近ノ土嚢胸墻ニ據レル敵兵及其機関砲ヲ損傷シ咽喉部ヨリスル敵ノ應援兵ノ来ルヲ妨害スル目的ヲ以テ、一ノ戸保塁ヨリ觀測ニヨリテ巧ニ発射シ、遂ニ機関砲ヲ沈黙セシメタリ。迫撃砲ノ効力偉大ナリシ事、此時ヨリ大ナルハナシ。占領後実見スル所ニ依レバ敵ノ死屍惨憺タル傷状、土嚢胸墻ノ弾痕ナクシテ寸断セラレタル機関砲ノ破壊セラレアル、主トシテ迫撃砲ノ為メニヨルモノナリ。

此ノ如クシテ我歩兵ニ近キ敵ハ我手擲弾ノ為メニ、之ニ遠キモノハ迫撃砲ノ為メニ、又、咽喉部ヨリ来援セントスルモノハ迫撃砲及一ノ戸保塁ヨリノ砲撃ノ為メニ妨害セラレ、敵ハ遂ニ北砲台ヲ救援スルノ無益ナルヲ覺ラシメタリ。

其他一ノ戸保塁ニテハ迫撃砲（十二珊）二門ヲ以テ囲壁ニ向テ掩護射撃ヲ行ヒ、北砲臺咽喉部ニ向テハ援助（ママ）射撃ヲ行ヒ、Q砲台ニ対シテハ十八珊知最モ良果ヲ奏シ其三発ハ確カニ掩蓋ニ命シ之ヲ飛散セシメタリ。北砲臺左側攻路ニアル迫撃砲及Q砲台前ノ迫撃砲ハ、焼弾ヲ発射シテ所謂怪物屋敷ヲ焼夷セシメントシタルモ、其命中意ノ如クナラザルト、其位置ニ適当ノ燃焼物ナカリシ為メ、焼夷ノ目的ヲ奏スル能ハザリシハ遺憾トスル所ナリ

ウ、要　旨

北砲台占領ハ頗ル周到ナル計画ト各兵種ノ勇敢ナル動作ニ依ル事勿論ナリト雖モ爆薬ノ効力亦其多キニ依ルモノト認ム。

エ、附　言

此攻撃ニ於テ殆ンド無限ノ爆薬ヲ供給シテ此ノ大

爆破ヲ行ヒ、我要求ニ數倍スル迫撃砲弾及手擲弾ヲ製作シテ我攻撃ニ些ノ遺憾ナカラシメタル攻城工兵廠ノ盡力ニ對シ熱心ナル感謝ヲ表ス。

七 「探照電燈ノ効力」［第八分冊、史料綴。「探照電燈班報告」］（電燈班長　厚東禎造工兵大尉）

探照燈ハ我砲兵并ニ歩兵ト連繋ヲ保チ操作ヲナスニ非ザレハ充分ナル効力ヲ発揚スル事能ハス。此等ノ連繋ハ種々ノ困難ヨリ最初為ス事能ハサリシ。八月中旬、電燈ハ夫々陣地ニ就カシメ、観測所ヲ設ケ、之レカ點燈ノ準備ヲ終リヌ。軍ハ八月十九日総攻撃ノ日ヲ以テ始メテ之レカ點燈ヲナスコトヲ命ス。是ニ於テ小官ハ直接命令受領ノ為メ軍司令部統帥地ニ、其他ノ人員ハ夫々其任務ノ地ニ就カシメタリ。先是敵正面ヲ二分シ、東鶏冠山北砲台以西ヲ長春庵電燈坐、全砲台以東ヲ西龍頭電燈坐ノ照明区域ト定メ置キタリ。全日午後九時始メテ電燈點火ヲナシタルニ、小官ノ撰定セシ観測所ハ其位置全正面ヲ見ルニ適セシモ、戰闘ノ経過ニ應シ充分ニ電燈ヲ使用スルニ適セサリシ。故ニ長春庵電燈ハ松樹山、二竜山ノ砲台上ヲ照明スルニ止メタリ。此照明ハ盤竜山東西砲台ノ敵ヲシテ二龍山及松樹山ヲ以テ攻撃目標ト認識セシムル等ニ付キ効力ヲ発揚シタルカ如シ（歩兵第十九聯隊ノ松樹山及二龍山佯攻［陽動、偽攻撃］補助）。然レ共龍眼北方ノ高地上ニ在ル角面堡ノ攻撃、夜ニ入リテ尚ホ止マス。彼我共ニ保塁ニ附着シアルヤ松樹山及二竜山ヲ照明セシ光線ノ此地ニ達セシカ為メ、歩兵第三十六聯隊モ亦多少ノ損害ヲ受ケタルカ如シ。是レ此日今迄占領セサリシ地区ヲ経、而シテ龍眼北方高地ニ附着セシ為メ、電燈班ハ其付近ノ地区地形ヲ熟知スルニ由ナク、又、観測所ヨリ見ルトキハ、光線カ此付近ニ達セシヲ見ルコト能ハス。而シテ朦朧餘芒ハ此地ニ達セシナリ。以後両三日間照明ヲ継続セシモ功績頗ル揚ラス、教程ニ記入シアリ照明法ハ既ニ之レヲ充分應用スルコト能ハサルニ至レリ。此失敗ハ前方部隊トノ連繋不十分ナルト、電燈据付位置宜シキヲ得サリシト、光力弱キト、二重開光玻璃［ガラスのこと］ニ起因シタルモノ少シトセス。二重開光玻璃ハ其理間然スル所ナキカ如シト雖モ、円形束光ノ周圍ニ望楼タル光芒ヲ放チ、為メニ目標以外ニ光線ヲ分散シ單ニ光力ヲ弱ムルノミナラス、之カ為メ必用（ママ）以外ノ地ニ光ヲ與ヘ、其害ヲ他方面ニ及ホスコトアレバナリ。此害タル單レンズヲ有スル射光機ヲ用ヒ、必用ニ臨ミ束光鏡開光鏡ヲ交互ニ使用スルカ如ク装置シアルモノヲ勝レリトス。敵俄然来襲シ近距離ニ接近シ来リタルトキト雖モ、尚ホ此時機ニ於テ平面鏡ヲ開光鏡ト取換フルモ時機ヲ逸スルニ至ラス。又、或ハ單ニ束光ノミヲ用ヒテ照明スルヲ以テ足レリトスル事アリ。是レ軍隊ノ運動及歩兵射撃ハ朦朧タル光線中ニ在テ充分ナシ得レバナリ。其後強襲ノ議変ジ、正攻法ヲ取ル事ニ決スルヤ、一時電燈点火ヲ中止セリ。是レ敵ノ甲山ヲ照明スレバ、其光線ノ餘波乙山ニ及ホシ、甲山ノ利ハ乙山ノ不利トナルカ如クニ至ルヲ以テナリ。

此等ノ失敗ハ主ニ前方部隊ト直接ナル連繋ヲ保タサリシニ起因スルコト大ナリト雖モ、軍ニ於ケル通信機ノ不足ハ我隊ノ需用（ママ）ヲ満スニ由ナク、徒ラニ不快ナル時日ヲ戰地ニ送リタリ。是ニ於テ西龍頭ニアル電話機ヲ外シ、之レヲ長春庵ニ移シ軍司令部ノ命ニ依リ歩兵第二聯隊ト松樹山麓ニアル第一師團左翼対壕指揮官渡邊歩兵大佐ト密接ナル連繋ヲ取リ、尚ホ観測所ヲ東北溝及水師營南方高地ニアル保塁團内ニ設ケ、前方及側方観測ニ従事セシメシカハ、近時漸ク其價値ヲ顕ハサントスルニ至レリ。今軍参謀長閣下ニ呈出セシ報告ヲ添付シ、御参考ニ供セントス。此等ノ照明法ハ、彼我ノ巨离（ママ）百米以上ナルトキハ有効ナレ共其巨离二三十米ニ至レハ探照電燈ハ其照明法非常ニ困難ニシテ、亦用ユヘカラサルニ至リタリ。

其理下ノ如シ

一、彼我ノ巨离相接近スルモ対壕手ハ露身対壕頭ニ在テ、土嚢ノ運搬ニ従事スルカ故ニ、我光線ノ下ニ於テ、却テ敵ヨリ射撃ヲ加ヘラルルカ如シ。

二、攻撃ヲ開始スルヤ露身敵陣ニ突入セントスルトキハ、主ニ夜襲ヲ用ユ。然レトモ彼我ノ巨离相接近シアルカ故ニ電燈光線此地ニ達スレハ相互ヲ照明スルコトアルヲ免レス。故ニ他砲台ヨリノ被害亦尠カラス。

然共左ノ二項ハ我軍ヲ利スルモノナリ。

一、敵ノ一部隊、我作業妨害ノ為メ来襲シ爆薬投入ヲナサントスルトキハ電燈ヲ以テ彼我共ニ照明スルモ其理、蓋シ我レニアリ。

二、敵ノ一部隊対壕頭ニ来リ我既ニ撃退シタリト雖モ対壕守備兵ハ尚ホ前方ニ敵ノ有無ヲ知ル由ナク甚タ不安心ノ念ニ堪ヘス。此際此地点ニ朦朧タル光線ヲ送リ、以テ敵ノ有無ヲ知ラシムルコト。

以上ノ事実ハ電燈ノ位置ヲ我攻圍線翼方ニ移シ、側面ヨリ我ニ害ヲ與フルコトナク、敵ノ砲台ヲ側面ヨリ照明シ観測者ヲ前方及側方ニ出シ、其位置ヲ修正シ、以テ他部隊ノ便宜ヲ謀ル如クスルトキハ其害ヲ除去スルコトヲ得ヘシ。但シ前方部隊ト充分且ツ直接ニ連繋ヲ取リ置クコト必用ナリ。然レ共此位置ハ攻圍ノ初期ニ於テ撰定スルコト困難ニシテ攻撃進捗スルニ従ヒ、其位置ヲ得ルニ難カラス。然共方今之ヲ為スコト能ハサルハ、單ニ一旦振付ヲナシタル機関ハ其位置ヲ移スコト困難ナルニ起因シアルナリ。

故ニ、小官ハ向後左ノ方法ニ依リ旅順方面ニ於テ探照燈ヲ使用セントス。

探照燈ハ、何時ニテモ点火シ得ル如ク装置シ、人員モ配布（ママ）シ、機関ヲ運轉セシメ、只点火ノ時期ヲ待タシメ、一方ニ於テハ敵逆襲シ来リタルトキハ、直チニ其上方ニ探照燈ヲ点シ朦朧タル光線ノ下ニ在テ他砲台ヨリノ援助ヲ與ヘシメス、敵眼ヲ暗マシ我隊ニ充分ノ運動ヲナサシムルカ如クシ、之レヲ継続シテ敵ヲ撃退セシ後ノ模様ヲシテ、充分我兵士ニ知ラシメ、且ツ追撃射撃ノ効力ヲ充分ニ発揚セシムルコト。

現状ニ於テハ、斯ノ如シト雖モ、今後前方保塁我手ニ帰シタランニハ、尚ホ之レヲ前方ニ移シ以上ノ要領ニ従ヒ大ニ効力ヲ発揚セシメントス。

此等効力ハ、班長ノ企圖良否ニ因テ変スト雖モ、其部下ニ電燈使用教育ヲ受ケタル人員整備セルト否トニ因リ大ニ変化スルモノトス。

結論　以上ノ事実ニ従ヒ、充分電燈ノ効力ヲ発揚セシメント欲セバ将校若クハ有力ナル下士一名兵卒三名ヨリ成ル観測班少ナクモ三個ヲ前方ニ出シ、各攻撃部隊ノ指揮官ト連携ヲ保チアラシムルコト。之レカ為メ一観測所ニ附属セシムルニ少クモ電話機一個宛ト被覆線（携帯被覆線ハ其用ヲナサス）四千米突宛ヲ附属セシムルコト。

全線ニ亘リ小電話交換機一個ヲ電燈班ニ附属スルコト。

電燈勤務ハ夜間ヲ主トスルト雖モ、昼間ハ射光機及機関ノ掃除等ニ由リ充分睡眠ヲナスコト能ハス（仮令ハ先日前進観測ヲナセシ以来五日間、兵士一睡眠ヲナサス。故ニ長時日ニ亘リ点火ヲ継続スルコト能ハス）。内地要塞電燈使用員ニ在テハ、單ニ電燈ノ使用ニ止マルモ要塞戦ニ於テハ観測勤務ハ全然之レヲ歩兵及砲兵ニ托スルコト能ハス。是レ電燈使用法ヲ知悉シアラサルニ依ル。故ニ我兵ハ他兵種ト共ニ観測勤務ニ従事セサルヘカラス。故ニ現人員ノ増加ヲ要ス。之レニ豫備員ヲ加フルトキハ其人馬表次ノ如シ。（本部十

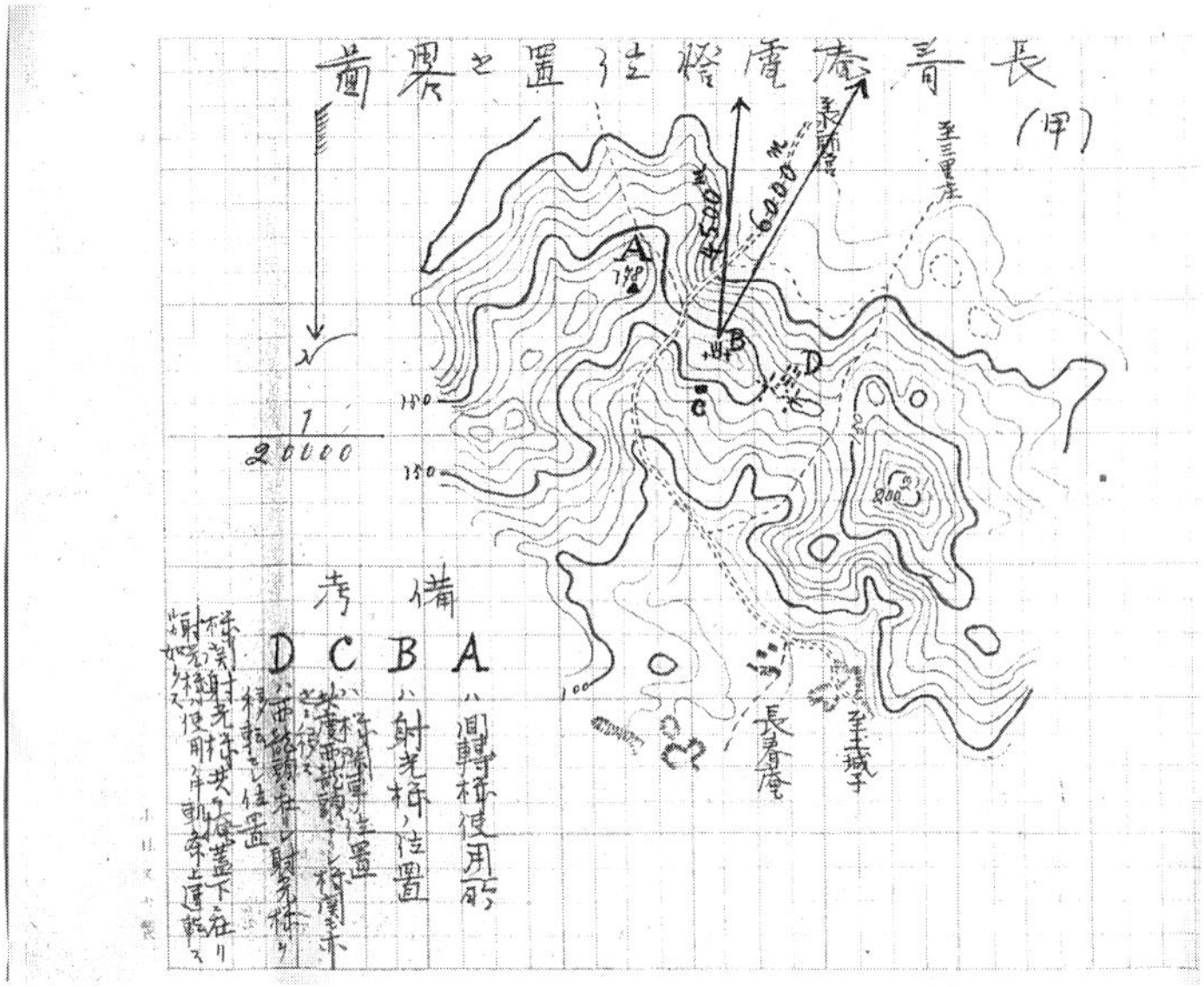

略図　甲（長春庵電燈位置ノ畧圖）

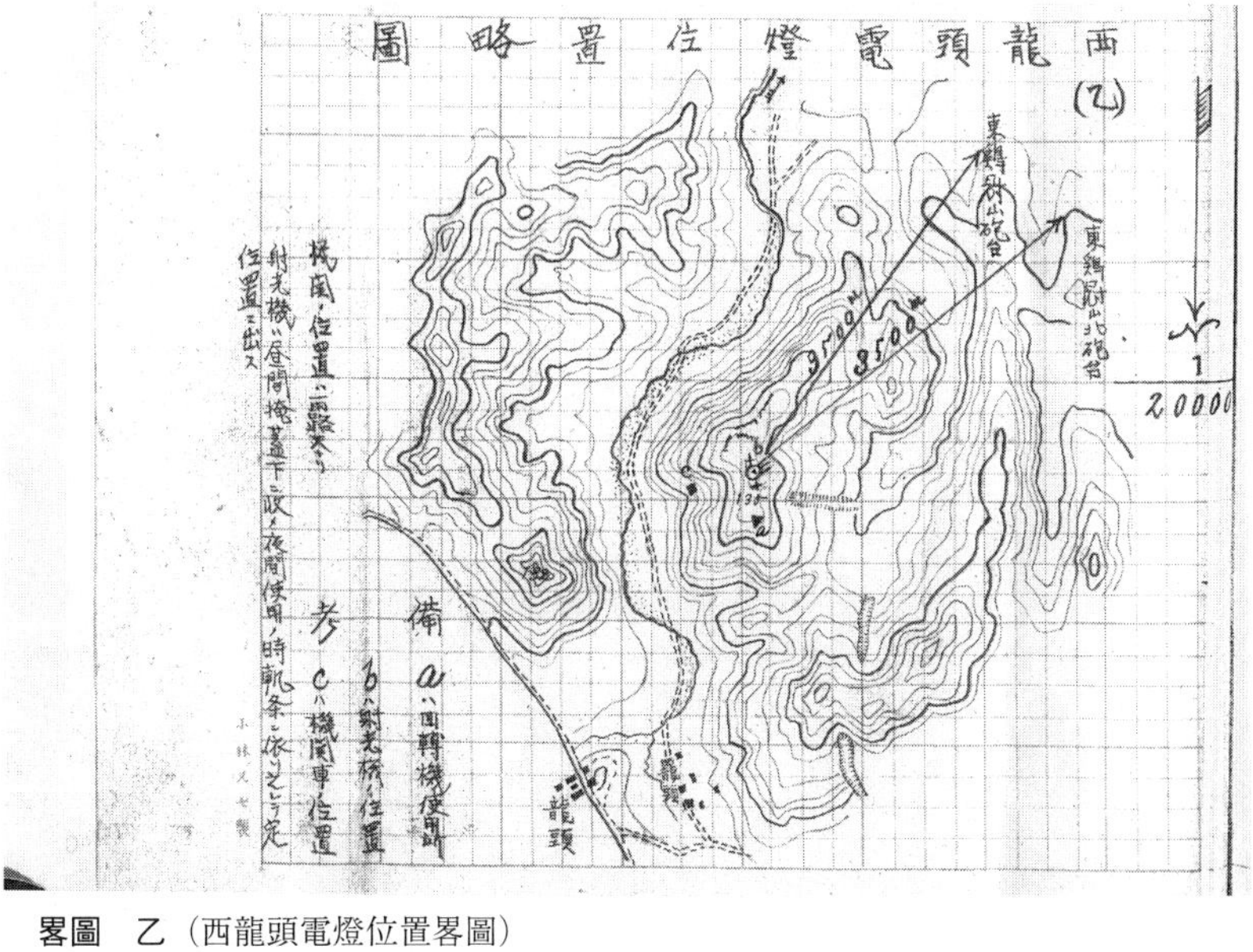

畧圖　乙（西龍頭電燈位置畧圖）

三名、第一・第二観測班各五十六名、合計百二十七名［細部略］）之レハ單ニ使用員ノミニシテ運搬ノ所員ナシ。故ニ移動式電燈ヲ備フルトキハ機関運搬ノ為メニ一機関車ニ付、輓馬八頭、射光機ノ為メニ仝様ノ馬匹行李、輓馬或ハ駄馬若干ヲ附属セサルヘカラス。然レ共輓馬運搬ハ其装置充分ナルモ、之レヲ某位置ニ充分且ツ安全ニ備附クル事能ハス。望ムラクハ一電燈ニ付キ補助輸卒百五十人宛附属セラレン事ヲ。附属品中器具材料ニ申分ナシ

ア、探照燈ノ位置、略図ノ如シ

別紙　探照燈点燈時日并ニ時間

長春庵電燈所

	点燈	消灯
八月十九日	午後十時	午前三時
仝　二十日	午后九時三十分	午前三時
仝　二十三日	午后十一時三十分	午前四時
仝　二十七日	午前四時三十分	天明
九月十九日	午後十時	午前三時三十分
仝　二十一日	午前四時三十分	午前五時
仝　二十四日	午前五時三十分	午前六時
十月十日	午前一時	午前五時
仝　十一日	午後七時	午前五時
仝　十二日	午後七時	午前五時
仝　十三日		
仝　二十六日	午後七時	
仝　二十七日	午後八時	午後九時
十一月七日	日没後	午後十一時
仝　八日	日没後	午後十時

西龍頭電燈所

	点燈	消灯
八月十九日	午后十時三十分	午前四時
仝　二十日	午后十時三十分	午前一時
仝　二十三日	午后十一時四十分	午前二時二十分

第二篇　戦争と社会

戦時下の市民生活

――京都の場合――

竹本知行

はじめに

本稿では、「戦争と社会」という視点において、日露戦争というマクロの波が地域社会というミクロの次元にどのような影響を及ぼしたかについて考察することを目的にしている。もちろん地域によってその特徴は様々で、この視点に立ったときも、そこから現れる像も多様であるが、ここでは特に京都を対象として、日露戦争期の地域社会の位相を描いていきたい。

京都府は我が国の中でも非常に個性的な地域である。なかでも京都市は「延暦の朝帝都を此処に奠め給ひ、王化内に洽く、皇威外に輝き、全国の首府たること千有余年の久しきに及」(1)ぶ、政治的・歴史的な都市であった。周辺の郡部も加え、京都府の特殊性は総じてこの点に由来している。京都が長く日本の首都であったことで、同地は我国の文物の中心地でもあった。織物や陶芸などの工業に対する朝廷の保護は厚く、これを淵源として京都の工芸は発達していった。京都はその歴史を通じ世界有数の産業都市でもあったのである。

明治維新後は、一時は人口の三分の一が流出する事態となり、京都は黄昏の風情を漂わせる古都となった。しかし、積極的に官民一体での新技術の導入(2)がなされ、次第にかつての賑わいを取り戻していった。ただ、京都の産業は、西陣織など高度な技術水準に裏打ちされた伝統産業が中心であったため、工芸品は華麗で奢侈的傾向の強いものが多く、戦時などにおいては、需要の落ち込みが著しく、不況の波をまともに受けることとなった。

また、京都は仏教各派の本山が集中する一大宗教都市であった。仏教寺院は長い歴史を通じ、時の政権に対して、ある時は対抗しまたある時は接近しつつ、教団内部に独自の社会を形成していた。このほか「町衆」に見られるように伝統的に自治意識の強い土地柄でもあった。そしてそれを支えていたのは「都人」というアイデンティティであった。これらから京都は特殊なローカリズムをもつ土地柄であるという特性もある。

以上の点をふまえ、京都という地域が日露戦争を契機にどのように変容していったのか見ていきたい。

一　戦費の調達と社会福祉

日露戦争直前、日本とロシアの経済力は、GNP比一：七・三、一人当たりのそれも一：二・三、と大きな開きがあった。この経済力の差は戦争の勝敗に直接関わってくるものであり、日本政府にとってこの未曾有の大戦を支える軍事費の確保は焦眉の課題であった。政府は外債による戦費確保を企図したが、当初ロシア有利との見方が圧倒的であった国際金融市場において、その募集は困難を極めた[3]。そのため政府は内債募集と増税によって戦費確保を図らざるを得なかった。

しかし内債については、日清戦争中に多額の軍事公債を募集していたことや戦後二度にわたる恐慌の影響もあって、国内の債券市場はすでに飽和状態にあった。また増税についても、政府の計画では酒税・砂糖税・醤油税などの消費税の増徴が主体となっていた。これはインフレ状況下において租税体系を地租などの直接税中心から安定的な間接税中心へと移行させることを意図したものであったが、一般の国民生活への影響は大きかった。さらに税収を国家財政に集中させるために、地方課税を大幅に制限し補助金も削減するということがなされたため、地方の公共事業は抑制され、地方経済は大きな打撃を受けることとなった。

桂太郎首相は日露開戦の明治三十七（一九〇四）年二月十日、地方官に対し「国庫債券の募集に際しては、挙国一致、奉公の義に出で、競うて之れに応ぜんことを望む。然かも軍国の事、予め其の終局を期する能はず。其の給需亦、之れを今回の募集のみに依頼すべきにあらず。国民宜しく堅忍持久の節を持し、勤苦尽瘁、軍資を補ふの覚悟あるを要す。政府は戦時財政に関し別に企図する所あり。異日確定に至らば、地方財源にも多少影響を及ぼすことあるべし。各位は主務大臣の指示する所に従ひ、此の際地方の事業、又は経済に関し、宜しく緩急の稽査し、以て相当の措置を施さるべし[4]。」との訓示を出している。

日露戦争により軍需関連産業は活況を呈したが、それ以外の産業は戦争にともなう金利の高騰に起因する金融の梗塞によって軒並み不況となった。それは伝統産業を中心として重工業をほとんど持っていなかった京都の産業にも暗い影を落とした。京都の古物商では、戦時不況のあおりを受けて、「書画・骨董はもちろん日常家具も売る人多く買う人少なく」[5]、明治三十六（一九〇三）年一～三月の売上高が三八万二〇〇〇余円だったのに対し、翌年の同時期には二五万二〇〇〇余円まで落ち込んでいる。また料理屋でも宴会料理屋の三七年四～六月までの収入が二万二六八〇円と前年同時期比一万六三七七円のマイナスになっており、会席料理店でも同比一万九七〇二円のマイナスになっている[6]。

　このような京都府の主要産業の中でも最大のものは織物業であり、当時、事業所数で八六・七パーセント、従業員数で八六・二パーセントを占めていた[7]。しかもこれらは西陣や丹後に代表される絹織物業を中心としたものであり、奢侈傾向の強いこれらの製品の需要は時局の逼迫とともに大幅に減少し、京都の産業は大きな打撃を被ることになったのである。

　明治三十七年三月十七日付『京都日出新聞』は、三十六年二月と三十七年二月を比較し、西陣では綿織物が六割、絹綿交織が六割五分、絹織物が七割に生産額を減少させ、三十六年十二月には一〇五二戸あった綿織物製造業者・一九九二戸あった絹綿交織同・八五〇戸あった絹織物同が三十七年二月にはその約六割五分が減じてしまったことを伝えている。結果、西陣には大量の失業窮民が生まれ、特に賃業者が多かった五辻七本松の惨状は甚だしく、それは「小汚い衣服の、異臭を撲ち、触るも小気味の悪い老若男女を以て充されゐる（中略）恰も仏画の餓鬼道のよう[8]」であったという。同月二十七日付『中外日報』は、京都市上京区役所の調査で西陣の失業窮民が五三八戸三一一六人、やや窮状のもの四七八戸一三四九人に上ったことを報じている。

　しかしこのような中、政府は明治三十七年三月の第二〇臨時帝国議会に非常特別税法案を提出しその成立を果たした。これには先に述べた酒税などの増徴のほか、織物消費税の新設なども盛り込まれていた。西陣大不況の折、織物消費税は更なる痛撃を加えるものとして京都では反対運動が巻き起こった。三月十四日には西陣織物協同組合役員七人が課税反対の陳情を大森鐘一京都府知事に行っている。反対の理由は「（一）税源の不確固、（二）徴集の困難、（三）課税の偏重、（四）外国製毛織物並に同絹布の輸入超過となる等の四点[9]」であった。同組合は、十九日には、東京・八王子・桐生・足利・結城・丹後の織物業者と東京商業会議所に会し、「租税の原則としての反対論は姑く置き絹布課税に反対する[10]」ことを決議し、全国絹布税反対同盟を結成している。

　その一方で、同月十九日、西陣の上層機業家も絹布税についての意見調整のために会同し、「同税は西陣機業の改善を促す機会を与えたるもの」として、こちらは反対の必要なしとの結論に達している。西陣では府の政策によって明治初年から、産業革命を終えた西洋の技術を積極的に導入し、伝統的生産手法に改良を加えてきており、この時期には機業の産業革命はかなり達成されていた。絹布税をめぐる「組合」と上層機業家の態度の違いは、産業革命によって都市における階層の分化が京都でも進んでいたことを表している。

西陣をはじめとする京都の機業地域は、時局による絹織物の需要抑制と価格下落によって「全然秋風落莫の悲観を顕出し」(明治三十七年三月、『大日本蚕糸会報』)たのであるが、その救済に京都府庁は無力であった。先述のように国庫補助金の削減に加え非常特別税法による地方税収の落ち込みから、地方の社会政策もまた大きく制限されざるを得なかったのである。府の一般経費切り詰めの結果、三十七年度府予算は一四二万円中一八万六九〇〇円を削減するという異例の緊縮予算となっている。府税収入についても三十七年度は前年比一八万五四九〇円減、三十八年度は三十六年度比二七万三一三九円減となった。その結果、細民の救済活動の主体は民間が担うこととなった。

西陣織物商の有志が、職工の救済を目的として「西陣補救会」を組織し、事業補助と慈善救済を行ったほか、機業家側も賃業者に仕事を与えることを目的に「西陣賃業者救済会」を組織した。この救済会は当初、西陣織物会社工場を借りて出発し、後に慈善家団体「光善会」と合併し、「西陣救済会第一・二・三光善」と称し授産場を開設した。授産の内容は輸出羽二重、綿織、リボン、草鞋、スサ、製網などで、そこで働く職工に一日六~九銭を与えた。同会の調査によれば、これによって、五月の失業者一二一戸六五三人が六月には三八戸一六三人まで減少したという。

『京都日出新聞』『中外日報』は、このほかにも博徒「八つ錨親分」こと森田徳次郎が窮民へ白米七石を施粥したほか、相国寺・質商・明治座・歌舞伎座・中外日報社などが西陣の窮状を見かねて施米したことを報じている。

この年の日本銀行京都出張所の貸出高は一二一万円で、大阪の九〇〇〇万円に遠く及ばず、大阪が後半に戦時好況に入ったのに対し、京都は戦争で利する事業がなく、不況の結果のみを被ったことをはっきりと示している。翌三十八(一九〇五)年一月三日付『京都日出新聞』では「言うまいとおもへどけふ(京)の不景気哉」という時事川柳で初荷の景況不振を表現している。このような中、明治三十八年二月一日より、毛織物は価格の一五パーセント、毛織物以外の織物は価格の一〇パーセントという高税率を設定した織物消費税が実施された[11]。

しかし一七億二〇〇〇万円あまりの臨時軍事費のうち増税による一般会計からの繰入金は一億八〇〇〇万円あまりにとどまったため、戦費確保には内外債からの充当が不可欠であった。明治三十七年二月一日、東京・大阪・京都府、神奈川・愛知・兵庫県知事は総理大臣官邸に招集され、曽根荒助大蔵大臣から公債募集に積極的に協力するよう内訓[12]を受けた。これを受けて、京都では二月十五日、知事は郡市長を府庁に招集し、軍費募集と地方財政の緊縮について内訓[13]している。そこで特に内貴甚三郎京都市長に対しては、政府が京都府における募債額に八〇〇万～一〇〇〇万円程度を見込んでいることを伝え、民衆の敵愾心が高揚している現状にあっては、たとえ不景気ではあっても市部において七〇〇万円程度の応募は容易のはずと迫っている[14]。

しかし深刻な不況下において国債は容易には消化されなかったと見え、九月十九日、知事は再び郡市長を府庁に呼び、国債募集について協力を指示している[15]。『京都日出新聞』なども連日一面に「恤兵及遺族扶助義金募集」欄を大きく設け、募金と内債募集を呼びかけた。政府も三十七年には三回にわたる国債発行のうち、第一回目の償還期限を五年に、第二回・三回目を七年とする短期公債とすることで市場の歓心を買い応募者を確保しようとした。その結果、第一回募集は応募高が募集高の五倍という全国的には盛況を見せた。しかし回を重ねるにつれ応募状況は悪化し、政府は十月五日に再び各府県知事を総理大臣官邸に呼び、内国債権処理についての訓示を行った。このように内債の応募者は、政府から各府県にそして郡市へと下りる通達によって、政府の督励を受けた地方行政機関が必死で勧誘を行うことで確保されていった。しかも、その公債引き受け資金には日清戦争による償金とあわせて郵便貯金のほとんどが動員されていたのである。日露戦争は国富の総動員であった。

二　兵員の確保と家族支援

徴兵令は明治六（一八七三）年に国民皆兵を建前として、兵役を国民の権利と謳いながら制定されたが、民衆は新たな「賦役」の出現を楽しまず、徴兵忌避の風潮が続いたことはよく知られている。制定当時の徴兵令には広範な免役規定が存在しており、それを「上手く」つかった「徴兵養子」などの合法的な徴兵逃れが多く見られた以外にも、戸籍法の不備を利用した忌避も相当数に上った。しかし明治二十年代にその傾向は一つの転機を迎えている。まず、明治二十二（一八八九）年の徴兵令改正によって、それまでの免役規定を原則として全廃するという大改正が行われ、ここに徴兵令が謳う国民皆兵主義がようやく確立することとなった。日清戦争を前にして、兵員確保のために徴兵率の分母を増やす必要があったのである。また日清戦争の勝利は軍隊の地位を飛躍的に向上させ、国民の兵役に対する意識も変化させた。ナショナリズムの高揚により、兵役を拒むことのリスクは地域社会において次第に大きなものになっていったのである。

しかし兵役の網の目が詰まっていく中でも徴兵忌避は後を絶たず、それらは失踪逃亡の形で現れた[16]。明治三十六年の失踪逃亡者は約七万人で壮丁人員の八分の一強に上っている[17]。日露戦争を前にして兵員の確保は極めて重要であり、政府はこれら「徴兵失踪者」の捜索を始めねばならなかった。

京都府では「徴兵失踪者」に対する対策として、明治三十六年四月七日に知事が訓令を発している。これによれば京都府下の「徴兵失踪者」[18]は、明治二十九（一八九六）年以前の失踪者は八五八人で内二二人を発見したにすぎず、これに三十（一八九七）年以後三十四（一九〇一）年中の所在不明者四二六人を加え発見者二二人を除くと総計一二六二人に上るという。そして失踪者が多出する理由は捜索の不十分さにあると述べ、別に定める「徴兵失踪者に関する取扱手続」によって「既往の不成績に鑑み宜しく相互共同して厳密の捜索を遂げ充分の成績を挙げんことを努べし[19]」と強い調子で役所・警察にその探索を指示している。

また、「徴兵失踪者」以外にも徴兵令上の規定において「徴集猶予」とされていた学校生徒についても、それを利用しての徴兵忌避を厳しく諫めている。京都府は明治三十七年一月二十六日には同年一月九日付文部省訓令第一号を添付した訓令を発し、「往々此の特典を濫用し名を在学に借りて徴集猶予を受けんとし学校に於ても亦別に注意を加ふる所なくして容易に之を認容するものありと聞く（中略）生徒の入学在学出席退学に関し常に精確の調査をなさしむる等特に監督を厳正にし苟も徴兵忌避の疑あるが如き場合に於ては速に其の情況を本大臣に具申し又法令の命ずる所に従いて相当の処置を為すことを怠らざるべし[20]」と、府内の公立・私立学校に学生に対する厳しい監督を指示している。

このように徴兵忌避者に対する追及はより厳格となったが、開戦の後は旅順総攻撃や遼陽会戦での日本側の死傷者が予想を大きく上回ったことなどから、現行制度の厳格な運用に加え、徴兵令そのものを改正し予備・後備役の服役年限を延長させることで兵員の不足分を補わねばならなくなった。ただこれら兵士の動員は地域社会の生産力を減退させ、また兵士の家庭に直接経済的打撃を与えるものであった。そのため、新たに動員されることになった予備・後備役兵士の「内顧の憂」に対する配慮が積極的になされていった。

京都では、山城各郡区の壮丁は主として第四師団に属して第二軍に、一部は第一〇師団に属して第四軍に編入された。また、後備歩兵第三八連隊は第三軍に、後備歩兵第二〇連隊は第四軍に所属した。これ以外にも近衛師団に属するもの、鴨緑江軍に属するもの、北韓軍に属するものもあり、府下の従軍者数は約二万五千人に及んだ。明治三十七年当時、府の総人口が一〇五万人足らずであったことを考えると、兵士の出征が及ぼす社会的影響はきわめて大きかった。[21]

再び、明治三十七年二月十日の桂首相訓示をあげると、「軍国の事、素より忠勇なる軍隊の力に頼る。是を以て出で、内顧の憂なく、一意、奮つて事に従はしむるは、最も必要の事に属す。国家は特に其の法を講ずる所あるべしと雖、家族たるもの勤めて其の生業を励み、隣保亦克く之れを扶掖し、従軍者をして後顧の憂なからしむるは、実に報効の一端たり。各位の指導、須らく此の点に於て遺漏なきを期せらるべし。」とある。[22]

しかし、京都府内でも京都市は農村部ではなく都市部であり、民衆の家庭生活は出征兵士たる夫の労働収入に大部分を依存していた。そのため、桂首相訓示にあるような家族で代替しうる生業もなければ、農村のような隣保補助組織も結成し得なかった。それゆえ、府では明治三十七年四月二十三日に「抑も軍人家族の救護たる隣保相扶の誼に依り生業の扶助を主として相当自営の方法を講ぜしむること、救護本来の旨趣に副い且つ最も適切のことたり」という家族救助令施行細則を出す一方で、翌日に発した訓令においては都市住民にも配慮した「下士兵卒家族救助取扱規定」を定めている。そこでは現金給付を柱として「生業の扶助」「現品給与」「施療」といった家族扶助の細則が規定されている。[23][24]

それによると、現金給付の場合、給付基準を一等「癈疾不具にして自から生活すること能わず若は疾病に罹り医療を要するも生計困難にして他に扶養者なきもの」、二等「年齢七十歳以上十歳未満生計困難にして他に扶養者なきもの」、三等「年齢六十歳以上十三歳未満生計困難にして他に扶養者なきもの」、四等「一家の生計困難の状態に在るも一時の補給を為せば将来自活の見込あるもの」と等級分けし、一等を一人一カ月一円五〇銭、二等を一円、三等を七五銭支給し、四等は一時金七円以内を給付すると定めている。また同年八月十三日付『京都日出新聞』は、京都市参事会が出征軍人の遺家族の戸別税免除を決議したことを報じている。

しかし、戦争の激化に伴い府下の出征兵士にも多数の死傷者が出始めると、[25]遺家族に対するさらなる施策が必要となった。それは従来の「扶助」のかたちでは到底対応しきれるものではなかった。しかし、ここでも府財政の限界から、府の施策に加え民間あるいは半官半民の諸団体によって様々な遺家族扶助の途が講ぜられることとなった。府は財政上の事情と効果の観点から、明治三十七年八月二十六日、遺家族に対しては現金給付よりも授産の在り方を積極的に講ずるよう、長野市・福島県・神戸市の先例を引きつつ郡市長以下に訓令を発している。[26]以下、諸団体の遺家族支援活動について見てみたい。

　京都府下の軍人遺家族に対する支援活動は様々な団体によって行われたが、その最大のものは愛国婦人会京都支部によるものであった。そもそも愛国婦人会は出征軍人の慰問と軍人遺家族の援護を目的に明治三十四年に公爵岩倉具定夫人久子を初代会長として発会した。その後、閑院宮智恵子妃を総裁に推戴し、日露戦争期には全国で最大の婦人団体となっていた。京都支部の発足は明治三十四年三月四日で、日露戦争期には府知事夫人大森齢子が支部長を務め積極的な活動を行った。俵屋町の支部及び他の二カ所に授産場を設け、経木真田や帽子の製造業を起こしている。

　そのほか鎮守府のある京都府舞鶴では、明治三十七年十月、鎮守府司令長官夫人日高福子により舞鶴海軍下士卒家族共励会が創設されている。同会は鎮守府官舎の空室に工場を設け、海軍に属する旗章類、艦船用装飾品、海軍用帆布を製作するなどし、同じく出征兵士家族の授産等の活動が積極的になされた。

　府下の遺家族に対する授産はこれら以外にも、三十七年二月に京都婦人矯風会が陸軍被服廠の軍人被服縫製を請け負ったり、六月に京都婦人会報国会が妙満寺山内において経木真田製造所を開設したほか、郡部でも九月に相楽郡人家族救護会が生業扶助事業としてタオル製織を開始するなど様々なものがあった。財閥も政府からの要請に応じ、八月には三井家が遺家族困窮者を京都市内の二工場に雇用する旨を府に申し出ている。

　遺家族への支援はこのような授産活動以外にも多岐にわたっている。明治三十七年二月二十日に文部省が出征・応召軍人の子女や遺家族の学校授業料減免を訓令したのを受け、京都府でも三月十五日に「出征又は応召軍人の士女《ママ》に対しては小学校は勿論其の他の学校に於ても経済の許す限りは此際特に其の授業料を減免し又は学用品を給与する等適宜の方法を設け軍人をして後顧の患なからしむる様措置すべし」[27]との知事訓令を郡市町村長に発し、三月十八日の告示において、府立学校に対する当該生徒の授業料の減額または免除を指示した。[28]しかし、日露戦時下にあって府の教育予算も大幅に減額されていたため、「市町村は宜しく其事情の許す限り速に適切の方法を採択してこれが経営に力め今後若干年に於ては学校費を独立せしめんことを期し夫の非常天災若くは臨時事変の為に毫も其影況を及ぼさざるの基礎を樹てざる可からず[29]」との方針のもと、学校基本財産の設置が奨励された。具体的には国有山林の払い下げを受けての森林の造成などが積極的に行われた[30]。

民間団体における、兵士の子女に対する教育支援活動としては、明治三十七年十月十日人円会が救済部を設け当該子女のために上京区浄福寺内に幼児保育第一救護所を開設したのを皮切りに京都市内に第六救護所までを開設したほか、浄土宗京都尼衆校友会が和敬夜学会を開設するなどが見られた。これらは子女の教育支援だけでなく母親の就労支援の役割も果たしたのである。

そのほか医療の分野では明治三十七年二月十八日京都府医師会京都支会が遺家族に対する施療を決議し、六月に天田郡医師会がこれに続いた。また同年四月十三日の『京都日出新聞』は新柳馬場仁王門南の医師三宅文俶が遺家族困窮者のために無料で施療施薬を行ったのをはじめ、多くの医師や産婆の施療施薬活動について報じている。

また注目すべきは京都市在住の外国人の動向である。明治三十七年四月二十七日の『京都日出新聞』は京都メソジスト教会宣教師デヴィス（W. U. Davis）が主唱して市内在住外国人が醵金し、遺家族救済に尽力したことや、十二月二十二日には基督教会医師のストリート（原語表記不詳）が遺家族の無料診療を府及び日本赤十字社京都支部に申し出たことを伝えている。このほか翌三十八年一月二十七日の『中外日報』では、同志社のラーネッド（Kelly Learned）女史の熱心な救護活動も報じられている。新聞各紙のこうした報道が「外国人も支持する対露戦争」という意識を民衆に持たせていったことは想像に難くない。

京都府における遺家族救護や恤兵に従事した団体は以上に述べたもの以外にも京都市に奉公義会、京都婦人慈善協会、大谷派婦人法話会、常葉婦人会、表誠婦人会、奉公十字会、愛国同志会、大日本仏教慈善財団、出征軍人家族遺族共済商行などが、郡部に尚武義会、奉公会、恤兵協会、報公義会、保護会などがあり、様々な階層の人々があらゆる分野において活動を展開した。恤兵寄付金も多く寄せられ、京都府において取り扱った五〇〇円以下の金品寄贈者及び金額は、二万四七六四人、三万一七六四円四八銭に上った[31]。仮に五〇〇円以上のものを加えたならば、金額はその倍以上になったものと推測される。このような軍・官・民一体となった活動は精神的・物質的に京都の民衆の戦争への動員を促していったのである。

三　戦時ナショナリズムの高揚

明治期の日本の外交方針について、政府が抽象観念や道徳意識にとらわれず「現実主義的」に懸案の処理を図ったのに対し、民間におけるそれはより道徳的なアプローチを求める「理想主義的（冒険的）」なものであったということが指摘されているが[32]、対露戦争においてともすれば熱狂的ナショナリズムが起こりかねない世情を政府は当初から警戒していた。なんとなれば、極端な排外主義は却って友好的な西欧諸国にも日本に対する反発を生みかねないからである。対露政策の基軸を日英同盟に置き、外債による戦費確保を企図していた日本にとってこれは重要な問題であった。桂首相は明治三十七年二月十日の訓示の中で「今の時に方つて、国民の挙りて軍国の事に焦慮する、固より其の所なりと雖、一時の敵愾心に駆られ、徒らに軽躁事体を誤る如きは、最も戒慎を加えざるべからず。各位克く管下人民に諭して、孔々其の業務に服するは、即ち国家に貢献する所以の途なるを知らしめ、拮据黽勉以て、国家の培養に勗めしめんことを望む。」と述べている。同日の久保田譲文部大臣名の文部省訓令第二号でも「学生生徒が客気に駆られ露国民に対して嘲罵を逞くし延きて他の外国民にまで悪感を懐かしむるが如きことなからしむるは子女の教育上最も注意を要する所なり[33]」と教育現場における注意点として同様のことを指示している。

これらの訓令を受けて京都府でも、二月十六日告諭一号を以て同様の戦時心得を告諭した。二月十五日付『京都日出新聞』ではこの内容を敷衍して、一面に大森知事の時局談を掲載している。曰く、「国民をして此（引用者註：陸戦の勝利の）吉報を聞いて狂喜するのは無理もない、イヤソー有つて然るべきであるが左ればとて徒に提灯行列を為し又は盛宴を張つて祝するが如きは其意を得ない、殊に規律の下にある学校生徒の此挙に加はるが如きは以ての外である今後は断然中止せしむる考えである而して市民の行ふ提灯行列も成るべく止めたい（中略）要するに挙国一致専ら勤倹を旨として国事に奔走せねばならぬ」と。

しかし戦争の進行は人々の愛国心を駆り立てた。そして、この役割を第一に担ったのは新聞であった。

緒戦において、京都出身者の多くが所属した第四師団は、監大嫗澳に上陸して金州及び南山の戦いを始め得利寺の戦いに参加し、海城、蓋平、鞍山砧等の戦いを経、遼陽以北の大小戦に参加すること十数回、奉天会戦には小貴興捕堡付近の激戦に加わり偉功を奏した。また、当初は独立師団として戦った第一〇師団は、折木城を陥れた後、第四軍に編入され遼陽城の戦いにおいて先登第一の武勲をあげた。

後備歩兵第三八連隊も、その第二大隊が「感状大隊」として勇名を馳せた。京都の新聞はこれら「地元の軍隊」の活躍を連日詳細に伝え、市井のローカリズムをナショナリズムに結合させていった。これ以外にも、『京都日出新聞』では、開戦以降ほぼ毎日一面トップに「恤兵及遺族扶助義金募集」と題し同社主宰の義金活動への参加をよびかけ、また、第一回内債募集に際しては「奮て募債に応ぜよ」と題する社説において「彼の敵国露西亜の如きは内に募債の途なく此危急の際に迫り俄に外資を仰がんとす其窮状笑ふべきなり我国は之に反して予め募債の準備をなし時に及んで之れを公にす此募債の額に数倍の供給あるを示し敵国をして我国民の忠勇は独り軍事にのみ止まらざるを知らしめんと亦愉快ならずや(34)」と、さかんにショーヴィニズムを煽っている。

また同新聞は連日七面に「戦争と京都」というコラムを設け京都の市井の様子を報じているが、ここにも人々の愛国心を鼓舞するような内容のものが多い。一例をあげると、一三歳の少女が堀川警察署を訪れ「是れは私が九才の時より兄より時々小使《ママ》として貰ひし一二銭を貯金なし置きしものなれば此度露国との戦争に行く兵隊さんにあげてくだされ(35)」と二円五〇銭を差し出したことや、同様の「病める老婆の志」「丁稚恤兵を願出(36)」「盲者の恤兵(37)」などの記事を掲載している。また同面の「日露戦争人ごゝろ」では、岐阜県の八一歳になる老女が夫の遺産の古金銀一〇〇両を「無事安楽に日夜相暮し候は偏に上天子様の御恵御蔭と奉存候然るに今度不仁不法なるロシヤを御征伐相成り候趣き謹で承はり僅か御恩報ひの為(38)」にと、軍資金として献納したことが紹介されるなど、全国各地の同様の出来事が報じられている。このような報道を通じ人々の愛国心は拡大再生産されていった。

また京都の社会を見るとき、宗教界の動向を無視することはできない。本山が集中する仏教をはじめとし、歴史的な宗教都市である京都にあって、宗教団体の存在は極めて大きいものがある。各種の宗教の中、戦時にあって特殊な位置にあったのは神道である。神道と国家の密接な関係において、神官には出征兵士の送別会で祝詞をあげることにはじまり、地域での民衆教導の役割も求められた。京都府でも特に神職に対し以下の達を発している。

「今や宣戦の詔勅渙発せられ特に勅使を神宮並に官国幣社に差遣して宣戦を奉告せらる府社以下神社神職に於ても亦深く聖旨のある所を奉戴し尊崇悃誠益々神事に勤むべきは勿論勤倹節約不急の事業を省き能く其本分を尽し以て奉公の至誠を致さんことに留意すべし(39)」。

府下の神社では連日戦捷祈祷が行われ、出征軍人に対し守札が贈与された。明治三十七年二月二十一日付『京都日出新聞』は、今宮神社が一週間にわたり戦捷祈祷を行い、丹波千歳村国幣中社出雲神社が丹波七郡の軍人に守札を贈ったことを報じている。

また、仏教は、信徒数も多いことから、京都における存在感も他宗教を圧倒している。そしてここでも各派ほぼ例外なく積極的に戦争遂行に協力した。『京都日出新聞』は、浄土宗西山派では市内の僧上以上及び府下一二部長の出仕により「戦勝大祈願」の「大般若会」が行われたことや[40]、福知山常照寺にて日蓮宗寺院が総出席し「皇軍勝利敵国降伏」の大祈祷会が行われたことなど[41]、連日各宗派の戦争協力活動について報じている。

キリスト教でも、明治三十七年三月十三日、京都市内の各教会が発起し京都市議事堂にて「日露戦争と基督教（小崎弘道）」などの演題で日露戦争国民覚醒演説会を開催した[42]ほか、こぞって戦捷祈祷が行われた。キリスト者全体の中でも内村鑑三や柏木義円ら非戦論者はごく少数で、多くは小崎や海老名弾正[43]、本多庸一らに見られるように主戦論を展開した[44]。

このような神道・仏教・キリスト教界の代表者は、明治三十七年五月十六日に大日本宗教家大会を開催し、「日露の交戦は、日本帝国の安全と東洋永遠の平和とを画し、世界の文明、正義、人為の為に起れるものにして毫も宗教の別、人種の同異に関する所なし、故に吾儕宗教家は宗派人種の異同を問はず、此に相会し、各自公正の信念に愬へ、相与に奮つて此交戦の真相を宇内に表明し、以て速に光栄ある平和の克復を見んことを望む」との宣言を採択した。それは対外的には人種や宗教の違いを根拠とする「黄禍論」に対する反論であり、対内的には戦争遂行への宗教界の挙国一致的な協力の宣言であった。

これら以外の新興宗教各派の動向は、日露戦争前後の歴史との関連において興味深い。明治三十三（一九〇〇）年にすでに教派神道としての独立が公認されていた金光教では、明治三十七年二月十四日、大教主名の「番外達第壱号」をもって、日露戦争への積極的な協力を傘下に指示している。曰く、「軍国に対する一面に忠良の国民たると共に、信念厚き信徒たることを体認せしむべし。之を要するに、陸海の軍人が死を決して国家に報ゆるの精神を移して、以て教導の任に従事する吾教師の精神となさむことは、即ち吾教祖立教の真髄なり。されば身教導の任に在る者は、宜しく斯る時は愈平素の熱誠を発揚し、其任を全くすべし。是れ実に世道人心の先導者たるもの丶本務にして、又国家に報する所以の道も亦之に外ならさるなり。[45]」と。

また、これと同時に「番外達第弐号」をもって、国威宣揚祈願祭の執行を達示している。加えて同教は恤兵・遺家族支援活動にも積極的に取り組んだ。明治三十七年二月十八日の「番外達第参号」では、下部組織に対して「日露開戦に付ては、各出征軍人に対し内顧の憂なからしむるは、大に士気発揚上に関する義に有之候得ば、此際本教教師たるものは、及ぶ限り其遺族を訪問し、困窮者ある時は、教会所或は団体若くは教信徒個人の名義等各自適宜の方法を以て精々救助方に留意すべし。[46]」と通達している。これらを受けて京都でも金光教婦人会によって手拭五〇〇〇筋が京都府恤兵部に寄贈されるなどされた[47]。

これにもまして熱心に戦争遂行に協力したのは天理教であった。「邪教」と非難され独立認可を得られていなかった天理教は、明治三十六年、天皇の先祖十柱の神を天理大神として信仰する「天理教教典」を作り、教祖中山みきの「天皇も人間、我々百姓も同じ魂」という教えからの大幅な方向転換を遂げた。日露開戦に際しては、時の真柱中山新治郎が「我々は常に我が国家と利害を共にするものであつて国家の危機は即ち我々が一身一家の危難である」とする「戦時の帝国臣民心得の要件」を発し、信者の戦争協力を促した。独立認可を目指す同教の戦争協力活動はすさまじく、明治三十七年三月六日の『京都日出新聞』は、「神道天理教会京都分教会に於ては時局に対し奉公の赤誠を尽さん為め来る十日皇軍戦捷軍人健康の祈祷祭を行ひ全国各支教会長以下信徒凡そ三千余名来集することとなりたり又国債応募は同教全部に於て一百万円を引受け軍人家族救護及軍資恤兵寄付をともに勧誘するに努め尚各部に於て毎月一回づゝ行うこととしたり」と、驚きをもってその大々的活動を報じている。これらの活動の結果、天理教は明治四十一（一九〇八）年に悲願の教派神道としての認可を得ることとなった。しかし、このような天理教本部の国家権力への迎合姿勢に批判的なグループは分派を作ったが、彼らは後に「天理研究会不敬事件」とよばれる弾圧を受けることとなる[48]。

また、この時期、京都府綾部では出口なおによって創始された大本教が、貧しい民衆を具体的に救済しつつ、この世の「立替（たてか）え立直（たてなお）し」「みろくの世」の実現を叫ぶ教えによって多くの信者を獲得しつつあった。同教は神秘的預言を教義の基礎にしていたが、なおが日露戦争の日本敗北を預言したことなどから、国家から警戒される存在となり、また預言が外れたことで信者の不信を買い、その勢力を一時期急速に衰退させていくこととなった。同教は後に出口王仁三郎の教団復帰により再び勢力を伸ばすこととなるが、教義の根幹にはあくまで民衆的な世直しの思想があり、また教団の急成長に対する当局側の警戒感もあって、大正十（一九二一）年に第一次、昭和十（一九三五）年に第二次の弾圧を受けることとなった。特に第二次弾圧は綾部・亀岡の全施設がダイナマイトで破壊されるなど、日本の宗教史上でもまれにみる大弾圧となった(49)。

このように宗教団体の多くは、日露戦争に際し、信者ごと自らを体制の中に位置づけることによって勢力の拡大を図る道を選んだ。一方、それを拒んだ側は異端として国家によって弾圧されていくこととなったのである。

ところで、二月十五日付『京都日出新聞』掲載の「大森知事時局談」に見たように、政府に加え府当局は戦時ナショナリズムの過度の高揚を警戒していた。しかしながら、府としては国債の募集をはかり戦争協力体制の確立を期すためには、府民の愛国心に期待するところは実際のところ大きかった。加えて、諸戦における日本軍の勝利が伝わると人々の戦意は当然高まっていった。

教育現場においても、府立第一中学校では歴史科の教員が遼東半島の歴史について講義したり、同校出身戦死者の肖像を講堂に掲げ「永く忠死の霊を慰め且後進者敬慕の念を惹起せしむるの助(50)」とするなどした。この時期、同校卒業生の軍学校への進学希望者は大幅に増加している(51)。

また、既出の明治三十七年二月十日の文部省訓令第二号では、併せて「我忠勇なる陸海軍人が国家の為めに生還を期せずして出征するに当りては満腔の同情を表せんが為め之を送迎するは固より妨なきも学生生徒をして家業を廃し貴重なる時間を費さしむるが如きは忠勇なる軍人が在学の子女に期待する所にあらざるべきを以て宜しく注意すべきことなり」と、政府は生徒の軍隊送迎に否定的見解を示していた。しかし京都府においては、これを無視するように、軍送迎会は学校単位で盛んに行われた。府立第二中学校では、明治三十七年四月十四日に全校を挙げて歩兵第三八連隊の出征を送っており、七月七日には大山巌総司令官の京都駅通過を職員・生徒が見送っている(52)。

このほかにも各学校において慰問袋や毛布などの寄贈品の拠出が大規模に行われた。

このように人々は新聞・宗教・教育などによる教化によって愛国心を培養され、戦時ナショナリズムは絶頂に達していった。

おわりに

新聞が旅順開城を報じた明治三十八年一月三日、京都府では京都奉公義会（会長大森府知事、副会長西郷菊次郎京都市長）は、四日に御苑内で、五日に市議事堂において大祝賀会を挙行することを決議した。また、市中でも人々は提灯を掲げ勝利の報に酔った。一月四日付『京都日出新聞』はその光景を「一町毎に提灯の立たざるなし、人々の角に立たざるなく、（中略）軈《やが》て罵る声も聞こえ、石油鑵を叩きて家々を起し回り、或は鐘、太鼓を囃して騒ぎ回る、もし祝砲の事を知らざれば、大火の起りたるに異ならず」と報じ、また人々の熱狂振りを「唯何の事なく狂人の暴るるに異ならず」と表現している。

興味深いのは、このような戦捷祝賀を報じる『京都日出新聞』の記事から、都市における階層差の存在が見て取れることである。奉公義会発起の祝賀会のうち、一般市民の参加が許されたのは四日のみで、五日の参加者は「奉公義会役員以上、愛国婦人会、篤志看護婦人会、其他市名誉職員、商業会議所会員、一般市民の重なる人」(53)に限られた。また、四日も参加者の服装を礼服とするよう決めており、いずれにしても一定程度の階層のものに限られていたのである。市井の一般市民は自然発生的に個々別々の団体を作り、提灯を持ちながら石油鑵や金たらいを叩いたり拍子木を鳴らしたりして円山公園や北野境内等に集まったのである。

「国民とは国民たらん意識である」といわれるが、この時期の「国民」の形成は戦時ナショナリズムの共有により一様になされたのではなく、戦時ナショナリズムが都市社会の階層差を覆う形で拡大したことで、「国民」内部の亀裂を糊塗しながら進行したと見るべきであろう。また、同時に京都のエスニックなナショナリズムともいうべき伝統的ローカリズムもまた、ロシアとの戦争という一大国家的イベントを通して、ステイト・ナショナリズムに併呑されていった。歴史上極めて特殊な位置にあった京都の地は、帝国の一都市・一地域へと変容していったのである。

註

（1）京都府編『京都府誌　上』（京都府、一九一五年）一頁。

（2）その最大のものは明治二十三年に完成した琵琶湖疏水による水力発電であった。全国にさきがけて行われた電力事業は、京都の手工業を機械化工業に転換させる原動力となった。

（3）後には戦局の有利な展開に伴い、戦費総額一七億円のうち最終的に八億円の外債募集に成功した。なお、日露戦争における日本の戦費調達の実相については、小野圭司「日清戦後経営期の軍事支出と財政政策」（軍事史学会編『日露戦争』㈠——国際的文脈——、錦正社、二〇〇四年）に、またロシア側のそれについては篠永宣孝「日露戦争とフランスの対ロシア借款」（同右）に詳しい。

（4）湯本文彦編『京都府日露時局記事』一（京都府総合資料館所蔵）。

（5）湯本文彦編『京都府日露時局記事』四（京都府総合資料館所蔵）。

（6）同右。

(7) 明治三十三年時点、京都府統計書による。
(8) 『京都日出新聞』明治三十七年三月二十日。
(9) 同右、明治三十七年三月十六日。
(10) 同右、明治三十七年三月二十日。
(11) 明治三十八年四月九・十日付『京都日出新聞』によると織物消費税実施後、西陣機業家および仲買商の間に脱税者が続出したとある。そして三十八年八月十八日付の同新聞からは、三十八年四月以降の未曾有の好況期に入ってからも府下の納税額はさして伸びていないことがわかる。
(12) 湯本『京都府日露時局記事』一。
(13) 同右。
(14) 『京都日出新聞』明治三十七年二月十六日。
(15) 同右。
(16) 失踪逃亡は地域社会からの脱落を意味し、失踪逃亡者は生涯にわたってそれを続けざるを得なかったため、年ごとの数は逓減しつつも総数としては増加していた。檜山幸夫編著『近代日本の形成と日清戦争』(雄山閣、二〇〇一年)九三―九五頁参照。
(17) 明治三十六年京都府訓令、第一〇号(『京都府公報』京都府総合資料館所蔵)。
(18) 「公報」では「百五八人」とあるが、これは誤植である。
(19) 明治三十六年京都府訓令、第一〇号「公報」。
(20) 明治三十七年京都府訓令、第二号「公報」。
(21) 数字は京都府編『京都府誌　上・下』(京都府、一九一五年)による。
(22) 湯本『京都府日露時局記事』一。
(23) 京都府編『京都府誌　下』三一二―一三頁。
(24) 明治三十七年京都府訓令、第五六号「公報」。
(25) 日露戦争における府内の軍人・軍属の死者は一八一四名に上っている(京都府編『京都府誌　下』三一〇頁)。
(26) 明治三十七年京都府訓令、第六四号「公報」。
(27) 『京都日出新聞』明治三十七年三月十六日。
(28) 明治三十七年京都府告示、第一一二～一一六号「公報」。
(29) 明治三十七年京都府訓令、第六八号「公報」。
(30) 当時の府下小学校の基本財産は三七万円ほどであり、一校当たりでは僅かに七〇〇円程度でしかなかった。しかも増殖が期待できるものは寡少であったため、特に戦時記念事業としての植林に力が注がれた。湯本文彦編『京都府日露時局記事』五(京都府総合資料館所蔵)参照。
(31) 京都府編『京都府誌　下』三一四頁。
(32) 入江昭『日本の外交』(中央公論社、一九九八年)二七―二八頁。
(33) 湯本『京都府日露時局記事』一。
(34) 『京都日出新聞』明治三十七年二月十五日。
(35) 同右、明治三十七年二月十六日。
(36) 同右、明治三十七年二月二十日。
(37) 同右、明治三十七年三月六日。
(38) 同右、明治三十七年二月十六日。
(39) 明治三十七年京都府達、第二号「公報」。
(40) 『京都日出新聞』明治三十七年二月十九日。
(41) 同右、明治三十七年二月二十一日。
(42) 同右、明治三十七年三月十三日。
(43) 海老名は、『聖書』『旧約聖書』中にあるイスラエルの歴史をひもとき、『聖書』から主戦と非戦の主張を導出することはできず、戦争に対しては「臨機応変に処する」べきものと論じ、内村の非戦論を批判するとともに日露戦争肯定論を展開した。海老名の日露戦争に対する態度については、吉馴明子『海老名弾正の政治思想』（東京大学出版会、一九八二年）、特に第三章第二節「『帝国膨張論』との共鳴」参照。
(44) 大濱徹也『庶民の日清・日露戦争』（刀水書房、二〇〇三年）二〇三―〇五頁。
(45) 『金光教教団史覚書』（金光教伏見教会所蔵）。
(46) 同右。
(47) 『京都日出新聞』明治三十七年三月六日。
(48) 村上重良『教祖』（読売新聞社、一九七五年）一八二―八三頁。
(49) 出口栄二「大本教弾圧事件」（『出口栄二選集第二巻』講談社、一九七九年）二二五頁。
(50) 湯本『京都府日露時局記事』五。
(51) 同右。
(52) 同右。
(53) 『京都日出新聞』明治三十八年一月四日。

（同志社大学大学院）

日露戦争と仏教思想

――乃木将軍と太田覚眠の邂逅をめぐって――

松本郁子

はじめに

「何処を見ても殺、殺、殺、生き残った者も全身塵埃にまみれて、屍體同様、血色あるものは一人もない、生ける人とは思へぬ人ばかりである。少生多殺か、一生多殺か、全く無生皆殺である。」

太田覚眠「乃木将軍の一逸詩」(1)

これは太田覚眠という僧侶が一九三八（昭和十三）年、日露戦争における乃木希典将軍との邂逅を記した文章の中で、戦場の様子を想起して述べた言葉である。

乃木将軍は誤解され続けてきた。戦前は「国家主義」の名のもとにその同時代批判の志が見失われ、戦後はいわゆる「軍国主義」の名においてその普遍的な人間性が見過ごされてきたのである。

けれども一人の知己があった。乃木の真の姿を見抜いた人間がいる。それが太田覚眠（一八六六～一九四四年）である。太田覚眠は浦潮本願寺の僧侶であったが、従軍僧として日露戦争の戦場に赴いた際乃木に出会い、知己の間柄を結んだ。この時の乃木との交流を昭和十年代に想起して書いたのが、冒頭に掲げた「乃木将軍の一逸詩」である。

本稿の論ずべき問題を列示しよう。

第一に、乃木の「軍人心得十五カ条」と遺書の分析を通じて、乃木の同時代批判の精神を明らかにしたい。第二に、乃木と覚眠の思想交流の問題である。乃木は軍人であり、一方覚眠は僧侶である。にもかかわらず両者の間に深い交流が生じたのはなぜか。両者の思想の間に横たわる共通点について述べてみたい。第三に、覚眠は昭和十年代において乃木との邂逅を特記した。覚眠はなぜ昭和十年代に三〇年も前の乃木との交流を書いたのであろうか。覚眠の日露戦争体験が彼のその後の思想にもたらした影響について論じたい。第四に、乃木と覚眠の思想の共通点が、日本思想史上において有する意義を考察してみたい。第五に、これは現在の人類が当面している宗教と国家の対立と相克の問題、さらには未来の人類のあり方に対して、深い示唆を与えるものとなろう。(2)

一　「軍人心得十五カ条」に見られる乃木将軍の同時代批判

乃木が武士道に対する自身の理解と、それに基づく同時代批判を述べた資料が存在する。それは一八九九（明治三十二）年、伊豆修善寺における記述で、「乃木大将所感録」(3)として伝えられているものである。これは全十五カ条にわたるものであるから、以下「軍人心得十五カ条」と称することとする。

「軍人心得十五カ条」の冒頭において乃木は、ドイツのヴィルヘルム一世（Wilhelm I, 位 1862～70）の勅語を「何の世何の國を問はず武人としては記憶し置くべき金言なり」(4)として称賛し、一八八二（明治十五）年に出された明治天皇の軍人勅諭も日本武士として銘肝すべき金言であるとした。

その上で乃木は、「此等の文字を拝読すれば、実に悲痛に堪え難き感あるなり」(5)と悲嘆の声を漏らした。乃木の目には、維新の元勲（西郷隆盛、木戸孝允、大久保利通、伊藤博文、山縣有朋、黒田清隆、松方正義、井上馨など）たちの品行の乱れが「恐るべき害毒」(6)を内外に伝染して現在に至っていると見えていたのである。

これらの元勲が死去したり、引退した後も、その後継者たる明治の上流階級において、悪習が一段と拡大し、流行していることを乃木は嘆いている。乃木が誰のいかなる所業を指して言っているのか、当時の読者の目には明らかだったと思われるから、これは極めて痛烈な筆法であると言わなければならない。

乃木は上流階級の奢侈の風に対しても批判の目を向けた。現在要路高官にある者は薩長出身者が最も多く、しかも彼らはもともと「小身侍」(7)の出身であった。それが一変して奢侈を好むに至っている。この実情を乃木は同時代人として認識し、痛烈に批判している。また華美な服装や贅沢な食事、さらに宴会や舞踏会の流行については、明治社会の上流人の奢侈逸楽として遺憾なくこれを批判した。そして明治十四、五年頃までは乃木自身もその悪風に染まっていたことを率直に告白している。

乃木は一八八七（明治二十）年ドイツに留学するが、翌一八八八年に帰国後、朝夕、休みの日でも軍服の着用を通すようになった。これについては従来の研究では第一に軍人としての名誉と体面を重んじるため、第二に質素倹約の武士道精神の実行、第三に緊急事態に即応し得るようにするため、第四に就寝時でも軍服のままで過ごさねばならぬ兵営の兵士たちへの思いやりの心と言われている[8]。

しかし「軍人心得十五カ条」によって乃木が批判しようとしたところのものを正確に理解するならば、乃木の軍服着用の第一の目的は、いわゆる明治の上流階級たちの奢侈逸楽に対する無言の批判であったと言わなければならない。乃木は口舌の人ではない。四六時中軍服を着用するという自らの行動によって示したのである。あまりにもよく知られている乃木の軍服着用が、明治の上流階級に対する無言の批判のメッセージであったことは看過されてはならない。

さらに乃木は注目すべき歴史観を提示している。フランスはナポレオン一世（Napoleon I，位1804～14）の時プロイセン側に勝利したが、奢侈逸楽の悪弊によって七〇年の後、ついにプロイセンに打ち破られるに至った。そのプロイセンの将校たちも勝利の後、再び奢侈逸楽に陥ろうとしている。その将来は憂うべきものであると。

乃木がフランスやプロイセンの衰亡の歴史を紹介したのは、これが遠い他国の問題にとどまるものではないと乃木の目には見えていたからである。乃木は日本の歴史に省みて、次のような歴史観を打ち出している。江戸時代の武士も奢侈の悪習に溺れその滅亡を迎えたが、それはたった三〇年前のことである。今の日本も現在のような上流階級の悪弊を改めなければ、フランスと同じく七〇年の命は予見すべきものがある、と。事実この一八九九年から四六年後、日本帝国の滅亡を迎えた（敗戦）ことを見ると、乃木の予言は残念ながらあまりにも的確であったと言わねばならない。

「軍人心得十五カ条」の最後に言及されているのは、軍人としての責任の取り方の問題である。「軍吏」（会計係）の汚職が再々報じられたが、その際責任をとるのは会計係本人だけであって、その上級者が全く責任をとらないという実態を乃木は指摘した。そして事件の真の責任者である軍の上層部が責任をとらないという軍人社会の風潮を批判して「軍人心得十五カ条」を終えているのである[9]。

乃木をもって明治の精神を代表する人物と見る人も少なくない。けれども「軍人心得十五カ条」には、乃木が明治社会において武士道の実態が「名存実亡」の状況に陥っていたことを憂えていたことが示されている。つまり乃木が明治という時代に対して鋭い批判を持っていた、すなわち深い「ずれ」を感じていたことが知られるのである[10]。

二　遺書に込められた乃木将軍の同時代批判

乃木はその遺書において、明治天皇に殉死する理由として一八七七年の西南役での軍旗喪失事件のみを挙げている。ここには、乃木にとって最も重大な事件であったはずの日露戦争に対する言及が全くない。

「遺言條々

第一、自分此度御跡を追ひ奉り自殺候段恐入候儀其罪は不軽存候然る処明治十年之役に於て軍旗を失ひ其後死處得度心掛候も其機を得ず。皇恩の厚に浴し今日迄過分の御優遇を蒙追々老衰最早御役に立候時も無餘日候折柄此度の御大変何共恐入候次第茲に覺悟相定候事に候[11]」

しかしこれは乃木が日露戦争で多くの人の命を奪ったことに対して責任を感じていなかったということでは決してない。逆に最も深い責任を感じていたのが乃木であった。この点は次の漢詩にも明らかである。

「題日露戦史

開圖圖上幾多山川旧相識　抜嶮研空無數惑星向北流

斗酒傾来遺悶結成殘夜夢　馬蹄蹂躪雪城氷砦黒龍州[12]」

これは乃木が、一九〇七(明治四十)年に刊行された『日露戦史[13]』第二巻の巻頭に掲げた漢詩である。この詩によって、乃木が一九〇七年時点においても日露戦争で多くの戦死者を出したことに対する慙愧の念を忘れていない、否、むしろその念を益々深めていることが知られよう。

ではなぜ乃木は西南役における軍旗喪失事件などという、いわば「過去の」事件のみを特記し、日露戦争という人々の記憶に新しい「最近の」事件については全く触れなかったのであろうか。この問題について岡田幹彦は次のように述べている。

「乃木が自決を遂げた理由は、軍旗喪失の責任のほかにもう一つある。それは日露戦争において数多くの部下を死なせたことに対する責任である。(中略)

乃木が遺言状に自決の理由として軍旗喪失のことのみ言い、これに触れなかったのはそこに配慮があったからである。戦争においては勝敗にかかわらず、必ず少なからぬ戦死者が出ることは不可抗力で至し方ない。勝利したのにもかかわらず、多数の死者を出したことを自己の責任としてそのため必ず主将が自決せねばならぬとすれば、上級指揮官はみな死なねばならぬことになる。

それゆえ旅順や奉天で多くの死者を出したことを公的な責任として、それを理由に自決することは決して正当な措置ではないことは明らかである。結局それはあくまでも乃木の感じた道義的責任であった。従って公の理由にこれをあげないのは当然である。だがそれは乃木にとって軍旗喪失に劣らぬ良心的呵責にほかならなかったのである。[14]」

岡田の指摘は貴重かつもっともな意見である。しかしこの背景にはさらに深い問題がひそめられている。それは次の三点である。

第一に、乃木が日露戦争で多くの戦死者を出したことに対して多大な責任を感じていたことは、当時の人々には周知であった。にもかかわらず乃木はあえてこの問題を書かなかった。当然乃木の遺書を読んだ人々は、なぜ乃木がこの問題について一切触れないのか、不審に思ったはずである。つまり乃木の遺書は日露戦争の問題を全く書かないことによって、逆に当時の人々に強いインパクトを与えた。すなわち沈黙の批判である。

第二に、岡田は乃木が「数多くの部下を死なせたことに対する責任」を感じていたと書いている。しかし後述するように乃木は、味方である日本人のみならず敵であるロシア人の命を奪ったことに対する深い慙愧の念を抱いていた。すなわち乃木は、日露戦争において多くの日露両国の青年の命を奪ったことに対する責任を感じていたのである。

第三に、岡田は「上級指揮官」の責任の問題に触れているが、この問題は必然的に、山縣有朋等いわゆる明治の中枢部の責任の問題、最終的には明治天皇の責任の問題へと進展せざるを得ない。「軍人心得十五カ条」の最後に、事件の真の責任者である軍の上層部が責任をとらないという軍人社会の風潮を痛烈に批判した乃木がこの点に気付かなかったはずはない。しかし乃木はこれらをいっさい切り捨てて、乃木ひとりの責任である軍旗喪失事件のみを書いた。そして自決した。その無言の行動によって逆に、同時代、さらには後世の人々に対する批判のメッセージを込めたのである。

乃木の遺書は、日露戦争について何も語らないことによって逆に当時の人々に異様な戦慄を与えた。これを最も端的に理解していた人物に、太田覚眠がいる。覚眠は日露戦争に従軍僧として従軍した際、乃木に出会い、乃木との間に交流を持った。

三　乃木将軍と太田覚眠の交流

太田覚眠[15]は、一八六六（慶応二）年、三重県四日市市法泉寺（浄土真宗本願寺派）に生まれた。一九〇三（明治三十六）年ウラジオストクに渡り、一九三一（昭和六）年までの約三〇年間、浦潮本願寺（浄土真宗本願寺派）の代表として布教活動に従事した。一九三一年いったん日本に帰国の後、今度はモンゴルに渡り、内蒙古集寧の集寧寺において喇嘛《ラマ》教の再興に尽力。一九四四（昭和十九）年その地で客死した（数え年七十九歳）。主著に『露西亜物語』[16]と『レーニングラード念佛日記』[17]がある。

太田覚眠の名を世に知らしめたのは、日露戦争の際の日本人居留民八〇〇人救出事件である。覚眠がウラジオストクに渡ったその翌年（一九〇四年）、日露戦争が勃発する。日露開戦を受けて、各地の日本人居留民に対し引揚命令が下った。ウラジオストクやハバロフスク等の沿海地域に住んでいた居留民は帰ることができたが、ブラゴヴェシチェンスク[18]等の奥地に住んでいた居留民は帰ることができなくなってしまった。

しかし、時のウラジオストク貿易事務官川上俊彦は、最終引揚船に乗って帰国する日本人居留民の引揚をもって引揚が完了した[19]ことにしようとした。けれども宗教家としての覚眠はこれに従うことはできなかった。

覚眠が居留民救出のために残留することを決めた時、川上は「政府は一人たりとも残さず連れ帰れとの命令である。奥地にいて帰れぬ者は致し方ないが、帰る事の出来る者を残して置いては政府の命令に対し私の職責に関わる。[20]」と強く帰国を勧めた。

それに対して覚眠は、「他の人々は各々その一身一家の謀をすればよいのですが、私は仏に仕える身として、人を救わねばならぬ使命を持っているのです。敵国内に心細く残っている人を見捨てては私の職責上どうしても船に乗ることが出来ないのです。[21]」と拒絶した。

このような応答が続けられた後、川上は「あなたの使命というものは、西比利亜ばかりではない。従軍して戦場に兵士を慰藉する事などはこの際最も努力せねばならぬ事ではありませんか。[22]」と要請した。

しかし覚眠は「日本には十万の僧侶が居るのです。けれどもどんな高僧でも大徳でも最早一歩も露西亜に踏み込むことは出来ないのです。佛様が唯覚眠一人にこの貴き使命を授けてくださったのである。[23]」と言って自己の立場を決して譲らなかった。

このような互いに相譲らぬ応酬が繰り返された後、ついに川上は「よろしい、モーあなたの志望を阻止することは出来ない。同朋一同に代わってあなたの御高義を感謝します。あなた一人を残して見殺しにする責めは私が引き受ける。この上はどうかよく気をつけて、万事油断なさらぬように、そしていよいよ駄目だと思ったらば潔く死んでください。[24]」と言った。そして書生に命じて書斎からピストルを出させ、若干の金子とともに覚眠に手渡した。その後

「事務官も私もモー涙に堪えず、あまり言葉も交えずに、ただしかと握手をして暇乞いして別れた。」[25]という。

覚眠は大乗仏教の菩薩道の立場から居留民救出を決意した。一方川上は当初、国家の一官吏として覚眠に相対した。しかし最終的には覚眠の民衆のための宗教の立場に動かされ、ピストルを渡すという行為をもって、自らの責任において覚眠の残留を許可した。ここには川上の武士道的精神と覚眠の大乗仏教の菩薩道の精神が対立し、最終的には交流するという場面が描かれている。

覚眠が救出に向かった居留民の中枢は、いわゆる「からゆきさん」と呼ばれる「醜業婦」たちであった[26]。この点は当時のことを知る大八木正治・馨子夫妻の証言や外務省外交史料館史料[27]、そして『教海一瀾』[28]の記事によっても明らかに知ることができる。いわば国家から疎外された存在であった「醜業婦」たちを国家が見捨てるとしても、自分は見捨てることができない、否、そのような彼女たちを救うことこそが宗教の役割であると覚眠は認識し、行動したのである。

一九〇四（明治三十七）年十二月六日、覚眠は日本人居留民八〇〇人を連れて長崎に帰港した[29]。覚眠はいったん日本に帰国の後、今度は従軍僧として日露戦争の戦地に赴く[30]。その時大石橋会戦の戦場で乃木将軍に出会い、交流を持った。

覚眠が「敵の屍體」[31]つまりロシア兵の遺体に向かって「読経念佛」をしているところに乃木が現れ、「従軍僧は此光景を如何に見らるるか？」[32]と尋ねた。

これに対して覚眠は「まことに残酷な事であると思ひます、併し一殺多生です、大なる平和を得んが為めには忍ばねばならんのでしょう、一殺多生は菩薩の行です、菩薩行を為て居らるるのでしょう。」[33]と答えた。覚眠は「一殺多生」という仏教の言葉を使って、目の前の戦場の様子を指して、「多くの日露の青年の命が奪われたが、これは一部の犠牲であって、この一部の犠牲を通して将来多くの人が救われる、そのための戦争であればいいですね。」と乃木を慰めたのである。

これに対して乃木は「一殺多生菩薩行、真によい言葉じゃ。併し私のはその反對で一生多殺じゃ、多くの人を殺した、でも不思議に自分は生きて居る。乃木は極楽参りは出来ないだろう。」[34]と答えた。一生多殺では漢詩の素養のある人であるから、「一殺多生」の「殺」と「生」の字を逆転させて即興で返したのである。つまり「一生多殺」とは「多くの日露の青年の命を奪いながら、老いぼれた自分ひとりが生き残った。」という意味である[35]。

約六年後の一九一一（明治四十四）年、覚眠はウラジオストクで乃木に再会した[36]。覚眠が「私は大石橋合戦の時に敵の屍體を収容してあった辻堂の前で閣下にお遭ひした事があります、本願寺の従軍布教使です[37]。」と言うと、乃木はすぐに思い出して当時のことを懐かしく語った。別れ際に乃木は覚眠に一枚の紙を手渡した。そこには『寄覚眠師』と題した一首の詩が認めてあった。「一殺多生菩薩行、一生多殺恥殘生[38]。」

敵の死者に対する態度をめぐって、乃木と覚眠との間に深い思想的な交流が生じたのである。乃木は武士道の立場であり、覚眠は大乗仏教の菩薩道の精神に立っていた。両者は武士道と菩薩道の精神の根幹に共通点が存在することを見出したのである[39]。それは戦いでは敵・味方と分かれても同一の人間の魂が存在するという人間精神にほかならない。

乃木自身の文章ではないが、この交流を裏付ける資料が存在する。進藤端堂『乃木精神——平常心是道——[40]』である。

「乃木將軍が日露戰争の時、奉天の大会戰がすんで間のない頃、戰争の跡を御巡視になって、造化屯と云ふ所を御通過になろうとすると、そこに敵の戰死者が累々と折り重なって、其前に一人の従軍僧が讀經をして居りますので、(中略)讀經を聴聞して居られた。(中略)將軍は誠に御苦労であると禮をお述べになりまして、そして佛者はこの有様をどう見られるかとお尋ねになったそうです。従軍僧は(中略)この戰争は、經文の中にありますす一殺多生菩薩の行か、と存じますと申し上げますと、將軍はナニ一殺多生菩薩の行か、いや、よい事を教へてくださった、(中略)と云ってお別れになったのであります。この従軍僧は西本願寺の太田覚眠師であります(中略)乃木將軍は、長府にお帰へりになれば必ず覺苑寺にお參りになったのであります。」

乃木と覚眠の交流は確かに存在したのである。それが覚眠の証言と対応する上掲の別個資料によって一段と明らかになった[41]。

覚眠が「乃木将軍の一逸詩」を書いたのは、約三〇年後の一九三八年のことである。つまり事件発生時点(A)と文章執筆時点(B)との間には約三〇年間の「時間軸のずれ」が存在している。覚眠はなぜ昭和十年代という時点において三〇年も前の乃木との交流を書いたのだろうか。

この問題を考える上で注目すべき言葉がある。冒頭に紹介した、覚眠が日露戦争の戦場の様子を想起して書いた「無生皆殺」の一言がそれである。

これは日露戦争に対する単なる追想ではない。たったひとり（「一」）生き残った（「生」）と述べた乃木将軍、その存在が失われ、その精神が失われた（「無生」）今、皆殺し（「皆殺」）の精神の中にあるとして、執筆時点の昭和十年代の日本国家や軍部、そしてそれに協力した宗教に対する批判のメッセージを込めたのである。これこそが「無生皆殺」に込められた意味であった。

乃木や覚眠の思想、つまり敵・味方を問わずその死を悼むという精神は、日露戦争当時、決して孤立したものではなかった。この思想は櫻井忠温の『肉弾』[42]や田村正の「征露日記」[43]にも明確に現れている。つまり共通の感じ方がその背景にあるのである。

しかし覚眠と乃木が「一殺多生」と「一生多殺」という言葉を通じてこの思想を確認し合い、深め合ったという事実は軽視すべきものではない[44]。さらに昭和十年代に覚眠が残した「無生皆殺」という言葉は他に例を見ないものであり、この言葉の中に覚眠が同時代に対する批判のメッセージを込めたことには深く注目しなければならないであろう。

四　高麗陣敵味方供養碑をめぐって

太田覚眠はシベリア出兵終了時、浦潮本願寺の境内に浦潮忠魂碑を建立した。一九二二（大正十一）年十月二十一日、シベリア出兵の司令官以下各隊の隊長、及び残留邦人の官民代表者が参列して建碑供養が営まれた[45]。けれどもその建碑の精神は、覚眠の意図に必ずしも沿うものではなかった。

覚眠は浦潮忠魂碑建立の精神を高麗陣敵味方供養碑に倣おうとした。高麗陣敵味方供養碑とは、一五九九（慶長四）年六月、前年十一月に慶長の役から凱旋帰国した島津義弘・忠恒父子が、戦没者供養のために高野山金剛峰寺奥の院に建立した碑である。高麗陣敵味方供養碑の碑文は、次の通りである。

「慶長二年八月十五日於全羅道南原表大明圀軍兵数千騎被討捕之内至當手前四百廿人伐果畢。
同十月朔日於慶尚衙泗川表大明人八萬余兵撃亡畢。
為高麗國在陣之間敵味方関死軍兵皆令入佛道也。
右於度々戦場味方士卒當弓箭刀杖被討者三千余人海陸之間横死病死之輩具難記矣。
薩州嶋津兵庫頭藤原朝臣義弘同子息少将忠恒建之。
慶長第四巳亥之歳六月上澣[46]。」

覚眠はこの碑について次のように述べている。

「日本國中に立てられてある忠魂碑の中、私の拝禮した範圍に於て最も嬉しく難有く拝禮したのは、薩摩守島津弘義（ママ）父子が朝鮮役から凱旋の後、高野山に立てた、朝鮮役の碑である。（中略）その碑面の文字を讀むと中央に『為高麗國在陣之間闘士軍兵皆令入佛道也』（ママ）と刻んである。（中略）我れに刃を向けた者をも怨恨を忘れて、等しく成佛せしめたいと云ふ祈願をこめて、薩摩守父子が此碑を建てたのである。忠魂碑を立てる意義の最も徹底したるものである。(47)」

すなわち覚眠は高麗陣敵味方供養碑同様、敵・味方を問わずその死者の魂を弔うという精神のもとに浦潮忠魂碑を建立しようとしたのである。しかし当時の陸軍省や外務省は覚眠の提案を却下した(48)。覚眠はこの時の陸軍省や外務省とのやり取りについて、次のように述べている。

「陸軍省と外務省との交渉には可なり永い時日が費された。私は朝鮮役の碑の例を以て、宜しく敵味方双方の為めの忠魂碑として建立すべしと云ふ事を主張した。さすれば此碑が日露親善の一媒介と成るだらうと云ったが、軍事費の中には敵の為めに忠魂碑を立てる金は無いと云ふ事で、薩摩守の眞似は出来ないのである。外交と云ひ軍事と云ひ随分窮屈千萬なものだと、私は思った(49)。」

右の資料によって、覚眠の思想と明治以降の体制側の思想との間に深い「ずれ」が存在していたことが知られよう。

覚眠が属していた浄土真宗の開祖親鸞は、『教行信証』後序において「主上臣下背法違義」と述べた。これは専修念仏の弾圧者である後鳥羽上皇や土御門天皇、そして貴族たちをいわゆる大無量寿経にある「逆謗闡提《ぎゃくぼうせんだい》」に当たるとしたものである。しかしながら『教行信証』総序に「世雄悲正欲恵逆謗闡提」とあるように、専修念仏の迫害者を救いとることこそが阿弥陀仏の最終の念願であると親鸞は解釈した。つまり親鸞思想の最終到着点は敵対者を阿弥陀仏の救済の最終の目標とすることだったのである。その精神を覚眠も継承していた。

高麗陣敵味方供養碑にも明らかなように、日本には敵・味方の死者の魂を差別しないという伝統がある。その伝統は乃木将軍の思想的立場とも一致するものである(50)。つまり敵であるロシア人の死者の魂に対する救済の念をめぐって、島津の思想的伝統と同一の立場に立つ乃木の思想と親鸞思想を継承した覚眠の思想が交流し、結晶したのである。

おわりに

本稿では、日露戦争の戦場において乃木将軍と太田覚眠が武士道と菩薩道の間に横たわる共通点を見出し、知己の交流を結んだことを述べた。その共通点とは、戦いでは敵・味方と分かれていても、その死者の魂に対しては等しく敬意を払うという人間精神である。この思想が日本思想史上において有する意義を考察して、本論文の結論としたい。

わが国には、神道の大祓の祝詞にも見られるように、敵・味方を問わずすべての人間に罪ありと見なしその罪をそそぐという伝統がある。六月と十二月の年に二回行われる大祓の儀礼において、いわゆる「天つ罪」もいわゆる「國つ罪」も「雑雑《くさぐさ》の罪」として等しくその罪を祓い清めることを目指した[51]。神道というと明治以降の国家神道をイメージしやすいが、古来の神社信仰においては敵・味方を問わずその罪を祓い清めることに主眼があったのである。

この思想が一層具体的な形で表現されているのが、一二八一(弘安四)年「長講金光明経会式《ちょうこうこんこうみょうきょうかいしき》」の中に示された最澄の言葉である[52]。最澄は「桓武天皇御霊」のような天皇家側の死者の魂のみならず、「東夷毛人神霊」のようないわゆる天皇家への敵対者に対しても「結恨横死古今霊、乃至一切神霊等、永離八難生天上、随意往生諸佛刹[53]」として等しくその魂の冥福を祈っている。ここにも敵・味方を問わずその死者の魂を弔うという精神が現れていることが知られよう。

これは天台宗の比叡山における思想であるから、仏教思想の表現としてこれを見ることはもちろん可能である。けれどもこの思想が、先述した神道の大祓の祝詞に見られる日本古来の精神に深く根ざしていることを見逃してはならない。

さらにこの思想は、中世及び近世にも継承されていた。それを示すものは、千早赤阪の合戦で戦死した将兵を弔うために建てられた寄手塚及び身方塚の存在である。寄手塚は敵である鎌倉側の死者を葬った墓、一方身方塚は味方である朝廷側の死者を葬った墓とされている。寄手塚の五輪塔は鎌倉後期の様式、身方塚は南北朝の様式を持つとされており、それぞれの成立については異論がある[54]。しかし江戸時代に成立した『河内名所図画』の中で寄手塚、身方塚と称され、敵・味方を等しく弔う楠木正成の武士道精神の表現であると説明されていることは[55]、江戸時代においてもこの思想が存在していたことを示すものである。つまり古代、中世を透徹する思想的根幹が江戸時代においても継承されていたことは疑いない。

しかしながら幕末、明治以降のわが国において、この思想が一貫して守られてはこなかったことは周知の通りである。古来の神道や仏教、そして武士道の精神とは必ずしも一致するものではなかったことを指摘しなければならない。

けれども乃木将軍や太田覚眠の思想の中には、日本古来の思想が脈々と流れている。乃木と覚眠が軍人と僧侶という立場の違いを超えて知己の間柄を結んだのは、敵・味方を問わずその死者の魂に対して敬意を払うという真の意味での武士道精神、そして菩薩道の精神であった。

従来「明治是、昭和非」の歴史観が流行していたのであるけれども、歴史の深層においてこれを見れば、必ずしも各時代の実態を正確に把握した議論と言うことはできない。「軍人心得十五カ条」に示された乃木の同時代に対する観察の中には、すでに明治において武士道が「名存実亡」の状況にあったことが指摘されているからである。乃木の憂えていた武士道精神の空洞化が、明治以後さらに深刻化していったというのが歴史の真相であろう。このような乃木の同時代批判は、覚眠が昭和十年代の日本国家や軍部に対して発していた批判とも相呼応しているのである。

けれども真の武士道、そして菩薩道の精神は、敗戦によって滅びるはずのものではない。逆に真の人間精神として、宗教と国家の間でとめどない殺戮を繰り返している現代、そして未来の人類に対し、一段と鋭い批判の光を投げ掛けているのである。この点を明記して本稿を終えたい。

註

(1) 太田覚眠「乃木将軍の一逸詩」(『大乗』一九三八年六月)。なお「乃木将軍の一逸詩」は一九三八(昭和十三)年七月、大乗社から単行本として出版されたという。しかし残念ながら筆者はいまだ現物を手にしていない。

(2) 本テーマについては、石川泰志「日露戦争と仏教——仏教の軍に及ぼした影響——」(軍事史学会編『軍事史学』第四十巻第一号、錦正社、二〇〇四年)があり、仏教全般を対象とした優れた議論を提供している。しかし筆者は、太田覚眠という具体的な人物を原点として実証的に考察を深めることとした。これが本稿の立場である。

(3) 学習院輔仁會編纂『乃木院長記念録』(三光堂、一九一四年)六八二—九三頁。

(4) 同右、六八三頁。

(5) 同右。

(6) 同右。

(7) 同右、六八四頁。

(8) 岡田幹彦『乃木希典——高貴なる明治——』(展転社、二〇〇一年)六四頁。

(9) 学習院輔仁會編纂『乃木院長記念録』六九三頁。

(10) 乃木が「軍人心得十五カ条」を書いた一八九九(明治三十二)年、新渡戸稲造によって『武士道』が書かれた。新渡戸の『武士道』が世界に感銘を与えたのは、日本古来の武士道を日本だけの特殊な精神としてではなく、世界に通用する普遍的な精神として描いたためであった。これは名前は武士道でも、その実態は人間の最も深い精神につながるものであることを示している。さらに同年、太田覚眠は

『下士制度改革私議』を著し「軍人社會には封建時代の良風たる武士道の気風未だ全滅せざるものあるを以て将校団体の士風は今俄に深く憂ふるに足らずとするも滔々たる社會の風潮日に月に軽薄懦弱に流れて底（ママ）止するところなし」と述べている。つまりこの一八九九年には、武士道に関する注目すべき三つの文献が別人物によって同時に発表されているのである。これは武士道研究にとって、重要な注目点であると思われる。

（11） 乃木神社社務所編『乃木希典全集・下』（国書刊行会、一九九四年）には写真版が、乃木神社社務所編『乃木神社由緒記』（二〇〇四年）にはそれを活字に起こしたものが掲載されている。上記二書における遺言の内容は全く同じである。

（12） 中央乃木会『乃木将軍詩歌集』（日本工業新聞社、一九八四年）二〇五頁。

（13） 博文館編輯局編『訂正日露戦史』（博文館、一九〇七年）。

（14） 岡田『乃木希典』二七二―七三頁。

（15） 太田覚眠の先行研究として、加藤九祚『シベリア記』（潮出版社、一九八〇年）や槻木瑞生「アジアにおける日本宗教教団の活動とその異民族教育に関する覚書――満州における仏教教団の活動――」（『同朋大学佛教文化研究所紀要』第二十二号、二〇〇二年）等がある。岡野繁松「孤高の探検家・太田覚眠」（四日市市文化振興財団『ふるさと四日市を知る本、文化展望・四日市、ラ・ソージュ』十五号、一九九八年三月）や水谷英三「太田覚眠の二書」（四日市市文化振興財団『別冊・わがふるさと』一九九八年三月）等、覚眠の出身地三重県四日市市の郷土史家の方々の研究もある。

なお John J. Stephan, *The Russian Far East* (Stanford University Press, 1994) のように覚眠を「スパイ」とする研究もあるが、この説には史料的根拠は一切ない。また石光真清『曠野の花』（中央公論社、一九七八年）には僧形をして浦潮本願寺に駐在しながら諜報活動をしていた花田仲之助少佐（僧名清水松月）についての記述があるが、花田と覚眠は別人物である。覚眠も『西比利亜開教を偲ぶ』（本派本願寺教務部、一九三九年）の中で浦潮本願寺に足跡を残した人物として花田のことを記述している。以上の点については別論文で詳述したい。

（16） 太田覚眠『露西亜物語』（丙午出版社、一九二五年）。

（17） 太田覚眠『レーニングラード念佛日記』（大乗社、一九三五年）。

（18） 中国との国境に位置する黒龍江沿いの町。一九〇〇（明治三十三）年中国の義和団運動に際し、ロシア軍が中国人を大量虐殺したことで日本にはよく知られていた。

（19） 川上俊彦による日本人居留民引揚指揮の問題については、西原民平編『川上俊彦君を憶ふ』（一九三六年）に詳しい。先行研究としては、加藤九祚編「浦潮物語（四）日露戦争の勃発と日本居留民の引揚をめぐって」（『ユーラシア』七号、一九七二年）がある。

（20） 太田『露西亜物語』五頁。

（21） 同右、六頁。

（22） 同右、八頁。

（23） 同右。

（24） 同右、九頁。

(25) 同右、一〇頁。

(26) 大八木正治氏の父作造氏は通遼で大安商店という雑貨店を営んでおり、正治氏はモンゴル時代の覚眠と接触を持った。正治氏と馨子氏は覚眠の仲人で結婚。現在滋賀県守山市在住。二〇〇三年八月、筆者は大八木夫妻に面会し、インタビューをとることができた。

(27) 「日露戦役ノ際在露公館及び帝國臣民引揚一件（欧州経由之部一～四）」（外務省外交史料館蔵、一九〇四年、五―二―一―十四）。当史料には日本人居留民の名簿が含まれているが、明らかに女性が多い。この女性の大部分は「からゆきさん」であったと思われる。

(28) 「ハバロフスクに着し、同地に於ける同胞を慰問せしが其多数は何れも皆例の醜業婦にして中には既に支那人の妾と成りて、断然帰國せざる可しと唱へ居る者もありたり」（『教海一瀾』第二三八号、一九〇四年十二月二十四日）。

(29) 『新愛知新聞』によると、「引揚地區別はニコライフスクより二百七十七名、ゼーアより五十四名、ブラゴエシチエンスクより二百二十五名、サガレンにて捕拿せられし帆走船の乗組員六十三名、ハバロフスク其他の満洲各地のもの百九十六名合計八百二十五名なり外にドイツよりの普通乗客三名あり更に到着地區別を為せば長崎六百七十九、門司二十三、神戸十、横浜百九」であったという（『新愛知新聞』一九〇四年十二月九日）。

(30) 覚眠は長崎に帰港した直後の一九〇四（明治三十七）年十二月十日、長崎の大光寺（浄土真宗本願寺派）で講演したが、この時すでに従軍僧として戦地に赴く意思を表明している（『東洋日の出新聞』一九〇四年十二月十二日）。

(31) 後年覚眠が「明治佛教とロシヤ開教」（『現代佛教』一九三三年七月）において「私はすぐ従軍布教を出願して、奉天の會戰に参加することが出来た。満州の原野で、又露西亜人に接触し、露兵屍体に對して、憐憫の情禁ずる能はざるものありて、屡々読経供養をした、此亦私に取っては、露國布教の延長である。」と書いているように、覚眠にとって従軍僧として戦地に赴くことは、味方の日本人の兵士を慰問するだけではなく、敵であるロシア人の死者の魂を弔うことをも目的としていた。

(32) 太田「乃木将軍の一逸詩」。

(33) 同右。

(34) 同右。

(35) 千田萬三は「アムールを遡った本願寺僧（二）――太田覚眠師――」（大亜細亜建設協会『大亜細亜』第十一巻第五号、一九四三年六・七月合併号）の中で、「太田師は（中略）乃木将軍と邂逅して『一殺多生菩薩行』と云ふ句を示すと、将軍は『多数陛下の赤子を殺して、一人も生かしません』と應へたと云ふ。」と書いている。つまり千田は「一生多殺」の「多殺」を日本人の命を奪ったという意味にとっている。しかしこの解釈は間違っている。なぜならば覚眠は「敵の屍體」に向かって「読経念佛」をしていた。その覚眠に乃木が声をかけ、「一生多殺」という述懐を述べたからである。つまり「一生多殺」とは、日本人のみならず、多くのロシア人を殺して自分ひとりが生き残ったという乃木の自戒の言葉と見なければならない。

(36) 一九一一（明治四十四）年乃木はイギリス国王ジョージ五世（George V. 位 1911～36）戴冠式に参列する東伏見宮に随

行して渡英した。ロンドンでの戴冠式随行の任を終えた後、ヨーロッパを漫遊。帰途ウラジオストクに立ち寄り、同港から敦賀行きのロシア義勇艦隊所属汽船「アリョール号」(覚眠は「敦賀行きの定期船鳳山丸(?)」と書いている。)で帰国した。「乃木大将渡欧日誌」(乃木神社社務所編『乃木希典全集・下』)によると、乃木がウラジオストクに到着したのは八月二十六日午前八時二十五分、ウラジオストクを出帆したのは同日午後四時であるという。覚眠は出帆直前の乃木に面会したと書いているので、覚眠と乃木が再会した時間がほぼ特定できる。

(37) 太田「乃木将軍の一逸詩」。

(38) 同右。

(39) 覚眠は得度の際に『得度小言』(一八九四年)を著した。同書において覚眠は、武士道と菩薩道に対する自身の理解を述べているが、両者を別個のものとは捉えていない。むしろその思想の根幹において、両者に共通点があることを見出している。それは自らの命をかけて多くの人の命を救うという精神である。なお「覚眠」という名前は、得度の際にいつも死(「眠」)がそばにあるものと悟(「覚」)り、覚悟して行動しなければならないと自らを戒めて付けた名である。覚眠の生涯の行動には、死を覚悟するという思想が常にその背景にある。

(40) 進藤端堂『乃木精神——平常心是道——』(覚苑寺蔵版、一九四二年)。

(41) この話は一見、覚眠の文章「乃木将軍の一逸詩」からの転記であると見えるほど内容が相似している。けれどもなお精視すれば、両者には重要な違いがある。『乃木精神』には覚眠の菩薩行の言葉に対する乃木の述懐が欠けているのである。以上の点からこの話は覚眠の文章からの転記ではなく、筆者進藤端堂自身が自坊の覚苑寺(山口県、黄檗宗)で直接乃木から聞いた内容を表記したものと見なければならない。すなわち異質資料の大局的な内容一致という恵まれた資料状況が存在しているのである。

(42) 櫻井忠温『肉弾』(丁未出版社、一九〇六年、明元社復刊、二〇〇四年)。

(43) 合田寅彦「田村正『征露日記』を読む」(『八郷町民文化誌ゆう』十二号、二〇〇四年六月)。

(44) 「一殺多生」という言葉は、菩薩行のひとつの表現とされている。菩薩行の用例としては、鹿王が自らの命を犠牲にして群鹿の命を救った佛本生譚(選集百縁経巻四・三十七)の例が著名である。「一殺多生」の表現については、次の用例が見られる。瑜伽論巻四十一の「もし菩薩劫盗賊財を貪らんが為に多生を殺さんと欲し、或は復多くの無間業を造らんと欲するを見ば、我寧ろ彼を殺して地獄に堕つるとも、其の人をして無間の苦を受けざらしめんと、是の如く思惟し憐愍心を以て彼の命を断ず。是の因縁によりて菩薩戒に於て違反する所なく、多くの功徳を生ず。」や、涅槃経巻十二の「仙豫王、世を害する悪婆羅門を殺し、其因縁を以て却て爾来地獄に堕せざりしことを記せり。」等である。

以上によって、「一殺多生」の意味として次の三つが考えられる。第一に、自らの命を犠牲にして多くの人の命を救う行為。第二に、悪行を積むものに対して、あえて自らがその殺害の罪を背負い、相手の未来永劫の救済を願う行為。第三に、悪行を積むものを殺すことによってその被害を受けている多くの人の命を救う行為である。

このような用例を背景にして覚眠は、日露戦争の戦場の様子を指して「一殺多生」と述べた。島地黙雷（浄土真宗本願寺派）は、日露戦争における傷病兵慰問講話において「怨敵降伏は仏陀大悲の方便作用にて、一殺多生は衆生利益の善巧施設なること分明なり」（二葉憲香・福島寛隆編『島地黙雷全集』第四巻、本願寺出版部、一九七八年）と述べている。なお、血盟団の井上日召が用いた「一人一殺」も「一殺多生」に対する一解釈である。

以上のように「一殺多生」という言葉は、時代により、または使う人によって様々な意味に用いられたことに注意しなければならない。特に戦前の仏教者においては、戦争を美化する言葉として多用された。一方覚眠は昭和十年代において乃木の「一生多殺」の述懐の言葉、そして覚眠自身の「無生皆殺」という日露戦争に対する回顧の言葉を書いた。それによって同時代の日本国家や軍部、そしてそれに協力した宗教に対する批判のメッセージを込めたのである。以上の点については別論文で詳述したい。

(45) 太田『露西亜物語』一六五―一六六頁。

(46) 日野西眞定『高野山民俗誌・奥の院編』（佼成出版社、一九九〇年）一二三―一二五頁。

(47) 太田『露西亜物語』一六二―一六三頁。

(48) 「記念建設物関係雑件」（外務省外交史料館蔵、五―二―九―十一）。なおウラジオストクの文書館には、覚眠によってウラジオストク市議会に提出された浦潮忠魂碑の設計図（Копия проекта памятника воинам и военнослужащим японских экспедиционных войск［1921г.］2-28-1-997-79）や周辺地図（Копия ситуационного плана установки памятника воинам и военнослужащим японских экспедиционных войск［1921г.］1-28-1-997-78）が残されている。しかし当設計図と太田覚眠『露西亜物語』所収写真の浦潮忠魂碑の形は全く違う。当初の計画は大規模すぎるとして縮小され、簡略な碑が建てられたのである。

(49) 太田『露西亜物語』一六五頁。

(50) これは乃木の妻静子が薩摩の出身であることと関係があるかもしれない。

(51) 一般の祝詞解釈の中では、人間は様々な罪を犯す存在であるが、大祓の儀式によってそれらの罪がすべて清められるとして理解されている。しかしこの祝詞自身を精密に分析すると、事は単純ではない。

第一に、罪が「天つ罪」と「國つ罪」の二つに分類されている。「天つ罪」とは「畔放ち」のように、平生の農耕生活の中で生じる争いや暴力行為等の罪である。一方「國つ罪」は「おのが母犯せる罪」のように、戦乱等の異常事態の中で生じやすい罪である。以上のように大祓の祝詞では、平時における罪も戦乱における罪もみな同じ「罪」として認識されているのである。第二に、これらの罪を犯す者は「天益人等」と呼ばれる統治者、被統治者を含むすべての人々である。儀式そのものは、「親王・諸王・諸臣・百の官人等」という朝廷の官僚以上の人々（行政官僚も軍事官僚も）の参加のもと行われるが、すべての人々の犯した罪を清める儀式が大祓なのである。以上のように、一見単なる神話的表現に見える大祓の祝詞の中には、征服者、被征服者の苦渋の跡が残されている。しかもそれらをみな同じ罪として認識し、乗り越えようとする祈りが込められているのである〔日本古典文学大系『古事記・祝詞』第一巻（岩波書店、一九五八年）〕。

(52) 比叡山には、「長講金光明経会式」を唱えながら死者の魂を弔うという儀礼が存在していた。「経会式」については、最澄作ではなく後代の作（比叡山内部）という説もあるが、いずれにせよ比叡山内部で生まれた思想であることは疑いない。

(53) 比叡山専修院附属叡山学院『伝教大師全集』第四巻（日本仏書刊行会、一九六六年）二八七―八八頁。

(54) 千早赤阪村教育委員会『千早赤阪の石造文化財Ⅰ』（千早赤阪村文化財調査報告書第四集、一九九四年）。寄手塚、身方塚の成立の問題については別論文で改めて分析、詳述する。

(55) なお乃木が楠木正成を尊敬し、その思想を継承していたことは次の漢詩に明らかである。「雄心馬上奉公身、笑殺世間争利人、風雪敲窓寒似鐵、評楠論葛至鶏晨」（中央乃木会『乃木将軍詩歌集』二一六頁）。

（京都大学大学院・日本学術振興会特別研究員）

研究ノート

在日ロシア軍捕虜に対する社会民主主義者たちの宣伝活動

タチヤナ・N・ヤスコ
松本郁子訳

一 革命派の在日ロシア軍捕虜への注目

日露戦争の終結までに七万人以上のロシア軍捕虜が生じた[1]。一九〇五年一月の旅順港陥落以後、二九の捕虜収容所に収容された。その大部分は日本に移送され、二九の捕虜収容所に収容された。ロシア陸海軍の兵士や水兵たちは、捕虜でありながらロシア国内における軍事行動や事件に関する真実を知る機会がなく、彼らの大部分は自らが参加している戦争の本当の理由についての知識もなかった。捕虜が本国から受け取る手紙は、ロシアで検閲を受けていたのである。下士官兵の間に戦争への疑念を広めたり、前線や国内の状況に対する不満を引き起こし得る情報を流布させないためであった。

わずかな情報のみが日本の通訳によって捕虜たちに伝えられた。臨時のロシア語新聞が遅れて捕虜収容所に届いた。外国語の新聞は特別の宿舎に収容されていた将校にのみ与えられ、陸海軍の下士官兵たちには見せないようになっていた。一九〇四年米国の著名なジャーナリスト兼政治家ジョージ・ケナン（George Kennan）[a]が日本を訪れ、多くの捕虜収容所を視察した。ケナンはどこでも捕虜たちから同じ要求を聞いたと述べた。「読むものはないか」[2]と。

将兵が母国に書き送った多くの手紙には、次のような要求が書かれていた。「本を送ってくれ。内容が古いことを心配しなくてもよい。祖国ロシアが『あのかわいそうな人たちを覚えている』という感覚だけで彼らは満たされ、彼らの苦しみは軽減されるのだ。本が熱烈に必要とされている。本の種類は気にしなくてよい。古い定期刊行物であれ、特集号であれ、ロシア語によって書かれたものであれば何でも、彼らを元気付け、慰め得る。」[3][b] このようにして、はるかに遠い距離にもかかわらず、ロシア国内の革命運動についての情報は日本にいたロシア軍捕虜のもとに届き、彼らを煽動したのである。

日本にロシア軍捕虜が相当数いることに注意を払った最初の政党は社会民主諸政党だった。社会民主諸政党はやがて起こる革命闘争において捕虜たちが彼らを支持すると期待したのである。けれども捕虜に対する宣伝活動は困難を極めた。日本にはロシア人の政治亡命者がいなかったからである。もしそのような政治亡命者がいたならば、彼らが捕虜たちとの直接的なつながりを築くことができたであろう。

一九〇五年の春、ジョージ・ケナンはロシア軍捕虜に印刷物を配布することを認めるよう、日本の陸軍大臣寺内正毅に求めた。軍事行動の経過やロシア国内の状況について啓蒙する印刷物の配布許可を求めたのである。ケナンは、ロシア人亡命者と協力していた「アメリカ・自由ロシア友の会」(The Society of American Friends of the Russian Freedom)[4][c]に日露戦争やロシアの革命運動について啓蒙する本や新聞や雑誌を提供するように頼んだ。「友の会」は、ロシアの革命派亡命者のサークルではラッセル(Russel)という名でよく知られていたN・K・スジロフスキー(N. K. Sudzilovsky)[d]博士に白羽の矢を立てた。

二　ニコライ・ラッセルによる宣伝活動の開始

この選択は偶然ではなかった。スジロフスキーはちょうど一八七〇年代から亡命していた。長い間ヨーロッパやアメリカ、ハワイ諸島、フィリピン、そして中国にいたので、スジロフスキーは多くの外国語を習得し、極東では彼の活動状況とともに有名になっていた。彼は医者で、サンフランシスコに住んでいた一八八〇年代の終わりからアメリカの市民権を持っていた。したがって日本に合法的に居住することは彼の場合簡単なことだった。[5] スジロフスキーは喜んで「友の会」の招待を受け入れ、日本にやってきた。彼が東京に着いたのは一九〇五年夏のことだった。

スジロフスキーはいかなる政党にも属していなかった。彼は全体としては革命思想を抱いていたが、特定の政党の支持者ではなかった。彼はナロードニキ革命運動期に政治的闘争者へと成長し、皇帝による独裁政治の敵対者となった。

スジロフスキーは日本では神戸に住み、「ロシア人戦争捕虜救済委員会」（The Committee for Helping the Russian Prisoners of War）を創立し、率いた。この委員会の公的な目的は捕虜に下着や食料を提供することだった。実際には彼はロシア軍捕虜に対する宣伝活動に従事していた。

社会民主的な印刷物（小冊子、新聞、ビラ）がロシア社会民主労働党（РСДРП）の中央委員会外国部の指示で兵舎を通して配布された。印刷物は当時ジュネーブのロシア社会民主労働党中央委員会発送部主任だったV・D・ボンチ＝ブルエビッチ（V. D. Bonch-Bruevich）によって配布された。ウラジーミル・ドミートリエビッチ（Vladimir Dmitrievich）は後にその回顧録の中で、彼らは捕虜収容所になんとか辿り着き、有名なロシア人亡命者ドクター・ラッセルを通して様々な活動をしようとしたと書いている(6)。

日本軍の捕虜だった時にスジロフスキーと知遇を得た著名な民俗学者G・S・ノヴィコフ＝ダウルスキー（G. S. Novikov-Daursky）の証言によると、ロシア社会民主労働党外国部は、ラッセルをロシア軍捕虜に党の出版物を配布するための経験豊富で熟練の代理人とみなしていたという(7)。

スジロフスキーはこの仕事に数人の日本人をも引き込もうとした。それは看護婦であったり、通訳であったり、商人であったりした。そしてスジロフスキーは手助けしてくれるロシア軍捕虜そのものも見つけた。

熊本郊外に設置されていた収容所では、戦艦「オリョール」の乗組員A・S・ノヴィコフ＝プリボイ（A. S. Novikov-Priboy）が印刷物を配布していた(8)(e)。すべての兵舎の捕虜がノヴィコフ＝プリボイのもとにやって来て小冊子や新聞を受け取った。

松山郊外の収容所ではB・タゲーエフ（B. Tageev）の手で、ある海軍少尉に印刷物が届けられた。タゲーエフはスジロフスキーが捕虜の兵舎に来るのを手助けした。スジロフスキーはそこで戦争での敗北の原因やロシアにおける革命の開始について講演した。タゲーエフがスジロフスキーに関東海軍経理官S・ザルービン（S. Zarubin）を紹介したのはその時である。その後スジロフスキーはザルービンを通して本や小冊子や雑誌を配布し始めた。

捕虜の大半は、本国の状況を理解しようと努めながら興味深く印刷物を読んだ。まもなくザルービンは水兵リスニチェンコ（Lisnichenko）と水兵プリサコフ（Plisakov）という協力者を得た。彼らは二人とも巡洋艦「リューリック」の乗組員だった(9)。

タゲーエフには印刷物を保管するためのアパートを借りることが許された。それによって宣伝活動の遂行が容易になった。ロシアで起こった事件を捕虜に伝え、様々な収容所間のつながりを築くためには、日本でのいくつかの出版物の出版を管理する必要があった。

三 『日本とロシア』における宣伝工作

その頃神戸の日本正教神学校の学生たちは、ロシア語の挿絵入り週刊紙『日本とロシア』（*Япония и Россия*）[f]を出版し始めた。編集委員会は、第一に諸戦闘の現場から情報を発信すること、第二に日本人の暮らしや生活様式を捕虜に知らせることが自分たちの仕事であると考えていた。この新聞の創刊号が出されたのは一九〇五年七月二十一日（八日）[g]で、最終号（第一六号）は一九〇六年二月七日（一月二十五日）だった（新聞は厳密には週刊ではなかった）。スジロフスキーはこの新聞に興味を持ち始め、編集委員会に協力を申し出た。即座にではなかったが彼は日本人の不信を克服することに成功し、新聞の翻訳者となり、さらには編集者や出版者となった。

後に有名な作家となった、『日本とロシア』への常連の寄稿者のひとりノヴィコフ＝プリボイは、捕虜に出版物を配布することに積極的だった。彼は新聞にいくつかの論文や手記を発表した。ノヴィコフ＝プリボイは「元水兵Ａ・ザチェルティー」（A. Zatyerty）というペンネームを用いた。数年後に出版された彼の最初の著書にもこのペンネームが用いられた[10]。

『日本とロシア』の積極的な協力者のひとりに、前述の関東海軍経理部の元水兵Ｇ・Ｓ・ノヴィコフ＝ダウルスキーがいる。ノヴィコフ＝ダウルスキーは旅順の攻防戦に参加していた。彼は日本軍の捕虜になっていた時、大阪の浜寺の捕虜収容所で『友だち』（*Друг*）という手書き新聞の出版発起人となった。この新聞は自家製のゼラチン版で複写された[11]。ロシアに戻った時ノヴィコフ＝ダウルスキーは、当時日本に滞在していたスジロフスキーと文通した。『日本とロシア』の完全な揃えを保管したのはノヴィコフ＝ダウルスキーであった。

『日本とロシア』は捕虜の革命的な心情態度についての論文や手記を掲載した。寄稿者の中には旅順の第三号堡塁の指揮官だった東シベリア第二五歩兵連隊の参謀大尉Ｐ・ブルガーコフ（P. Bulgakov）がいた。ブルガーコフは日本軍の捕虜だった時、何度も陸海軍兵士たちに革命思想を吹き込んだ。新聞には旅順の海軍水兵クニン（Kunin）やジミン（Zimin）、陸軍兵士Ｖ・アレクサンドロフスキー（V. Aleksandrovsky）やラブロフ（Lavrov）の論文が掲載された[12]。

サハリンで強制労働の刑を受けた後、日本に居住していた元政治犯たちがスジロフスキーに大いに協力した。彼らの中には有名な革命家M・N・トリゴーニ（M. N. Trigoni）やL・A・ヴォルケンシュタイン（L. A. Volkenstein）がいた。スジロフスキーは彼らを革命的宣伝を広めるための助手にした。

『日本とロシア』に掲載された論文は、最近の戦争の重要事件やロシアで高まりつつある革命運動についての情報を提供した。スジロフスキーが来日した後の『日本とロシア』の性格の変化はほぼ即座に認められた。

何万人ものロシア軍捕虜の心を最も掻き立てたのは戦争の理由と性格、敗北の原因、そして敗北をもたらした責任者の問題であった。明らかに革命的な論調を帯びた最初の論文が『日本とロシア』第六号に掲載された。そのタイトルは「二つの戦争」（Две Войны）であった。著者は「一兵士」（Солдат）というペンネームを用いた。彼はおそらく捕虜のひとりだったのだろう。その論文は、この戦争の主な原因はロシア帝国の「組織」（Организация）にあると述べた。

一方スジロフスキーは、論文の中で日露戦争の理由を特徴付けた。「この戦争に救いはあるのか。」スジロフスキーはロシアの民衆には戦争の責任はなく、日露両国の支配者層のみがその責任者であると説明した。彼は日本との戦争における帝政の敗北とロシアを覆う革命との間には直接的な関係があると見ていた。

『日本とロシア』の相当部分が啓蒙的な性格の記事に割かれた。新聞は様々な問題を扱ったがいつも同時代の事件と関係付けられていたので、ロシア軍捕虜がロシアや世界で今まさに起こっている事件を理解するのに役立った。読者は直接・間接選挙や国民投票、代議士の解職権などの政治用語の意味を説明された。またそこには財産の有無や土地の大小の差が政治的差異を引き起こすと説明されていた。どのようにして少数者の手に権力が集中したのか、という問いに対する答えが与えられていた。

スジロフスキーは、民主主義の実現は社会的不平等の一掃の後にのみ可能であると考えていた。別の論文では、論点は独裁政治や立憲君主政、民主的共和政体という国家組織の様々な形態に関する問題だった。ロシアにおける一連の革命運動を示しながらスジロフスキーは、君主政という国家形態が存続する可能性を否定した。

結局、スジロフスキーは革命的啓蒙活動のみならず兵士や水兵への識字教育にも尽力した。というのは彼らの多くは読み書きができなかったからである。大阪や浜寺の収容所には読み書きができない人のための組織化された学校があった。そこでは下士官や看護兵が先生だった。スジロフスキーは、ロシア兵は満州の鬱蒼とした森林に入って、自分が最果ての地にいることを知り、囚われの身の苦難を受けて初めて、偶然にも読み書きを学んだのだと皮肉を交えて語った。松山の収容所には今度は自ら陸海軍の兵士や水兵たちに読み書きを教える若い将校のための革命的な勉強会が組織された。(13)

『日本とロシア』は革命的な印刷物を広めた。ロシアの国内外で出版されていた社会問題に関する新刊書の目録が掲載された。『日本とロシア』の編集委員は、ロシア軍捕虜が母国から受け取った手紙を大きく取り上げた。多くの捕虜が、陸海軍の兵士や水兵に支給された金銭を横領した将校の不法行為を告発する文章を自ら新聞に投書した。新聞の紙面にはロシア革命の最初の事件、特にシベリアや極東ロシアへの波及が説明されていた。『日本とロシア』には労働者のストライキや小作騒動、部隊や艦隊内での暴動についての記事がロシア語新聞から転載された。読者は闘争の経過で出された政治的・経済的要求や、ストライキに対する警察の報復についての報告書に関する情報を得た。

いくつかの論文や手記は、戦艦「ポチョムキン」の反乱やシベリア鉄道の労働者のストライキ、そして極東に配備された部隊における暴動を扱った。新聞への投書やウラジオストクからの手紙が捕虜に絶大な影響を与えた。これらの文書にはロシア国内の事件に対する評価が含まれており、捕虜に革命的闘争に参加するよう訴えかけていた。

四　宣伝活動の成果

新聞の紙面に掲載された記事は、在日ロシア軍捕虜の外界からの孤立を次第に小さくしていった。一方捕虜収容所内では、政治的な分化の進展が顕著となっていった。一九〇五年十二月四日、ノヴィコフ＝プリボイによって収集された収容所の蔵書や対馬海戦（日本海海戦）の手記がすべて廃棄させられた時、熊本の収容所では組織的な迫害が起こった。革命的宣伝活動を先導した約二〇人の兵士や水兵たちが群衆によって危うく殺されるところであった。(14)

将校たちの手紙も、捕虜たちが収容所内で複数のグループに分かれていることを示した。下級者たちの間では、ラッセルの信奉者と、皇帝への献身や義務に対する誓いに忠実な人々との間に小競り合い（時にそれらは殴り合いの喧嘩に発展した）が起きていた。ある時、そのような争いで八人のロシア兵とひとりの日本兵が死亡した。(15)

スジロフスキー（ラッセル）や志を同じくする人々の激しい革命的活動が注目を集めた。日本からのロシア軍捕虜の引き渡しを担当していた中央行政委員会の委員N・A・ダニロフ（N. A. Danilov）中将は、捕虜として日本にいる将校や下士官兵に対する宣伝活動が成功をおさめている事実をサンクト・ペテルブルクの海軍軍令部に報告した。陸軍大臣は沿アムール地区巡回軍法会議を通じて宣伝活動の実態を調査するよう命じた[16]。

様々な困難にもかかわらず、禁止されていた印刷物は収容所に次第に行き渡っていった。一九〇五年初頭に長崎にやってきたクドルジンスキー（Kudrzhinsky）博士は、宣伝活動が大成功を収めている事実を証言した。「兵士たちは熱心に『日本とロシア』や他の印刷物を読んでいる。新聞に書かれている思想は彼らの大半にとって初耳であった。白熱した議論が日常的なものとなり、党派が形作られた……[17]。」

在日ロシア軍捕虜に対する革命的宣伝活動におけるスジロフスキーの役割はロシア警察の報告書でも議論された。ウラジオストクの革命運動取締りのための秘密警察（Охранка）は一九一一年に次のように報告した。「スジロフスキーは在日ロシア人亡命者の思想的指導者であり、在日ロシア軍将校や下士官兵を革命的方向へ堕落させる行為の主導者である[18]。」

したがって私たちは、新聞『日本とロシア』や社会民主諸政党の他の出版物が、実は在日ロシア軍捕虜にとって入手が容易であり、ロシアの陸海軍兵士の間に広く流布していたことを知ることができるのである[h]。

註

（1） Такеси Сакон, “Военнопленные в период русско-японской войны 1904–1905гг,” *Япония Сегодня*（2002), ч. 4. с. 26.

（2） Кеннан Д., “Каквелось просвещение русских солдат в Японии,” *Каторга и ссылка*（1927), ч. 2.

（3） Купчинский Ф. П., *В японской неволе*（СПб, 1906）, с. 5.

（4） Кеннан Д., *Каторга и ссылка*（1927), ч. 2. с. 160.

（5） 雑誌『苦役と流刑』（*Каторга и ссылка*）第二号、一七四頁に掲載されたジョージ・ケナンの論文へのスジロフスキーの後書き参照。

（6） В. Д. Бонч-Бруевич, *Избранные сочинения*（M, 1961), т. 2. с. 326.

（7） G. S. Novikov-Daursky, *Echoes of the Revolution of 1905 among Russian prisoners of war in Japan. On personal reminiscences and other materials*（Priamurye, 1956), N. 5. P. 187.

（8） 後の有名な作家で小説『ツシマ』（*Цусима*〔M, 1963〕）の作者のA・S・ノヴィコフ＝プリボイ。

（9） T. N. Yasko, “Revolutionary propaganda among Russian prisoners of war in Japan in 1905–1907,” *Class-struggle and Revolutionary action of the masses in the Far East at the second half of the* 19th*–the early* 20th *cc*（Vladivostok, 1988), p. 69.

（10） А. С. Новиков-Прибой, *Собрание сочинений*, т. 3（M, 1963), p. 379.

（11） Novikov-Daursky, *Echoes of the Revolution of 1905 among Russian prisoners of war in Japan*, p. 185.

(12) *Ibid.*, c. 171–172.
(13) *Каторга и ссылка* (1927), ч. 2. с. 170.
(14) ノヴィコフ＝プリボイは小説『ツシマ』第一部一一一一四頁でこのエピソードを書いた。
(15) Рейнгард Фон ф., *Мало прожито - много пережито. Впечатления молодого офицнера о войне и плене* (СПб, 1907), c. 194.
(16) Central State Archive of the Navy. St. Petersburg. F. 417. Op. 4. D. 6899. L. 61.
(17) Кудржинский. "Русские революционеры и японцы," *Былое* (1907, June), c. 190–191.
(18) Кантор Р., "Смертники в тюрьме". *Каторга и ссылка* (1923), ч. 6. c. 130–131.

訳註

(a) 「封じ込め政策」の立案者である駐ソ大使ジョージ・ケナンの伯父。一八八五年に一六カ月間にわたりシベリアの流刑地や監獄を取材し、一八九一年『シベリアと流刑制度』を刊行。全世界にロシア帝国が行っていた非人道的な虐待を暴露した。
(b) 邦訳はF・クプチンスキー『松山捕虜収容所日記――ロシア将校の見た明治日本――』小田川研二訳（中央公論社、一九八八年）。
(c) 一九八一年四月、フランシス・ハリスン、トーマス・ヒッギンスン、ジュリア・ハウ等を中心に組織。ジョージ・ケナンはマーク・トウェインとともに会の「目的は自国のために政治的自由と自治を獲得せんと努力するロシアの愛国者を一切の精神的、合法的手段で援助することにある」という結成宣言に名を連ねていた。同名の会はすでにイギリスにあり、「アメリカ・自由ロシア友の会」はそれに継ぐ第二の組織であった。
(d) ニコライ・ラッセルについては、日本では木村毅「ニコライ・ラッセル」（『日本に来た五人の革命家』恒文社、一九七九年）や和田春樹『ニコライ・ラッセル――国境を越えるナロードニキ――』上・下巻（中央公論社、一九七三年）、そして檜山真一「日露戦争――ニコライ・ラッセルと日本――」（ロシア史研究会編『日露二百年――隣国ロシアとの交流史――』彩流社、一九九三年）等の研究がある。
(e) 『ツシマ』の邦訳はノヴィコフ＝プリボイ『ツシマ――バルチック艦隊の壊滅――』上脇進訳（原書房、一九八四年）。
(f) 日本では、早稲田大学図書館に所蔵されている。ただし三、五、六号は欠号。
(g) 括弧内は露暦。露暦に十三日を足すと和暦が得られる。
(h) 人名や官職名の翻訳及び訳注の執筆にあたっては、和田春樹『ニコライ・ラッセル』を主に参考にした。参考文献については同書下巻の末尾（三七三―三九八頁）に文献表が掲げられているので参考にされたい。なおロシア側の視点を交えた日本における最新の捕虜研究については、松山大学編『マツヤマの記憶・日露戦争百年とロシア兵捕虜』（成文社、二〇〇四年）がある。

（ロシア国立極東大学大学院）
（京都大学大学院）

研究余滴

アメリカとグアム、そして日露戦争

ダーク・アンソニー・バレンドーフ
佐伯康子訳

はじめに

日露戦争が一〇〇年を経て、古い歴史になろうとしている今日、グアムの人々にとってその記憶は殆ど薄れ、靄に包まれたようなぼんやりした思い出しか残っていない。学校へ通う子供たちや、住民の多くはもはや日露戦争のことを聞いても分からない。グアム島を根拠地にするアメリカの強大な第七艦隊の司令部にいるアメリカ海軍のマリアナ地区司令官（COMNAVMAR）でさえ、日露戦争の重要な点を思い出そうとすると、眉間にしわを寄せてしまう。しかし、もし一〇〇年前に日露戦争の名前を口に出していたら、グアムの一般市民や、特にアメリカの海軍将校の間に緊張を走らせていただろう。その頃アメリカと日本は西太平洋の支配をめぐって激しい、そして新しい対立関係にあったのだ。グアムとフィリピンは、一八九八年の米西戦争の結果としてアメリカの植民地となっていた。一八九〇年代の一〇年間にアメリカはハワイ、ミッドウェー、ウェーク、そしてグアムを獲得し、アメリカの船舶がフィリピンへ行くまでの途中に燃料や食料を補給できる一連の植民地諸島が太平洋をまたがって形成された。

日本はこれらの出来事の進展を無念の思いで眺めていた。日本が自分の影響下にあると思っていた地域に、これほどの領土を獲得してしまったアメリカは一体何を考えているのか。実はアメリカは、その「明白な天命」（Manifest Destiny）

が本土である北米大陸の境界を越えても通用すると考える時代に突入したのだった。歴史家のイヴァン・ムシカント (Ivan Musicant) はこのことを巧みに表現してこう言った。「一八九八年までは、アメリカ人は自国の政治体制が北米大陸のみにあてはまるものだと信じていた。もし帝国になって植民地を保有したら、それが共和政ローマを滅ぼしたのと同じように、共和国アメリカをも必ず滅ぼしてしまうだろう、と多くの人は考えたのであった。」

「しかし一八九九年までに、アメリカ合衆国は新しい帝国をつくりあげたのだった。アメリカの政治家や海軍将校や財界人は、多くの議論を交わす中で、明白な目的のもとで帝国を作りあげた。その帝国は、フレドリック・ジャクソン・ターナー (Frederick Jackson Turner) が定義したコンティネンタル・フロンティア（アメリカ本土のフロンティア）の枠を越え、西半球にまで及び、良きにつけ悪しきにつけ、太平洋の極地まで到達した。[1]」

その世紀の変わり目の頃、ロシアと日本の間で運命的なライバル関係が形成され始めていた。ロシアが中国へ南下してくることは日本の国益にとって脅威であった。そのため一九〇三年の秋頃には、日本の指導者たちは、武力を用いてでもロシアの軍隊を満州から撤去させなければならない、と確信した。[2] そして、一九〇四年に、日本とロシアは戦争に突入した。

一　グアムとミクロネシアにおけるロシアと日本

戦争が始まる以前、日本とロシアは共に、グアムとより広域のミクロネシアに接触しながら培った長い歴史と豊富な経験があった。太平洋地域として、地理的にはミクロネシアは日本の影響の範囲にある。一二世紀の日本文学の作品である『古今著聞集』[3]によると、日本人が初めてミクロネシア人と接触したのは少なくとも西暦一一七一年にまで遡る。現在の静岡県にあたる伊豆の沖ノ島の海岸に、見知らぬ人達が漂流してきたのであった。彼らの顔の特徴や持っていた道具から推測すると、ミクロネシア人であった可能性がある。もし事実彼らがミクロネシア人であったとすれば、これらの記録はミクロネシア人について書かれたものの中では世界最古であるかもしれない。[4]

もう一つ日本とミクロネシアが接触した大きな出来事は、一八三〇年代末に起きた。二〇人ほどの日本人がグアムの海岸に漂流したのであった。彼らはその後の余生をずっとその島々で過ごした。地域の社会に溶け込んでチャモロ族に稲作を教えた。また一九世紀の後半になると、少数の日本人が、西太平洋で捕鯨をするアメリカの捕鯨船員に雇われ、グアムや他のミクロネシアの人々と交流する機会を更

に持った。(5)

一八八四年には、日本の軍艦「龍驤」が東カロリン諸島のコスラエ島〔Kosrae　別称クサイエ島（Kusaie）〕に立ち寄り、また同年マーシャル諸島に漂流した何人かの日本の漁師達が現地の人々によって殺害された。この事件は、報復という形でさらに日本とミクロネシアが接触する機会を生み、またこれをきっかけとして日本では南海の島々に対する関心が増していった。一八九八年の米西戦争の頃には、日本人商人の森小弁が南の海へ進出し、チユーク〔Chuuk　トラック諸島（Truk）〕で自らの地位をしっかり確立した。彼はそこで富と名声を手に入れ、ミクロネシアにおける最も名声高い日本人入植者としてその後の人生をそこで過ごした。(6)

ヨーロッパにおいてナポレオン戦争が終結した一八一六年、ロシアやフランスによって太平洋の探検が次々と行われた。その中で一八一七年に初めてグアムを訪問したのは、一八〇トンの「ルーリック（Rurik）」というロシア海軍のブリッグであった。このロシア船はオットー・アウグスト・フォン・コッツェブー（Otto August Kotzebue）に率いられ、一八一五年から一八一八年にかけて世界一周の探検をしている途中だった。乗組員の一人に、有名な植物学者・文学者のアデルベール・フォン・シャミッソー伯爵（Count Adelbert von Chamisso）もいた。一八一七年に訪れた時は一週間足らずしかグアムにいなかったコッツェブーは、一八二三年から一八二六年にかけてスループ型帆船の「プレドリヤティヤ（Predpriatie）」で世界を旅する途中の一八二五年に、再びグアムに立ち寄った。コッツェブーは、太平洋の水路学に対するヨーロッパ人の知識を増やすことに大きく貢献した。彼はそれまで外の世界に知られていなかった四〇〇以上の小さな島（その多くはミクロネシアの島々）の所在を示した。(7)

一八一七年のコッツェブーのグアム訪問の後、同じようなロシア人による短期間のグアム訪問がもう二回続いた。一回目は、一八一八年の十一月末頃にヴァシリー・ミハイロヴィッチ・ゴローニン（Vasilii Mikhailovich Golovnin）が訪れた時のことで、二回目はその二カ月後の一八一九年一月にレオンチ・アドリアノヴィッチ・フォン・ハーゲマイスター（Leontii Adrianovich von Hagemeister）が行った。グアムにスペイン国籍ではない船が訪れる頻度が増してきたことによって、古くからあったスペイン人の外国人嫌いの態度に、変化が現われ始めたことにゴローニンは気づいた。彼はこう記した

「この数年の間、新鮮な飲み水や食料を求めて訪れる外国の船が増えてきている。そして、外国の船が現われると、現地の人々はお祭りをする。なぜなら、外国の船

が現われると、現地の人々はお金または品物の形で、自分たちの生産物に対して良い報酬をもらえるからだ。[8]」

その次、ロシアのフェルディナント・フォン・ロイトケ（Ferdinant Petrovich von Leutke）がまた新たな探検航海で二隻の船でマリアナ諸島に到来した。彼らは一八二八年二月十五日にアプラ港に投錨し、三週間後の三月八日に去った。ロイトケはゴローニンの一八一八年の遠征にも同行していたので、今回の訪問では以前に親しくなっていたメディニーリャ（Medinilla）総督やルイス・デ・トーレス（Luis de Torres）と再会することができた。ていねいで愛想の良いトーレスは、オロテ半島にある彼の農場を、ロシア人の科学者たちが天文台を設置できるように提供した。ロシア人の探検家たちは、島の住人に対するスペイン支配の影響のひどさについて嘆いた。ロイトケは、彼が見たグアムの辺りをぶらついていた多くの白人「浮浪者」についても嘆いた。この人達の大半は脱走した捕鯨船員らであった。[9]

二　アメリカの太平洋進出と日米対立の始まり

一八九八年までにアメリカは既に、少しとまどいながらもいくつかの小さな島々を保有する植民国家としてオセアニアに足を踏み入れたところだった。ジャーヴィス（Jarvis）島とベーカー（Baker）島とホーランド（Holland）島を一八五六年に、そしてミッドウェー諸島を一八六七年に獲得した。島の糞による肥料（グアノ）や、海洋生物の獲得が主な目的だった。[10] その後アメリカは一八六七年に、ロシアからアラスカを購入することによって、帝国主義的な大きな一歩を踏み出した。その次に、アメリカはドイツやイギリスと共同でサモアを保護国とした。このような、少しぎこちないが有益な植民地主義的な行動をとったことは、一八九九年のアメリカによるアメリカ領サモア（American Samoa）の獲得につながり、戦略的に重要なパゴパゴ（Pago Pago）港も手中にした。[11]

米西戦争

米西戦争は、西太平洋においてアメリカと日本の競合関係を高めた。一八九八年五月一日にマニラ湾で、ジョージ・デューイ（George Dewey）代将がスペイン艦隊を撃破した時、日本の戦隊は、アメリカ軍の情勢が悪くなった場合にすぐ動けるように傍で見張っていた。東郷平八郎中将にはその時、フィリピン征服の野望があったのかもしれない。以前、アメリカ軍がまだフィリピンに進出してもいなかった頃、フィリピンの革命指導者エミリオ・アギナルド（Emilio Aginaldo）がスペインに戦いを挑んだ時に日本軍がアギナルドを支援した、という話はよく知られていた[12]。

アメリカの太平洋における「明白な天命」に対して日本が利害関心を抱いていることに気がついたアメリカは、かなり用心するようになった。デューイ代将のマニラにおける活動によって一八九八年六月二十一日にアメリカがグアムを獲得した際、日本の商船スクーナーが関わったある事件が、マリアナ諸島における日本の存在に対するアメリカの警戒心を掻き立てた。アメリカはスペインのことを「弱い、劣等の敵[13]」と見ていたにもかかわらず、グアムに向かう米海軍の防護巡洋艦「チャールストン（Charleston）」に乗船していた海兵隊は、ヘンリー・グラス（Henry Glass）艦長の命令で昼夜兼行の戦闘訓練を続けた。その理由は日本やドイツなどが弱体化したスペインを利用してこれらの島々を占領してしまおうとするのではないかと恐れたからだった[14]。

太平洋のライバル——日本とアメリカ

一九世紀から二〇世紀への変わり目の、日米両国にとって国家形成上とても大事な時期において、グアムはライバル同士の日本とアメリカの間に挟まってしまった島の良い例だと言える。南北戦争を経た後のアメリカでは、海軍が帆走から蒸気機関に移行し、一八八三年にはアメリカ議会が海軍の緩やかな再編成を始め、三隻の防護巡洋艦と通報艦を建造した。通報艦「ドルフィン（Dolphin）」は、海軍では初めて火力支援艦として、米西戦争で上陸した海兵隊を直接援護した。一八八五年にはもう二隻、防護巡洋艦を造るための予算が用意された。その二隻が、「ニューアーク（Newark）」と前述の「チャールストン」だった。「チャールストン」は、アメリカ海軍初の非帆装船であり、アメリカの海事史の新しい一ページを飾った。

その一五年後、「チャールストン」は、ジョージ・デューイ海軍代将の率いるアジア艦隊の所属となっていて、フィリピンにおいてスペインとの戦いで活躍していた。デューイは、マニラ湾で包囲されたスペイン艦隊の来援に来るかもしれないスペインの予備艦隊を探し出す任務を、「チャールストン」に命じた。

一八九八年六月二十日の朝、「チャールストン」が輸送船の小船団を護衛してグアムのアプラ港に入った時、水兵たちは大きな見慣れない船が投錨しているのを目にした。「チャールストン」が近づくと、その船は日の丸の国旗を掲げた。船尾には「湊川」（Minatocawa）という船名が書いてあり、その後ろにあったいくつかの小型商船も日本のものだった。初めグラス艦長は銃を無防備に見える日本人に向けて構えていた。グラス艦長は湊川に乗り込み、その船長にその場所に日本人がいる理由と、島におけるスペイン軍の規模をアメリカ軍に説明するよう要求した。その日本人の船長は協力的だった。彼はグラス艦長に、島のスペイン人に対して寛大にするように勧めた。なぜなら島のスペイン人は、アメリカとスペインの間で宣戦布告された戦争について「何一つ知らない」のであったから[15]。

事実、上陸したグラス艦長一行が出会ったのは、アメリカとスペインの間に戦争が始まっていたことすら知らない、寝惚けたスペインの守備隊だった。グアムのスペイン軍は流血なしにすんなりと降伏し、グアムのアメリカの時代が到来した。

一八九九年のパリ条約は、米西戦争を終結させた。アメリカはグアムとフィリピンを植民地として保持し、スペインはカロリン諸島と残りのマリアナ諸島をドイツに約六〇〇万ドルで売却した。しかしながら、アメリカと日本との緊張関係は続いていた。アメリカがこの条約を受け入れたことは、良きにつけ悪しきにつけ、太平洋における帝国的な存在としての関与をアメリカに与えたのであった。またそのため、この領域に関して日本が考えていた計画を、妨害することとなった。

しかしウィリアム・マッキンリー（William McKinley）大統領は、ボストンで演説をしていた時、自分のことを征服者または植民地開拓者としてではなく、征服された人々の解放者と考えていると述べた。アメリカ合衆国は、「分別のある統治」（reign of reason）がフィリピンで始まるように、フィリピンに正義と秩序を導入するのだ。彼は長期の政策についてもこのような抽象的な表現しかしなかったが、利己主義的な動機がないということだけは明言した。「アメリカの脳裏に帝国主義的な計画はない。」ホーム・マーケット・クラブ（Home Market Club）の演説でそう彼は語った。「（帝国主義は）アメリカの感情、考え方、目的と異なる。我々の信条は南国の太陽の空の下でも変わらず、常に我々の旗と共にある[16]。」

明治維新と共に近代化と工業化を果たし、驚嘆すべき海軍を持つようになった日本は、グアムやフィリピンにおけるアメリカの存在を不快に思っていた。アメリカはわずか一二年間をグアムで過ごした末に、アメリカに対して友好的でない二国に囲まれているという立場に気づかされた。その二国のうちの一国は、世界的な紛争のために準備をしているドイツ。もう片方の国は、アメリカのことを不審に思っている新しい強国・日本であった[17]。

アメリカは対抗策をとり、グアムにおける海兵隊の兵舎は増強され、それまでの二倍近くの兵員計三〇〇人が配属された。そしてさらにアメリカ海軍の軍政担当者たちが、一般行政や島に関わる仕事や用務から目を離し、軍関係のことに注意を注ぐようになったことは先住のチャモロ族たちに影響を与えた(18)。

アメリカがスペインから獲得した数々の戦利品の中で特にグアムについては、「アメリカの民主主義を示す場にする」という目標をマッキンリー政権は掲げていた。アメリカ合衆国は、住民の自決権の推進や、世界的な植民・被植民地構造を減らすことなどを信条として持っていたが、同時に有効な防衛力の整備も重視していた。グアムに関するアメリカの目標と政策は、アメリカ政府がどのようにして伝統的な民主主義と、強力な防衛力の必要性のいずれを優先させるかの興味深い試行テストと見ることができる。

米西戦争が終わった時、海軍は大統領から、今は戦争の重要な戦略的獲得物(strategic prize)となったグアムに統治を確立して維持することを命令された。そして、グアムは、それ迄の一〇年間に獲得されたフィリピンに通じる一連のアメリカが所有する島々――ハワイ、ミッドウェー諸島、ウェーク島、そしてグアム――が形成する「海軍連鎖」(naval train)の一部となっていった。

当時多くのアメリカの政治家や軍人たちがとった領土拡張論者的な思考は、アメリカ合衆国を世界一流の海軍国にしたいと考えていた海軍戦略家アルフレッド・セイヤー・マハン(Alfred Thayer Mahan)大佐の影響を受けたものだった。マハンは、『海上権力史論』(*The Influence of Sea Power on History*)という重要な本を書いており、当時の海軍関係者の大半に読まれていた。またマハン大佐はアメリカの海軍戦争評議会(U. S. Naval War Board)の委員であり、ジョン・D・ロング(John D. Long)海軍長官に、フィリピンにおける作戦を支援する給炭基地としてグアムの獲得を進言していた。この新しい領土にはもちろん防衛力が必要だった。島の防衛任務が託されたのは陸軍であったが、海軍には新しい蒸気艦の艦隊に陸軍部隊を搭乗させてグアムまで輸送するという任務があった。蒸気艦にはもちろん多量の石炭が補給される必要があるが、この石炭はちょうど都合良く新しくアメリカの旗が立った太平洋の諸島から調達することができたのであった。

三　日露戦争と日米関係

地政学的要素

このような状況のもと、極東において勃発したのが一九〇四～〇五年の日露戦争であった。この戦争は満州における日本とロシアの対立する帝国主義的発想から生じたものであった。一八九五年、ロシアはフランスとドイツの協力を得て、日本の勢力を満州南部から追い出した。その時以来日本はロシアの満州への拡張に注意せねばならず、ロシアの韓国への進出にも警戒するようになった。韓国を支配することは、日本の拡張的帝国主義実現のための第一条件として見られていたのであった。

一八九六年にロシアと中国が秘密で結んだ条約は、日本を牽制するためのものであった。しかし満州で起きた義和団の動乱の後も、ロシア軍が撤収しないことや、北京におけるロシアの脅威、そして直隷湾を通じて制海権を握ろうとするロシアの姿勢は、日本のみならず他の列強にも懸念を抱かせた。特にイギリスはこうした動きを深刻に受け止めた。そのためイギリスは、日本とロシアの間に予想通りに起こり始めた争いに対し関心を持つようになった。一九〇二年に日英同盟を結んだイギリスは、イギリスの影響力により一八九五年のようにロシアはフランスやドイツの支持を期待することはできないだろう、と述べ、日本を安心させた。(19)

日露戦争

日露戦争における日本の成功は、見事だった。一九〇四年二月、日本はロシアとの外交関係を断絶し、旅順のロシア艦隊に対して魚雷で奇襲攻撃を行った。事前の宣戦布告はなかった。日本はその遼東半島を占拠し、一連の戦いでロシア軍を撃破し、世界を驚嘆させた。最終的に一九〇五年一月、旅順が陥落し、ロシア軍は満州から追い出された。二月と三月には大山巌元帥が満州の奉天で素晴らしい勝利を博した。そして一九〇五年五月、ロジェストヴェンスキー(Zinovi Rozhdestvenski)中将指揮下のロシア艦隊は、対馬海峡で東郷平八郎大将指揮下の日本艦隊によって潰滅した。西欧の「白い」ヨーロッパの強国が、東洋の「黄色い」アジアの国に対して敗北するということは、近代戦争史において初めての出来事だった。また、ロシアが海戦で敗れたのも史上初めてのことであった。世界は感嘆し、アメリカは当惑した。

ただし、ロシアは多くのハンディキャップを抱えながら戦ったのであった。兵や軍需品の補給源は、戦場から何千マイルも離れた地点にあった。単線のシベリア横断鉄道のみがロシアと旅順を繋いでいた。他方で日本は、陸軍と海軍を強化して戦争準備をしてきていた。また日本は一九〇二年にイギリスと日英同盟を結んでいた。イギリスは、東アジアにおいてロシアの支配力が強まることを懸念していたのだった。

ロシアにとって惨憺たる結末となった日露戦争は、一九〇五年のロシア第一革命(「血の日曜日」事件)の直接的な要因の一つになり、ロシアは講和を求めた。一九〇五年九月、アメリカ合衆国の大統領セオドア・ローズベルト(Theodore

Roosevelt）が、ニュー・ハンプシャー州のポーツマスで日本とロシアの仲介をした。その結果、ポーツマス条約が締結され、ロシアは韓国における日本の「優越する政治的、軍事的、経済的権益」を認めると共に、「日本の帝国政府が韓国において必要と考えた保護や指導の政策に対して、ロシアはそれを妨げたりそれに干渉したりはしない」ということを約束した[20]。

これはつまり旅順や大連を含む地域の租借権と、奉天などの都市を通じる長春以南の南満州鉄道の、日本への譲渡を意味していた。しかし満州鉄道の長春からハルビンにかけての部分や、ハルビンを通じて満州里からウラジオストクに至る東清鉄道はロシア所有のままとなった。日本はロシアの南満州における地位を譲り受けただけでなく、やっとのことで日本の韓国における「優越する政治的、軍事的、経済的利権」を認められた。日本は更にロシアに、サハリンを譲り渡すよう求めると共に、日本の財政的危機を救うために六〇億ドルの賠償金を支払うことを要求したのだったが、ロシア自身もきわめて深刻な財政状態にあり、支払えないと言われた。またロシア側はこれ以上の領土上の譲歩もできないと言った。最後の譲歩としてロシアは、賠償金を支払わない代わりにサハリン南部を譲り渡すとした。この日本は、両国に与えた戦争の財政的疲弊を感じ取り、この譲歩案を受け入れた。日本にとっては不幸なことに、後に石油が発見されたのはサハリンの北部であった。

セオドア・ローズベルト大統領は、二つの敵対国を和解させるために重責を果たしただけでなく、ポーツマスの交渉の場でも活躍した。ローズベルトの軍事顧問たちは、日本がもう長く戦争を続けられる状況ではないことと、もし日本の情勢が悪化した場合、極東とヨーロッパに波及する危険は日本が勝った場合よりもはるかに大きいことを伝えた。そしてローズベルトは、ドイツやフランスに対し、もし彼らがロシアを援助したら、アメリカが日本を援助するかもしれない、と警告した。同時に日本に対しては、ロシアから賠償金を得ることに執着せずに和解するように勧めた。日本の世論は、苦心惨憺の末手に入れた完全な勝利にもかかわらず、その勝利から利益を引き出すことに失敗したのは、日本の賠償金獲得を妨げたローズベルトに責任があると考えた。

ともあれポーツマス条約は、アジアの強国としての日本の地位を確立させた。日本の保護国となった韓国はついに一九一〇年に併合された。韓国で作られた米は、急速に工業化していく日本に食糧を供給した。しかし最も重要な利益は南満州であり、日本はすぐにその開発にとりかかった。

四　オレンジ計画

アメリカの対日戦争計画である「オレンジ計画」は、第二次世界大戦とその背景に関連するものとして扱われることが多い。しかし、その起源は一八九七年にまでさかのぼる。一九世紀頃、アメリカ海軍には継続的に戦略計画を策定する伝統はなかった。南北戦争の頃は、状況に応じて臨時戦争評議会（Ad-hoc War Council）を開いていた。一八九八年のスペインとの紛争にあたっては、個々の長官や個別の特別会議がいくつかの基本計画を練った。戦争自体はジョン・D・ロング海軍長官の臨時的な戦略評議会によって指導された。その間、一八八四年にロード・アイランド州のニューポートに設立された海軍大学校（Naval War College）では、選抜された士官達が戦略や科学的戦争法の教育を受け、大西洋でイギリスと衝突した場合やカリブ海で危機が起きた場合を想定した兵棋演習や作戦行動が研究された。一八九八年までにその小さな学校は、二代目の学長アルフレッド・セイヤー・マハン大佐の名声のおかげで高い評価を得ていた。

米西戦争では、アメリカはハワイからグアムを経てフィリピンに到達する太平洋の帝国を手中にした。その帝国を激しい帝国主義的抗争の時代に守り抜くには、常設の戦略策定機関が必要であった。しかし海軍は、包括的な作戦立案機関がなくとも従来の方法で問題なく機能してきており、文民長官の下で戦争の処理をしてきた諸官僚機関は議会にいる政治家たちの援助を受けて既得権益を守ろうとした。そしてウィリアム・マッキンリー大統領は、純粋に助言の権限だけを持つ委員会を作ることに賛成した。一九〇〇年三月三十日、一一人の将官による海軍将官会議（Navy General Board）がワシントンDCに設立された。その主たる役割は「わが海軍にとって最も有利となる戦略を立案すること……また国内やわが保護領や海外で有事の際に備えて計画をつくること……またそのような有事の際、戦略に基づいて適切な海軍基地を設置し……海軍長官にとるべき行動を助言すること」であった。マッキンリーはマニラ湾の英雄、デューイ提督をその委員長に任命した。提督は就任を受諾すると同時に、陸海軍統合会議（Joint Army-Navy Board）の委員も死ぬまで務めた。

戦争計画行動は、数人のエリートが最も高位の提督を囲んで討議する形式を作り、計画行動は新たな重要さを意味するようになった。海軍大学校や海軍将官会議の最も活動的な士官達は、その先輩達の拡張主義的な世界観に賛同していて、その世界観はオレンジ計画の地政学的な戦略構想に盛りこまれた(21)。

日本と戦争を行うことを正当化するのは簡単なことではなかった。戦争が予想されるような目立った理由はなかった。マシュー・ペリー（Matthew Perry）提督の軍艦が、一八五三年に孤立した日本の幕府政権を開国させて以来、両国は友好的な関係を持ち続けてきた。アメリカは進歩的で西洋化していく日本を尊敬し、日本もアメリカに対して尊敬を返していた。ローズベルトも他の米国人達も同様に、日露戦争で日本がロシアを破ったことを喜んだ。ローズベルトは一九〇五年に戦争を終結させる力となったことで、日本の謙虚な指導者たちから感謝され、ノーベル平和賞も受賞した。同年の桂＝タフト協定では両国は極東における互いの権利を尊重しあうことを誓っていた。

一九〇六年までは、戦争の可能性が少しでもあるような日米間の懸案は、日本が太平洋のアメリカ領の島嶼を欲しているのではないかという疑惑のみだった。一八九〇年代に多くの日本人労働者が、事実上アメリカの保護国であるハワイに移住していた。日本の軍艦がハワイ付近に来た時、当時海軍次官補だったローズベルトは、万が一のために備えて防衛計画を作らせた。しかしそのような心配は、一八九八年のアメリカによるハワイ併合によって消滅した。

当時の「社会進化論」（Social Darwinism）的な思考により、日本は膨張し続ける人口のはけ口としてフィリピン諸島も欲しているかもしれない、と考えられるようになった。日本の特務機関がフィリピン先住民にアメリカ支配に反抗するよう支援している、という噂話もあった。日本が青の（アメリカの）領土を欲しがっているということは、オレンジ計画の中では両国間の緊張の原因として常に取り上げられていたが、日本が東アジアにおいて、より安全に資源を獲得することができるのに、わざわざ資源の少ない太平洋諸島を戦争の原因になるほど欲すると真剣に考える戦略家は、実際はいなかったのである。

オレンジ計画は元来たいしたことのない事件が発端となって作られたのであった。一八九一年から一九〇六年にかけて何千人もの日本人がカリフォニアに移住した。彼らの入国を阻止しようとした現地白人の人種差別主義者達が、根拠もなく彼らを「不道徳で節度のない、けんかっぱやい人間であり、雀の涙ほどの収入のために労働する人間」と言ったのであった。一九〇六年四月にサンフランシスコに惨劇をもたらした地震と火事の後、人種差別主義者たちは東洋人達から略奪し、暴力をふるった。人種差別主義の政治家達も、東洋人の所有権を制限したり、学校を隔離させる法律を作った。そのような法律は日本と結んでいた条約に反するものであった。日本の誇り高き人々は激しく怒った。またアメリカの国務長官エリフ・ルート（Elihu Root）

は「（日本人は）癩病にかかった吸血鬼達……もう何部か新聞を売るために国を戦争に突入させようと熱心だ」と述べ、アメリカの報道機関は、ロシア皇帝の軍隊を打ち破った戦争好き日本人の忌まわしい戦争談を誇張して伝えた。

ローズベルト政権は、そのような人種差別主義の地方官僚達に、差別的な法律を無効にさせるなどをして、事態を鎮静させた。そして、日本が移民の数を削減するという「紳士協定」を日本と交渉して結んだ。しかし一九〇七年の春に反東洋人デモが始まり、「戦争か」という記事が新聞の頁の第一面に載るようになった。あまりに緊迫した状況だったので海軍大学校もブルー・オレンジ（米日）の戦争計画を構想し始めていた。海軍大学校の第二委員会は「戦争が起こることが顕著になった場合にとるべき初歩的な手段」という大雑把な計画書をまとめあげた。大統領さえ、落ち着きがなくなってきた。数カ月前に大統領は海軍に、どうやって日本と戦うか研究しているかと尋ねた。デューイ提督は、海軍将官会議が「効き目の高い」オレンジ計画を用意したと述べ、陸海軍統合会議が大統領にその内容を伝えた。

五　日露戦争とグアム

日露戦争がグアムに与えた影響は、公式文書が伝えるように、微妙だったが即座に見られた。日露戦争はグアムの外部との交通、通信、そして医療に物質的な反動を与えた。ある文書によると、「（われわれの）艦は、この一年間で二度の航海をした……一度は中国へ、一度はヤップへ……北方での（日露）戦争は、日本への航海を不可能にし、そのため横浜のアメリカ海軍病院へ病人を送ることができなくなってしまった。この不便はとても大きく、今にも深刻な影響をもたらしそうだ。[22]」

また、日露戦争の勃発は太平洋に無数の海底ケーブルを張り巡らせる動きに拍車をかけた。そしてグアムにはアメリカの商船や艦艇が多く寄港するようになった。グアムの知事代行（Acting Governor）となったアメリカ海軍のルーク・マクナミー（Luke McNamee）中尉は、グアムの戦略的重要性を強調するために日露戦争を利用した。彼は一九〇五年に出した報告書で、「もし戦争に突入した場合、グアムの給炭港としての利便性はどれほど素晴らしいことか。日露戦争もそのことを示唆している[23]」と言った。更に同じ報告書の中で、無数の海底電線を張り巡らしていることの便益についても語った。「一九〇五年四月二日、カロリン諸島から海底電線がグアムまで通じ、両地域間の海底電信による連絡は完璧になった。[24]」さらに「一九〇五年四月二十八日、海底電線はヤップ島からセレベス島のメナドまで延長され、東・東南アジア全般に電信網ができあがった。[25]」

一九〇五年からは、グアムで港や道路や通信施設を整備できるようにとワシントンDCの連邦政府が海軍に増額した予算を供与し始めた。このような公共投資は何年か続き、現地の経済を活性化させた。知事による一九〇八年の報告書の一部を抜粋すると、「政府の指示による継続的な設備投資につられ、多くの（現地人が）農場を去っている。一日の労働分の給料がしっかりもらえる仕事の方が、不安定な収入に期待せねばならない農場生活よりも魅力的なのだろう。[26]」

結語

この小論では、日露戦争中の動態的な日米関係の要素を検討し、また日露戦争がグアムに及ぼした直接的な影響をいくつかとりあげた。その時代は、両国が強大な軍事力と帝国を築きあげていった時代であり、その競争はついには第二次世界大戦に至った。一九〇四年、ロシアは日本に、日本の軍事的能力を実地に証明する機会を与えたのだった。そしてその証明はあまりにも見事で、力強く、予期せぬことだったので、アメリカの、新しい取るに足らぬグアム植民地でさえ過剰な反応を示したのだった。

日露間の和平を調停したセオドア・ローズベルト大統領は、講和交渉において日本を支持したが、「アメリカ人の政治家なら日本が力尽きるまで放っておくことが妥当な政策であったろう」という歴史研究家もいることはいる。[27] しかし、一九世紀にヨーロッパ列強が、アジアを西洋の足元に及ばないところに抑えておこうとしたのは確かだが、東洋の弱体化はアメリカの伝統的な政策には合わないことだった。ローズベルトは、アメリカの商業的な利益の妨げとなるのはアジアのいかなる政権でもなく、むしろヨーロッパ列強であるということを理解していたのであった。

日露戦争では日本が舞台に登場し、ロシアを追い払った。アメリカにとってその負担はゼロだった。一滴の血も流さず、一銭も失わなかったのである。しかし他方で日本は一〇〇万ドルほどの支出を余儀なくされた。そのうえ、一年半以上にもわたって男子労働力が五分の一になり、男子労働人口の一〇〇人に一人が死んだ。また列強のアジア進出という点でロシアは阻止され、他のヨーロッパ列強も阻止された。欧州列強による中国分割は遅れた。これによりアメリカは商業的にも政治的にも利得を得たのであった。[28]

日露戦争以降、日米は犬猿の仲となり、今日では半永久的な同盟国である。日本は国際連盟からの委任で、アメリカは国際連合の信託で、両国ともミクロネシアを統治した経験がある。どの関係国も、これらの経験からは何らかの便益を受けた。過去の摩擦はもはや歴史であり、今後の百年間は皆にとって繁栄と友好の時代になるにちがいない。

註

(1) Ivan Musicant, *Empire by Default: The Spanish-American War and the Dawn of the American Century* (New York: Henry Holt & Company, 1998), p. 656.

(2) Raymond A. Esthus, *Theodore Roosevelt and the International Rivalries* (Waltham, Massachusetts: Ginn-Blaisdell, 1970), p. 27.

(3) 『古今著聞集《ここんちょもんじゅう》』は鎌倉時代中期一二五四年に成立した百科事典的な性格の説話集で、六九七話を収める〔『日本史広辞典』(山川出版社、一九九七年) 八二一頁〕。

(4) Sachiko Hatanaka, 'A Bibliography of Micronesia Compiled from Japanese Publications, 1915–1945' *Occasional Papers,* No. 8 (1977) (Research Institute for Oriental Cultures, Gakushuin University, Tokyo), Japan, p. 5.

(5) Robert F. Rogers, *Destiny's Landfall: A History of Guam* (Honolulu: University of Hawaii Press, 1995).

(6) Mark R. Peattie, *Nanyô: The Rise and Fall of the Japanese in Micronesia, 1885–1945* (Honolulu: University of Hawaii Press, 1988), pp. 195–97.

(7) Rogers, *Destiny's Landfall,* p. 91.

(8) *Ibid.,* p. 92.

(9) *Ibid.,* p. 95.

(10) Jimmy M. Skaggs, *The Great Guano Rush: Entrepreneurs and American Overseas Expansion* (New York: St. Martin's Griffin, 1994), pp. 67ff.

(11) Rogers, *Destiny's Landfall,* p. 108.

(12) Musicant, *Empire by Default,* p. 547.

(13) Rogers, *Destiny's Landfall,* p. 47.

(14) Dirk Anthony Ballendorf, 'A Battle of Sorts in the Splendid Little War: The U. S. Capture of Guam in 1898,' Unpublished manuscript. Copy available at the Richard Flores Taitano Micronesian Area Research Center, University of Guam.

(15) Rogers, *Destiny's Landfall,* p. 51.

(16) Musicant, *Empire by Default,* p. 629.

(17) Daniel L. Owen, 'The Abandonment and the Inevitable: The Final Three Months Before the Japanese Invasion of Guam in World War II' Unpublished master's thesis (University of Guam, 2002), p. 21.

(18) *Ibid.,* pp. 21–22.

(19) George E. Mowry, *The Era of Theodore Roosevelt, 1900 to 1912* (New York: Harper & Brothers, 1958), p. 166.

(20) Dennis & Peggy Warner, *The Tide at Sunrise: A History of the Russo-Japanese War, 1904–1905* (New York: Charterhouse, 1974), pp. 534–35.

(21) オレンジは日本、ブルーはアメリカを示していた。オレンジ計画全般については、Edward Miller, *War Plan Orange: The U. S. Strategy to Defeat Japan, 1897–1945* (Annapolis, Maryland: Naval Institute Press, 1991) を参照。

(22) Governor of Guam, Annual Report, 1905 (Archival copies available at Micronesian Area Research Center, Univer-

sity of Guam).

(23) *Ibid.*

(24) *Ibid.*

(25) *Ibid.*

(26) Governor of Guam, Annual Report, 1908 (Archival copies available at Micronesian Area Research Center, University of Guam).

(27) Tyler Dennett, *Roosevelt and the Russo-Japanese War: a critical study of American policy in Eastern Asia in 1902-05, based primarily upon the private papers of Theodore Roosevelt* (New York: Doubleday, 1925), p. 148.

(28) *Ibid.*, pp. 328-31.

＊執筆者の承諾の元、編集委員会において註に若干の変更を加えた。

（グアム大学）
（清和大学）

第三篇　戦争の遺産

明治期日本の国家戦略における日清・日露戦争とその帰結

セイラ・C・M・ペイン
荒川憲一 訳

はじめに

一九世紀から二〇世紀の変わり目に、日本は日清・日露戦争に勝利したことで、世界中の目をみはらせた。わずか半世紀の間に、日本は最初にアジアの大国を破り、次にヨーロッパの大国に勝ち、自らを大国に変身させたのであった。日本の大戦略は驚くほどの成功をおさめていた。しかしながら、その半世紀後、日本は第二次世界大戦で悲惨な敗北を喫した。どうしてこのような逆転が起きたのであろうか。

その答えのひとつの要素は大戦略と軍事的教訓に関わるものだ。一九三〇年代の日本の首脳部は、日清戦争と日露戦争から、ある軍事的教訓を引き出し、その教訓を中国や米国との戦争に適用した。このことが致命的な結果をもたらすことになったのである。以下は、明治の大戦略、この大戦略の原則に基づき日本が戦った日清・日露戦争、そしてこれら二つの戦争の勝利から引き出した誤った教訓に関する若干の考察である。

一　明治の大戦略

明治国家の指導者たちはもとより、産業革命が始まったイギリスを除くすべての国の指導者たちは、空前の難局に直面していた。産業革命は、世界の工業国と非工業国の間の国力の格差を拡大していた。工業化した国家は、旧来の路線を変えない国に対し、軍事的かつ経済的な優位を獲得した。このように産業革命は、国際社会における国力の均衡を画期的に再編成する時代の到来を告げるものであった。旧来の路線を変えない国は、国力と生活水準において深刻な相対的衰退を被ることになったが、これは自国内部の衰退によるものではなく、他の工業国の急速な隆盛によるものであった。これは、主として、工業化している国々の合成された経済成長率の結果であった[1]。

この国力の非対称には制度的な基盤があり、これにより工業化した大国が単に優れた技術を生み出すだけでなく、その国の市民に最大効果をもたらすように、その技術を用いて、さらに高度な技術を継続的に開発することを組織化することができるものであると、日本人は考えた。日本がこの工業国の脅威をかわすためには、設備・機器の輸入だけでは十分でなかったであろう。日本は、自らを変革して近代工業技術の全てを生産し、それを効率的に使いこなせなければならない。多数の遣外使節団を派遣した後、明治の変革者たちは、日本が国家の安全と独立を守るためには自らを変革し大国の一員にならねばならないと結論した[2]。これには、内政および外交という両面の政策を必要とした[3]。

国内政策の面では、明治の改革主義者は、国家の経済と司法制度において完全な主権を取り戻すため、不平等条約の撤廃を目指した。これを撤廃するために、改革主義者は、日本の法制度と政治制度を欧米化することに決めた。これらの制度を欧米化すれば、不平等条約を正当化する西洋側の理論的根拠を取り除ける。すなわち、日本が欧米と互換性のある法制度を持てば、不平等条約の永続性に正当性がなくなるであろうと考えたのである[4]。また同時に、日本は自国を軍事大国かつ工業大国に変えるため、軍隊、財政そして教育制度の欧米化をも推進した[5]。これらの制度を欧米化することは、日本を大国に変えるための対外政策の面から不可欠なことであった。これらの改革を推進することにより、一八九四年七月十六日、英国との間に、その後の先鞭となった条約改正という結果が得られたのである。この英国との新しい条約で、日本は法律上完全な平等を認められることとなり、他の列強もその先例にならって、それぞれ、個別に日本との「平等」条約を締結した[6]。

一八六八年から一八九四年まで続いた長い国内の改革期を通じ、欧米の制度の導入に対し、また国内の改革計画を狂わせる可能性のある外国との対立を避ける戦略に対して日本の政治家は国内の強い反対に直面した。この事実に注目することは重要である。一八七〇年代前半以降、朝鮮への軍事介入を支持する強い国民感情があったが、明治の政治家は一貫してこれに反対した[7]。この方針は、清国の場合とは全く対照的であった。清国は、次から次へ外国との対立に直面していった。具体的には、一連の国内反乱はいうまでもなく、英国とのアヘン戦争、ロシアとの戦争（一八七九〜一八八一）[8]、フランスとの清仏戦争（一八八四〜一八八五）である。

イギリスと二週間で成立させた条約改正により、日本は国際的に認められた国家へと変身し、対外政策に乗り出した。日清戦争で始まった、この国内から国外への第二段階の政策では、ロシアの拡張の封じ込めと日本帝国の推進に重点が置かれていた。

一八九〇年代の世界の列強は通常すべて帝国の形態をとり、巨額の富、強力な軍隊、そして広大な領土を保有していた。日本は自国の保全と経済開発のため、この列強の手本に従って、国力が弱体化していた朝鮮と清国のあるアジア大陸に、朝鮮海峡を渡って大日本帝国を築くことを目指した。アジア大陸では、清王朝と同様、朝鮮の李王朝（一三九三〜一九一〇）でも断続的に内乱が生じて国土は荒廃し、また、ますます厳しい対外干渉を受け、統治能力も喪失した状況にあった(9)。数世紀にわたって、朝鮮は清国の属国であった。しかし、満州人は、自らの国土の秩序回復に激しく追われる状況となり、最終的には一段と厳しくなる外国との抗争に直面し、属国の支配の維持ができないという状況になっていた。

日本の政治家にとって朝鮮の混乱は、帝国を築く機会であると同時に脅威でもあった。彼らはグローバルな規模の帝国がしのぎあう危険の多い世界で生き残るためには、日本は帝国を必要とすること、また地理的に近接している理由で、その帝国は朝鮮にまず築かなければならないと考えた。逆に言えば日本に対して威力を及ぼす中継基地としての朝鮮を他国の勢力拠点に使わせないように、列強の一国に朝鮮半島の支配を認めることはできないと彼らは考えたのである(10)。

清国の朝鮮に対する支配力が低下している間に、極東におけるロシアの影響は、ますます強まっていった。一八九一年には、ロシア皇帝はウラジオストックとヨーロッパ・ロシアをつなぐシベリア鉄道の建設を命令した。日本と同様、ロシアも大国に朝鮮または満州に拠点を築かせないことに気を配っていた。その拠点がロシアの人口希薄なシベリアを脅かすことになるからである。シベリア鉄道を敷設することにより、この脅威を防ぐためのロシア軍の急速な派兵が可能となり、また同時にシベリアを確実にロシアの管轄下に収めることも可能となる。言い換えれば、シベリア鉄道は北東アジアにおける権力の均衡を変えることになるのである。このように、ロシアと日本はともに大陸における富と安全保障を求めていた。この両国の競合する野心は、避けることのできない衝突へと進んでいった。

日本の観点から言うと、この鉄道は自国が大陸に帝国を築く夢を打ち砕くものであり、また大陸に帝国がなければ、日本は大国になることもできないし、重大な国益を守ることもできないことになる。したがって、鉄道の完成予定時期が、日本の外交政策の期限を決めることになった。日本は、鉄道の完成前に、朝鮮半島に対する支配を確保しなければならず、さもなければロシアが朝鮮半島を奪い取り、「日本に対して短剣をつきつけてくる」であろうと判断した[11]。日本にとっての悪夢のシナリオは、ロシアが、朝鮮の支配者として、清国に取って代わることであった。これを防ぐために、日本は、ロシアを封じ込めるための二つの戦争をしたのであった。すなわち、日清戦争と日露戦争である。

二　日清戦争（一八九四〜一八九五）

日清戦争は一八九四年七月二十五日に開戦した。これは英国との条約改正締結からわずか九日後であった。その後、両国は九月中旬の最初の二つの大きな戦いのために軍を動員するのに二カ月弱かかっている。日本陸軍は平壌の戦闘（一八九四年九月十五〜十六日）で清国軍を撃破、海軍は黄海海戦（一八九四年九月十七日）で大勝して、日本は、朝鮮から清国軍を駆逐、制海権を確保した。清国軍は、満州と朝鮮の間の境界を成す鴨緑江を清国側に渡ってからあらためて抗戦しようとしていた。朝鮮から清国軍が撤退したということは、その後の戦争は清国の領域で行われるということであり、一方、日本軍が制海権を握ったということは、日本は自由自在に軍隊と物資を海上輸送することができるということであった。

その後日本が二つの戦いに勝利することで、清国の敗北は決定的となった。すなわち、日本は清国の二つの主要な軍港を占領した。これらの軍港は、渤海の南と北のいわば門柱に位置し、北京への海からの進入口であった。北部では一八九四年十一月二十一日、陸軍は遼東半島の旅順に上陸し、最先端にある要塞と改修された海軍施設を占領した。一方南部では、一八九五年二月十二日、海軍は陸軍と協同して山東半島の威海衛にある港湾施設を占領した。この一連の勝利の後、日本海軍は、清国海軍の残存する近代的艦艇を撃沈または捕獲し、過去二〇年間にわたって清国が築いてきた軍事近代化への努力は水泡に帰した。この二つ戦いにおける勝利は北京への日本軍の二方面からの進撃を予測させ、その圧力が清国を交渉のテーブルにつかせることになった。

日清戦争の衝撃が内外に与えた影響は甚大であった。以下それらを列挙しよう。

（第一）　日本国内では、この勝利により、激しく論議を呼んだ明治政府の改革が正当であると認められた。一八六八年以来、明治政府の指導者たちは、国民に対し人心を騒がす一連の改革に耐えるよう要請していた。この改革とは、子弟の教育方法、国民に対する統治制度、国民の雇用機会、そして実際、国民の暮らし方そのものも変えてしまうものであった。数年にわたりこれらの改革に対し、また改革主義者に対し、国民から強い反発があった。実際、日清開戦の直前においては帝国議会と明治の寡頭制支配者の間の確執は激しく、議会の閉会が繰り返される始末であった[12]。

しかし、日清戦争の勝利により、改革が二つの重要な事実の中に霞んでしまい、改革に対する論争はなくなった。その事実とは、（ア）日本は条約改正を確実なものとしたこと、（イ）戦争に勝利をおさめたことで、日本は大国として国際的に認められ、清国から台湾と澎湖諸島を割譲され、大日本帝国となったことである。欧米の制度の導入、特に軍に導入された制度が正当化された。これは、戦争の勝利によるものであった[13]。帝国議会はもはや軍に対する歳出予算に関しうるさく抵抗することもなくなり、むしろ清国から引き出した賠償金に裏付けられた政府の大規模な戦後の再軍備政策を支持した。寡頭制支配者と帝国議会は共に、日本を単なる一強国ではなく、列強の一つにしていこうという共通の野心を持ち、また、日本の力を海外に明確に伸長させていくことにより、この野心を実現していく方針に賛同した[14]。戦争に勝ったことで、日本は、国民一体の強い愛国心を持つことになった[15]。軍とは対照的に、外交官は大陸の遼東半島を日本の支配下に置くことに失敗したとして、国民の激しい怒りを買った[16]。ロシア、ドイツ、フランスによる戦後の三国干渉により、日本はこの戦略的に重要な遼東半島の還付を強いられ、三年後の一八九八年には遼東半島はロシアに奪われ、占領されてしまった。

（第二）　地域的観点からは、戦争は極東における一〇〇〇年にわたる力の均衡を逆転させてしまった。日本は支配的勢力として中国に取って代わっただけではなく、この過程で儒教体系による支配に打撃を与え、また外国との関係を円滑にする朝貢制度を破壊してしまった。日清戦争以前は、中国は常に軍事的、政治的、経済的、そして文化的に極東の盟主であった。儒教秩序を維持していくという基本前提で、中国が世界唯一の文明圏として生き残る運命にあるという確信が中国にはあった。すなわち、中国以外の他の国々はすべて中国の影響圏内にありながら、その国々は自らの野蛮な暗闇に留まるであろう、という考え方である。中国は近隣諸国の文字体系の発祥地であった。そして、中国は儒教と仏教の豊かな文化的遺産を近隣諸国に拡大していった。中国の富、技術と芸術の業績についてはいかなる国も及ぶものがなかった。一方、近隣諸国は中国の属国関係という枠組みの中で自らの外交関係を展開し、この中国第一主義の思想を認めていた。この世界が数世紀もの間この状態で続いていたので、中国は永遠に生き残るであろうと中国人は思い込んでいた。

ためらわずに戦争に踏み切った日本の意志により、中国第一主義およびその基調を成す儒教イデオロギーが否定された。日本の勝利が清国にとって最も重要な属国である朝鮮を失わせることとなり、属国制度の破滅を予兆させた。日本は制度を欧米化し、欧米で開発された技術を用いて陸と海で清国を粉砕した。

清国は交戦期間中一度も勝つことがなかった。それどころか、清国軍は戦場を逃れる時、いつも決まって着ている軍服を脱ぎ捨て、貴重な物資を日本軍に捨て去り、敗走する沿道一帯に住む自らの同胞住民から略奪したのであった。[17] 日本は、非西欧国家の軍であったが、儒教秩序の弱点と新しい産業の力の両方をはっきり示した。こうすることで、日本は、自らに有利になるように、欧米の技術と制度を運用した最初の非西洋国となったのである。この戦争の審判を覆そうとする中国の長年にわたる決意にもかかわらず、中国第一主義の復権が考えられるようになったのは、日清戦争後一世紀を経過した、一九九〇年代以降にすぎない。

（第三）　国際的には、ヨーロッパ列強は日本が同じく列強の地位に加わったと考えた。日清戦争後七年もたたない内に、世界に冠たる超大国、イギリスは、ナポレオン戦争と第一次世界大戦勃発の間にわたる唯一の長期同盟を結んだ。日英同盟である。[18] 同時に日本が軍事における優れた能力を誇示したことで、予想外の国際的軍拡競争を引き起こした。日本とロシアがそれぞれ極東における軍拡競争に巻き込まれている間に、英国はその極東における制海権を維持するために、海軍費の倍増を必要としていると考えた。日本は朝鮮半島から清国を駆逐していたが、ロシアと日本による支配権の問題は決着がついていなかった。また、日本は大規模な再軍備計画に清国から得た戦争賠償金を投資したが、英国と同様、ロシアも海軍に対する出費を倍加した。[19] 日本は、ヨーロッパ側のこの軍備競争とは全く無関係な立場にあり、いわば触媒の働きをしていた。

最終的にロシアはヨーロッパに焦点を合わせていた旧来の路線の矛先を極東に変えるという前例のない外交政策で戦争に対応した。ロシア政府はシベリア鉄道を敷設するという重大な決定を下した。この鉄道は今日あるアムール川の北岸に沿うのではなく、バイカル湖とウラジオストック間をはるかに短縮する直通ルートで北満州を通るルートであった。ロシア政府がこの北満州を通るルートに決定した理由は、総工費を抑えることと、先手を打って日本の満州占領を阻止することにあった。[20] しかしながら満州に対するこの大規模なロシアの投資は、ロシアが朝鮮半島南下を続けるのではないかという日本の恐怖心をあおった。事実、これはロシア政府内で議論が継続したテーマであった。[21]

三　日露戦争（一九〇四～一九〇五）[22]

日清戦争の終わりに、日本の戦争計画の主導者である山縣有朋大将は、一〇年以内に別のアジアの戦争が起ることを予測していた。[23]これが日露戦争であり、日本にとってロシア封じ込めのための第二の戦争であった。

一八九六年、清国とロシアは排日同盟を結んだが、一八九八年にロシアは同盟相手国の清国から遼東半島を奪い、清国との同盟の理論的根拠を無視してしまった。この遼東半島は、日清戦争の終わりに三国干渉でロシアが日本に対し日本の領有を拒否した地域であった。これらの行動は日本の朝鮮半島への拡大を防ぐのに必要であり、日本の朝鮮半島拡大はロシアのシベリア支配を脅かすものであると、ロシア政府は考えた。[24]一九〇〇年の義和団の乱が満州鉄道租借地に大きな被害を与えた時、ロシアは、一〇万以上の軍隊を配備し満州の全域を占領することで応えた。[25]その後ロシアは清国や列強からその軍隊を撤退するようにとの要請があったにもかかわらず、いずれも拒否した。[26]一方、ロシア皇帝政府と密接なつながりのあるロシア人は、微妙な状況にある満州と朝鮮の国境に沿った商業租借地に投資を開始した。[27]

日本政府は、日本の朝鮮支配権と引き換えに、ロシアの満州支配権を認めるという、ロシア政府との勢力圏協定を繰り返し交渉することに努めた。しかし、ロシアは朝鮮における将来のロシアの機会が排除されないように、引き延ばし戦略を選んだ。[28]日本政府は、これ以上猶予する時間はないと考えた。ロシアとの戦争は、シベリア鉄道完成前に起こさなければならないと判断していたからである。シベリア鉄道はまだ複線にはなっておらず、巨大なバイカル湖周辺の鉄道敷設も未完成の状態であった。[29]このような状況のもとで、日本はロシアを封じ込めるため、第二の奇襲攻撃をかけた。[30]

日清戦争の時と同様に、日本は軍隊を自由自在に配備できるように開戦時に制海権を確保しようとした。この制海権確保のために、日本は海上から旅順港にあるロシアの重要な海軍基地を封鎖し、港に停泊しているロシア極東艦隊のほとんどを封じ込めた。その後、日本は軍隊を上陸させ、陸から港を閉鎖した。旅順港のすさまじい包囲攻撃は一九〇五年一月二日まで八カ月間続き、ついにこの都市にいたロシア軍は降伏した。[31]

旅順への最初の海軍の攻撃と同時に日本は朝鮮に軍隊を上陸させ、すぐに半島を占領し、引き続き満州に向け北進した。陸から旅順港を閉鎖した後、一軍団（第三軍）が攻囲に集中し、他の三軍団がロシア軍を北に向け圧倒し押し進んだ。[32] 奉天会戦（一九〇五年二月十九日～三月十日）は、三週間にわたる大規模な戦闘であった。この戦いは、戦闘員六〇万人、その内一五万人を超える死傷者が出る結果となった。[33] 日本軍は一九〇五年三月十日奉天を占領したが、ロシア軍はその戦略的縦深を活かして内陸部に後退していった。他方、日本はこのロシア軍を追撃し、撃滅するための新たな部隊をもっていなかった。[34] ロシアでは戦場で繰り返される失意、長年の経済苦境、無視された国民の政治参加要求、そしてアジアにおけるツァーの外交政策に対する嫌悪などが合して、大都市を麻痺させるゼネストになった。これらはまもなくポーランドに拡大していき、ロシア国民が既に怒りで爆発していた国内状況に、さらに多民族帝国の問題が弾みをつけた。革命の動乱が大きくなる状況下で、皇帝政府は新たに第二ロシア極東艦隊と改称したバルチック艦隊に希望を託した。この艦隊は日本海軍と対決するために、悪戦苦闘しながら七カ月にわたってアフリカと南アジアの周囲で航海を続けていた。しかしながらこの航海は、一九〇五年五月二十七～二十八日、日本海軍が日本海海戦でバルチック艦隊を壊滅させたことにより大失敗に終わる結果となった。[35] この失敗でロシア国内の混乱はますます激しくなる状況となったので、皇帝政府は国内問題に集中できるように交渉のテーブルについて損の少ないうちに戦争から手を引こうとした。

日本政府は、日清戦争後の三国干渉により当初の目論みがはずれたので、日露戦争における戦争終了に関しては最大の注意を払った。一九〇四年二月四日、開戦を告げた旅順への奇襲攻撃の四日前に、日本政府は米国大統領セオドア・ローズベルト（Theodore Roosevelt）の支援を得るために、金子堅太郎子爵を米国に送り込む準備をしていた。金子堅太郎とローズベルトは、ハーバード大学の級友であった。最終的に日本政府の希望通り、ローズベルトの斡旋のもとにニューハンプシャー州ポーツマスで、もう一人のハーバード大学出身者でもあった小村寿太郎が講和条約を締結した。[36] 戦争の終結を考慮し、まさに戦争最後の週の一九〇五年七月、日本は間近に迫っている講和条約交渉の取引材料として使うため、樺太を占領した。[37] 最終的に、ポーツマスでは、日本は、新たに第三者の介入を招かないように、またロシアを刺激して引き続き敵意を持たれることを防ぐために、控えめの要求をした。

日本はこの戦争の目的であったロシア軍の満州からの撤退と朝鮮からの完全な排除を達成することができた。さらに、朝鮮が事実上、日本の保護国となり、また満州の南半分のロシア鉄道利権、および樺太の南半分も取得した[38]。ロシア鉄道利権には、日本が三国干渉によってやむを得ず放棄した遼東半島の租借地が含まれていた。これは日本がアジア大陸において、ますます強大になる帝国主義国家へと進む第一歩であった。最終的にこの日露戦争は、日清戦争の結果を再確認した。すなわち、日本はアジアにおける支配国の地位を維持することになったのである[39]。

しかし、多くの終わっていない課題が残っていた。①韓国の国内政情が不安定である件は、解決されていなかった。戦争が終了してから、わずか数カ月後に起きた日本人による韓国女王（閔妃）の暗殺事件はその状況を悪化させただけであった[40]。また、その問題は一九一〇年の日本の韓国併合でも解決されなかった。それどころか韓国人の抵抗は、大日本帝国が継続している間中続いたのである。②清国の権力の空白は引き続き大きくなっていった。数十年にわたる内乱の結果、一九一一年に清王朝は崩壊した。しかし日本が経済的に発展するかどうかは、中国との貿易如何によるところが大きかった。これには内戦により失われた、まさにその中国の安定を回復することが必要であった。③一方ロシアは外モンゴルを中国の勢力圏から引き離そうと働きかけることによって、アジア大陸の権力の空白を埋めようとしていた。一九〇七年から一九一六年まで、この目的を達成するために、ロシアは、日本、中国、モンゴルとさまざまな協定を結ぶために交渉した。この政策は外モンゴルがソビエト圏の最初のメンバーになった一九二四年、ロシア共産主義国家のもとで達成された[41]。中国国内では、ソビエト連邦は中国共産党を設立し、またその主要ライバルでもある国民党への資金調達にも関与した。一方では、国境ではソ連は中国北部では馮玉祥、新疆では盛世才などさまざまな軍閥の長を支援した[42]。しかし、このソ連の行為は、中国内の不安定な状況をさらに悪化させ、また、強力な中央政府の再生を妨げる結果をもたらしただけであった。④このように日本とロシアの間の抗争は、ロシア封じ込めの二回の戦争で決着がついたどころか、その抗争が単に南部方面と内陸に移動しただけであった。この日露間の抗争は当面朝鮮へ拡大することはなかったが、中国で一段と深刻な状況となり、一九三一年の日本による満州占領の背景となった。一九三二年、満州占領に続く日本の傀儡国家である満州国の建国は日本がロシアを封じ込めるためのもう一つの策略であったともいえる。

四　学ばれた軍事的教訓

一九四一年十二月七日、日本海軍の機動部隊の旗艦、航空母艦「赤城」は真珠湾に接近した時、日露戦争における日本艦隊の旗艦、「三笠」が掲揚していたものと同じ旗を揚げた[43]。日本人は、歴史が繰り返されることを期待したのであった。一九三〇年代の日中戦争と一九四〇年代の太平洋戦争において日本が選んだ戦略は、ロシア封じ込めのための二つの戦争から為政者と軍の幹部が引き出した教訓に深く関連している。日清戦争と日露戦争の後、多くの日本の指導者たちは大国の地位は主として軍事力によることが大きく、外交とか経済手段によるものではないとの結論を下した。日清戦争中の日本の外務大臣、陸奥宗光の言葉を引用すると、「軍事的支援を失った外交は、その目標がいかに筋が通っていても成功しない[44]」。日本国民には、一般に日清・日露の両戦争とも結局、軍に託された講和の交渉で外交官が失敗したという思いがあった[45]。日清戦争後の三国干渉に関するニュースを聞いて、四〇人の日本人が切腹をはかった。また、日露戦争の講和条約の結果[46]（内容）が分かった時も、東京では暴動が生じ騒然となった。日清・日露の両戦争は軍の威信を大きく高めたが[47]、一方では外交官の権威を永久に失墜させてしまった。また日本の国民は日本の外交官の大きな業績を理解しなかっただけではなく、日本の勝利に対する相手国からの賠償金などについても理解しなかった。日本人は戦って戦争に勝ったことを中心に考えた。そして、日本人は相手が戦争に負けて多くを失ってしまった事実を無視したのであった。

その後の日本の指導者たちは、この日清・日露の両戦争から二つの間違った教訓を得た。第一に、彼らは戦場における作戦上の成功を戦略の成功に変えるのに必要な洞察力のある外交について十分理解しなかった。すなわち、戦争の背後にある政治的目的の達成について十分理解しなかった。この点に関し、日本の外交官の記録は軍人の記録と同様、強い印象を与える。

最初の日清戦争では日本の文民の指導者達は、軍が望んでいた北京への進軍が悲惨な結果をもたらすことを正しく理解していた。清王朝の崩壊は、欧米の武力干渉を招き、日本の和平調停は弱体化し統率力のない清王朝とではなく、当時の列強と交渉する結果となる[48]。事実、遼東半島に対する日本陸軍の非現実的な要求は、三国干渉を誘発することとなった。ロシアは日清戦争の開戦時から、このような結果になることは受け入れられないと日本の外交官に伝えていた。しかし、日本の軍人達は外交官の忠告を聞き入れなかった[49]。日本は大国の一つとなったが、列強の中では最も弱体であった。日清戦争における勝利にもかかわらず、他の列強の一体となった反対には強く抵抗することができなかったのである。

日露戦争では、日本は戦争を長期化させなかったので比較的大きな利益を獲得することができた。交渉のテーブルでロシアは日本に賠償金を払わないで、対立関係を再開する立場を明らかにした(50)。皇帝政府は内乱で一時的にその動きを抑制されたが、厖大な新鋭部隊を温存していた。事実、ロシアはまだ最強の部隊を一度も投入したことがなかったのに、すでに日本軍の損害は多かったのである。旅順における長期にわたる包囲戦で日本は一軍団（第三軍）の大半を失っていた。一方、ロシアは日露戦争終結時に満州にはまだ一〇〇万人以上の兵を駐留させ、新たに完成したシベリア鉄道で多くの兵員を輸送する準備ができていた(51)。時間的余裕、総人員、資源などすべてにおいてロシアが上回っていた。

もしニコライ二世（Nicholas II）が戦争を引き伸ばし、必要に応じて軍隊を内陸に後退させることを選択していたら、日本は第二次世界大戦で経験したように国力の限界を超えた致命的な結果に直面していたであろう(52)。日本軍の予備が少ない状況下にあって、ロシアが新鋭部隊の投入を続けていれば戦争の形勢は一変していたであろう。日本軍の指導者たちは外交官よりも早くこの状況を察知し、満州の奉天における決定的勝利の可能性がまだはっきりしないような状況下で交渉による解決を求めた(53)。このような状況下で日本の指導者たちは時機を読み取るすばらしい勘の鋭さを備えていた。すなわち、彼らは戦争が終る時を知り戦争を終結させたのであった。その結果、南満州の広大な鉄道租借地、そして漁場がある樺太の南半分を獲得、さらにすべての欧米列強から重視されるようになった。

日本はまたロシア封じ込めのための日清・日露の両戦争から二つ目の間違った教訓を引き出した。それはこの二つの戦争で、日本の敵であった清国とロシアがいわば「協力的な対戦相手」であったことに気づかなかったことである。すなわち、清国もロシアもその利用可能な資源を十分使用していなかったことが分からなかったのである。

戦争中、清国とロシア両国はそれぞれの国内問題で自滅した。最初の日清戦争勃発のはるか前から清王朝は衰退の道をたどっていた。数十年にわたる内乱で清国は統制の利かない弱体国となっていたのである。このように戦争の始まる前でさえ、清の天命、すなわち統治権威は既に崩れていた。日清戦争が始まった時、漢族の中国兵は満州帝国のために戦うことを拒否した。日清戦争、日露戦争いずれも、中国人一般は日本軍に協力し、物資、労役、軍事情報を提供した(54)。

また同様にロシアにおいても国内制度の危機に対する対応の方が戦争の勃発に対する対応より優先された。一八九四年にニコライ二世が即位した時、ヨーロッパ諸国の中ではロシア、トルコ、モンテネグロの三カ国だけが、議会を持たない政府として残っていた[55]。ロシアでは、読み書きができる人、そして代議制を望む都市住民が急速に増えてきた。しかし、独裁体制をとる皇帝政府はこれを認めなかった。労働者は貧困のもとで抗議し、一方その国の教養あるエリート層の間でも政治に対する不満が大きくなってきていた。このように戦争の勃発前からも、ロシアの独裁政治は既に一般大衆と対決する方向に進んでいた。戦争がいったん始まってもロシア政府は戦争の重要性について国民に説明しなかった[56]。ロシア兵は自らの生命の危険を冒して満州で戦う意義が理解できなかった。また教育程度の高いロシア人は日本との戦争ではなく政治改革を望んだ。このようなロシア国内の状況が戦場における哀れなロシア軍を現出させ、それがまた国内の反戦論を煽り、銃後の崩壊という結果につながった。中国とロシア国内の政治的統制が利かなくなった事態は、いずれも日本のすぐれた軍事または外交の能力に起因するものではなかった。しかし日本のこの軍事と外交の能力は日本の戦略的成功に大きく寄与していた。

日本の敵国は、いわば「協力的」であった。これは中国とロシアが内部から崩壊したという意味だけではなく、その両国はそれぞれ間違った軍事戦略を採用したからであった。言い換えれば、中国とロシア両国は腐敗した政治制度の下にあってもより効果的な軍事戦略を用いることができたはずであった。そうすれば日本の戦費が増大し、日本の勝利はなかったかもしれない。

日清戦争が始まった時、装備の点で中国はその当時としては最高の海軍の一つを所有しており、日本海軍にも十分匹敵するものであった。中国の二隻の主力戦艦は、日本が所有するいかなる戦艦よりも優れていた。事実、運動性には優れていたがはるかに小さい日本の艦艇では、この中国戦艦を撃沈することはできなかった[57]。清国政府が大陸に日本の陸軍主力が上陸するのを防ぐために、これら二隻の戦艦を積極的に使用しないで輸送任務に使用したことは無駄な使い方となった。中国が事実上無防備の日本の輸送船を攻撃対象とするだけで、少なくとも日本の戦費を大幅に増大させることができたはずである。日本は海上で軍隊を輸送できなければ日清戦争を遂行することができなかったであろう。

さらに中国が日本の輸送船を標的とする戦略を立てていれば、中国の艦艇を追い求める日本艦隊に分散を強いることができたはずである。また、中国の海軍は威海衛の港に封じ込められることはなかったはずである。威海衛では一八九五年二月、日本海軍は難なく清国艦隊の位置を突き止め、港に停泊していた艦隊を撃沈した。最終的に中国が自らの艦艇に適切な質と量の兵器を補給することに対し注意を払っていれば、日本艦船を撃沈する可能性は大きくなっていたはずである。軍需品購入の際の横領で、中国の艦艇は兵器の供給が不十分となり、時には砲弾が梱包されていても火薬が付属しておらず、代わりにセメントや磁器などが入っていることがあった。これらの砲弾は貫通しても爆発しないので、目標の艦隊を撃沈できなかった。他の兵器は、規格が異なっており使うことができなかった[58]。

清国政府は、時代遅れで互換性もない一連の寄せ集めの兵器を装備した陸軍に対して補給することにまったく長じていなかった。また大概、清国政府は兵士に対し給与を支払うこともなかった。このような清国政府の対応では軍隊に与える士気の影響は予測できた[59]。さらには中国軍は敗走する時重要な装備や軍需品を一貫して破壊しなかった。それどころか中国軍はこれらの装備や軍需品を日本軍に残していった。これは日本軍が懸念していた補給の問題を克服することを支援する結果になった[60]。日本軍が大陸奥深く進めば進むほど、中国兵が捨てていった補給品から得る利益は大きくなった。

ロシアの場合、軍の指導者たちは日本軍を極めて劣った相手と甘く見ていたので、戦争の開始時点では、自国の精鋭をそろえた軍隊を配備する必要があると考えなかった[61]。ロシア軍が日本軍の力に気付くまで、日本軍は既にロシア兵の士気に対し手ひどい打撃を与えていた。さらに、ロシア軍は分裂し内部で争いの絶えない司令部の下で戦った。司令官クロパトキン（Nikolai Nikolaevich Kuropatkin）は、後退―防御戦略を好んだ。クロパトキンは内陸に後退することによって、日本の兵站ラインを引き伸ばす戦略をとろうとし、本格的な反撃を始める前に、前線にロシア軍の物資と兵力が集中するのを待った。対照的にアレクセーエフ（Evgenii Ivanovich Alekseev）提督は日本軍の軍事能力は十分でないと考えていたので、すぐに交戦する戦略をとろうとした。クロパトキンは遼陽会戦（一九〇四年八月二十四日～九月四日）と沙河会戦（一九〇四年十月五～十七日）の後、一九〇四年十月二十五日に初めて軍の統一指揮をとった。旅順で進行中の戦闘と日露戦争の後半で最も大きな戦い、奉天会戦の主要な二つの戦いで統一指揮をとった。一方、包囲された旅順の守備隊を指揮する司令官たちは一様に辛辣な論争をしていたが、これは、旅順の要塞の早期明け渡しにつながることになった[62]。

日清戦争における中国と同様、ロシアも日本の脆弱な輸送船と商船を攻撃の対象としなかった。これらの船舶は日本経済の健全さを維持し戦争に融資する外債を確保する能力を保持する上において極めて重要なものであった。[63] ロシアがウラジオストックに拠点を置いていた三隻のロシア装甲巡洋艦を出撃させた場合は、数隻の日本の輸送船の撃沈に成功し、また日本軍が旅順で使用することを予定していた極めて重要なクルップ攻城砲を輸送船もろとも沈めた。そのため日本の民間船舶を一時港に封じ込めたこともあった。そして、日本が旅順を攻略することができたのは五カ月後、代替の攻城砲を受けとってからであった。[64] その間、日本軍は旅順ですさまじい死傷者数に耐えねばならなかった。[65] 一方、その間ロシアは、気乗りのしない機雷の敷設に取り組んだだけであった。一度あるロシアの海軍大佐がそれまでの命令を拒否して旅順港から所定の限界線を越えて遠くに機雷を敷設した時、（戦艦「初瀬」と「八島」がこれに触雷、沈没し）日本はかけがえのない主力艦の三分の一を失った。[66] 最終的にロシアが日本の商船に攻撃を集中していたら、船舶保険レートは非常に高いレベルに引き上げられ、結果的に日本の起債能力に影響を与えて借金を増大させることになったであろう。ロシアが戦争の開始からそのような戦略をとっていれば、日本ははるかに困難な戦争を行うことになっていたかもしれない。

日本の観点からさらに悪い状況を想定すると、ロシアがこの戦争で長期持久戦を選択していたらどうなっていたであろう。ニコライ二世は自らの外交が引き起こした戦争で勝利を追求しようとする本質的な不屈の精神を欠いたので、ちょうど日本が軍事的に無理をして瀬戸際に立たされていた時、腰が砕けてしまった。別の皇帝であれば、全く別のやり方をしていたかもしれない。[67]

五　誤読された軍事的教訓

一九三〇年代に日本軍は中国とのいわゆる一五年戦争へと突き進んでいった。しかし以前の日清・日露戦争における軍事的勝利の一因となった、戦略の成功に必要な外交基盤や、いわゆる「協力的な敵」による貢献について、日本軍はほとんど認識していなかった。その時までに明治世代の民間と軍の指導者たちは亡くなっていた。また日本の外交官の権威は失墜したままだった。一方、軍はロシア封じ込めの二つの戦争における勝利からゆるぎない威信を集めていた。[68]

日本軍は、日清・日露戦争の背景にあった政治目的の達成には、外交が必要不可欠であったことを理解していなかったので、作戦計画はあったが戦略のない計画で中国との戦争に入っていった。すなわち、特定の戦場の勝利がロシアの封じ込めと中国の安定化の戦争目的を達成するのに役立ち、また、破滅を招く第三国の介入のきっかけを避けることについてどのように考えているのかを日本軍は全く明確にしなかった[69]。その後明らかになったように、戦場で成功しても中国を降伏させることはできなかったし、それどころか戦争は長期化し、戦域は拡大し続けた。中国は日本を軍事的に打倒することはできなかったが、その戦略は日本に勝たせないことで十分であった。これが日本軍の異常な膨張を導き、そのことがそれ相応の犠牲でかつてなかった中国側の勝利をもたらしたのである。日本の軍事計画では、次の質問に対しほとんど検討されていなかったように思われる。日本にとって征服の最適なラインはどこか。満州か。中国の沿岸か。中国全土か。東南アジアのすべてか。日本の国家安全保障と経済の健全性を保証するために、日本は実際にはどのくらいの領域を必要とするのであろうか。そして過剰な膨張と高額な占領経費に耐えることができ、また外国からの干渉を誘発することもなく、日本は現実にはどのくらいの領域を統治することができるであろうか。最終的に、次の質問に対してほとんど見解が提示されているようには思われない。日本は戦争をどのように終わらせるのであろうか。敵である相手国が、交渉による解決を求めることを拒否したらどうなるであろうか。

　二つの先行する戦争、日清・日露戦争から日本の軍首脳部は極めて積極的な自己像と同時に嘲笑的な敵のイメージを引き出していた[70]。一九三〇年代と一九四〇年代、日本の軍首脳部と為政者は、もう一つの「協力的な敵」の組を想定した。この日本の指導者たちの国家安全保障を確実なものとする戦略とは、戦争の危険を軽視したものだった。つまり、彼らは日清・日露戦争における二つの軍事的勝利を国家目標達成に軍事力が有効であった証しと解釈した。

　日本の軍の指導者と為政者は、日清・日露戦争において日本は兵力においても多く、また装備にも優れていた強敵を破ったと信じていた。かれらは日本はその優れた闘志と戦略的主導権の優越により勝利を収めたと結論を下した。意志力と先制攻撃という無形的要素が兵力数と装備などの有形要素よりも勝れている。すなわち、日本が勝利を収めたのは有形の物質的理由からではなく、無形の精神的理由によるのであった。このような考え方は元々存在する日本固有の独特な感覚に拍車をかけた。それは他（敵の行動）を制約する物質的要素の制限は我（日本軍）には適用されないと考えるところまで達した[71]。

　日露戦争後、日本陸軍は軍事上の教義《ドクトリン》を全面的に改訂した。「歩兵操典」の一九〇九年版は、これまでのドイツとフランスの教義への依存をやめて軍の士気の重要性を、また量的かつ物的に優る敵国に対する戦闘では近接戦が優位なこと、そして防御より攻撃を優先することを強調した[72]。

改訂された軍事教義《ドクトリン》は、第二次世界大戦を通して日本陸軍にそのまま保持された。また日本海軍も物的要素の制約を克服するために、意志の力の重要性を信じた。また海軍の教義もただ一度の天下分け目の海戦に集中するために、主力艦や火力といった物質的要素の重要性を強調したが、日本海軍の指導者たちは優れた艦艇と優れた戦闘能力を組み合わせることにより、数で優った敵を打ち負かすことができると考えていた。このように日本陸軍・海軍共に、有形的要素より無形的要素を強調した。(73)

また日露戦争後、日本の軍指導部は自らの戦争計画を全面的に改訂した。それまでは日本の軍指導部も次のようないわゆる「北守南進」戦略を保持していた。この戦略により北ではロシアを封じ込め、一方、南では台湾まで拡大し台湾から中国本土の華南沿岸さらに南太平洋諸島まで徐々に勢力を広げていった。しかしながらロシアの敗北後、日本の指導者たちは、北方に拡大する自らの能力について比較的楽観視していた。一九〇七年、彼らは南北併進で日本の影響圏の同時拡大を図る野心満々の戦略を採用した。この戦略変更はある意味では一九〇六年、山縣有朋元帥の提示した勧告に基づいたものであった。その勧告は日露戦争の結果を覆すロシアの企てを予測し、ロシアを日本にとって第一の脅威となる国として扱うべきであるというものであった。この新しい方針は日本が大国として新たに得た役割を維持するための幅広い外交政策の目標を描いていた。また狭義に解釈される国防を進めることに加えて、日本の外交政策は地域の安定というはるかに壮大な目的も推進していった。これを遂行するために山縣有朋は、日英間の同盟関係の必要性を強調した。山縣は、他地域におけるパックス・ブリタニカ（英国の平和）をモデルにしたアジアにおけるパックス・ジャポニカを描いているように思われた。(74)最終的に日本はこの役割を中国の内政にさらに直接干渉することによって遂行しようとした。中国は明治維新の教訓を植え付けようとする日本のやり方に反発し拒絶した。第一次世界大戦を終結するベルサイユ・パリ講和会議で持ち上がった山東問題は、中国の条約義務に基づき、さらに中国の国家としてのプライドを犠牲にして決着がついた。しかし、日中の関係は長期にわたる下向軌道に入り、この悪化した関係は、十数年後の日中戦争まで続いた。(75)

しかしながら一九三〇年代には、日本は衰退した清国やロマノフ王朝と戦ったのではなく、日本に対する一層の激しい憎しみと結び付いた激しい漢民族主義意識により新たに活性化した中国と戦っていた。戦争はこの抗日意識をますます煽るだけであった。一八九五年などと異なり、中国の国内戦線は長期戦に対する準備ができていた。中国は勝利を得ることはできないと分かっていたが、中国が固執していたことは敗北しなければ十分であるということであった。これにより日本は果てしない戦争に巻き込まれることになった(76)。

日本は大戦略を無視したので中国では惨憺たる結果に陥り、米国との戦いでも自滅的な状況に追い込まれることになった。米国は大恐慌で苦境にあり、また選挙民は熱烈な孤立主義者だったので、中国、ロシアと同様に米国も交渉による解決を求めてくるだろうと日本の為政者は決め込んでいた。しかし、実際はそれどころか、フランクリン・ローズベルト（Franklin Roosevelt）大統領は、日本に無条件降伏させるための全面戦争への取り組みを正当化するために真珠湾への攻撃を利用した。要するに日本の軍事立案者は米国との戦争行為を避けることを真剣に考えたことはなかった。米国が比較的経済的利害関係の少ないオランダ領東インドのオランダはともかくも、重要な経済的利害関係を持つヨーロッパで戦うために最も親密な同盟国たる英国のために軍事介入したくなければ、米国はなぜ中国を助けるために軍事介入するだろうか(77)。日本の真珠湾攻撃とそれに続くドイツとイタリアの米国に対する宣戦布告は、ローズベルト大統領に、二つの戦域で無制限戦争を遂行する自由裁量権を与えることになった。日本もドイツも共に自国のそれぞれの戦争に米国の参戦がなければもっと戦況は有利であったであろう。

したがって、日本の真珠湾攻撃における作戦上の冴えにもかかわらず、米国がまさしくこの戦争に挑戦してくることが確実となったので、戦略的には大失敗であった。日米両国の相対的資源を考えると日本が勝つことはあり得なかった。連合艦隊の参謀長（一九四一～一九四三）であった宇垣纏中将は日本降伏の日、自決直前に書いた最後の日誌に次のように結論を出している。「事茲に至る原因に就ては種々あり。自らの責亦軽しとせざるも、大観すれば是国力の相異なり(78)。」終戦の年一九四五年八月十五日に結論が出たのでは遅過ぎた。刊行されていた米国生産統計に基づき調査をしていれば、戦争前に結論は出ていたはずである。

日本が物質的要素に対し軽蔑的な態度をとっていたことは、日本が自国の兵站線の脆弱性に関しほとんど配慮していなかったことを意味した(79)。中国が敗北を認めなかったので中国と講和するまで日本は中国の資源を利用することができず、結果的に広大な領域の占領は財政的に負担の大きいものとなった。それどころか日本は果てしない戦争の泥沼に落ち込んでしまい、自国の安全保障と経済的健全性は強化されるよりむしろ弱体化してしまった。同様に日本は、大東亜共栄圏の資源を日本に輸送する信頼に足る輸送体制がなかったので、その資源を活用することができなかった。

日本の極めて弱体な商船隊を狙ってこなかった中国やロシアとは異なり、米国はその日本商船隊を非常に効果的に破壊することに焦点を合わせてきた(80)。戦争を通じて日本海軍は自らの商船隊を護衛するという問題を無視して、米国海軍との艦隊決戦のための準備に固執していた。その結果、日本の資源基盤は崩壊し、日本海軍は間もなく艦艇を自由自在に配備するための燃料すら不足する状態になった。そしてその間に帝国陸軍は日本から遠く離れた地域で立ち往生してしまった(81)。

日清・日露の二つの戦争からの誤った教訓（すなわち外交を無視し、武勇を強調し過ぎたこと。同時にいわば協力的な敵を想定したこと）により、一九三〇年代と一九四〇年代、日本は戦場における作戦上の成功を交渉のテーブルにおける戦略の成功に転換することができなかった。一九四〇年代の大きな不幸は、ある意味では日本が自国の歴史を誤解したこと、そしてその歴史と現在への含意を誤解した結果生じたものであった。この挿話は、誤った軍事的教訓を護持した軍の失敗の歴史がどのような結果になるかを具体的に我々に教えている。

〔本稿は、二〇〇三年一月三十一日、北海道大学スラブ研究センター主催によるシンポジウム「二十世紀初頭のロシア・東アジア・日本：日露戦争の再検討」で筆者が発表した同名の論文を同センターから『軍事史学』への掲載の承諾を得た上で、軍事史学会編集委員会からの要望で筆者が大幅に縮約したものである。〕

註

（1） S. C. M. Paine, *The Sino-Japanese War of 1894-1895* (Cambridge, 2003), pp. 62-63.

（2） Akira Iriye "Japan's Drive to Great Power Status," *The Cambridge History of Japan*, Vol. 5, Marius B. Jansen, ed., (Cambridge, 1989), pp. 721-82. *The Cambridge History of Japan*（以後 *CHJ* と略称）。

（3） 高橋秀直『日清戦争への道』（創元社、一九九五年）三一四頁。

（4） Marius B. Jansen, "Introduction" in *CHJ*, Vol. 5, p. 33.

（5） Iriye, "Japan's Drive to Great Power Status," pp. 758, 782; C. I. Eugene Kim and Kan-kyo Kim, *Korea and the Politics of Imperialism 1876-1910* (Berkeley, 1967), p. 43.

（6） Iriye, "Japan's Drive to Great Power Status," p. 766; Roy Hidemichi Akagi（赤木英道）, *Japan's Foreign Relations, 1542-1936* (Tokyo, 1936), pp. 111-12; Tatsuji Takeuchi, *War and Diplomacy in the Japanese Empire* (Garden City, NY, 1935), pp. 105, 107.

（7） 坂野潤治『近代日本の外交と政治』（研文出版、一九八五年）二二—二六、四七—四九頁; Iriye, "Japan's Drive to Great Power Status," pp. 734-38; Kenneth B. Pyle, *The*

New Generation in Meiji Japan (Stanford, 1969), p. 165; Akagi, *Japan's Foreign Relations, 1542–1936*, pp. 9–100, 115; Beasley, *Modern History of Japan*, pp. 117–19, 133, 141–42; Bonnie Bongwan Oh, "The Background of Chinese Policy Formation in the Sino-Japanese War of 1894–1895" (Ph. D. diss., University of Chicago, 1974), p. 294; Hilary Conroy, *The Japanese Seizure of Korea: 1868–1910* (Philadelphia, 1960), p. 212; Hugh Borton, *Japan's Modern Century* (New York, 1955), p. 203; Mutsu Munemitsu (陸奥宗光), *Kenkenryoku: A Diplomatic Record of the Sino-Japanese War, 1894–95*, Gordon Mark Berger, trans. (Princeton, 1982), p. 69; Beasley, *Meiji Restoration*, pp. 373–76; Hirakawa Sukehiro, "Japan's Turn to the West" in *CHJ*, Vol. 5, p. 465; Marlene J. Mayo, "The Korean Crisis of 1873 and Early Meiji Foreign Policy," *Journal of Asian Studies* 31, No. 4 (August 1972), p. 819; Ian Nish, *Japanese Foreign Policy, 1869–1942* (London, 1977), p. 23; Paine, *The Sino-Japanese War of 1894–1895*, pp. 23, 96-100.

(8) S. C. M. Paine, *Imperial Rivals* (Armonk, NY: M. E. Sharpe, 1996), pp. 132–73.

(9) Young Ick Lew, "The Kabo Reform Movement: Korean and Japanese Reform Efforts in Korea, 1894" (Ph. D. diss., Harvard University, 1972), pp. 4–17; Oh, "Background," pp. 305, 325, 366–67; Kwang Hai Ro, "Power Politics in Korea and Its Impact on Korean Foreign Policy and Domestic Affairs, 1882–1907" (Ph. D. diss., University of Oklahoma, 1966), pp. 25–26; Carter J. Eckert, et al., *Korea Old and New: A History* (Cambridge, MA, 1990), pp. 200–13; James B. Palais, *Politics and Policy in Traditional Korea* (Cambridge, MA, 1975), p. 284; Key-hiuk Kim, *The Last Phase of the East Asian World Order* (Berkeley, 1980), p. 337; Yur-bok Lee, *West Goes East* (Honolulu, 1988), pp. 31–32, 66–79, 94–112; George Alexander Lensen, *The Balance of Intrigue*, Vol. 2 (Tallahassee, 1982), Vol. 1, pp. 26, 32, 52; Conroy, *The Japanese Seizure of Korea: 1868–1910*, pp. 267–83.

(10) Iriye, "Japan's Drive to Great Power Status," pp. 739, 789; Miwa Kimitada, "Fukuzawa Yukichi's 'Departure from Asia' A Prelude to the Sino-Japanese War," in *Japan's Modern Century*, Edmund Skrzypczak, ed. (Tokyo, 1969), pp. 2–3.

(11) Marius B. Jansen, *Japan and China: from War to Peace 1894–1972* (Chicago, 1975), pp. 113–14; Miwa, "Fukuzawa Yukichi's 'Departure from Asia': A Prelude to the Sino-Japanese War," p. 25; Robert Britton Valliant, "Japan and the Trans-Siberian Railroad, 1885–1905" (Ph. D. diss., University of Hawaii, 1974), pp. 49–50, 56, 61; Peter Duus, *The Abacus and the Sword* (Berkeley, 1995), pp. 64–65; Harold Perry Ford, "Russian Far Eastern Diplomacy, Count Witte, and the Penetration of China, 1895–1904" (Ph. D. diss., 1950), p. 78; Sidney Giffard, *Japan Among the Powers* (New Haven, 1994), p. 17; Andrew Malozemoff, *Russian Far Eastern Policy 1881–1904* (Berkeley, 1958), pp. 55–56, 64; Paine, *Sino-Japanese War*, pp. 33–34, 102–05.

(12) Paine, *Sino-Japanese War*, p. 89.

(13) Conrad Totman, *A History of Japan* (Oxford, 2002), pp.

316–17; Jansen, *Japan and China,* p. 298; Beasley, *Rise of Modern Japan,* p. 128; Stewart Lone, *Japan' s First Modern War: Army and Society in the Conflict with China, 1894–95* (London, 1994), pp. 81–85; Mutsu, *Kenkenryoku,* p. 249.

(14) Miwa, "Fukuzawa Yukichi's 'Departure from Asia': A Prelude to the Sino-Japanese War," p. 25; Mark R. Peattie, "The Japanese Colonial Empire, 1895–1945," in *CHJ,* John W. Hall, et al., eds., Vol. 6 (Cambridge, 1988), p. 221; Paine, *Sino-Japanese War,* p. 327.

(15) Roger F. Hackett, *Yamagata Aritomo in the Rise of Modern Japan, 1838–1922* (Cambridge, MA, 1971), p. 167; James L. Huffman, *Creating a Public: People and Press in Meiji Japan* (Honolulu, 1997), pp. 210, 220–22; Lone, *Japan's First Modern War: Army and Society in the Conflict with China, 1894–95,* pp. 109–10.

(16) "The Address to the Throne on the Subject of Foreign Policy," *The Japan Weekly Mail* (Yokohama), 22 February 1896, p. 215; Mutsu, *Kenkenryoku,* p. 249; Paine, *Sino-Japanese War,* pp. 328–32.

(17) Sung-ping Kuo, "Chinese Reaction to Foreign Encroachment" (Ph. D. diss., Columbia University, 1953), pp. 82–83.

(18) John P. LeDonne, *The Russian Empire and the World 1700–1914* (New York, 1997), p. 337.

(19) Peter Burroughs, "Defence and Imperial Disunity," in *The Oxford History of the British Empire,* Andrew Porter, ed., Vol. 3 (Oxford, 1999), p. 338; David. C. Evans and Mark R. Peattie, *Kaigun* (Annapolis, 1997), p. 53; Giichi Ono, *Expenditures of the Sino-Japanese War* (New York, 1922), pp. 89, 121; 井口和起「日清・日露戦争論」（『日本歴史』一九八五年六月号）一〇六–一〇八頁。; Lone, *Japan's First Modern War: Army and Society in the Conflict with China, 1894–95,* p. 182; Hackett, *Yamagata Aritomo in the Rise of Modern Japan, 1838–1922,* p. 169; Pierre Leroy-Beaulieu, *The Awakening of the East,* Richard Davey, trans. (London, 1900), pp. 145–46, 164–65; Oh, "Background," p. 294; Paul Baker Remmey, "British Diplomacy in the Far East, 1892–1898" (Ph. D. diss. Harvard University, 1964), p. 86; Peter Gatrell, *Government, Industry and Rearmament in Russia, 1900–1914* (Cambridge, 1994), pp. 21–22; Ford, "Russian Far Eastern Diplomacy, Count Witte, and the Penetration of China, 1895–1904," p. 232.

(20) Г. В. Глинка (G. V. Glinka), *Азиатская Россия (Asiatic Russia),* Vol. 2 (1914, reprint; Cambridge, 1974), p. 526; B. A. Romanov, *Russia in Manchuria (1892–1906),* Susan Wilbur Jones, trans. (Ann Arbor, 1952), pp. 62–63.

(21) David Schimmelpennick van der Oye, *Toward the Rising Sun* (DeKalb, IL, 2001), pp. 182, 187–95; А. Л. Попов and С. Р. Димант (A. L. Popov and S. R. Dimant), eds. "Первые шаги русского империализма на Дальнем Востоке (1888–1903 гг.)" (The first steps of Russian imperialism in the Far East [1888–1903]), *Красный архив (Red Archive)* 52 (1932): pp. 62–108; Romanov, *Russia in Manchuria (1892–1906),* pp. 52–53.

(22) For analysis of the Russo-Japanese War and alternative Russian strategies for fighting it, I am grateful to my col-

league, William C. Fuller, at the U. S. Naval War College. (日露戦争の分析で、あり得たかもしれない別のロシア戦略についてご教示いただいた米海軍大学校の同僚ウイリアム・フラー氏に感謝します。)

(23) Hackett, *Yamagata Aritomo in the Rise of Modern Japan, 1838–1922,* pp. 163–64

(24) Yō Sasaki, "The International Environment of the Times of the Sino-Japanese War (1894–1895)," *Memoirs of the Research Department of the Tôyô Bunko,* No. 42 (1984), p. 58; **М. Покровский and А. Л. Попов** (M. Pokrovskii and A. L. Popov, eds., "**Царская дипломатия о задачах России на Востоке в 1900 г.**" (Tsarist diplomacy regarding Russian goals in the Far East in 1900), ***Красный архив (Red Archive)*** 18 (1926): p. 20; Popov and Dimant, The first steps of Russian imperialism in the Far East [1888–1903], pp. 62–108; Paine, *Imperial Rivals,* p. 182.

(25) R. K. I. Quested, *"Matey" Imperialists?* (Kuala Lumpur, 1968), pp. 49–50; Dietrich Geyer, *Russian Imperialism,* Bruce Little, trans. (New Haven, 1987), p. 206; Malozemoff, *Russian Far Eastern Policy 1881–1904,* p. 166.

(26) George Alexander Lensen, ed., *Korea and Manchuria between Russia and Japan 1895–1904* (Tallahassee, FL, 1966), pp. 131–55, 167; Romanov, *Russia in Manchuria (1892–1906),* pp. 208–09; **Е. Ерухимович** (E. Erukhimovich), ed., "**Накануне русско-японской войны**" (On the eve of the Russo-Japanese War), ***Красный архив (Red Archive)*** 63 (1934): pp. 3–54; Ian Nish, *The Origins of the Russo-Japanese War* (London, 1985), p. 140; Shuhsi Hsu, *China and Her Political Entity* (New York, 1926), p. 250; Chester C. Tan, *The Boxer Catastrophe* (New York, 1967), pp. 181–87.

(27) Vladimir Iosifovich Gurko, *Features and Figures of the Past,* J. E. Wallace Sterling, et al. eds., Laura Matveev, trans. (Stanford, 1939), pp. 266, 268; Malozemoff, *Russian Far Eastern Policy 1881–1904,* p. 177; Romanov, *Russia in Manchuria (1892–1906),* pp. 267–70.

(28) Sergei Iul'evich Witte, Sidney Harcave, trans. and ed., *The Memoirs of Count Witte* (Armonk, NY, 1990), p. 303; Nish, *Origins of the Russo-Japanese War,* pp. 174–77, 183–84, 219; Paine, *Imperial Rivals,* p. 240; Japan, Foreign Office, *Correspondence Regarding the Negotiations between Japan and Russia (1903–1904),* presented to the Imperial Diet, March 1904, pp. 3–4, 12–13, 19–35.

(29) R. M. Connaughton, *The War of the Rising Sun and the Tumbling Bear* (London, 1988), p. 16; J. N. Westwood, *Russia against Japan, 1904–05* (London, 1986), p. 122.

(30) 原剛「日露戦争の影響——戦争の矮小化と中国人蔑視感——」(『軍事史学』第三十六巻第三・四合併号、二〇〇一年三月) 一〇頁。

(31) Westwood, *Russia against Japan, 1904–1905,* p. 106.

(32) Westwood, *Russia against Japan, 1904–1905,* pp. 52, 54, 59; Connaughton, *The War of the Rising Sun and the Tumbling Bear,* pp. 49, 100, 228. The Japanese tried to organize a fifth army to participate in the Battle of Mukden but it was understrength (Connaughton, p. 229).

(33) Denis Warner and Peggy Warner, *The Tide at Sunrise* (New York, 1974), pp 469, 480; (邦訳はデニス・ウォーナー・ペギー・ウォーナー『日露戦争全史』妹尾作太男・三谷庸雄共訳（時事通信社、一九七八年）); Hugh Seton-Watson, *The Russian Empire 1801–1917* (Oxford, 1967), pp. 591–97; Hosea Ballou Morse, *The International Relations of Chinese Empire,* Vol. 3 (Shanghai, 1918), p. 427; Nish, *Origins of the Russo-Japanese War,* p. 2; Г. Стопалов (G. Stopalov) and В. Л. Лембергская (V. L. Lembergskaia), eds. "Переписка С. Ю. Витте и А. Н. Куропаткина в 1904–1905 гг." (The correspondence of S. Iu. Witte and A. N. Kuropatkin from 1904 to 1905), *Красный архив (Red Archive)* 19 (1926): p. 74.

(34) Raymond E. Esthus, *Double Eagle and Rising Sun* (Durham, NC, 1988), pp. 24–26; Warner and Warner, *The Tide at Sunrise,* p. 479; Connaughton, *The War of the Rising Sun and the Tumbling Bear,* pp. 229, 271; Westwood, *Russia against Japan, 1904–1905,* pp. 134–35, 153–55, 157, 163; Shumpei Okamoto, *The Japanese Oligarchy and the Russo-Japanese War* (New York, 1970), pp. 108–09.

(35) Warner and Warner, *The Tide at Sunrise,* pp. 453–59, 494–522.

(36) Warner and Warner, *The Tide at Sunrise,* pp. 175, 204–06, 528; John Albert White, *The Diplomacy of the Russo-Japanese War* (Princeton, 1964), pp. 156–59.

(37) Westwood, *Russia against Japan, 1904–1905,* pp. 157, 160; Connaughton, *The War of the Rising Sun and the Tumbling Bear,* pp. 272–73; Warner and Warner, *The Tide at Sunrise,* p. 527.

(38) Esthus, *Double Eagle and Rising Sun,* p. 195; Warner and Warner, *The Tide at Sunrise,* pp. 250, 543.

(39) 原「日露戦争の影響」一〇頁。

(40) Kim and Kim, *Korea and the Politics of Imperialism 1876–1910,* pp. 84–86; Lensen, *The Balance of Intrigue,* Vol. 2, pp. 534–40; Seung Kwon Synn, *The Russo-Japanese Rivalry over Korea, 1876–1904* (Seoul, 1981), pp. 137, 140–01, 233.

(41) Ernest Batson Price, *The Russo-Japanese Treaties of 1907–1916* (1933; reprint; New York, 1971); Paine, *Imperial Rivals,* pp. 287–342.

(42) Christopher P. Atwood, *Young Mongols and Vigilantes in Inner Mongolia's Interregnum Decades, 1911–1931* (Leiden, 2002), p. 5; Linda Benson and Ingvar Svanberg, *China's Last Nomads* (Armonk, NY, 1998), pp. 65–78; Linda Benson, *The Ili Rebellion* (Armonk, NY, 1990); 香島明雄『中ソ外交史研究――1937–1946――』（世界思想社、一九九〇年）九四―一三〇頁。

(43) Warner and Warner, *The Tide at Sunrise,* p. 20.

(44) Mutsu, *Kenkenryoku,* p. 250. 陸奥は日清戦争当時、外相であった。同様な意見は以下も参照。John D. Pierson, *Tokutomi Sohō 1863–1947* (Princeton, 1980), p. 238.

(45) Mutsu, *Kenkenryoku,* p. 249; Westwood, *Russia against Japan, 1904–1905,* pp. 155–56; Connaughton, *The War of the Rising Sun and the Tumbling Bear,* p. 273.

(46) Donald Calman, *The Nature and Origins of Japanese Imperialism* (London, 1992), p. 20; Esthus, *Double Eagle*

and Rising Sun, pp. 184-87; Westwood, *Russia against Japan, 1904-1905*, p. 161; Connaughton, *The War of the Rising Sun and the Tumbling Bear*, p. 273; Okamoto, *The Japanese Oligarchy and the Russo-Japanese War*, pp. 167–223; Warner and Warner, *The Tide at Sunrise*, pp. 535-36.

(47) 藤原彰『日本軍事史（戦前篇）上巻』（日本評論社、一九八七年）一三九－四〇頁、荒川憲一「我が国独特の戦法の誕生――歩兵操典成立の経緯にみる戦法の創出について――」（『陸戦研究』第四七巻・第五五二号、一九九九年九月）三六頁。吉田裕「日本の軍隊」（『岩波講座日本通史　第17巻：近代2』岩波書店、一九九四年）一五二－五六頁。北岡伸一『日本陸軍と大陸政策1906－1918年』（東京大学出版会、一九八五年）六一頁。

(48) Edward I-te Chen, "Japan's Decision to Annex Taiwan," *Journal of Asian Studies* 37, No. 1 (Nov. 1977), p. 68.

(49) Payson J. Treat, *Diplomatic Relations between the United States and Japan, 1853-1945*, Vol. 2 (Stanford, 1932), pp. 532-33, 539; Lensen, *Balance of Intrigue*, Vol. 1, pp. 321-23; Mutsu, *Kenkenryoku*, pp. 225-27, 255-57.

(50) White, *The Diplomacy of the Russo-Japansese War*, pp. 286-308; Esthus, *Double Eagle and Rising Sun*, pp. 109-10; Westwood, *Russia against Japan, 1904-1905*, pp. 158-60; Connaughton, *The War of the Rising Sun and the Tumbling Bear*, p. 272.

(51) Okamoto, *The Japanese Oligarchy and the Russo-Japanese War*, pp. 106-10; Esthus, *Double Eagle and Rising Sun*, p. 31; Connaughton, *The War of the Rising Sun and the Tumbling Bear*, pp. 13, 15, 16, 18, 53, 101, 167, 207, 211, 227; Westwood, *Russia against Japan, 1904-1905*, pp. 69, 106, 122, 153-55, 162-63; White, *The Diplomacy of the Russo-Japansese War*, pp. 290-91; 大江志乃夫『日露戦争の軍事史的研究』（岩波書店、一九七六年）一二九－一三〇頁；Warner and Warner, *The Tide at Sunrise*, pp. 526, 529, 533.

(52) Westwood, *Russia against Japan, 1904-1905*, p. 163.

(53) Esthus, *Double Eagle and Rising Sun*, pp. 24-26, 35-36; Warner and Warner, *The Tide at Sunrise*, pp. 524-25; 北岡『日本陸軍と大陸政策』一三－一四頁。

(54) Pamela Kyle Crossley, *The Manchus* (Cambridge, MA, 1997), pp. 109, 137, 153, 160, 175, 192-94; James M. Polachek, *The Inner Opium War* (Cambridge, MA, 1992), pp. 95-99, 234, 274-75; Kuo, "Chinese Reaction to Foreign Encroachment," pp. 82-83; Lone, *Japan's First Modern War: Army and Society in the Conflict with China, 1894-95*, pp. 131, 139, 141; Warner and Warner, *The Tide at Sunrise*, pp. 261, 287-89, 322-23, 449-50, 476.

(55) Hans Rogger, *Russia in the Age of Modernisation and Revolution* (London, 1983), p. 14.

(56) Warner and Warner, *The Tide at Sunrise*, pp. 176, 317, 354.

(57) Evans and Peattie, *Kaigun*, pp. 38-39; Paine, *Sino-Japanese War*, pp. 156, 180-85.

(58) Paine, *Sino-Japanese War*, pp. 155-56, 181-85.

(59) Ian Nish, ed. *British Documents on Foreign Affairs*, Part I, series E, Vol. 5 (USA, 1989), pp. 54-56; Ralph L. Powell, *The*

Rise of Chinese Military Power 1895–1912 (Princeton, 1955), pp. 17, 39; Kuo, "Chinese Reaction to Foreign Encroachment," p. 94; Hilary A. Herbert, "Military Lessons of the Sino-Japanese War," *The North American Review*, p. 160, No. 463 (June 1895), p. 688; Paine, *Sino-Japanese War*, pp. 141–49, 262–64.

(60) 安岡昭男「帝国主義時代と日本の進路」(桑田悦編『近代日本戦争史第1編　日清・日露戦争』(同台経済懇話会、一九九五年) 三一―六二頁。Iguchi, "Discussion of the Sino-Japanese and Russo-Japanese Wars," pp. 88, 90.

(61) Westwood, *Russia against Japan, 1904–1905*, pp. 123–25; Warner and Warner, *The Tide at Sunrise*, pp. 70, 159, 255–56, 262.

(62) Connaughton, *The War of the Rising Sun and the Tumbling Bear*, pp. 81, 110–12, 125, 166, 207–11, 226; Warner and Warner, *The Tide at Sunrise*, pp. 252, 270, 303, 309, 311–12, 319, 340, 354, 372, 376–77, 385, 388, 401, 431, 438–39, 442, 446; Westwood, *Russia against Japan, 1904–1905*, pp. 59–60, 94, 105, 107, 114, 130.

(63) **Владимир Антонович Золотарев** (Vladimir Antonovich Zolotarev) and **Иван Александрович Козлов** (Ivan Aleksandrovich Kozlov), ***Русско-японская война 1904–1905 гг. (The Russo-Japanese War 1904–1905)***, (Moscow, 1990), p. 120.

(64) Zolotarev and Kozlov, pp. 123–24; Westwood, *Russia against Japan, 1904–1905*, pp. 89–92; Warner and Warner, *The Tide at Sunrise*, pp. 186, 272, 284–85, 319, 335, 345, 376, 381, 427, 433; Connaughton, *The War of the Rising Sun and the Tumbling Bear*, p. 276.

(65) Connaughton, *The War of the Rising Sun and the Tumbling Bear*, pp. 168–207; Warner and Warner, *The Tide at Sunrise*, pp. 437, 447–48; Bruce W. Menning, *Bayonets before Bullets* (Bloomington, 2000), pp. 166–71.

(66) Warner and Warner, *The Tide at Sunrise*, pp. 280–82. ウォーナー『日露戦争全史』三一八―二三頁。Connaughton, *The War of the Rising Sun and the Tumbling Bear*, p. 44.

(67) Westwood, *Russia against Japan, 1904–1905*, p. 153.

(68) 原「日露戦争の影響」一三頁。荒川「戦法の誕生」三六頁。

(69) Hayashi Saburo and Alvin D. Coox, *Kōgun: The Japanese Army in the Pacific* (Quantico, VA, 1959), pp. 22, 42–43, 50, 65, 68–69; Ugaki Matome, *Fading Victory*, Masataka Chihaya, trans., Donald M. Goldstein et al., eds. (Pittsburgh, 1991), pp. 173, 240, 437; Carl Boyd, *Hitler's Japanese Confidant* (Lawrence, 1993), p. 29; Edward J. Drea, *In the Service of the Emperor* (Lincoln, 1998), p. 26; Alvin D. Coox, "The Pacific War" in *CHJ*, Peter Duus, ed., Vol. 6 (Cambridge, 1988), pp. 377–81; Evans and Peattie, *Kaigun*, pp. 492–95.

(70) 原「日露戦争の影響」一四―一六頁。井口和起『日露戦争の時代』(吉川弘文館、一九九八年) 一六〇頁。

(71) 荒川「戦法の誕生」三一、三五―三六頁。

(72) 日露戦争後の日本の軍事教義の変化について御教示いた

だいた荒川憲一一佐（当時）に謝意を表します。吉田「日本の軍隊」一五六頁。荒川「戦法の誕生」二一一―三九頁。原「日露戦争の影響」一一―一二頁。

（73） 原「日露戦争の影響」一一―一二頁；Evans and Peattie, *Kaigun*, p. 129.

（74） 日露戦争後の日本の軍事戦略の変化についての一連の著作を読むことを勧めていただいた原暉之教授に感謝申しあげます。黒野耐『日本を滅ぼした国防方針』（文藝春秋、二〇〇二年）二二一―二五頁、北岡『日本陸軍と大陸政策』九頁、角田順『満州問題と国防方針――明治後期における国防環境の変動――』（原書房、一九六七年）六七八―七〇〇頁。大山梓編『山県有朋意見書』（原書房、一九六六年）二九二、二九四―三〇〇頁。

（75） Bruce A. Elleman, *Wilson and China* (Armonk, NY: M. E. Sharpe, 2002).

（76） Hayashi and Coox, *Kōgun*, pp. 13, 23, 41; Ugaki, *Fading Victory*, p. 485; Coox, "The Pacific War," pp. 320–21; Ikuhiko Hata, "Continental Expansion, 1905–1941" in *CHJ*, Vol. 6, pp. 305–06; John W. Garver, *Chinese-Soviet Relations, 1937–1945: The Diplomacy of Chinese Nationalism* (New York, 1988), pp. 6–8.

（77） I owe this last question to CAPT Robert McCabe, at the1 U. S. Naval War College. 筆者のこの最後の疑問は米海軍大学のロバート・マッカベ大佐に負うている。

（78） Ugaki, *Fading Victory*, p. 664. 宇垣纏『戦藻録：大東亜戦争秘記』（原書房、一九六八年）五五二頁； Coox, "The Pacific War", p. 377; Evans and Peattie, *Kaigun*, pp. 488–89, 500.

（79） Arakawa Kenichi（荒川憲一）, "The Maritime Transport War" *NIDS Security Reports* No. 3 (March 2002), pp. 97–120.

（80） 藤原彰『日本軍事史（戦前篇）』二六一―六三頁；Hayashi and Coox, *Kōgun*, pp. 43, 82; Coox, "The Pacific War," p. 378.

（81） 江口圭一『十五年戦争小史』（青木書店、一九九一年）二三六頁；Ugaki, *Fading Victory*, pp. 240–41.

（米国海軍大学校）
（防衛大学校）

南満州の獲得

――小村寿太郎とその権益認識――

藤田賀久

はじめに

今回の講和条約の結果、韓国は事実上我が主権範囲に帰し、満州の最良部分はわが勢力範囲となれり。(1)

明治三十八（一九〇五）年九月五日、日露講和条約が締結された。この時、日本全権・小村寿太郎（一八五五～一九一一）は、心身ともに疲労の限界にあり、六日夜からは発熱に苦しめられた。しかし、ローズベルト（Theodore Roosevelt）大統領との会談を翌日に控えた八日夜、小村はフロックコートを着たまま、胸を押さえて翌朝まで椅子に座り続けた。「一旦床に就いたら、もう起きられない、ルーズベルトにも会見出来ない」と恐れたからである。(2)

講和条約によって、日本は韓国の保護国化と、南満州の権益獲得をロシアに認めさせた。もちろんこれらを実行するには、当事国である韓国や清国との間にそれぞれ協定を結ぶ必要があった。しかし小村は、両国の同意が得られない場合には、日本が一方的に断行するのもやむなしと考えており、あらかじめ米国の理解を得ようとしたのである。ローズベルトに会えずに病苦に「斃れるか、さなくとも重病人として帰途に上る」ことになれば、「遺憾この上なき次第であるから、あえて病苦を忍び床にも入らず我慢を通した」と回想したゆえんである。(3)

こうして臨んだ会談は小村を満足させるものであった。ローズベルトは、日本が一方的に韓国保護国化を断行した場合にも、日本を支持して韓国から公使館を引き揚げると約束した。そして南満州権益に関しては、清国は異論を挟む立場にはないとの考えを明らかにした。(4)そして翌日、ローズベルトは駐清公使ロックヒル（William Rockhill）に対して、日本の満州権益確保が順調に進むように、必要なら清国政府に強く主張すべきとの指示を出して、小村の要望に応じたのであった(5)。

その後、小村は四二度に迫る高熱に苦しみ、米国滞在を延長して治療に専念した。米人医師は小村をチフスと診て治療したが容態は好転せず、訪米中の海軍軍医総監鈴木重道がこれを聞くとニューヨークに駆けつけた。そして小村を検診するや肺尖カタルと診断し、治療方針を変更すると快方へ向かうといった顚末であった。

しかし、帰国を急ぐ小村は完治を待たなかった。二十七日、小村はウォルドルフ・アストリアホテルの部屋から、大陸横断鉄道の特別車両まで担架で担がせたのであった。そしてバンクーバーへ向かう途中、車内で横になりながらも韓国保護条約案と満州に関する日清協約案を口授した。その冒頭部分が右の引用である。小村は、この部分だけは病中とは思えぬほどに「朗らかに、そして歯切れ良く」語ったという(6)。

さらに小村は、横浜へと向かう船内で、韓国と満州経営の青写真を構想した。この「韓満施設要綱」(以下「要綱」)では、統治方針をはじめ、産業開発や交通機関の整備までも示されてあった(7)。そして、万が一無賠償講和に不満を持つ民衆に襲撃されたときには、小村の「遺書」としてこの「要綱」を桂太郎首相に届けるよう随員に命じたのであった(8)。

しかし、桂内閣は小村の帰国を待つことなく、十月十二日、「桂・ハリマン予備協定覚書」(以下「ハリマン協定」)を交わして米国の満州経営参加を決めていた。小村がハリマン協定成立を初めて知らされたのは、その四日後、横浜港に到着したときであった。小村は、日露戦争の目的からしてハリマン協定は納得できるものではない、即座に辞職して国民と共に政府に反対すると桂首相らに訴えた(9)。こうして、小村はハリマン協定を破棄させたのである。

その後、小村は清国に赴き、十二月に「満州に関する日清協約」を締結した。交渉相手の袁世凱に、ロシアが巻煙草二本を持ち去ったことを理由に日本は一箱全部持ち去ったとまで言わしめた小村の強硬外交によって、ロシアの南満州権益を日本が引き継ぐことを認めさせたのである(10)。

日本は、韓国を完全に自国の支配下に収めること、そして満州の門戸開放を訴えてロシアとの戦いに挑んだ。その結果、韓国を越えて南満州までが日本の勢力範囲となった。この開戦目的を超える「戦果」は、病躯に鞭打って奔走した小村によってもたらされたといえよう。

日露戦争や日本の満州獲得に関する研究は非常に多い。その中でも、例えば寺本康俊は、第一次桂内閣期の小村外交を「国権拡張外交」と定義して、その日露戦争前後の対満韓政策を国際的視点にも配慮して論じた(11)。また小林道彦は、桂内閣がハリマン協定を推進した理由や、小村による破棄の経緯を明らかにした。そして、小村が元老や桂らよりもはるかに南満州勢力圏化に積極的であったことを実証した。(12)しかし、いずれも政治外交史としての性格上、こうした小村外交の原動力とでも言うべき思想については焦点を当てていない。

もっとも、小村は日記や手紙などを残さなかったこともあり、「行動」の背後に隠れた「理由」を探ることは難しい。こうした資料的制約に直面しつつも、岡本俊平は、小村の清国に対する対外硬態度の「理由」を、その清国観や交友関係、さらには少壮時代の不幸な境遇など、あらゆる側面から考察した。(13)そして、小村は大陸膨張の機会を常に模索していたが、しかし膨張政策の正当化、もしくは格別な外交思想確立の必要性を認識した形跡は見られないとした。つまり岡本は、小村外交の背景には「小村が信じる国家利益」があったというのみで、これには特に焦点を当てておらず、したがって満州獲得に積極的であった理由を明らかにしていない。

本論は、ここで取り上げた先行研究に多くを負いつつも、小村が満州確保に奔走した動機を、その人物像や権益認識から考察する試みである。

一 外交の表舞台に立つまで

小村寿太郎は安政二（一八五五）年九月二十六日、日向国（宮崎県）飫肥《おび》城下に生まれた。小村家は飫肥藩伊東家の徒士席に列し、職は町別当（庄屋）であった。士族とはいえ、家族が多く、農事を営むなどした「典型的な貧乏士族」であった。(14)幼少期の小村は、藩校振徳堂で学ぶ一方、農民や商人とも広く接し、また常にそろばんを持ち歩いて熱心に算術を学ぶ子供であった。(15)

小村の父寛は、藩の産業政策を担う物産方として、飫肥杉を始めとする林業や製材事業に携わっていた。明治四（一八七一）年の廃藩置県の際には藩の事業を受け継ぎ、士族の秩禄公債を資本に「飫肥商社」を設立して社長となった。この商社の成長は目覚しく、尾道、大阪に支店、上海には出張所を設け、取扱商品も林産物をはじめ生糸・茶・海産物・砂糖・煙草、また当時としては珍しい紅茶栽培や、さらには船舶部の新設計画までなされたほどであった。これは、「もし成功していたとすれば、小さくても、あの三菱のような事業が日向の一角に発足」するほどの勢いであったと、小村の次男捷治は述べている。(16)

しかし、飫肥商社の成功は、郷土の人達から妬みや反発を引き起こした。多数の飫肥住民は、寛が旧藩事業を受け継いだことを、共有資産の私物化であると中傷したのである。この騒ぎはやがて飫肥を二分する紛争となり、商社資産の所有権や収益の分配問題を巡って裁判が相次ぎ、ついには大審院で争うまでとなった。和解が成立したのは実に明治二十五（一八九二）年のことであり、この大規模な住民同士の対立は地域経済を疲弊に陥れたのであった[17]。

寛とその商社は長年の裁判によって疲弊し、膨大な借金を抱えこみ、挽回を期した投資は失敗に終わった。そして小村とともに債鬼の取り立てに追われた妻満知子は、一度だけ寛を非難する発言をしたことがあった。そのとき小村は「お父さんの気持ちが女のお前などに分かってたまるかッ！　二度言うと聞かんゾ！」と大声で叱りつけた[18]。この怒りは、寛の事業展開が飫肥の発展に貢献することを理解できずに父を糾弾した、多数の飫肥住民に対しても向けられていたのではないだろうか。

小村は、明治十七（一八八四）年に外務省に移るまで専ら法律に携わった。明治八（一八七五）年に第一回文部省留学生としてハーバード大学で法学を修め、その後は元司法長官ピールモントの法律事務所で裁判を体験した。このときは、法廷弁論より訴訟事件の鑑定等に関心を抱いていた。帰国後は司法省に籍を置き、訴訟に携わる判事職に就いた[19]。こうした法律家志望の一動機として、飫肥商社裁判に苦しむ父を助けたいとの考えがあったのかもしれない。

小村は東京南校時代からの友人杉浦重剛の推薦で外務省に移った。しかし、小村は藩閥の頼みもなく、「蒟蒻《こんにゃく》局」と見下げられた翻訳局に約一〇年働くこととなった。この間、高利貸から借りた借金は、小村の月俸一五〇円に対して一万五、六千円にも膨れ上がり、この重圧から逃れるために飲酒に走るなどしていた[20]。小村は、こうした中、時に大胆不敵な言動に出た。その好例は、ある宴席で、英国の綿製品や紡績などについて大いに語り、陸奥宗光外相に対して、国家の大事に関しても抱負はあると言い放ったことであろう。岡本は、こうした言動は、不遇な立場から脱して自己の能力を生かす機会を求める行為と考えた[21]。こうして、小村は陸奥に知られることとなり、明治二十六（一八九三）年、翻訳局廃止を機に駐清代理公使に任命された。小村にとって活躍の機会は、この北京駐在から始まったのである。

清国に赴く直前、郷里の友人達が主催した送別会の席で小村は、「日本は自ら今日の情勢を脱して前進するのでなくは、他国来りて之を破らずには措かない。日本は今後是非共歩を大陸に入るゝの覚悟が要る。それには陸軍軍人の覚悟が第一である」とその抱負を語った[22]。小村は、不幸な境遇から脱して自己が活躍できる場を大陸に見つけたと同様、日本にとっても「大陸に入る」ことが「今日の情勢を脱して」国力を増大するために必要だと喝破したのである。[23]そして清国に赴くや、早々と日清間の戦争は不可避であると判断して、清国政府を刺激する発言を繰り返し、開戦直前には自分の判断で公使館を引き揚げたのである。

こうした日清開戦を挑発する行為の背景に、岡本は小村の「個人的動機」を見た。そして、一度獲得した機会を捉えて職務に没頭する姿は、鬱積した一〇年間の挫折感を払拭するかのごとくであったととらえたのである。[24]こうした見方に、飫肥商社事件のいきさつを加味するならば、小村は外交の檜舞台に立ったとき、父が志半ばに挫折した商社事業を、国家という大きな舞台で実現しようと志したとは言えないだろうか。小村は外務次官時に、「通商のことは極めて大切で、若し自分に余暇があらば通商局長兼任でもやつて見たいと思う位である」と述べ、また第二次桂内閣の外相時には海外貿易の振興を期した商務官制度を新設するなど、一貫して日本の通商発展に尽力した。[25]次節で論じるように、小村の通商問題に対する関心は、日本の「国利国権」を拡張すべしとする強硬な外交となって表れるのである。

二　日本の「国利国権」拡張を目指して

小村の「国利国権」拡張外交は、東アジアにおける列強間で繰り広げられていた利権拡張競争に参入することを意味した。この特徴は早くも下関条約の草案作成時、政務局長に昇進した小村が作成した「清国ニ於ケル通商特権ノ拡張」に表れた。これは、最恵国待遇、開港場増設、鉄道敷設権要求、及び汽船航路拡張を清国に要求するものであり、その要旨は下関条約第六条に反映された。これは、プリンストン大学のジャンセン（Marius Jansen）が「脱亜入欧」の実践と表現したように、日本が西洋列強と並んで清国に進出することを目指したものであった。[26]小村は、日本の通商特権要求は、最恵国待遇を得ていた「利害関係ノ切ナル英獨米等ノ諸国」にも益するため、列強は「我カ措置ニ對シ必ズ満足ヲ表ス」とした。その一方、「我國ノ工業品」の著しい進歩や、清国内の「銀貨下落」は「欧米金貨國」の競争力を削減していることから、日本は通商分野で欧米を凌駕できると観察していたのである。[27]

小村の方針は、明治三十四（一九〇一）年、第一次桂内閣の外相就任後に作成した「外交内政に関する十年計画」でより鮮明になった。この意見書は閣議決定には至らなかったものの、小村は「今や東洋の局面は列国勢力競争角逐」

であり、日本は「列強と角逐して我が国利国権を伸張せん」とする「国利国権」拡張論を展開したのである。小村にとって、日本は「勢力未だ発達せざるの国」であり、「若し数年を徒過して自然の発達を待たば恐らくは空しく列国の唾余に甘じ遺利を拾ふ」、したがって「政略上」はもとより「商略上」においても、国家が積極的かつ主体的に行動に出なくてはならないと考えた。そのため、国内の幅広い改革をはじめ、海外貿易発展、清国・朝鮮半島における通商特権の拡充、海外事業の保護経営などの積極的推進を訴えたのである。[28]

こうした「国利国権」拡張論は、小村が日英同盟を推進する一動機でもあったのではないだろうか。「日英同盟に関する外相意見書」では、同盟によって英国の金融援助が期待できること、日本の国際的地位向上に寄与し、それは清国が「今日ヨリ一層深ク我邦ニ信頼」する結果を生み、したがって「同國ニ於ケル我利益ノ拡張」等が「一層容易ニ行ハルルニ至ラン」とある。[29] 英国は、清国貿易の大部分を占めていたものの、明治三十二（一八九九）年から二年半に及んだボーア戦争によって、東アジア権益の維持が難しい状況にあった。[30] 小村はこの機を捉えて、清国においては同等の、また韓国においては優勢な権利を英国に認めさせたと言えよう。

そして明治三十五（一九〇二）年九月、小村は桂首相に「清韓事業経営費要求請議ノ件」（以下「事業要求」と略）を提出した。この北清事変後最初の対清韓経営プランは、閣議を経て翌十月に内閣の方針となった。[31] これは、「商工的活動ト国外起業ノ競争」は「近時国際関係上ノ一大特象」であると前置きした後、日本の国際的地位は日清戦争、北清事変、日英同盟締結によって飛躍的に上昇したので、「此機ニ乗ジ」て朝鮮半島と清国に対する利権拡張を加速させるべきであると主張したものである。

その内容は、清国においては「日清銀行」設立、「鉱山調査」「水路調査」、さらに韓国鉄道とロシアの東清鉄道との連絡線の敷設等などを求めたものであった。[32] また、「大商品陳列所」を天津・上海に設置することも含まれていた。これは明治二十八（一八九五）年、農商務省が海外五カ所の領事館内に「商品見本所」を設置して、日本製品の輸出振興を図ったことが発端である。これは非効率な運営方法により効果が得られなかった。小村は「販路ノ拡張ヲ図ル」一端とするために、多くの改善案を添えてこの制度の復活を期したのである。また、日中間の航路拡張による貿易促進や、さらには上海に集中する貨物を神戸港に吸収させて、日本をアジア貿易の中心地とすることまでも訴えた。そして、こうした構想実現の遅れは「空シク国運進張ノ好機ヲ失」し、「列国競争場裏ニ於ケル我立脚地ヲ喪フニ至ラントス」としたのである。[33]

今井庄次は、この「事業要求」と、小村の腹心島川毅三郎が明治三十五年五月に作成した「小村外務大臣ニ上ル書」の類似点に着目した。詳細は今井論文に委ねるが、島川は、小村の内命を得て内田康哉とともに中国にわたりこれを作成したのである。この報告書で注目すべきは、「満州経営策」の項で「満州ヲシテ我勢力範囲、利益範囲」とするために、「露国ノ経営ヲ瓦解」させ、日本は「即チ其利ヲ奪フテ之ニ収ムルニ在リ」と訴えていたのである。今井は断定を避けているが、この報告書等から、日本は日露戦争以前から満州を勢力圏化する意図があったのではないかと考えたのである。[34]

小村が果たして戦前から満州勢力圏化を狙っていたかは知るすべがない。しかし、小村が日露戦争の勃発を「国運進張ノ好機」と捉えたことは違いない。[35]開戦直後の二月十七日、小村は、北京公使内田康哉に宛て、日本は北清で戦闘に従事しており、今こそ南清における利権拡張実現の好機であると訴えた。[36]さらには、満州利権獲得を主張した。もちろん開戦までは、日本は韓国における権利を主張する一方、ロシア保有の満州利権は認めることが桂内閣の姿勢であった。[37]しかし、小村が七月に桂首相に提出した「講和条件ニ関スル外相意見書」では、戦争が勃発した以上「其結果ニ基ク帝国ノ対満韓政策ハ前日ニ比シ自ラ一歩ヲ進メサルヲ得ス」、「満州ハ或程度マデ我利益範囲ト為シ我利権ノ擁護伸長ヲ期セサルヘカラス」と主張したのである。「或程度マデ」としたのは、利権拡張の範囲は戦争の結果に左右されるからであろうが、それでも小村はここで具体的に、ハルピン—旅順間の東清鉄道と遼東半島租借地に関する一切の特権及び財産の要求を明記したのである。[38]

この意見を受けた桂首相は、「満州は或る程度まで、我か利権範囲となす事」を決め、後に日露講和における「絶対必要条件」に含めるに至った。[39]しかし、満州からロシアを排除した暁には、門戸開放を実現すると日本は公言していたのである。[40]そのため、例えば元老伊藤博文は満州を欲しないと明言し、英米との友好維持のためにも、満州の国際管理を主張したのである。[41]このように戦後の満州に対する方針は一致しなかった。こうした状況を慮った元老山県有朋は、明治三十八年八月、「一旦講和の成立するに及ひて満洲に対する政策の方針尚未た確立せさるか如きことあらん乎即ち独り笑ひを列国に招くのみに非す又悔いを千載に貽すの虞あり」と記したほどであった。[42]こうした戦後対満州構想の不一致は、日露講和直後にハリマン協定を受け入れる要因となるのである。

三　日露戦後の満州経営構想とハリマン協定破棄

米国鉄道王ハリマン（Edward H. Harriman）は、日露講和会議の最中、戦時公債の受け入れに貢献したクーン・レープ商会のシフ（Jacob H. Schiff）と来日した。そして、駐日米国公使グリスコム（Lloyd C. Griscom）の協力を得て日本の政財界の要人と会談し、「日米共同和熟ノ精神ヲ以テ」、満州鉄道にとどまらず、満州の各種権益、韓国鉄道、さらには日本の鉄道の改良・経営案と資本の提供を提案したのである。[43]日本側は彼らを大歓迎して、満州鉄道経営を「共同且均等ノ所有権」を有する日米「シンヂケート」によって行われることや、「満州ニ於ケル各般企業ノ開発ニ関シテハ双方互ニ他ノ一方ト均等ノ利益ヲ有スルノ権利アルベキコト」に合意したのである。[44]

日本側がハリマン案に賛同したのは、日露戦費や無賠償講和による財政難が影響していた。例えば曾禰荒助蔵相は、ハリマンの中国訪問直前に開催された祝宴で、ハリマンが中国特に満州で日本の産業・商業界の存在を知れば、日本と手を組む有利さを知るであろうと述べた。[45]また元老井上馨は、共同経営によって満州経営費を節減できると考えた。そのため「この機を逃すのはおろかである」とグリスコムに語り、閣内で唯一反対であった大浦兼武逓相に「お前なんかに財政のことがわかるか、黙っとれ」と叱りつけたほどであった。[46]

こうした背景には、満州の経済価値に対する過小評価もあった。例えば井上は、満州は「大豆ヲ唯一ノ産物」とするものとして経済的価値を軽視していた。[47]山県も「商工業上の利益を収め得へきの望みなく」、満州鉄道経営の収益も「その収支の容易に相償はさる可ひは露国の実験に徴して明ら」かであると見積もっていた。[48]

さらには、ロシアの復讐戦に対する危惧もあった。特に山県にとって、満州経営とはロシアの再戦に備えるための準備ととらえていた。したがって満州鉄道は「全く軍用の鉄道となし専ら露国の南下を控制するの用に供する」べきであり、撫順炭鉱経営などから得られる利益も、「駐屯軍隊其他の経費の幾分を補償することを計るへきなり」と考えていたのである。[49]

また、ハリマンと米国政府は一枚岩であるとの認識が元老・内閣にあったのかもしれない。それは駐日公使グリスコムがハリマンに協力したこと、またハリマン自身も例えば九月二十三日に二〇三高地を見学した際、旅順要塞司令官伊地知幸介ら日本陸海軍の将校に対してローズベルトとの友人関係を強調していたのである。[50]

こうして、ハリマン来日によって、満州権益の日米共同保有・経営方針が「覚書」となった。その直後に、講和会議を終えた小村が病躯を省みず帰国したのである。そしてハリマン協定成立を知ると、「いづれそんなことが起るだろうと思つていた」と語った[51]。小村は、桂内閣や元老が、満州の勢力圏化や積極経営に熱心ではないことを不安に思っていたのであろう。

小村は、満州鉄道の日本譲渡を定めた講和条約第六条は清国の承諾が必要であるとしてハリマン協定破棄を主張した。また、米国から社債発行という形式で資金導入の可能性を見つけてきたことで、井上らが懸念していた財政面の悩みを解消したのである[52]。

このハリマン協定破棄が日米対立を惹起したとする見方は、今や広く受け入れられている[53]。これに対して、小林は、ハリマンを拒絶したが同じ米国から資本導入を図ったとして、決して日米協調路線の否定ではなかったと主張する[54]。しかし、同じ米国資本導入でも、その形態が社債発行と、所有権及び経営権の共同保有では、日本の自由裁量の幅が大きく異なる。ここに、米国の介入を最小限にとどめて、満州経営における日本の主体性を可能な限り確保しようとした小村の意図が見えるのではないだろうか。

小村は、ハリマン協定を「僅に獲た南満洲鉄道をも新に日米シンヂケートに売渡し、自ら南満経営の足場を抛擲するが如き」と痛烈に非難していた[55]。こうした小村にとって、日本主体の満州鉄道経営を強く欲していた。ハリマンの進出は、米国の利権拡張行動にほかならなかった。なぜなら、小村は前節で触れた「事業要求」で、米国は豊富な資本力を持つ民間資本の「独力」で利権拡張を実践していると観察していた。つまり手段は違えども、米国を他の列強と同一視していたのである[56]。また小村にとって「共同経営」とは、結局は資力や経験に勝る国が他を押し退けて主導権を握ることになるという考えであったと思われる。小村自身、その「要綱」では、満州鉄道経営の名義上は「日清共同」とするが実質的には日本が独占するべきであると提唱していた。だからこそ、日本をはるかに凌駕する資金力と鉄道経営の経験を有するハリマンの進出は、小村には日本を退けて満州権益を獲得せんとする「利権拡張」行動と映ったのであり、拒絶しなければならなかったのである。

この点に関して、書生として小村に出会い、生涯にわたって交流を続けた桝本卯平（一八七三〜一九三一）は、小村亡き後にハリマンを「利を追ふて集まれる世界的資本家」と指摘して、米国の「日露両交戦国の代表者をポーツマスに引合わせた義侠の行為」とは異なるものとした。つまり桂内閣や元老は、「義侠の行為」の裏に隠れたハリマンの意図を見破れず、日米共同経営は日本が直面している諸問題を解決する処方箋であると考えたのに対して、小村はハリマンを「世界的資本家」と見抜き、その満州進出を防いだとして評価したのである。[57]

こうして、満州経営の主導権を手に入れた小村は、協定推進派と異なり、満州の経済的価値を高く評価していた。「要綱」には、満州鉄道沿線を「満洲ニ於テ最モ人口稠密、物産多夥ノ地方ヲ通過シ、其付帯事業タル炭鉱採掘モ亦頗ル有望」とあり、将来的には「相当ノ収益ヲ見ルニ至ルヘキハ疑フヘカラサルコト」としていた。そして、この「収益」を日本に還元するため、小村は日本と大陸間の交通を密接にすることを構想していた。それは大連・馬山浦・神戸・博多の大規模築港、ならびに下関海峡の架橋あるいは海底トンネルによる連絡、さらには満州鉄道とシベリア・清国関内鉄道との連絡によって、ヨーロッパおよび北京・広東・漢口・上海などと「帝都」との間に「直接交通ヲ開ク」ことまでを考えていたのである。とくに博多港築港はよほど重視していたものと見え、第二次桂内閣の外相在任時には、保養旅行の機会を持って、わざわざ博多港視察に赴いたほどであった。

四　満州獲得の「理由」

それにしても小林は、寺内正毅が小村の毅然たる態度の前に、小村の腹案を質すことなくハリマン案放棄に同意していることを挙げて、「小村が満州経営に成算があるというのなら一先ずそれに任せてみよう」との傍観者的態度に終始したと考えた。[58] つまり、内閣が協定破棄に至った要因として、小村の満州獲得にかける情熱を看過することができないのである。

このような南満州獲得を断行した小村の特徴をよく表しているのは、元書生桝本と交わした会話であろう。戦争中、英国に滞在していた桝本は、「個人の位地は貧乏では保てる、殊に人格は清貧に伴ふ場合が多い。併し國は貧乏では列國間の位地が保てぬ。人は精神的でも、國は物質的に傾かなければならぬやうに考へられる。私は英國に居て戦争中、金も兵器も外國から仰がねばならなかつた日本の境遇を見て、何となく心細い気が起りました」と打ち上げた。小村はこの言葉に対して、「君見たような人には戦争は出来ませぬ。国に金や兵器が備わつて、其獨立が十分に出来て居たならば戦争するには及びません。そんなものがなくて困つて居るから戦争するのです」と応えたのである。[59]

岡本は、これを小村の「無きが故の戦争」戦争観と捉えた。[60] また、寺本は利権拡張を目指す小村の帝国主義的思想の特徴と考えた。しかし、この言葉から引出される小村の人物像や外交思想はほかにもあるのではないだろうか。

桝本は、かつて極貧に喘いだ小村と、「金も兵器も外国から仰がなければならなかった」日本を対比させた。もっとも小村本人は、債鬼に追われつつも「なーに、借金とけんかして負けなければよい」と言っていた。翻訳局時代、青木周蔵外務次官は他人を介して救済の好意を申し込んだが、小村は、「好意の裏にはなにかあるヨ」と笑って固辞したという。「高利貸の財は営業物である、これ借り入るも他日返済すれば後日に恩誼の羈束を受くるものはないが、他人の金に至りては、一たび膝を屈せば終生伸びない」との個人的信条のゆえんである。(61)

小村が「恩誼の羈束」を拒む姿勢は、私生活のみならず外交方針でもあった。例えば北清事変の列国会議に日本代表として赴いたときである。この会議は、日本が西洋列強と初めて同列に並ぶ機会であり、小村は「これからです、いよいよ日本が世界の舞台に出て仕事の出来ますのは」と興奮を隠せなかった。また、当時の英国はボーア戦争で苦しんでおり、清国への軍隊派遣が困難であったため、「英国は、ますます日本の陸軍に依頼せねばならぬと思って居るに相違ありません」と、ついに日本が英国と同列に並ぶ機会が到来したとその胸の内を隠せなかったのである。(62)

こうして北京に赴いた小村のもとに、曾禰荒助外相から電報が来た。それは、清国からの賠償金受領に関する英国提案であった。すなわち、英国は「日本国政府ニ対スル好意ト北京ノ救援ニ際シ日本国カ尽シタル重要ナル任務ニ対スル謝意」を込めて、英国が受領する証券の一部を日本に渡し、またその証券を日本が受領する際に起きる金利上の損害をすべて保障するとの内容であった。(63)しかし小村は、「権利問題トシテ要求スヘキモノハ決シテ之ヲ恩恵問題トシテ諾受スヘカラス」、「何レノ外国政府タルヲ問ハス其金銭上ノ恩義ノ下ニ立ツハ日本ノ威厳ヲ損スヘシ」として、また「此類ノ提案ヲ諾受スルハ日本ノ関係ヲ有スル国際問題ノ解決ニ於テ平等ト自由行動ニ影響ヲ及ホスヘシ」と、英国案を拒絶させるに至ったのである。(64)

この例は、日本が西洋列強と対等な地位を獲得せんとする願望はもとより、そのためには「金銭上ノ恩義」に甘んじることは許されないとする信念の表れといえよう。小村は北京から帰国直後に外相就任を果たすと、すでに触れたような「国利国権」拡張論で内閣を牽引した。そして通商振興や海外利権の拡大を図ったが、それは日本が物質的な豊かさを確保することによって、列強からの「恩誼の羈束」を解消させんとする意図の表れだと思われるのである。

しかし、日露戦争では日本は「金や兵器」を外国に依存せざるを得なかった。小村は桝本と同様、こうした日本を「心細い」と感じたであろう。と同時に、日露戦争は小村にとって、「心細い」日本の境遇を脱する契機でもあったのではないだろうか。

では、日露戦争の「戦果」は、小村の「心細い」心境を変えたのであろうか。ここで連想されるのは、徳富蘇峰が日本海海戦から約三週間後に「日本は欧米列強に伍するを得たるも、なおこれ旅鳥にすぎず」とした一文である。徳富によると、日本は、人種、宗教、風俗、習慣など、西洋諸国と日本との間で「固有の紐帯」がない「旅鳥」であり、「広き世界にありて、一個の異客」であった。(65)

小村がこの文章を眼にしたかは知る術はないが、日本を「一個の異客」と考えた徳富の心境には共感を持ったであろう。小村もまた、世界における日本の特異性や固有性を常に強く意識していたからである。例えば米国留学中、ハーディ（Alpheus Hardy）が新島襄のキリスト教教育の成功を祈っていると言うと、小村は「日本は三千年来の燦然たる文化と、固有の文化」を有しているので「遺憾ながらものにはなりますまい」と断言した。(66) 小村のこうした認識は、例えば米国の排日問題を「到底外交の力では解決すべき余地はない」と発言するなど、後々まで強く保たれたのである。

しかし小村は、たとえ戦後日本が「一個の異客」であっても、それが徳富のように「孤独寂寥」とは思わなかったであろう。なぜなら小村は、「日本はもう戦争をしてはなりません。戦争をする必要がないだけには、したつもりです。今後は産業其の他に力を入れて、国民を楽に暮させて行く事です」と繰り返し発言したからである。(67) 岡本はこれを、今や大陸に地歩を得た日本に対する小村の「安堵感」、そのために自己を犠牲にして活躍した正直な「満足感」の表れだと考えた。(68) さらに付け加えるならば、小村のこの言葉は、韓国・満州に積極経営を施してその収益を日本に還元することで、「金や兵器」といった物質的な豊かさを得ることができるとする確信であった。つまり、日本がたとえ国際社会で「異客」であっても、もはや他国の「恩誼の覊束」に甘んじる「心細」い境遇から脱したと考えたのではないだろうか。

おわりに

小村の「国利国権」拡張外交の背景には、日本を「物質的」に豊かなものとして、「列国間の位地」を保つという願望であった。そのために、韓国のみならず南満州を自国の勢力圏として、通商産業分野を振興させ、国力発展を期したのである。それは、日本が日露戦争において米国から得たような、金銭的・物質的・外交的「恩義」に頼らざるを得ない国情から脱却することを目指していた。こうした目標こそが、大陸進出を推進した小村外交の原動力であった。

もっともその結果、日本は中国の国権回復運動のみならず、米国が主張する満州の門戸開放主義に直面することとなった。三輪公忠は、ハリマンの極東進出を現在に連なる米国主導の「グローバリズム」の発端と捉えた。これに対する小村の協定破棄を後の「大東亜共栄圏」構想にも通じる地域ナショナリズムの嚆矢と位置づけ、「一九四一年の日米戦争への条件がすでに整い始めていた」とした。だからこそ、満州権益の確保に邁進した小村を、三輪は「歴史の方向性を読み取れなかった小粒の政治家」と批判したのである[69]。しかし、小村がもう戦争をする必要がないと満足する根拠であった南満州の獲得が後の日米戦争の遠因になったのは、小村が「未来の対話」ができない「小粒」であったからなのだろうか。

註

(1) 黒木勇吉『小村寿太郎』(講談社、一九六八年)六八一頁。
(2) 同右、六六六頁。
(3) 同右、六六七頁。
(4) 外務省編『小村外交史』(原書房、一九六六年)六一二―一三頁。
(5) Roosevelt to Rockhill, American Minister, Pekin, September 10, 1905, Theodore Roosevelt Papers, Series 2, Vol. 58, Reel No. 339 (Library of Congress, Washington, D.C.).
(6) 黒木『小村寿太郎』六八〇―八一頁。
(7) 「韓満施設要綱」(「極秘日清談判」水沢市立後藤新平記念館編『後藤新平文書』雄松堂書店、一九七九年)R―三七。以下、本文の引用はこの中の「極秘韓満施設要綱(未定稿)」、「極秘韓満施設ニ対スル付帯事業(未定稿)」による。小林道彦「桂＝ハリマン協定と日露戦後経営」(『北九州大学法政論集』第二〇巻第四号、一九九三年三月)が最も詳しい。
(8) 本多熊太郎『魂の外交』(千倉書房、一九四一年)三〇三―〇五頁。
(9) 川越茂「外交界の先覚を懐う」(嘉治隆一編『第一人者の言葉―同時代人と次代人とに語る―』亜東倶楽部、一九六一年)一三五―三八頁。
(10) 外務省編『小村外交史』七〇一頁。
(11) 寺本康俊『日露戦争以後の日本外交―パワー・ポリティックスの中の満韓問題―』(信山社、一九九九年)。
(12) 小林「桂＝ハリマン協定と日露戦後経営」七三(四五三)―九八(四七八)頁。
(13) 岡本俊平「明治日本の対中国態度の一断面―小村寿太郎の場合―」(佐藤誠三郎、R・ディングマン編『近代日本の対外態度』東京大学出版会、一九七四年)六五―九三頁。
(14) 黒木『小村寿太郎』九―一〇頁。
(15) 日南市国際交流センター小村記念館編『小村寿太郎―

青春の自画像』（宮崎日日新聞社、一九九九年）六―七頁。

(16) 小村捷治『父の一生――逆境の裡に自ら玉成――』（小村寿太郎侯奉賛会、二〇〇二年）五一―四頁。

(17) 徳永考一『官の成立・民の変貌――宮崎の歴史・明治時代前期――』（鉱脈社、二〇〇三年）一四二―四六頁。徳永考一「飫肥商社事件について」（『宮崎県立総合博物館研究紀要』第六号、一九八一年）。

(18) 小村『父の一生』六一頁。

(19) 外務省編『小村外交史』一二二頁。

(20) 同右、三九頁。

(21) 岡本「明治日本の対中国態度の一断面」七四―七五頁。

(22) 外務省編『小村外交史』四四頁。

(23) 同右、七四―七五頁。

(24) 岡本「明治日本の対中国態度の一断面」七四―七五頁。

(25) 外務省編『小村外交史』一三二頁。

(26) Marius B. Jansen, "Japanese Views of China During the Meiji Period," Feuerwerker and others, eds., *Approaches to Modern Chinese History* (Berkeley: University of California Press, 1967), p. 173.

(27) 『日本外交文書』第二八巻第一冊（日本国際連合協会、一九六〇年）一九三―九六頁。

(28) 外務省編『小村外交史』二〇六―一五頁。

(29) 『日本外交文書』第三四巻、六六―六九頁。

(30) 村島滋「ボーア戦争と日本――日英同盟への一道程――」（『軍事史学』第二五巻第一号、一九八九年）一三―一七頁。

(31) 藤村道生は、この閣議決定を日本帝国主義の出発点と見た。藤村道生『日清戦争前後のアジア政策』（岩波書店、一九九五年）三二三頁。

(32) 「日清銀行」については、波形昭一『日本植民地金融政策史の研究』（早稲田大学出版部、一九八五年）一三二―四三頁。

(33) 『日本外交文書』第三五巻、四九八―五〇三頁。

(34) 今井庄次「日露戦争と対清政策の展開」（日本国際政治学会編『日本外交史研究――日中関係の展開――』有斐閣、一九六一年）一七―二八頁。

(35) 『日本外交文書』第三五巻、五〇三頁。

(36) 『日本外交文書』第三七巻第一冊、五四―五五頁。

(37) 外務省編『日本外交年表竝主要文書』上巻（原書房、一九五五年）二一〇―一二頁。

(38) 『日本外交文書』日露戦争Ｖ、五九―六三頁。

(39) 徳富猪一郎『公爵桂太郎伝』坤巻（故桂公爵記念事業会、一九一七年）二六五―六六頁。

(40) 小林道彦『日本の大陸政策　１８９５―１９１４』（南窓社、一九九六年）一〇七頁。

(41) 寺本『日露戦争以後の日本外交』一二八―二九頁。

(42) 山縣有朋「戦後経営意見書」（大山梓編『山縣有朋意見書』原書房、一九六六年）二七七頁。

(43) A BRIEF RECORD OF A TRIP TO THE ORIENT BY MR. E. H. HARRIMAN AND PARTY, W. Averell Harriman Collection, BOX 7 (Library of Congress, Washington, D. C.) (Thereafter cited as "A Brief Record").

(44) 『日本外交年表竝主要文書』上巻、二四九頁。

(45) "A Brief Record," p. 13.

(46) 川越茂「大浦兼武氏が語ったハリマン問題秘話」（黒木

『小村寿太郎』）九七二―八〇頁。

(47) 井上馨侯伝記編纂会編『世外井上公伝』第五巻（内外書籍、一九三三～一九三四年、原書房復刻、一九六八年）九三頁。

(48) 山縣「戦後経営意見書」二七九―八五頁。

(49) 同右、二七九頁。

(50) "A Brief Record," p. 19. 実際は、ハリマンとローズベルトは対立関係にあった〔その一因としてモルガン財閥とクーン・レーブ商会の対立があった。松村正義「桂・ハリマン協定とアメリカ金融界」（『政治経済史学』第四五〇号、二〇〇四年二月）七五―八六頁〕。また、ハリマンはローズベルトの求めに応じて共和党に政治献金をしたが、その時の約束を、ローズベルトが反古にしたことがより直接的な関係悪化の原因であろう〔Hamilton J. Eckenrode and Pocahontas Wight Edmunds, *E. H. Harriman: The Little Giant of Wall Street* (New York: Greenberg, 1933), pp. 164-75.〕。

グリスコムはこの対立を知っていたが、ハリマン計画に賛同したこと、家族同士が親密であったことから援助した。その結果、グリスコムは公使の任を解かれ、失意の内に日本を離れている〔Griscom to C. A. Griscom (father), October 26, 1905, The Paper of Lyord Carpenter Griscom, Box No. 1 (Library of Congress, Washington, D. C.)〕。

(51) 外務省編『小村外交史』六六八頁。

(52) 小林「桂＝ハリマン協定と日露戦後経営」九三（四七三）頁。

(53) 内山正熊「小村外交批判」（『現代日本外交史論』慶應義塾大学法学研究会、一九六六年）九六―九七頁。

(54) 小林『日本の大陸政策』一一四―二三頁。

(55) 外務省編『小村外交史』六六八頁。

(56) 『日本外交文書』第三五巻、五〇一頁。

(57) 桝本卯平『産業帝国主義――東亜前途の栞――』（洛陽堂、一九一六年）二四六―四八頁。

(58) 小林『日本の大陸政策』一一九頁。

(59) 桝本卯平『自然の人小村寿太郎』（洛陽堂、一九一四年、大空社復刻、一九九五年）七〇二―〇三頁。

(60) 寺本『日露戦争以後の日本外交』一七頁。

(61) 外務省編『小村外交史』三七頁。

(62) 桝本『自然の人小村寿太郎』五〇二―〇三頁。

(63) 『日本外交文書』第三三巻別冊三、北清事変下、六七七―七八頁。

(64) 同右、六八九―九〇頁。

(65) 『国民新聞』（一九〇五年六月十八日）。

(66) 黒木『小村寿太郎』五八頁。

(67) 小村捷治「父の思い出」（黒木『小村寿太郎』）九六二―六八頁。

(68) 岡本「明治日本の対中国態度の一断面」八五頁。

(69) 三輪公忠「『国民戦争』と『帝国主義戦争』の間」（『環』第一九号、藤原書店、二〇〇四年十月）二三九頁。

（上智大学大学院）

研究余滴

出来すぎた伝説

――奉天からタンネンベルクへ――

大木　毅

第一次世界大戦初頭に生起したタンネンベルク会戦といえば、殲滅戦の代名詞ともいうべき戦闘である。この戦いにおいて、当時の独露国境地帯である東プロイセンを守っていたドイツ第八軍は、ほぼ倍の兵力を有するロシア北西方面軍と対峙し、これを撃破してのけたのだ。かかる戦史上まれにみる勝利に、各国軍事筋は当然注目し、大戦中もその後も、タンネンベルク戦の経緯と、交戦した両軍の作戦とを熱心に研究したのであったが、彼らがひとしく疑問に思うことがあった。

ドイツ側は、戦略の常道通り、北西方面軍を構成するロシア第一軍および第二軍を分断し、後者に集中攻撃を指向して、撃滅することに成功している。ただし、少数兵力をもって優勢な敵にあたることは、常に綱渡りを余儀なくされるのであって、それは、タンネンベルクの場合でも例外ではない。戦闘のある段階においては、ドイツ軍はわずか騎兵一個師団強の兵をもって第一軍を支え、そのすきに他の部隊をあげて第二軍を攻撃するという、きわどい兵力運用をしている。かような局面で、第一軍を指揮するレンネンカンプ（Pavel Rennenkampf）大将が積極的な行動をとり、第二軍の司令官サムソノフ（Alexander V. Samsonov）大将を救援に出たとしたら、むろんタンネンベルクの大勝はありえず、それどころか、逆にドイツ第八軍のほうが撃破されたという公算が大きい。

しかし、レンネンカンプは、サムソノフを援助せず、第二軍が殲滅されるのを許してしまった。何故か？

第八軍首席参謀であったマックス・ホフマン（Max Hoffmann）中佐は、興味深く、またそれゆえに人口に膾炙することになる答えを示している。ホフマンは、日露戦争において、観戦武官として日本軍に従軍しているのだが、そのときの経験から、レンネンカンプとサムソノフは仇敵ともいうべき間柄にあり、ために、けっして協同しないであろうと確信していたというのである。彼は、第一次世界大戦後に退役したのちに、好んで、この話を語ったというし〔J・W・ウィーラー・ベネット『ヒンデンブルクからヒトラーへ』木原健男訳（東邦出版社、一九七八年）二六一二七頁〕、その回想録にもまた記述を残している。関連する部分を、広く読まれた英訳版の復刻から引用しよう。

「私は、両者が個人的に敵対しているのを知っていた。それは、遼陽の戦いにまでさかのぼる。そこで、サムソノフはシベリア・コサック師団を率いて烟台炭坑を守備していた。彼のコサック兵たちは卓越した勇敢さをみせたのだけれど、サムソノフは部下たちを後退させなければならなかった。一支隊を率いて、ロシア軍左翼にいたレンネンカンプが、繰り返して命令されたにもかかわらず、行動せぬままでいたからだ。戦闘のあと、奉天駅頭において、二人の指揮官のあいだで、きわめて辛辣なやりとりがなされたという情報が目撃者から得られた」〔Max Hoffmann, *The War of Lost Opportunities* (Nashville: The Battery Press in Association with the Imperial War Museum, London Department of Printed Books, 1999), p. 34〕。

ここでは、控えめな表現になっているが、ウィーラー・ベネット（J. W. Wheeler-Bennett）の記述のほうでは、「そこで二人は激しく相手を責め合った揚句、ついに激昂したコサック司令官はいきなり相手を殴りたおした。二人は敗軍将兵の目前で、泥まみれになってつかみあいをやったが、結局、みるにみかねた幕僚たちによって引き離された。このシベリア・コサック司令官こそは誰あろう、サムソノフその人であり、対手はレンネンカンプであった」と、よりヴィヴィッドなものになっている（ウィーラー・ベネット『ヒンデンブルクからヒトラーへ』二六頁）。

国民的英雄となった第八軍司令官ヒンデンブルク（Paul von Hindenburg）大将ならびに参謀長のルーデンドルフ（Erich Ludendorff）少将の陰に隠れ、比較的名前が知られぬままに終わったものの、実際に同軍の作戦を立案したのは彼であったとされる人物が、かくも出来すぎた証言をなしたのだから、この説明が広まったのも当然であった。第一次世界大戦のあとに、ホフマンの回想は一般に受け入れられ、タンネンベルク会戦の記述がなされるときには、必ずといってよいほど引用されるエピソードとなる。それは第二次世界大戦後のわが国にまで継承されたのであって、自衛隊の戦史研究や、珍しくも日本人の手になる最近のホフマン伝にも、レンネンカンプはいわば「奉天の仇をタンネンベルクで取ったのだ」式の叙述がみられる〔陸戦史研究普及会編『タンネンベルヒ殲滅戦』(原書房、一九六七年)二一二頁/本多巍耀『皇帝たちの夏──ドイツ戦争計画の破綻──』(高輪出版社、一九九二年)六七―六八頁〕。

ところが、一九九一年に、アメリカのデニス・ショウォルターの著作が出版されるにあたり、ホフマンの「伝説」は終焉を迎えることになった。この、初めてタンネンベルク会戦に歴史学的な分析を加えた研究によって、奉天駅頭の争いというのはあり得ないことが指摘されたのだ。一九四五年という混乱した時期に出され、さほど注目されなかった仏人ジャン・サヴァン(Jean Savant)の著作に基づき、ショウォルターは驚くべき事実を提示している。

問題の、奉天で両指揮官が邂逅したとされる時期には、レンネンカンプは負傷して入院していたというのだ。「鉄道駅にたどりつくためには、彼は担架で運ばれる必要があっただろう」というのは、ショウォルターが付け加えた皮肉である。かくて、サムソノフとレンネンカンプのあいだにくすぶっていた私怨が、タンネンベルクの大敗を招いたという議論は、最初からなりたたなかったことが判明したのだった〔Dennis E. Schowalter, *Tannenberg. Clash of Empires*, (Hamden, Conn.: Archon Books, 1991), p. 134〕。

まことに、竜頭蛇尾とでも言おうか、死せるホフマンに一杯喰わされたと苦笑したくなるような結末であるが、かかる事実無根の「伝説」が半世紀以上もの長きにわたって流布されたことを考えると、思いなかばに過ぎるものがあろう。折から日露戦争百年を迎え、ホフマンの嘘のみならず、一世紀前のいくさのさまざまな真実が白日のもとにさらされることが期待される。

されど、歴史に関しては、事実の数だけ伝説が存在するといっても過言ではないし、新たにつくられることさえある。最近では、アイゼンハワーは意図的にドイツ軍捕虜を大量死させたとするカナダの「歴史家」の主張などが記憶に新しい。これについては、わが国でも翻訳出版されたため、すっかり信じ込んで提灯を持った向きもあったようだが、実は、この本は、まことしやかに典拠となる文書館史料が並べ立ててあるものの、西ドイツ政府当局による旧国防軍捕虜に関する精密な調査報告という基本資料をネグレクトして立論されたしろものであり、学界においては、厳しい批判を浴びて葬り去られたといってよい「研究」なのだった。

かほどに低レベルのものでなくとも、例えば、ナイジェル・ウェスト（Nigel West）の情報戦史などを読むと、チャーチルはコヴェントリー爆撃の情報を事前に得ていながら、暗号解読の成功をドイツ軍に察知されることを恐れて、敢えて現場に警告を与えず、ために大きな被害を出したという、よく知られた話にまで疑義が呈されていることがわかる〔ナイジェル・ウェスト『スパイ伝説――出来すぎた証言――』篠原成子訳（原書房、一九八六年）〕。

かくまでも伝説は生まれやすく、ときには、奉天から夕ンネンベルクに至るまで、一人歩きする。

ありふれた結論ではあるにせよ、出来すぎた伝説には常識をもって対するということしか、処方箋はなさそうである。

（会員）

歩兵中心の白兵主義の形成

原　剛

はじめに

一九〇四（明治三十七）～一九〇五（明治三十八）年に戦われた日露戦争は、二十世紀最初の本格的な国家間の戦争であった。この戦争において日本陸軍は、大国ロシアに辛勝し、海軍は完勝した。日露戦争に勝利した教訓から、陸軍は歩兵中心の白兵（銃剣突撃）主義、海軍は大艦巨砲の艦隊決戦主義を採用し、その後もこれを日本独特の教義（ドクトリン）[1]として定着化し、一九四五（昭和二十）年八月の敗戦まで堅持し続けた。

本論は、日本陸軍が敗戦まで堅持してきた歩兵中心の白兵（銃剣突撃）主義が、日露戦争後に、いかにして採用されるようになったかについて考察するものである。[2]

一　日露戦争の実態

陸上戦闘面からみると、日露戦争は、古代の白兵・投擲兵器による密集集団戦法、中世の歩兵・騎兵による集団戦法、近世の歩兵・騎兵・砲兵による散開戦法に続く、近代の銃砲火力による散兵戦法の時代に属する。即ち、散兵と砲兵の射撃によって突撃の機会を作為し、歩兵の突撃によって勝敗を決するのである。しかし、日露戦争における実際の戦いは、表1のように、銃剣突撃の白兵戦による損害は減少し、連発小銃・機関銃・大砲などの火力による損害がほとんどで、なかでも大砲による損害が増大し、後の火力戦の兆候を示していたのである。

ちなみに海上戦闘からみると、日露戦争は、古代・中世・近世の帆船による戦いから、近代の装甲蒸気艦による戦いに移った時代の戦争であり、かつての衝角戦法（艦首

表1　戦死傷の創種別割合[3]（％）

戦争		銃創	砲創	爆創	白兵創	その他
西南戦争（官軍）		八九・三	―	―	三・八	六・九
日清戦争（日本軍）		八九・〇	八・七	―	二・三	―
日露戦争	日本軍	七六・九	一八・九	二・五	〇・九	〇・八
	露軍	七三・七	二四・六	一・七		
一次大戦（英軍）		三九・〇	六〇・七	―	〇・三	―

の喫水線下の衝角による体当たりで敵艦を撃沈する戦法）から完全に脱却した、艦砲による砲撃戦に転換した戦いであった。

このように、日露戦争は、陸上戦においては、機関銃という新兵器と砲兵火力がその威力を発揮し、火力戦の幕開けとなる戦争であったが、第一線で戦った部隊などは、火力に対してどのような認識をもったのであろうか。

（二）　砲兵火力に対する認識

日露戦争における最初の両軍主力の会戦であった遼陽会戦が終わった一九〇四年十月に、第二軍司令官奥大将は、これまでの戦闘結果についての所見を指揮下の部隊指揮官に配布した[4]。その中で、これまでの戦闘の損害統計は、銃創九一・三五％、砲創七・九九％、刀創〇・六六％で、砲創が銃創の一〇分の一以下であることから「敵ノ砲弾ノ効力ハ我歩兵ノ攻撃ヲ防止スルコト能ハス、即チ歩兵ハ敵ノ砲兵ノ未タ沈黙セサルノ故ヲ以テ其攻撃ヲ躊躇スルヲ許サ、ルヲ証スルニ足レリ」と述べている。

また、黒溝台会戦後の一九〇五年二月の第二軍の報告書[5]によると、砲創が銃創の四分の一以下であることから「平坦開豁ノ地ニ在テ敵ノ砲火ニ浴シ攻撃前進スル部隊ハ躊躇スルコトナク勇敢ニ前進セハ比較的僅少ノ損害ヲ払ヒ敵ニ接近シ得ルモノナルコト並ニ敵砲火ノ損害ハ歩兵火ニ比シ敢テ恐ル、ニ足ラサルモノナルコト」と述べている。

この平坦開豁地における散開戦法は、一八九九（明治三十二）年南アフリカでボーア人がイギリス軍と戦った際の散開隊形戦法で、日本にも導入研究されていたが、第五師団の第四旅団長依田広太郎少将は散開戦法に熱心で、戦地でも盛んに訓練し黒溝台の会戦で実験し成果を上げた[6]。

また、第五師団の奉天における三月一日の李家窩棚・王家窩棚の戦闘では、銃創二〇五四人に対し砲創一〇三人で、砲創は五％以下となり[7]、砲兵火力に対し散開戦法の効果があったのである。しかしその後、この戦法は、分散して攻撃正面が広くなり、団結の威力と突撃の威力を欠くということで認められなくなった[8]。

日露戦争間の主要な戦闘における砲兵火力による損害（死傷者）は、表2のとおりである[9]。この表によると、各戦闘

表2　歩兵の創種別死傷者数およびその割合（日本陸軍）

会戦名	戦闘年月日	戦闘参加人員（人）	死傷者数					合計戦闘参加人員に対する死傷者の割合（%）
			銃創（%）	砲創（%）	白兵創（%）	爆創（%）	その他（%）	
鴨緑江	明治37年 4.26～5.1	32,686	865 (89.8)	90 (9.3)	1 (0.1)	0	7 (0.7)	963 (2.9)
金州・南山	同 5.25～26	30,918	3,644 (87.6)	359 (8.6)	3 (0.1)	15 (0.4)	137 (3.3)	4,158 (13.4)
遼陽	同 8.25～9.4	104,281	19,570 (86.7)	2,227 (9.9)	177 (0.8)	79 (0.4)	518 (2.3)	22,571 (21.6)
第1回旅順	同 8.19～24	40,329	10,267 (75.0)	2,559 (18.7)	70 (0.5)	23 (0.2)	770 (5.6)	13,689 (33.9)
第2回旅順	同 10.26～31	33,002	1,993 (62.6)	815 (25.6)	10 (0.3)	194 (6.1)	170 (5.3)	3,182 (9.6)
第3回旅順	同 11.26～12.6	42,417	9,008 (56.8)	2,496 (15.8)	140 (0.9)	2,654 (16.7)	1,575 (9.9)	15,873 (37.4)
沙河	同 10.8～20	116,896	16,204 (83.0)	1,991 (10.2)	287 (1.5)	131 (0.7)	914 (4.7)	19,527 (16.7)
黒溝台	明治38年 1.25～29	80,987	6,333 (74.1)	1,382 (16.2)	72 (0.8)	8 (0.1)	747 (8.7)	8,542 (10.5)
奉天	同 2.24～3.17	212,053	54,600 (84.0)	7,018 (10.8)	404 (0.6)	209 (0.3)	2,733 (4.2)	64,964 (30.6)
総計（全戦闘）		1,183,470	136,162 (78.6)	22,284 (12.9)	1,364 (0.8)	4,041 (2.3)	9,300 (5.4)	173,151 (14.6)

とも銃創による死傷者が大半を占め、砲創による死傷者は少ない。旅順の攻撃において特に第二回の攻撃では、砲創による死傷者が二五・六％と日露戦争間で最も高い割合になっている。日露戦争間の全戦闘の総計では、銃創が七八・六％、砲創が一二・九％で、砲創は銃創の六分の一に過ぎないものであった。

このように、砲創による損害に比べ、銃創による損害が圧倒的に多かったことから、陸軍は砲兵火力に余り注目しなかったものと考えられる。しかし、表1でも分かるように、砲兵火力は、これまでの戦争に比べて明らかに増大しているのであり、その後の火力戦へ移行する兆しを示していたのであった。日本陸軍は、この変化の兆しを読み取ることができなかったのである。

また、日本軍砲兵は、表1に示すように、ロシア軍砲兵よりも、多くの割合の損害を与えていたのであるが、砲弾の欠乏と砲兵運用の未熟による歩兵への協力不足などから、砲兵への不信感が醸成されていった。一砲兵聯隊長は「全戦役間弾薬が不足したため、何時も満足な戦いができず、之がため終始敵に苦められ、余計な損害を被り尚好機を失し、長蛇を逸したことは、殆んど常態であった」と述べている。[10]

砲兵運用について、一九一六（大正五）年に参謀本部が編纂した『戦史及戦術ノ研究　第一巻　陣地攻撃』は「日露戦争当時ニ於ケル日本軍砲兵ハ全軍ノ期待ニ副ハサルコト頗ル多シ」と述べ「高等指揮官ノ砲兵用法適当ナラサリシ」こと、「砲兵ハ終始砲戦ニ没頭シ歩砲兵ノ協力ニ関スル努力少ナシ」ことを指摘し、砲弾の欠乏については、当局者の責任であるが、制限ある弾薬を適当に按配し得なかったのは、高級指揮官および砲兵指揮官の砲兵用法が適当でなかったからだと述べている。[11]

（二）　白兵突撃の実態

日露戦争の結果に基づき各部隊などから提出された意見を選考審議し軍制改良の資とするため、一九〇六（明治三十九）年六月、陸軍軍制調査委員が設置された[12]（軍制調査委員については後述する）。この軍制調査委員が審議した報告書に[13]、「陣地ニ拠リ頑固ニ抵抗スル敵ニ対スル攻撃ハ、尺領寸奪ノ情勢ヲ呈シ、終ニ剣戟相搏ツニ至リ、最後ノ決戦ハ銃剣ニ在ルコト本戦役各地ノ戦闘之ヲ証セリ」という意見がある。はたして、各地の戦闘でこのような銃剣突撃で勝利したのであろうか。

表2によると、銃創・砲創に比べ白兵創による損害が極めて少ない。これは、白兵による銃剣突撃が頻繁に実施されていないことを示しているのであって、各地の戦闘で白兵戦が実施されていたのであれば、相当数の白兵創による損害が発生したはずである。日本軍の白兵創は、わずかに〇・八％であり、ロシア軍は爆創・白兵創など合わせても一・七％に過ぎない（表1）ことから、激しい白兵戦が展開されたとは言い難いのである。

旅順の攻略戦や橘中佐が戦死した遼陽の会戦などでは、激しい白兵戦が展開されたように思われるが、白兵創はいずれも一％以下である。これは、白兵戦に突入する直前に、至近距離からの銃火に倒れたからである。[14]

ロシア兵は、日清戦争時の清国兵と異なり、伝統的に銃剣戦闘を得意とし、戦闘意欲も旺盛であったため、日本軍はしばしば苦戦に陥ったのであった。ロシア兵に対しドラゴミロフ将軍は、その国民性に適した銃剣戦闘教育を強化していたのである。ロシア兵と日本兵の銃剣戦闘は「露兵ノ攻撃カ銃剣ヲ使用シ得ヘキ場合ニ於テ大効ヲ奏シタルモ亦明ナル事実ナリトス、日兵ハ未タ嘗テ之ニ抵抗シタルコトナク全ク手ヲ束ネテ退却セリ、日兵ハ銃剣使用ノ練習ニ精励シタル後、戦争ノ末期ニ至リ始テ銃剣ヲ以テ露兵ト戦ヲ交ヘントシタレトモ尚ホ常ニ敗蹟スルヲ免ル、能ハサリキ」という状況であった[15]。

事実、前記の参謀本部編纂の『陣地攻撃』によると、「日露戦争ニ於テハ突撃成功ノ戦例極メテ少ナキ」もので、「敵前四、五百米若クハ其以上ノ距離ヨリ一挙ニ実施シタル突撃ハ悉ク中途ニ於テ失敗シ、夜間敵前至近ノ距離ニ迫リ、翌日我砲撃ノ為敵兵萎縮シ在ル機会ヲ利用シタル場合ノミ成功セリ」という状況であった[16]。

また、一九三二（昭和七）年に参謀本部第四部勤務となった小沼治夫大尉は、日露戦争における日本軍の能力・特性について研究した結果[17]、日本軍の突撃が主要な会戦でしばしば失敗していることを指摘している。師団単位での昼間陣地攻撃中、五二戦例が攻撃停滞か頓挫をし、成功したのは九戦例に過ぎないとし、中でもロシア軍が真面目に抵抗した三九戦例中成功したのは二、三例に過ぎないと述べている。

伝統的に銃剣に信頼をおくロシア軍の軍人心得には「敵ノ如何ニ不意ヲ以テ現ハル、モ銃剣或ハ火力ヲ用ユレハ之ヲ撃破シ得ルコトノ一事ヲ忘ルヘカラス、又両者ノ内一ヲ撰フハ難事ニアラス、隊形ノ如キハ重キヲ措クニ足ラス、敵近ケレハ常ニ銃剣ヲ用ヒ遠ケレハ先ス火力ヲ用ヒ次ニ銃剣ヲ用ユヘシ」と銃剣による闘いを重視しているのである[18]。

このように教育訓練されたロシア兵は、前述したように実際の白兵戦で優位に戦い、日本兵に苦戦を強いていたのである。

二　歩兵操典の改正経緯

日露戦争に辛勝した日本陸軍は、戦争の体験から、典範令など教育に関することなど軍制全般に亙って調査検討をし、軍制の改善を進めることになった。その一環として歩兵操典の改正が進められていった。

（一）　教育総監部の発議と戸山学校長の意見

一九〇五年九月五日に日露講和条約が調印され、その直後の九月二十五日、教育総監部は、日露戦争の経験に基づく教育上の改善に資するため、各部団隊長の意見を取り纏め提出するよう、各軍および留守師団の参謀長に請求したことを、参謀長中村覚中将名で陸軍次官に通報した[19]。それは典範令など教育に関する改善意見を十二月末日までに提出されたいというものである。さらに、翌年の一九〇六年二月十五日には、教育総監部の幕僚および各兵監部に対し、各部団隊より徴集した意見を、次のような調査要領により調査するよう達した[20]。

その調査要領は、調査項目として、①典範令に改正を要すべき事項、②将校団教育令に改正を要すべき事項、③軍隊教育順次教令に改正を要すべき事項、④其の他教育上条令規則に改正を要すべき事項の四項目を示し、四月中旬までに改正の要旨を、歩兵に関しては戸山学校、騎兵・野戦砲兵・要塞砲兵・工兵・輜重兵に関しては当該兵監部が担当してまとめるというものである。

これを受け、戸山学校長大谷喜久蔵少将は、同年四月に「歩兵操典ニ対スル改正要旨」と「歩兵射撃教範改正意見」を教育総監に報告した。(21)

この歩兵操典改正要旨は、「一、今回実験ノ結果ニヨレハ改正スヘキ意見多々アルモ、大体ニ於テ現操典ノ精神及本領ニ準シ若干火器効力ノ増進ニ伴ヒ認容スヘキ範ニ拡充セハ足レリトス。二、操典ハ其編述ノ順序体裁若シクハ文章語句上動モスレハ誤解若シクハ難解ニ苦シムアリ、此等ニ対シテハ修正ヲ加エントス」と述べ、第一部については改正事項を一九項目列挙し、第二部については「夜間戦闘、諸兵種共同動作、陣地攻撃法等ニ関シ操典ニ詳述セントスルノ意見アルモ之レヲ採用セス。第二部全体ニ関シテハ若干字句ノ改正等ヲ要スルモ、現操典ノ根本本領ニ至リテハ毫モ之ヲ変更スヘキ必要ヲ認メス」と、歩兵操典の大幅な改正の必要はないと報告している。

つまり、歩兵教育の責任者である戸山学校長としては、現行の明治三十一年制定の歩兵操典の「歩兵戦闘ハ火力ヲ以テ決戦スルヲ常トス」(第二百三十二項)、「攻撃ハ敵ニ優ルノ射撃ヲ行フニ非ラサレハ其奏功期ス可ラス、先ツ砲兵ノ火力ヲシテ敵ニ優ラシムル事ヲ勉メ、此火力ニ依リ歩兵ノ攻撃進路ヲ開カシムル可シ」(第三百一項)という火力重視の思想を変更する必要はないと判断したからこそ、前記の報告をしたものと考える。

(二) 軍制調査委員の設置

戸山学校長および各兵監から、典範令などの改正要旨が教育総監に提出された後の六月七日、これらを普く詮衡審議し採否を決定して将来の軍制改革の資にするため軍制調査委員(会)の設置が決定された。六月十四日、教育総監西寛二郎大将がその委員長に任命され、続いて六月二十日に、表3のように委員が任命され、さらに六月二十九日から九月三日の間に、二十数名の臨時委員が任命された。(22)

調査委員は、軍務局長・参謀本部部長・教育総監部参謀長・各兵監・戸山学校長などを長とした一三個の班編成をとり、一般の制度、召集・徴兵・補充、各兵科の典範令などについて、それぞれ各班で分担して審議をした。歩兵の担当は第五班で、班長は戸山学校長大谷喜久蔵少将であった。(23)この軍制調査委員の設置により、これまで教育総監部内での典範令などの改正研究は、そのまま軍制調査委員に引き継がれたものと考えられる。

軍制調査委員が設置された直後の七月五日、委員長の教育総監は「各兵科操典及教範改正ノ要旨」を示し、各操典の改正案に改正理由書を付し報告するよう達した。歩兵操典に関しては、先の戸山学校長報告について、教育総監として多少所見を異にする事項があるので、それを「歩兵操典改正要旨ニ関スル注意」として列挙した故、さらに検討するよう内訓した[24]。

この内訓は、「銃剣突撃ノ価値及応用ヲ更ニ明瞭ニスル

表3　陸軍軍制調査委員（明治39年6月20日）

	氏名	階級	補職
委員長	西　寛二郎	大将	教育総監（6.14付）
	川村　景明	大将	東京衛戍総督 （西大将英国差遣間40.1～7）
委員	中村　覚	中将	教育総監部参謀長
	上原　勇作	少将	工兵監
	宇佐川一正	少将	軍務局長
	大迫　尚道	少将	野戦砲兵監
	渋谷　在明	少将	輜重兵監
	豊島　陽蔵	少将	要塞砲兵監
	大谷喜久蔵	少将	戸山学校長
	秋山　好古	少将	騎兵監
	大沢　界雄	少将	参謀本部第3部長
	松川　敏胤	少将	同　第1部長
	山口　勝	砲兵大佐	軍務局砲兵課長
	加藤　政義	工兵大佐	同工兵課長（後に交代）
	林　太郎	歩兵大佐	同　歩兵課長
	浅川　敏靖	騎兵大佐	同　騎兵課長
	俣賀　致正	1等主計正	経理局衣糧課長
	三浦得一郎	1等軍医正	医務局衛生課長
	中舘長三郎	1等軍医正	同　医事課長
	柴　勝三郎	歩兵中佐	教育総監部参謀
	和崎　恭弼	輜重兵中佐	輜重兵監部
	田中　義一	歩兵中佐	参謀本部作戦班長
	山田　隆一	歩兵中佐	軍務局
	草生　政恒	歩兵中佐	人事局補任課長
	木田伊之助	砲兵中佐	野戦砲兵監部
	古海　厳潮	歩兵中佐	戸山学校次長
	尾野　実信	歩兵中佐	参謀本部
	大島　又彦	騎兵少佐	騎兵監部
	今井　武雄	3等主計正	会計監督部
	竹内　赳夫	工兵少佐	参謀本部
	本城幹太郎	歩兵少佐	同
	中島　栄吉	砲兵少佐	要塞砲兵監部
	村岡長太郎	歩兵少佐	参謀本部
	口羽武三郎	工兵少佐	工兵監部
（追加）	今泉　六郎	1等獣医正	獣医学校長（6.29）
（交代）	井上　仁郎	工兵大佐	工兵課長（7.25）

ヲ要セサルヤ」「陣地攻撃法ヲ若干修正スルコト（今回ノ戦役ニ於テ戦闘多クノ場合ニ歩兵ノ前進ハ常ニ砲火ノ成効ヲ待ツ能ハサリシカ如シ）」と、じ後の改正の根本となる白兵銃剣突撃と砲兵火力に頼らない歩兵の攻撃を、改正検討事項として示したのである。[25] これを受けて戸山学校長大谷少将は、歩兵操典改正草案の起案に着手した。

起案に着手後の八月十一日、教育総監部参謀長は、陸軍次官に「各兵種ノ操典・教範ヲ改正シ予メ草案トシテ頒布実施セシメ」、具体的には「三十九年十二月ヨリ実施シ尚ホ十分研究之上、本改正ニ着手致度」と、「各兵種操典教範改正要領」を付して内議した。陸軍次官は異存無しと回答し、ここにまず草案を作成して試行し、その結果を十分研究した上で本格的改正をすることが決まった。[26]

この「各種操典教範改正要領」には、各兵種に共通し関連するものは一致させること、諸制式は簡単にすること、戦闘原則は明瞭にして分かりやすくすること、現在の編制・兵器を基礎とすることなどが示されているが、戦闘行動をいかにするかは示されていない。

ついで十月十一日、戸山学校長は委員長の教育総監に、草案起案に当たり各部団隊の意見中採用すべきものを「歩兵操典ニ関シ採用スヘキ意見」として報告した。[27] その中に「陣地ニ拠リ頑固ニ抵抗スル敵ニ対スル攻撃ハ、尺領寸奪ノ状勢ヲ呈シ遂ニ剣戟相戟ツニ至リ、最後ノ決戦ハ銃剣ニ在ルコト、本戦役各地ノ戦闘之ヲ証セリ」「歩兵ハ砲兵ニ待ツコトナク（攻撃進路ノ開通）之ト同時若シクハ多少前後シテ攻撃ヲ開始シ、砲火ノ成果如何ニ論ナク攻撃ヲ進捗セシムルヲ要ス」という意見が取り上げられている。しかし、先の九月にまとめた意見中にあった「頑強ナル敵ヲ撃退スルニハ、白兵ニ依ラサルヘカラスト雖モ、銃剣突撃ヲ唯一ノ攻撃法ト考フルハ不可ナリ、攻撃実行ハ多クハ射撃ノ成果ヲ俟タサルヘカラス」という火力を重視する意見[28]は、削除され取り上げられていない。

かくして、じ後の改正草案起案作業は、教育総監が指示した白兵主義と火力に依存しない攻撃を採用することになるのである。その背景には、前項で述べた火力に対する認識と白兵突撃の苦戦への反省があったと考えられ、さらに次に述べる「明治三十九年度帝国陸軍作戦計画要領」と「国防方針」の趣旨に沿う必要があったと考えられる。

（三）攻勢を本領とする「年度作戦計画」と「国防方針」

日本陸軍は、一八九二（明治二十五）年から年度作戦計画を策定していたが、それは国土に侵攻してくる敵を迎え撃つ作戦即ち守勢作戦計画であった。[29] しかし、日露戦争に勝利して大陸に基盤を獲得したことおよび日英同盟の関係から、大陸において攻勢作戦をとることになった。その理由は「今回の日露戦役に於て露国が強大の海軍を有したるにも拘らず、我より進て攻勢を取り得たるを以て、今日の如く露国の海軍殆んど全く殲滅したるに反し、我は安全なる陸上の根拠地を有する形勢に在りては、今回の日露戦役に比し一層容易に攻勢を取り得へけれはなり」というものであった。(30)

一九〇六(明治三十九)年二月「明治三十九年度帝国陸軍作戦計画要領」が裁可され、その綱領に「帝国陸軍の作戦計画は攻勢を取るを本領となす」と規定し、作戦方針として「主作戦を満州に導き敵の主力を求めて之を攻撃し成るへく速に哈爾賓を奪略して烏蘇里地方と露国本土との首要交通線を遮断するに在り」と定められた。(31)

引き続き田中義一中佐起案の国防方針の検討が始まり、陸海軍の協議、内閣総理大臣への商議、元帥会議を経て、一九〇七(明治四十)年四月、天皇に奏答され国防方針が制定された。ここに国軍としての攻勢主義が決定されたのである。この国防方針は「帝国国防方針」「国防ニ要スル兵力」「帝国軍ノ用兵綱領」からなる。(32)

「帝国国防方針」では「明治三十七・八年戦役ニ於テ幾万ノ生霊及巨万ノ財貨ヲ抛テ満州及韓国ニ扶植シタル利権ト亜細亜ノ南方並太平洋ノ彼岸ニ皇張シツツアル民力ノ発展トヲ擁護スルハ勿論益々之ヲ拡張スルヲ以テ帝国施政ノ大方針ト為ササルヘカラス」とし、これがため「我国権ヲ侵害セントスル国ニ対シ少トモ東亜ニ在リテハ攻勢ヲ取リ得ル如クスルヲ要ス」として、「一旦有事ノ日ニ当リテハ島帝国内ニ於テ作戦スルカ如キ国防ヲ取ルヲ許サス、必スヤ海外ニ於テ攻勢ヲ取ルニアラサレハ我国防ヲ全ウスル能ハス」と規定し、海外に於ける攻勢作戦を採用したのである。(33)

このように国防方針・作戦計画が、攻勢主義をもって国防を全うしようとする限り、作戦は攻撃第一主義となり、兵力・装備が優勢でない日本陸軍の戦闘は、攻撃精神旺盛な歩兵中心の白兵主義を採用することになるのである。

(四) 歩兵操典改正草案の頒布

前述のように戸山学校で歩兵操典改正草案の起案が開始され、第一部(教練の規定)および第二部(戦闘原則)が、それぞれ脱稿後上聞に達し、第一部は三十九年十一月十九日に、第二部は翌年五月十三日に頒布された。(34) 軍制調査委員はこの時点で任務終了した。

第一部が十一月に頒布されたのは、一月に入隊する新兵から、この改正草案で教育するためであり、また改正草案を各部隊に普及するため、各部隊尉官一名を戸山学校に召

表4　歩兵操典改正案審査委員（明治41年8月26日）

	氏　名	階　級	補　職
委員長	大島　久直	大将	近衛師団長
委員	依田広太郎	少将	歩兵第1旅団長
	梅沢　道治	少将	近衛歩兵第2旅団長
	大庭　二郎	歩兵大佐	近衛歩兵第2聯隊長
	尾野　実信	歩兵大佐	軍務局歩兵課長
	矢野目孫一	工兵中佐	参謀本部部員
	児島惣次郎	歩兵中佐	同　兼山県元帥副官
	蟻川五郎作	歩兵中佐	歩兵第1聯隊付
	鈴木　孝雄	砲兵中佐	近衛砲兵聯隊付
	奥野　幸吉	騎兵少佐	騎兵監部
	中島　栄吉	砲兵少佐	重砲兵監部
	洲崎　鎌	輜重兵少佐	輜重兵監部
	和田　亀治	歩兵少佐	陸軍大学校教官
	香椎　秀一	歩兵少佐	教育総監部参謀
幹事	鈴木　義雄	歩兵大尉	教育総監部
	松井兵三郎	歩兵大尉	同

集して教育することにした(35)。第二部は戸山学校内で四回審議し、さらに教育総監部で審議し、最終的に陸軍省・参謀本部・教育総監部合同で審議し決定した(36)。

この改正草案は、「明治三十一年歩兵操典」の火力重視思想を歩兵中心の白兵主義に変更したもので、日本陸軍の戦術教義上の大きな方向変換点となるものであった。改正草案第二部(37)の第百八十六項に「歩兵ハ戦闘ノ主兵ニシテ勝敗ノ運命ヲ左右スルモノナルカ故ニ縦令他ノ援助ヲ欠ク場合ニ於テモ尚毅然トシテ戦闘ヲ遂行シ得サルヘカラス」と規定し、さらに第二百三十八項には「地形ヲ利用シ又ハ工事ニ拠レル敵ニ対シテハ適時ニ砲火ノ効果ヲ収得シ難キヲ以テ、歩兵ハ徒ラニ砲戦ノ結果ヲ待ツコトナク却テ彼我砲戦間ニ於テ前進ヲ企ツルヲ要ス（略）縦令砲兵ノ援助ヲ欠ク場合ニアリテモ独立シテ攻撃ヲ遂行シ得サルヘカラス」と、火力に期待しない歩兵中心の攻撃を強調したのである。

また第百八十八項には「歩兵ノ戦闘手段ハ火戦ト白兵戦トス、白兵戦ハ決勝ノ為有効ニシテ欠クヘカラサルモノトし、第二百四十項には「頑強ナル敵ハ単ニ射撃ノミヲ以テ駆逐シ難ク攻者ハ遂ニ銃剣突撃ヲ実施シ、最後ノ決勝ヲ求メサルヘカラス」と、射撃よりも白兵戦の重視を規定したのである。

明治三十一年の歩兵操典は、前述したように第二百三十二項に「歩兵戦闘ハ火力ヲ以テ決戦スルヲ常トス」、第三百一項には砲兵火力によって歩兵の攻撃進路を開き「最後ノ突撃ヲ行フニハ火力ノ成果ヲ待ツ可シ」と規定し、火力を重視していたのである(38)。この火力重視思想が、改正草案で歩兵中心の白兵主義に変更されたのである。

（五）歩兵操典改正案の起案と審査委員の設置

各部隊に頒布された改正草案の試行の結果、各部隊の意見が一九〇七年末までに教育総監部に提出され、翌一九〇八（明治四十一）年、教育総監部は参謀川村正彦中佐を中心に、各部隊の意見を斟酌し改正案の起案に着手した[39]。

その後、七月四日に教育総監は、陸軍大臣に歩兵操典改正案編纂要旨を付しその要旨に従い編纂に着手したいが、異存なければ允裁を仰ぎたいと協議した。陸軍大臣の異存無しという回答を得て教育総監は天皇の裁可を得た[40]。この改正案編纂要旨は、日露戦争の実験と多年の経験ならびに三八式機関銃の制定により現行歩兵操典を修正加除するとして、諸制式を単一にし、戦闘一般の原則はやや詳密に記すことなど形式的なことを記したもので、戦闘行動の内容には触れていない。

ところが七月七日に教育総監部参謀長から陸軍次官に渡された「歩兵操典改正要領書」には、改正すべき事項が列挙されている。しかしそのほとんどが先の改正草案に取り入れられているものであった。白兵戦については「散開隊次及密集隊次」の項に「現行操典ノ如ク火力ノ決戦

表5　歩兵操典改正案審査委員の増員（明治42年1月20日）

	氏　名	階級	補　職
委員	大谷喜久蔵	少将	教育総監部本部長
	長岡　外史	少将	軍務局長
	南部　辰丙	少将	陸軍士官学校長
	山田忠三郎	少将	戸山学校長
	松石　安治	少将	参謀本部第2部長
	森　邦武	歩兵大佐	教育総監部第2課長
	河村　正彦	歩兵大佐	戸山学校教官
	山田　隆一	歩兵大佐	近衛歩兵第2聯隊長
	田中　義一	歩兵大佐	歩兵第3聯隊長 任命直後に軍事課長
	与倉　喜平	歩兵大佐	歩兵第1聯隊長
	長坂　研介	歩兵中佐	軍務局
	中川　幸助	歩兵中佐	参謀本部元帥副官
	武藤　信義	歩兵中佐	参謀本部第4課長
	高柳保太郎	歩兵中佐	参謀本部
	宇垣　一成	歩兵中佐	教育総監部
	菅野　尚一	歩兵中佐	陸軍省副官
	中山民三郎	騎兵中佐	騎兵監部
	春木源三郎	輜重兵中佐	輜重兵監部
	内野辰三郎	歩兵中佐	陸軍大学校教官
	山根　一貫	歩兵中佐	歩兵第4聯隊付
	曽田孝一郎	工兵少佐	参謀本部部員
	山田軍太郎	歩兵少佐	同
	菱刈　隆	歩兵少佐	教育総監部
	津野田是重	歩兵少佐	陸軍大学校教官
（追加）	山梨　半造	歩兵大佐	陸軍大学校幹事　（2月16日）
幹事（追加）	林　弥三吉	歩兵大尉	軍務局　（2月16日）
	川島　義之	歩兵大尉	教育総監部　（2月16日）
委員免	矢野目孫一	工兵中佐	参謀本部要塞課長　（1月20日）

ヲ常態ナリトスルトキハ、動モスレハ火力ニノミ依頼シテ勝利ノ解決ヲナサントシテ、遂ニ攻撃前進ノ気勢ヲ失ハシムルニ至ルノ虞アリ、故ニ改正操典ハ火戦ハ歩兵戦闘ノ大部分ヲ占ムルモノニシテ、又之ニ由リテ戦闘ノ局ヲ結フコトナキニアラサレトモ、頑強ノ敵ニ対シテハ断乎トシテ白兵ヲ使用シ最後ノ勝利ヲ求メサルヘカラサルノ主旨ニ修正セントス（改正草案ノ主旨ニ同シ）」とあり、砲兵火力に期待しない歩兵の攻撃については「攻撃及防禦」の項に「歩兵ノ前進ニ先チ我砲兵ノ火力ニ由リテ敵ヲ全ク制圧スルコトハ望ム所ナレトモ、地形ヲ利用シ又ハ工事ニ拠レル敵ニ対シテハ適時ニ砲火ノ効果ヲ収得シ難キヲ以テ、歩兵ハ砲戦ノ結果ヲ待ツコトナク前進ヲ企ツルコト並ニ全ク砲兵ノ援助ヲ欠クモ独立シテ攻撃ヲ遂行スヘキコト（改正草案ノ主旨ニ同シ）」と改正すると記している。(41)

このようにこの歩兵操典改正案は、頒布した改正草案を、部隊の意見により若干修正した程度で、改正草案に酷似したものであった。(42) かくして歩兵操典改正案は八月に脱稿したので、さらにこれを審査するために、「歩兵操典改正案審査委員」が設置された。委員長には近衛師団長陸軍大将大島久直が、委員および幹事には表4のようなメンバーがそれぞれ同年八月二十六日付けで任命された。(43) 委員は十数回の会議を重ね改正案の審議をしたが、さらに慎重な審議が必要なため、翌一九〇九（明治四十二）年一月二十日および二月十六日付けで、表5のように委員および幹事が増員された。(44)

審査委員が二十数名も増員され、しかも教育関係の重要ポストの人物が委員になっているのは、軍務局長長岡外史少将が、次に述べるような意見を審査委員会において呈示し、その意見を取り入れさらに審議するためであったと考えられる。(45)

（六）　長岡少将の意見とその後の審議

長岡軍務局長は、審査委員会の審議が大詰になった頃の一月（何日かは不明）、審査委員会で重大な意見を呈示した。それは、日本の国情に合った徹底した歩兵中心の白兵主義を採用し、これを操典の根本主義とするという、以下のような意見であった。(46) 長岡軍務局長は、改正草案に残る従来の射撃主義の思想を一掃するため、「根本主義」「白兵主義」という言葉を用い、その徹底を図ろうとしたものと考えられる。

1　歩兵操典ノ改正ニハ左ノ根本主義ヲ採用セントス

第一　国ノ情態及国民ノ性情ニ適シ、地形ニ基キ、又軍ノ現時ノ境遇ニ応セシムルコト

第二　軍ニ於ケル有形無形両教育ノ骨幹タラシムルコト
第三　歩兵ハ戦闘ノ主兵ナリトノ要義ヲ益々拡張シ、未来ノ戦場ニ於ケル歩兵責務ノ重大ナルコトヲ明カニシ、コノ主義ニ基キ他兵種トノ協同動作ヲ規定スルコト
第四　白兵主義ヲ採用スルコト即チ敵ニ優越スル射撃力ヲ以テ敵ニ近接シ白兵ヲ以テ敵ヲ撃攘スルコト
2　歩兵操典ハ左ノ趣意ニ依リ記述セントス（以下略）

長岡軍務局長は、この四項目の根本主義についてそれぞれ説明をしているが、第一項については、日本の国情に合った独特のものが必要であるとし、第二項では、「無形ノ武器ハ鉄壁ヲモ破砕シ軍人精神ノ磅スル所寡兵ヲ以テ衆敵ヲ破リ得ヘシ」ことを日露戦争で学んだ、しかも「日本ノ人口ト日本ノ富トハ急ニ膨張スルコト能ハス、大勢ヨリ打算スレハ吾人ハ未来ノ戦役ニ於テモ寡兵ト鈍器トヲ以テ敵ニ対シテ勝利ヲ無理押シセサルヘカラス」と将来とも劣勢な兵力と兵器で勝利を追求しなければならないことを強調し、第三項では、日露戦争で歩兵が戦場の主兵であることが明確となり「未来ヲ達観シテ歩兵中心主義ヲ本操典改正ニ採用スルコト必要ナリ」と述べ、第四項では、文明が進むに従い戦闘は強靱性を増し復讐心も交えるので「歩兵ノ戦闘主義ハ白兵ニシテ、射撃ハ此ノ白兵ヲ使用スル迄ニ敵ニ近接スル手段ナリ」と将来とも白兵戦が重要となり、「日本古来ノ戦闘手段ハ源平時代ヨリ今日ニ至ル迄白兵主義ニシテ、而モ世界独特ノ妙技ト称セラレタルモノニシテ、国民ノ性情ニ能ク適合スルモノナレハ、此長所ヲ益々発揮シ世界唯一ノ強敵ト為ルコトハ我国ニ於テノミ独リ能クシ得ヘキコトト信ス」と白兵主義を強調した。(47)

長岡軍務局長のこの「根本主義」意見を受け、審査委員会はこれに賛同し、前述のように委員が増員されさらに審議を重ねることになった。大島審査委員長は、松石安治少将を委員長とする審査特別委員を設置し、この根本主義に照らして操典の総則と第二部をさらに研究審議することにした。(48)

審査特別委員会は、従来の経緯と長岡意見を参考に審議を重ね、三月二十七日に松石審査特別委員長は、大島審査委員長に審議結果を報告した。(49)その報告は、長岡意見の根本主義を基本にして「歩兵操典改正ニ関スル一般方針」を第一に掲げ、第二に「歩兵操典一般組立」を呈示し、操典の冒頭に「綱領」を設けてここに歩兵の本領・操典の目的・教練の精神等を記し、第一部に教練に関する事項を網羅し、第二部に戦闘の原則を記し、第三部に儀式礼式に関する事項を集めるというものである。

この報告を受けた大島審査委員長は、審査委員の同意を得て、改正案を起草することになった。四月に与田広太郎少将を委員長とする起草委員を設置し起草に着手した。[50]

起草委員は、従来の改正案などと長岡意見および特別委員長の報告を骨幹とし、さらに外国の歩兵操典などを参考にして八月に脱稿した。この改正案は、綱領・第一部総則と教練の要則・第二部戦闘一般の要領を、特別委員の例示するものに準じて起草し、第二部の攻撃以降は主として先の改正案に準じて起草したものであった。[51]

審査委員長は、さらに元帥・軍事参議官に意見を求め、その意見を取捨斟酌し修正するため、大谷喜久蔵中将のもとに特別審査委員を設けて検討修正し、十月その修正案が審査委員総会で満場一致で承認決議され、ここに改正案が成立した。[52]

一九三八（昭和十三）年に教育総監部の第二課長となり歩兵操典の改正に当たった宮野正年中佐（終戦時少将）は、古い史料の中から、明治四十二年の歩兵操典改正案に当時軍事参議官であった乃木希典大将が修正意見とその理由を朱書きしているのを見付け、よく調べてみると、乃木大将の意見の大部分が生き残っていたと戦後回想している[53]ことからも、当時の歩兵操典改正がいかに慎重かつ多くの意見を聴きながら綿密に実施されたかが分かるのである。

（七）　歩兵操典の裁可と軍令による発布

この最終改正案は陸軍大臣および参謀総長の協賛を経て、教育総監大島久直大将から上奏され、さらに軍事参議院に諮詢され、十月二十三日裁可された。[54]

寺内正毅陸軍大臣は、十一月二日に「歩兵操典施行ノ件」を上奏し、十一月八日裁可され軍令陸第七号をもって改正歩兵操典が発布され施行されることになった。[55]

三　改正歩兵操典の基本思想

改正歩兵操典は冒頭に「綱領」を掲げ、操典を貫く基本的考えを明示した。その中で重要なのは次の三項である。

第一　歩兵が戦闘の主兵であり、戦闘に最終の決を与えるものである

第二　戦闘に最終の決を与えるのは銃剣突撃である

第四　攻撃精神の強固、体力の強健及武技の熟練は歩兵必須の要件であり、攻撃精神に富める軍隊は寡を以て衆を破ることができる

これは即ち、歩兵中心主義・白兵主義・攻撃第一主義であり、歩兵操典改正理由に掲げられた「改正の根本主義」

に示されたものである。この「改正の根本主義」が何時の時点で作成されたか明確でないが、表6に整理した基本思想の変遷でみると、審査特別委員の「改正の一般方針」と同じであることから、これを基にして起草した起草委員の起草段階で「改正の根本主義」とされ、改正理由書の最初に掲げられたものと考える。

改正歩兵操典の歩兵中心主義・白兵主義・攻撃第一主義は、表3・4・5のような陸軍首脳陣の総力をあげて表6のように、改正初期の段階から逐次に強化されていったことが分かるのである。改正歩兵操典を貫くこのような考えは、前述したように日露戦争に勝利した教訓から得たものというよりも、苦戦をした教訓から得たものである。苦戦

表6　歩兵操典改正過程における基本思想の変遷

教育総監の内訓（39年7月）	銃剣突撃の価値及応用をさらに明瞭にする 陣地攻撃法の修正（砲火の成功を待つことなく前進）
草案第二部（40年5月）	歩兵は戦闘の主兵にして勝敗を左右するもの 白兵戦は決勝の為有効にして欠くべからざるもの 歩兵は砲兵の援助を欠く場合も独立して攻撃を遂行する
長岡少将の根本主義（42年1月）	1国情・民情に適し軍の現状に応じる 2有形無形両教育の骨幹とする 3歩兵は戦闘の主兵なるを益々拡張する 4白兵主義を採用し白兵を以て敵を撃攘する
審査特別委員の改正一般方針（42年3月）	1国体・民情・地形に適い軍の状況に応じる 2有形教育に精神気力を付与する 3諸制式・教育を単一にする 4歩兵は戦闘の主兵なるを一層拡張する 5攻撃精神を基礎とし白兵主義を採用し白兵で最後の決を与える（以下記述要領）
改正の根本主義（42年10月）	1国体・民情・地形に適い軍の状況に応じる 2有形教育に精神気力を付与する 3諸制式・教育を単一にする 4歩兵は戦闘の主兵なるを一層明確にする 5攻撃精神を基礎とし白兵主義を採用し白兵で最後の決を与える
歩兵操典の綱領（42年10月）	1歩兵は戦闘の主兵で戦闘に最終の決を与える。他兵種の協同を欠くも戦闘を遂行する 2戦闘に最終の決を与えるのは銃剣突撃とす 3軍紀は軍隊の命脈 4攻撃精神の強固、体力の強健、武技の熟練は歩兵必須の要件なり攻撃精神に富める軍隊は寡をもって衆を破る 5士気の旺盛率先躬行 6協同一致と独断専行 7戦闘に於ては百事簡単にして精練

したからこそ、それを如何に克服するかを考え、国力劣勢で戦わねばならない日本陸軍の苦肉の策であったと考えられる。

註

（1）西浦進『兵学入門――兵学研究序説――』（田中書店、一九六八年）一八九―九〇頁によると、教義はドクトリンで、責任用兵当局が当時最も適切だと考えた能力の発露であり、術策の一部の表現とされている。

（2）先行研究として、遠藤芳信『近代日本軍隊教育史研究』（青木書店、一九九四年）、荒川憲一「我が国独特の戦法の誕生」（『陸戦研究』一九九九年九月号）、淺川道夫「日本陸軍にみる白兵戦思想の変遷」（『陸戦研究』二〇〇一年八月号）がある。

（3）安井洋『戦傷の統計的観察』（南江堂支店、一九二二年）および参謀本部編『日露戦争における露軍の後方勤務』（東京偕行社、一九一五年）を基に作成。

（4）第二軍司令官奥保鞏「戦闘動作及通信勤務ニ関スル注意」一九〇四年十月（『大日記』参謀本部、一九〇四年九～十二月、防衛研究所所蔵）。

（5）第二軍参謀長大迫尚道「実験ヨリ得タル歩砲兵戦術一斑」一九〇五年二月（『大日記謀臨書類綴』参謀本部、一九〇五年一月越十二月ニ至ル、防衛研究所所蔵）。

（6）中岡彌高『黒溝台会戦に於ける第八師団』（偕行社、一九二九年）四九―五〇頁。

（7）参謀本部編『戦史及戦術の研究　第一巻　陣地攻撃』（参謀本部、一九一六年）五六四頁。

（8）渡辺錠太郎「明治維新以後に於ける我国陸軍戦法の沿革に就て」（日本歴史地理学会編『日本兵制史』日本学術普及会、一九二六年）。

（9）陸軍省編『明治三十七八年戦役統計』第三巻第九編衛生（一九一一年）、一八二―九五頁。

（10）某将軍談「日露戦争に於ける砲兵聯隊長としての所感」（軍事討究会編刊『戦陣叢話』第一輯、一九二六年）。

（11）参謀本部編『戦史及戦術の研究　第一巻　陣地攻撃』七五八―五九頁。

（12）軍事課「陸軍軍制調査委員ノ組織及訓令ニ関スル件」（『密大日記』一九〇六年一～七月、防衛研究所所蔵）。

（13）軍制調査臨時委員「軍制調査典範之部」一九〇六年九月（陸軍戸山学校「歩兵操典改正草案編纂綴」一、防衛研究所所蔵）。

（14）参謀本部編『戦史及戦術の研究　第一巻　陣地攻撃』七六九頁。

（15）独逸兵事週報「日露戦争ノ初期ニ関スル戦略的及心理的研究」（『偕行社記事』第三七七号、一九〇八年三月）。

（16）参謀本部編『戦史及戦術の研究　第一巻　陣地攻撃』七六九頁。

（17）小沼大佐「日露戦争に観る戦闘の実相～日本軍の能力特性観察」（防衛研究所所蔵）。

（18）「戦闘前軍人ノ心得」（大本営陸軍部訳「露国野外要務令付混成支隊戦闘教令」一九〇四年四月、防衛研究所所蔵）。

（19）陸軍省「弐大日記」坤、一九〇五年十月。

（20）教育総監部「教育総監部歴誌」一八九八～一九〇七年

（防衛研究所所蔵）。陸軍戸山学校「歩兵操典改正草案編纂綴」二。
（21）同右。
（22）『官報』第六八八八号、六八九二号、六九〇〇号、六九〇六号、六九一二号、六九二二号、六九二八号、六九五六号、七〇七二号。
（23）陸軍戸山学校「歩兵操典改正草案編纂綴」二。
（24）同右。
（25）同右。
（26）陸軍省「弐大日記」坤、一九〇六年八月。
（27）陸軍戸山学校「歩兵操典改正草案編纂綴」二。
（28）陸軍戸山学校「歩兵操典改正草案編纂綴」一。
（29）原剛『明治期国土防衛史』（錦正社、二〇〇二年）四二五—二六頁。
（30）陸軍省編『明治軍事史』下（原書房、一九六六年）一五六三頁。
（31）同右、一五六四頁。
（32）「明治四十年日本帝国ノ国防方針」（防衛研究所所蔵）。
（33）同右。
（34）陸軍省編『陸軍省沿革史』上巻（巌南堂、一九六九年復刻）七五八、七六二頁。教育総監部第一課「歩兵操典ニ関スル訓示及講話筆記」（陸軍省「弐大日記」坤、一九一〇年三月）。
（35）陸軍省「弐大日記」坤、一九〇六年十一月。
（36）陸軍戸山学校「歩兵操典改正草案編纂綴」三。
（37）「歩兵操典第二部改正草案」（防衛研究所所蔵）。
（38）「歩兵操典」明治三十一年（防衛研究所所蔵）。
（39）川村大佐「改正歩兵操典ノ研究」一九〇九年（防衛研究所所員葛原和三氏所蔵）。
（40）「歩兵操典改正案編纂ノ件」（陸軍省「弐大日記」坤、一九〇八年八月）。
（41）「歩兵操典改正要領書ノ件」（同右）。
（42）川村「改正歩兵操典ノ研究」。
（43）『官報』第七五五二号。
（44）同右、第七六六九号、七六九〇号。
（45）教育総監分第一課「歩兵操典ニ関スル訓示及講話筆記」。
陸軍歩兵学校「歩兵操典研究」（防衛大学校図書館所蔵）。
（46）同右。
川村「改正歩兵操典ノ研究」。
（47）陸軍歩兵学校「歩兵操典研究」。
（48）川村「改正歩兵操典ノ研究」。
（49）陸軍歩兵学校「歩兵操典研究」。
（50）川村「改正歩兵操典ノ研究」。
（51）陸軍歩兵学校「歩兵操典研究」。
（52）教育総監分第一課「歩兵操典ニ関スル訓示及講話筆記」。
川村「改正歩兵操典ノ研究」。
（53）宮野正年「旧陸軍における用兵思想と典令範」(1)（『幹部学校記事』一九六五年九月）。
（54）「歩兵操典改正ノ件」（陸軍省「弐大日記」坤、一九〇九年十一月）。
（55）「歩兵操典施行ノ件」（同右）。

（防衛研究所調査員）

日露戦争と「総力戦」概念
――ブロッホ『未来の戦争』を手がかりに――

等松春夫

はじめに

旅順要塞の攻防戦が大詰めを迎えた一九〇四年十二月、一冊の翻訳書が東京で出版された。『侯爵　伊藤博文題辞、伯爵　井上馨序文、民友社譯補、ブロッホ氏原著「近時の戦争と経済」』、発行元は徳富蘇峰が経営する民友社、明治三十七年十二月十日発行。四〇〇頁、定価一圓五十銭であった。(1)

日露戦争の進行にともなって出版された玉石混交の膨大な出版物の中にあって、この翻訳書が同時代に特に大きな注目を日本で集めた形跡はない。また、どのような経緯から訳出出版されたのかも明らかではない。そして後述するように、読む者もまた、必ずしもこの書物の本質を見抜いていたとは言えなかった。しかしながら、この書物こそ世界大戦という二〇世紀前半の熾烈な総力戦を予言したと評価されるイヴァン・ブロッホ（Ivan Stanislaovovich Bloch 1836~1902）の大著『未来の戦争』の抄訳であったのである。『未来の戦争』は、ひとことで言えば、国民国家が、高度に発達した軍事技術と経済力を駆使して行う戦争をシミュレートした本であった。

日露戦争は一〇年後に起こる世界大戦の前触れとなる総力戦的な戦争であったと、よく言われる。(2) しかしながら「総力戦」（total war）という語は、熾烈な近代戦争を想起させる語感とあいまってか、安易に使用されるきらいがある。一八世紀までの戦争の大半はクラウゼヴィッツ（Carl von Clauzewitz）の言う「制限戦争」であり、ナポレオン戦争後に徐々に「絶対戦争」的な現象が増大、日露戦争によって「総力戦」の原型が誕生し、第一次世界大戦に至って「総力戦」はその全貌を現したのか。二〇世紀後半から現在に至る時代の諸戦争は「総力戦」なのか、それとも異なる何かなのか。そもそも「総力戦」の定義とはいかなるものなのか。[3]

筆者は諸々の先行研究も踏まえて「総力戦」の最大公約数的な定義を次のように定めたい。（1）軍事的には、短期間かつ少数の決定的戦闘で戦争が決着せず、長期の消耗戦となること。（2）経済的には、開戦前に準備された戦力のみならず、戦争遂行の過程で造成された新たな戦力の投入を要すること。したがって戦争の長期化にともなって財政・産業基盤の大小が勝敗を分ける要因となる。（3）政治・社会的には、戦場における軍事的努力のみならず、大規模な産業動員と政治宣伝が行われること。したがって国民の政治参加と社会開発の水準が重要な要素となる。（2）、（3）は換言すれば「銃後」「国内戦線」（home front）が形成されること。（4）交戦国の片方または双方が戦争遂行能力を失うか、または交戦国双方が戦意を失うまで終結しないこと。

以上の定義に当て嵌めると、ブロッホは「総力戦」という語そのものは使用していないものの、彼が『未来の戦争』で描いた近未来の戦争は、後述するように、まさに「総力戦」であったと言える。[4]

本稿においてはブロッホの『未来の戦争』を手がかりにして日露戦争がいかなる点で総力戦であったのか、またはなかったのかを検討する。そして二〇世紀前半における総力戦概念の形成において、日露戦争が占める位置を考察する一助としたい。

一　イヴァン・ブロッホと『未来の戦争』

イヴァン・ブロッホはポーランドに生まれたユダヤ人で、ユダヤ教からカルヴァン派キリスト教に改宗したロシア帝国臣民であった。[5]

ブロッホは急速に進行しつつあった一九世紀後半のロシア工業化の波に乗って、ポーランドとウクライナにおける鉄道事業と銀行経営で頭角を現し、「ロシアのハリマン」として一九世紀末のロシア帝国の経済界で隠然たる影響力を有していた。[6]

有名な南西鉄道会社を創立し、後に大蔵大臣・ポーツマス講和会議におけるロシア全権となる若き日のウィッテ（Sergei I. Vitte）を経営陣に加えたのもブロッホである。ウィッテが自由貿易的な通商を通じた経済的対外拡張を重視し、軍事力に過度に依存したロシアの極東政策に批判的であったのも、「ポーランドのコブデン」とも評されたブロッホの影響が考えられる。[7]

篤学の士であったブロッホは事業の傍ら著作に励み、生涯に何点もロシア語で本を世に出した。その大部分が鉄道の技術と銀行経営に関する専門書であったが、調査と執筆に八年を費やした戦争研究の大著を一八九七年、サンクト・ペテルブルクで刊行した。これが全六巻四〇〇〇ページからなる『未来の戦争――その技術的、経済的、政治的諸側面――』（*Buduschaya Voina v Teknicheskom, Ecomomicheskom I Politicheskom Otnosheniiakh*）である。

露仏同盟と三国同盟の対立構図が明らかになりつつあった一八九〇年代、ドイツ、オーストリア＝ハンガリー帝国と直接国境を接するロシア領ポーランドにおいてワルシャワ防衛への不安が高まったことが、ブロッホに『未来の戦争』執筆を促す動機のひとつであった。執筆にあたってブロッホはロシア帝国陸軍ワルシャワ軍管区の協力を得た[8]。

こうして公刊された『未来の戦争』はロシア軍の戦略専門家たちの間でも賛否両論の反響を呼んだ[9]。少数の熱烈な支持者もいたが、ロシア軍上層部主流派はブロッホの所説に批判的であった。ロシア財界の大立者とはいえ、軍事専門家ではない一介の産業人が軍事戦略に容喙することへのエリート軍人貴族たちの反発は大きかったのである[10]。

しかし、この大作はロシア帝国を越えて世紀末の欧米で大きな反響を呼び、原書はまもなくポーランド語、ドイツ語、フランス語に翻訳された。また、縮約的な最終巻（第六巻）は短期間のうちに英語、ドイツ語、フランス語、そして本稿の冒頭に記したように日露戦争さ中に日本語にも翻訳された。また、欧州のみならず北米でも相当流布していたことが米国における関連書の出版からうかがえる[11]。

このように、『未来の戦争』は一九世紀末から二〇世紀初頭の世紀転換期の欧米においてベストセラーの一角を占め、折から高まりつつあった民間の反戦・平和運動にも少なからぬ影響を与えた。

一八九九年に開催された第一回ハーグ万国平和会議はブロッホの『未来の戦争』に感銘を受けたロシア皇帝ニコライ二世（Nikolai II）の各国への呼びかけで実現されたと言われる[12]。ハーグ平和会議では陸戦と海戦に関する初めての包括的な規約が制定され、奇しくも日露戦争は同規約が適用された初めての本格的戦争となった。

また、ブロッホは私財を投じてスイスのルツェルンに平和博物館を設け、晩年はヨーロッパ各国における講演活動の傍ら、折から進行中のボーア戦争の分析も試みていた[13]。しかし、ブロッホは日露戦争や第一次世界大戦を見ることなく、日英同盟が締結されて間もない一九〇二年一月、ワルシャワの自邸において六五年の生涯を閉じた。

二　『未来の戦争』が描く近未来の戦争

『未来の戦争』は未来予測の書である以上に警告の書で

あった。一八七〇年の普仏戦争以来、ヨーロッパ列強間に戦争は生じていなかったが、『未来の戦争』出版当時のヨーロッパにおいては三国同盟（ドイツ、オーストリア＝ハンガリー、イタリア）と露仏同盟という二大陣営の間の対立軸が形成されつつあり、また英仏間のアフリカ分割をめぐるファシヨダ事件（一八九八）、ヴィルヘルム二世（Wilhelm II）登位後のドイツの世界政策に端を発する英国とドイツの競争が顕在化しつつあった。そしてバルカン半島におけるオスマン帝国の凋落と少数民族問題からオーストリア＝ハンガリーとロシアの摩擦も生じていた。列強は軍備拡張と秘密外交に血道をあげ、「ヨーロッパ協調」（Concert of Europe）に翳りが見え始めていたのである。

これと並行して、普仏戦争以降の三〇年間には、急速な科学技術の発達とその成果の兵器への応用、交通・通信手段の発達と通商の活性化による各国の経済的相互依存度の上昇、程度の差こそあれ各国において代表民主制が発展したために生じた世論の影響力の増大とナショナリズムの高揚、という状況が見られた。このような条件のもとで、先進工業大国間に戦争が生じた場合、それは従来の戦争からは想像もつかない大規模、長期間、激烈なものとなるであろう。そのような戦争は問題に何ら根本的解決をもたらさず、また、いかなる大国も莫大な人的・物的損耗に耐えることはできない。各国は万策を尽くして軍備縮小と戦争回避の努力をなすべきである、というのがブロッホの主張の根幹である。

ブロッホは以上の主張を感情的な平和論としてではなく、統計資料を駆使した綿密な科学的シミュレーションを通して裏付けている。ナポレオン戦争、クリミア戦争、アメリカ南北戦争、イタリア統一戦争、普墺戦争、普仏戦争、露土戦争といった近過去の戦争が分析事例として使用された。軍事技術の革新が戦闘の様相にもたらす変化、そのような戦争の遂行が国家経済と国際貿易に及ぼす影響を説明するために掲載された地図、グラフ、概念図、経済統計などは日本語を含む各国語に訳された縮約版でも一〇四点を数えた[14]。

以下、ブロッホが予想する近未来の戦争の様相を軍事的、経済的、政治的な観点から要約する。なお要約にあたっては英語縮約版の復刻と、全六巻の要約であるパンフレットを使用した[15]。

（一）　火力の飛躍的発達と正面攻撃の困難

日露戦争以前に戦われた最後の本格的な大国間の戦争は一八七〇〜七一年の普仏戦争であった。鉄道による軍隊の輸送、初歩的な機関銃の使用、重砲の活用などで激しい戦闘が交わされたが、その形態は基本的に運動戦であった。機動力に長けたプロイセン・ドイツ諸邦連合軍は各地でフランス軍を分断包囲、セダンにおけるフランス軍主力の降伏と皇帝ナポレオン三世（Napoleon Ⅲ）の捕獲で戦争は終わった。交戦期間七カ月の普仏戦争は、基本的には古典的な短期決戦型の「制限戦争」であったと言えよう。

　それから三〇年あまり、欧米先進国における軍事技術の発達はめざましく、陸戦兵器に限っても大口径の後装砲、機関銃および弾倉式連発小銃の開発と配備が進められた。これらの火器の有効射程、発射速度、殺傷力、命中精度は大幅に向上した。また有煙火薬から無煙火薬への転換によって、銃砲発射時の視界が明瞭になり、それ以前とは比較にならない水準の精射が可能となった。ブロッホはとりわけ弾倉式連発小銃の登場を重視している。これらの火器の飛躍的発達により、将来の戦場がどのようになるか、ブロッホは次のように予測する。

　敵軍の火力が支配する正面に進むことは、まったくできない。したがって敵陣の包囲が試みられるが、弾倉式連発小銃の威力があまりに大きいので、かつては有効であった包囲運動は不可能になる。（中略）少数の守備軍が優勢な攻撃軍を阻止できる。攻撃軍が陣地を奪取するには、守備軍に対して少なくとも八倍の優勢がなければならない。塹壕に篭る一〇〇名の兵は、わずか三〇〇ヤードの「火制地域」を通過する四〇〇名の敵兵の、実に三三六名を無力化できるのである。（中略）次の戦争では、兵士たちはみな壕に身を潜める。戦争は大規模な塹壕戦になるだろう。兵士にとって［塹壕を掘るための］鍬は小銃同様の必携品となる。[16]

　火力の飛躍的増大によって、敵対する両軍の間には濃密な火網が形成される地域が出現し、この地域に進入する歩兵は瞬時にして殲滅される。この地域をブロッホは「火制地域」（fire-zone）と呼んだ。「火制地域」への正面攻撃は自殺的行為なので、敵対する両軍は塹壕を掘って対峙しながら、側面から相手を包囲しようとする延翼競争を続け、長大な戦線が形成される。しかしながら、敵陣地への正面攻撃が不可能なため結局は軍事的手詰まり状態に陥り、交戦国は長期化した戦争継続の経費捻出に苦しむことになる。

（二）　戦争の長期化による財政負担の増大

　戦争がこのような膠着状態になることを予想するブロッホが注目したのが戦争にかかる経費である。

第一に考えるべきは、次の戦争は長いものになるということだ。（中略）普仏戦争は七カ月続いたが、同様の〔先進大国間の〕戦争が、かくも速やかに終結する見こみは、もはやない。（中略）将来の戦争は戦闘〔の勝敗〕によって終わるのではなく、物資の欠乏によって終わるであろう。(17)

ブロッホはまた、国際貿易で高まった各国の経済的相互依存の構造が破壊されることにより極端に物資が不足すること、労働人口の軍事動員によって農業生産が減少し飢餓が広まること、を予見する。急激な生活水準の低下は、高い生活水準に慣れた先進国の国民には耐え難い苦痛と感じられるであろう。(18)

手短に言えば、経済が戦争において決定的・支配的な要素なのである。腹が減っては戦はできない。国民を食わせることができないで大戦争は遂行できない。(19)

あらゆる角度から長期戦を考察すると、軍事的知識のみでは不充分である。狭義の軍事とは直接関わらない経済の法則と条件に関する研究と知識は〔軍事に〕劣らず決定的なのである。(20)

次にブロッホが考察を進めるのは、このような事態に陥った交戦国の社会の変化である。

（三）　政治不安の増大と社会革命

ナポレオン戦争以降、ヨーロッパ各国は徐々に家産国家から国民国家に転換し、各国の軍隊は君主の傭兵から徴兵制度に基づく国民軍に変質していった。徴兵制度に基づく国民軍によって家産国家の時代とは比較にならないほどの大量の軍隊の動員が可能となった。また、代表民主制の発達により、一定の世論の支持がなければ、いかに専制的な政府といえども、戦争を遂行することは困難である。このような国家においては、もはや軍事は一握りの軍事専門家が管理できるものではない。

より重要なのは軍隊のうしろにいる国民である。国民は軍隊よりもはるかに巨大で、そして国民が〔国家の〕政策を支配するのであり、軍隊は政策を遂行する道具に過ぎない。(21)

国民国家が長期消耗戦を戦う場合、戦争による犠牲が大きければ大きいほど、敵国に対する講和の条件はつり上げられる。また、社会・経済基盤の弱体な国家においては戦場における人命の損失と国家財政への過度の負担を吸収できず、それは必然的に国内における軍と政府への不信となって現れる。とりわけ戦争目的について国民的合意が形成されていない国家においては社会不安が増大し、近年勢力を増してきた無政府主義者、社会主義者たちに絶好の政治的機会を与えることになるであろう。保守的な立場に立つ平和主義者として、ブロッホは以下の言葉で抄約を閉じている。

軍事負担の増大に相呼応して、人々の不満は高まり、社会革命の脅威が増す。「ヨーロッパの武装平和」がもたらすのは、このようなものだ。戦争の準備によっては緩慢な破滅、戦争が起こった場合には急激な破滅。どちらに転んでも社会秩序は解体するであろう。(22)

なお、『未来の戦争』では海軍力と海軍作戦についてもある程度のページが割かれているが、これについては次節においてまとめて説明する。

三 『未来の戦争』と日露戦争の現実

前述のように、一九〇二年一月に六五歳で世を去ったブロッホは、実際に日露戦争を見ることはなかった。またブロッホ自身の関心はもっぱらヨーロッパにあり、『未来の戦争』には直接、日本に言及した個所は少ない。そして「ロシアは海軍を必要とするか」という章において、日清戦争後の日本の急速な海軍力拡張に触れてはいるが、ブロッホは日本の国力と意図を過小評価していた。

日本の方向から〔ロシアへの〕深刻な脅威が生じることはない。日本は過大な軍備を持つことによってヨーロッパ列強の後を追おうとしているが、お伽噺に登場する蛙のように、牡牛と大きさ較べをして腹を膨らませ、己の身を破裂させてしまうであろう……。日本がロシアと開戦することなど想像もできない。(23)

ブロッホが想定し、その発生を危惧した近未来の戦争とは、具体的には三国同盟と露仏同盟の対立を軸とする欧州大国間の衝突であり、欧州外の植民地獲得戦争を考察の対象とはしていなかった。また、典型的なヨーロッパ知識人ブロッホの、アジアの新興国家日本への認識も月並みなものに過ぎなかった。

しかしながら、書物は産み落とされた瞬間から作者の手を離れて、自身の歴史を歩み出す。『未来の戦争』は「日露の戦争」(A Russo-Japanese War) は予測しなかったが、結果的に「日露戦争」（The Russo-Japanese War）を予言したのであった。では、いかなる点で予言は的中し、または的中しなかったのか。

（一）　正面攻撃の困難とその克服

前節で述べたようにブロッホの中心的持論のひとつは、兵器の発達による火力の飛躍的増大が、対面する軍隊の間に「火制地域」を形成し、いかなる軍隊もその地域を無傷で通過することはできない、というものであった。障害物、有刺鉄線、地雷を配し、野砲、速射砲、機関銃、弾倉式連発小銃を備えた防禦陣地に対する攻撃は、攻撃側に破滅的損害をもたらす。正面攻撃が不可能となるにしたがって、戦場では長大な塹壕線が形成され、戦闘は膠着状態に陥る。日露戦争では南山の戦いと旅順攻防戦に、まさにこのような事態が出現した。

一九〇四年五月二十六日、遼東半島の南山では、六五門の砲と機関銃一〇挺を備えた約三五〇〇名のロシア軍守備隊に対して、砲二一六門、機関銃四八挺を持つ約三万六〇〇〇名の日本陸軍第二軍が攻撃をかけた。寡兵とはいえ、ロシア軍は巧みな野戦築城によって作られた掩蓋陣地に速射砲と機関銃を据え付けて応戦、とりわけ、わずか一〇挺のマキシム機関銃が凄まじい威力を発揮した(24)。

火力に優る日本軍は、ロシア軍陣地に対して猛烈な集中砲撃を加え、たった一日の戦闘で弾薬消費量は小銃弾二一九万五八二五発、砲弾三万四〇四九発に達した(25)。それでも掩蓋陣地を完全に破壊することはできず、砲撃終了後に前進する日本軍歩兵はロシア軍の掩蓋陣地から発射される速射砲弾、機関銃弾、小銃弾によって薙ぎ倒され、陣前で釘付けになった(26)。結局、一五時間の激闘の後、ロシア軍守備隊は陣地を放棄して旅順方面へ退却したが、この戦闘で日本軍は死者七三九、負傷者五四五九という大損害を被った。第二軍総兵力の実に六分の一が一日の戦闘で失われた。この時大本営が、死傷者の数がひと桁誤っているのではないか、と第二軍に問い返したという有名なエピソードが残っている。これに対してロシア軍の死傷者は約一〇〇〇に過ぎなかった(27)。

南山の戦いでは、本格的な要塞ではない野戦築城程度であっても、よく遮蔽された陣地に据えられた火器は攻撃軍に対して恐るべき威力を発揮することが証明された。まさにブロッホの言う「火制地域」が出現したのである。

続く旅順包囲戦では今度はブロッホが予見した膠着状況が出現した。南山の野戦築城とは比較にならない本格的な要塞である旅順を日本陸軍第三軍は攻めあぐねた。半年間に及ぶ包囲戦の間に第三軍が被った損害は戦死者一万五三九〇、負傷者四万三九一四、死傷者の合計は五万九三〇四に及び、損害は攻撃参加人員延べ一三万の約四六％にも達した。要塞包囲戦で攻撃軍に生じた損害としては第一次世界大戦のヴェルダン要塞攻防戦までこの記録は破られなかった。[28]

しかし、ブロッホの予言が的中したのはここまでであった。甚大な損害を被りながらも、火力、兵力に優る第三軍は結局、南山の陣地を抜いた。また、旅順包囲戦ではたしかに塹壕戦による膠着情況が一時は出現したが、第三軍は二八センチ攻城砲を含む強力な火力と、坑道爆破戦法、そして歩兵の波状攻撃で半年後に要塞を陥落させた。そして何よりも、日露陸戦の主戦場となった南満州においては、大会戦と大会戦の間の戦線整理の時期を除いては、戦闘の大半が運動戦であり、南山や旅順のような膠着情況は生じなかった。広大で人口密度の低い満州の原野は、狭小で人口稠密なヨーロッパとは条件が異なっていたのである。

とはいえ、攻撃側が防禦側に比べて圧倒的に不利であること、従来の戦争からは考えられぬほど死傷率が増大した点で、ブロッホの予言は正しかった。一例に日露戦争以前の本格的戦争と日露戦争の大会戦における戦闘参加人員に占める死傷（カッコ内は戦死率）の割合を比較してみる。

普墺戦争（一八六六）のケーニヒスグレーツ会戦ではプロイセン軍四％（〇・九％）、オーストリア軍一一％（二・七％）。普仏戦争（一八七〇〜七一）のセダン会戦ではドイツ軍七・三％（二・一％）、フランス軍一八・九％（?）。露土戦争（一八七八）のプレブナ要塞包囲戦ではロシア軍一一・四％（?）、トルコ軍一六・八％（三・五％）。これらと比べ、日露戦争における日本軍の死傷率は遼陽会戦で一七・九％（四・二％）、沙河会戦で一三・九％（二・四％）、黒溝台会戦で九・一％（一・九％）。奉天会戦では二七・二％（六・四％）にまで達した。本格的な要塞包囲戦であった旅順戦においては、何と四五・六％（一一・五％）にも及んだのであった。[29]

（二）　戦争と国家経済

ブロッホは未来の戦争における経済的・物的要素の重要性を強調したが、その点で日露戦争とはいかなる戦いだったのであろうか。ひとつの指標として弾薬の消費量を見てみよう。

日露戦争以前、ヨーロッパで戦われた大国間戦争において、普墺戦争の全期間（三カ月）を通じてプロイセン軍が消費した小銃弾は二〇〇万発、普仏戦争の全期間（七カ月）でドイツ軍が消費した小銃弾は二五〇〇万発であった。

日露戦争では前述の南山の戦闘（一日）で小銃弾・機関銃弾二一九万発、砲弾三万四〇四九発。遼陽会戦（九日間）では小銃弾・機関銃弾八三九万六八七二発、砲弾一〇万六三七〇発。第一次旅順攻撃（四日間）では小銃弾・機関銃弾二六八万発、砲弾五万九九二発。奉天会戦（一二日間）では小銃弾・機関銃弾二〇一一万四〇二六発、砲弾二七万九三四九発。[30]すなわち、南山の戦い一日で普墺戦争全期間に匹敵する量の、奉天会戦では一〇日余りで普仏戦争七カ月分にせまる量の銃砲弾が消費されたのである。

　このような大消耗戦は当然のことながら、日露の戦時財政に重くのしかかり、たちまち戦費調達の苦労が始まった。ロシアは主としてフランス、日本は主として英米において外債を募集し、不足分の戦費に充てた。[31]また、日本では弾薬をはじめとする軍需品の需要の増加に対応するために官営工廠以外の私企業への兵器弾薬の生産発注、食糧物資の供出制度などが実施された。[32]

　たしかに戦争は日露両国を経済的に疲弊させたが、財政規模がロシアの八分の一程度の日本でも財政政策上のくふうで戦争準備をし、増税や外債調達で一年半の戦争を持ちこたえ、奉天会戦後もまだもう一回大会戦を戦うだけの財政的裏づけを確立していた。[33]また、日本に比較して兵力と経済規模にゆとりのあったロシアにおいては、民間経済部門に対する国家統制までは行われなかった。[34]

　経済的要請から、日本では「国内戦線」がある程度形成されたが、ロシアにおいては形成されなかった。その意味で日露戦争は日本にとって、より「総力戦」的であったと言えよう。

（三）　社会への影響

　では、戦争は両国の社会にいかなる影響を及ぼしたのであろうか。周知のようにロシアにおいては、戦場における敗北が重なるにつれ、社会不安が増大した。一九〇五年一月の「血の日曜日」事件に続いて黒海艦隊では「戦艦ポチョムキンの反乱」が起こり、全国でゼネストや暴動が相次いだ。とりわけポーランド人など非ロシア系兵士たちの間に広がった動揺は戦争遂行に大きな支障になる可能性があった。[35]ロシア革命はまだ一二年先のことであったが、戦争はたしかにロシアにおいてはブロッホの予言通り「無政府主義者・社会主義者たちに絶好の機会を提供」したのであった。

　対照的に日本では戦時中の混乱動揺は少なかった。日清戦争時には少なからぬ兵役忌避者や逃亡兵が生じたが、日露戦争においてその数はかなり減少した。前節で述べたように日本において、より「国内戦線」が成立していた証左ともなろう。しかしながら、戦後は講和条件への期待が大きかった分、賠償獲得に失敗したポーツマス講和条約への不満が噴出し、日比谷焼打事件に代表される反政府暴動が起こった[36]。ブロッホの述べるように「国民は軍隊よりもはるかに巨大で…〔国家の〕政策を支配する」現象が日本でも垣間見られたのである。

（四）海軍作戦[37]

『未来の戦争』が海軍について述べる部分はさほど多くないが、そこにおける「予言」もまた的中した。海軍力を論じるにあたり、ブロッホが意識していたのは英国海軍である。しかし、海上貿易に依存する英国と異なり、大陸国家ロシアにとって沿岸防衛以上の海軍力は安全保障にも経済活動上にも負担でしかない。ブロッホはロシアのような後進工業国の大陸国家が、中途半端な海軍力を整備することの無意味を説き、また地勢上、海軍力をバルト海、黒海、極東に分散せねばならない不利を指摘していた。

事実、開戦前のロシア海軍は総トン数が約八〇万トンで、約二六万トンの日本海軍の三倍近い艦艇を保有していたが[38]、艦隊を欧州と極東に分散配置していた点が災いし、ロシア海軍は黄海海戦、蔚山沖海戦、陸上からの旅順艦隊砲撃、そして日本海海戦によって各個撃破されてしまった。

とはいえ、旅順のロシア艦隊は、積極的活動が少なかったとはいえ、一九〇四年二月の開戦から一〇カ月以上にわたって日本海軍を黄海と日本海に拘束し続けた。またウラジオストックにあった小規模なロシア巡洋艦戦隊が、日本の朝鮮半島に対する補給路を脅かし続けたことも日露戦争におけるロシアの海軍力の意義を裏付けたと言えよう[39]。有力な海軍戦力を使用した通商破壊戦が、敵国の戦力に与え得る打撃を過小評価した点で、ブロッホは海軍力が「総力戦」に果たす役割を見過ごしていたと言えるかもしれない。

四　『未来の戦争』と日露戦争の「教訓」

（一）日露戦争の終結

一九〇五年三月末の奉天会戦終了後、戦線は奉天北方で固定され、最前線では「無人地帯」をはさんで日露両軍が対峙した。あと一回、大会戦を戦うだけの力はあったが、日本軍の動員可能な人的・物的資源はほぼ上限に達していた。一方、ロシア軍はシベリア鉄道をフル回転させてヨーロッパ・ロシアからの増援を得て、戦闘再開に備えていた。時間がたつにつれ、満州における日露の陸軍戦力比がロシア側に有利に傾いていくことは明らかであった[40]。

その後、五月二十七〜二十八日の日本海海戦においてロシア海軍のバルチック艦隊が全滅、日本海における制海権を奪回して戦局を挽回するというロシアの目論見は崩れた。

海軍力の再建は短時日では不可能であり、たとえ満州の日本陸軍を孤立させても、日本本土に直接脅威を及ぼす手段をロシアは失ったのである。それに加え、敗報続きのロシアでは国内の反政府運動が高まり、皇帝政府は国内の治安維持に汲々とする状態に追いこまれた。

このような手詰まり状態の中、米国の斡旋でポーツマス講和条約が締結され、日露戦争は九月初頭に終結した。

ところで、『未来の戦争』を考える上で、もしもポーツマスで和議が成立しなかった場合、その後の戦争がいかなる展開をしたかを想像してみるのも、あながち無意味ではないであろう。(41)

満州においては日露陸軍の戦力比がロシア側に決定的に有利に転じた時点でロシア軍が攻勢に転じるか、あるいはそれを察知した日本軍が攻勢防御的な先制攻撃に出て再び遼陽会戦か奉天会戦規模の大会戦が生じたであろう。優勢なロシア陸軍が日本陸軍を押し戻して、あるいは日本陸軍が自発的に防禦に有利な遼東半島の付け根から朝鮮・満州国境の鴨緑江付近まで後退した後、戦闘は一〇年後の第一次世界大戦時の西部戦線に酷似した塹壕戦に移行した公算が高い。人的・物的資源に優れるロシア軍と言えども堅固な陣地に立て篭もる日本軍を殲滅することは容易ではなく、両軍は鉄条網や地雷、速射砲や機関銃で防禦された堡塁や塹壕を奪い合う凄惨な大消耗戦を続けることになったであろう。

その結果、経済規模に劣る日本はロシアに先立って財政破綻を起こし、政権交替が生じたかもしれない。しかし、国民的支持のもと戦争を遂行していた日本では、天皇制政体そのものが崩壊することはなかったであろう。

いっぽう、ロシアは動員可能な兵力・財政の規模でまだ日本を上回っており、統計上の戦争継続能力は日本より高かった。しかし、ロシア軍は仮に大陸の日本陸軍を撃破することには成功しても、海軍力皆無の状態では軍事的手段で日本を屈服させることはできない。そして、国内の不満分子の懐柔に成功しなければ、長期化した戦争のために鬱積した反政府感情が爆発し、実際のロシア革命よりも一〇年以上早く、皇帝専制政府そのものの崩壊が生じたかもしれない。

ブロッホの予言した「総力戦」的な様相が本格化する寸前に、現実の戦争は、日露双方が戦う手段と意志を失って終結したのである。

(二) 引き出された「教訓」

軍事的観点からは、この戦争に日露両国が投入した兵力は空前の規模となり、戦場における死傷者数も、米国の南北戦争を除けば、比較的短期間の戦争としては莫大なものとなった[42]。

経済面では、日露両国とも外債に依存しなければ戦争の遂行が不可能となり、両国は戦後、深刻な財政難に陥った。

そして政治・社会的には国民国家化が進行した国家が戦争を遂行すると経済・社会基盤の脆弱な国では社会革命が起こる、とのブロッホの予言は少なくともロシアについては「血の日曜日事件」や「戦艦ポチョムキンの反乱」に代表される騒乱として的中した。革命運動には至らなかったとはいえ、日本でもポーツマス講和会議の結果に不満な民衆による暴動が起こり、世論の影響が増大した国民国家が戦争を収拾することの難しさが示された。交戦国の一方の人間が、来るべき戦争をかくも的確に予見した点で、ブロッホの『未来の戦争』は、やはり刮目すべき書であった。

では、『未来の戦争』で展開された論点が日露戦争の教訓とあわせて日露両国において、また日露戦争を観察していた諸外国によって再検討されることはあったのであろうか。

(1) ロシア

ロシア帝国にとって日露戦争の敗戦は一大衝撃であり、陸海軍では専門委員会が設立され、敗北の原因が詳細に検討された[43]。しかしながら、敗因究明は戦場におけるロシア軍の戦術的・戦略的失敗に焦点が当てられ、当時のロシア社会を蝕んでいた社会・経済的な問題にまで及ぶことはなかった。これには「軍部」という高度に専門的で閉鎖的な集団が産業人の戦争論をまともに取り合わなかったこと、またユダヤ人ブロッホへの偏見もあずかっていたと推測される。

結局、ロシア軍部が日露戦争から引き出した「教訓」は「攻勢」の重視であった。すなわち、旅順の防衛戦略や満州におけるクロパトキン (A. N. Kuropatkin) の防勢戦略がロシア軍から戦場における主導性を奪い、士気の低下とあいまって敗北が続いたと考えられた。堅固に防禦された野戦陣地や要塞が攻撃軍に莫大な損害を与えること、巧妙な防勢作戦の重要性が正しく認識されることはなかった。こうしてロシア軍は攻撃精神に依拠した白兵突撃に執着したまま一〇年後の世界大戦に臨み、それは軍隊のみならず帝政そのものに破滅的な結果をもたらすことになったのである[44]。

(2) 日本

日本においては、本稿の冒頭で述べたように、日露戦争最中の一九〇四年十二月、『近時の戦争と経済』という題で『未来の戦争』の抄訳が刊行されている。ロシア本国はもとより英国、米国、フランス、ドイツなどに比べてもブロッホの紹介において日本はほとんど遅れをとっていなかった。にもかかわらず、日本における『未来の戦争』への関心も焦点が外れていた。

日本語版に序文を寄せた井上馨(45)はブロッホが日本を過小評価している点を指摘し、傲慢な敵国人の予言が戦場における日本軍の勝利によって覆えされつつあることに快哉を叫んだ。

今や交戦已に九閲月幸に吾か海陸軍は連戦連勝して環視列国の視聴を聳動し吾か旭日の国旗は方に遼陽の北にまで輝けり。ブ氏は吾か帝國と彼か祖國との大小を比較して之を小蛙と巨牛とに喩え、小蛙の怒は適以って其腹を破裂せしめんのみと謂ひ、太た我を軽侮したり。然に彼か巨牛は今日までは毎戦輒ち駭奔し只た其の吼声の壮を聞くのみ。将来の事は誰か能く豫言せん（中略）

ブ氏は謂小今世の戦争に於ては戦術兵器の進歩したるの故に因て、正面攻撃は遂行す可らす、守者か掩堡に拠て防戦するか故に因て、戦闘は必らす長に渉りて決せさる可く、死傷の多は従前無比なる可しと、或は然らん、然れとも吾か将士の善謀勇戦は殆んと已に此等想像の一半を空くし、彼の各国識者は早已に翻てブ氏に白面談兵の評を拠しつつあり(46)。

そして将来の戦争が国家経済に破滅的な結果をもたらすというブロッホの所論に対しては次のように反駁した。

ブ氏の観察は総て悲観的なり、彼は今世の戦争か軍費を要するの大を算して、交戦国民は終に之か負担に堪る能はすと謂ひ、仮令ひ勝敗は執に決するも戦後は彼此倶に倒産の禍革命の変を免れさる可しと推言したり、是も亦た其の悲観太た過ること要らん耶、夫れ今世の戦争か軍費を要するのは大は洵に然り、然れとも此は関係的《レエイチーブ》にして絶対的《アブソーリュート》にあらす、之を要するに一般文明の進歩したるに由るなり、故に今世の軍費か比例的に普仏戦争時代よりも加大するは必然の数とす（後略）(47)

さらに日本においてはロシアと異なり戦勝国であるが故に、戦争における失敗や錯誤の批判的研究には種々の制約が加えられた。たとえば、海軍による海戦の批判的研究『極秘明治三十七、八年海戦史』は封印され、一九二〇年代に谷壽夫大佐（後に中将）が著した陸戦の批判的研究『機密日露戦史』は回覧が軍上層部に限られ第二次世界大戦後まで一般の目に触れることはなかった。貴重な批判的研究が広く軍全体や文民、一般国民が共有する知的財産とはならなかったのである。[48] このような環境では、『未来の戦争』のような批判的・分析的観点からの、狭義の軍事に限定されない総合的な日露戦争研究が行われることは望むべくもなかった。[49]

結局、日本においては「勇猛果敢な陸海軍将兵が熱烈な愛国心と旺盛な攻撃精神で、質量共に優勢なロシア軍を打ち破った」という神話が形成され、ブロッホの予言的書物は、戦後処理の煩雑さと勝利の熱狂のうちに政策決定者にも一般国民の間でも忘却されていったのである。

(3) 欧米諸国

もっとも、ブロッホ評価の低調さで、日露戦争後の日本とロシアを批判することは公平を欠くかもしれない。というのは、日露戦争が一〇年後の世界大戦の惨状を予見させる多くの兆候を見せながら、また多数の観戦武官を日露両軍に派遣しながら、欧米諸国も「総力戦の原型」という日露戦争の本質を見抜くことに失敗しているからである。以下は日本陸軍に従軍した英国観戦武官ハミルトン (Sir Ian Hamilton) 中将の観察である。

ブロッホ氏が一九〇四年以前に書いた、生物が通過しえない「火制地域」に関するすべての戯言は、災厄以外の何物でもなかった。戦争は基本的には、シャスポー銃が撃針銃に勝利するものでも、鉄条網や「火制地域」の後方で塹壕に立て籠っている兵士たちが、身を挺して平地を前進してくる兵士たちに勝利を得るものでもなく、怯惰に対して強い意志が勝利をおさめるものである。(中略) 国の最善の守りは攻撃精神によって育てられ、訓練された士気の高い軍隊である。[50]

知的で洗練された軍人として声望の高かったハミルトンが、旅順要塞の攻防戦や満州における運動戦をつぶさに観察して引き出した日露戦争の「教訓」とは、ブロッホの唱えた「正面攻撃の愚」ではなく、いかなる堅陣をも突破する「攻撃精神」であった。

ブロッホの提唱する平和運動への共感とあいまって『未来の戦争』が人口に膾炙した米国においても日露戦争後、ブロッホの名前は急速に忘れられていった。[51]

このような知的情況のもと、日露戦争後に日本陸軍が銃剣突撃中心の白兵主義に傾斜したり、[52] 欧州列強が「攻勢ドクトリン」に取り憑かれて一〇年後の西部戦線で塹壕陣地に対して死の突撃を繰り返したのは不思議ではなかったのである。[53]

ある書物の運命――むすびに代えて

欧米諸国においてブロッホが本格的に再評価されたのは、日露戦争終結から一四年余り、四年に及ぶ破滅的な世界大戦を経た戦間期に入ってであった。人類史上初の「全面的総力戦」を経験して初めて「部分的な総力戦」または「総力戦の原型」としての日露戦争が想起され、遡及する形でブロッホの予言が改めて認識されたのである。[54]

ドイツの電撃戦の立案者グデーリアン（Heinz Guderian）に影響を与えたことでも知られる英国のフラー（J. F. C. Fuller）少将はブロッホを「科学的に戦争を研究した唯一の人物……。ボーア戦争や日露戦争を見ることなく、欧州大戦を予見した」と評した。[55] 著名な戦史家リデル＝ハート（Basil Henry Liddell Hart）もまた、ブロッホを「世界大戦の二〇年も前にその本質を予見した人物」と述べている。[56]

日本軍もまた欧米列強と同じく、第一次世界大戦を経て「総力戦」を認識した。[57] 日本軍の総力戦研究はもっぱら欧州の戦場に派遣された観戦武官たちの報告書と、戦間期に現れた欧米の戦略理論にもとづいて行われた。

戦間期の各国における「総力戦」論議を考える時、『ブロッホ氏原著　近時の戦争と経済』の無名の翻訳者による「陳言一則」は、きわめて示唆に富む。

ブ氏は戦期には延長の傾向あり、国民経済力の戦争に対する耐期には短縮の傾向あるを説きて直に其の結論に達したり。曰く、戦争の勝敗の決するに先ち、国民は経済的疲弊の為め、其の戦争を継続する能はざるに至る、故に戦争は不可能となり、否な戦争を以って国民的活動の目的を達するは不可能なりと。[58]

翻訳者はブロッホの著書がその科学的・経済的分析の手法に優れていることを評価し、「一九世紀の大著書の一として数ふるに足るもの」と賞賛しながらも、「莫大な人的・物的消耗により、いかなる大国にとっても戦争は不可能となる」と言うブロッホの結論は誤っていると断言する。

何となれば、延長せる戦期か短縮せる経済力の耐期の外に出でざる場合、即ち国民の経済力が五年の戦争に耐え得べくして、戦争が三年にして終結するが如き場合なきにあらざればなり。[59]

「三年の戦争を遂行するために五年の戦争に耐えられる国力を養う」とは、はからずも第一次世界大戦後の列強の将来の「総力戦」への取り組みを予見することばであった。しかしながら、もっとも肝腎な点、すなわち「三年の戦争しか遂行できない国力の国が、五年の戦争に耐えられるか」について翻訳者は考えなかったのであろうか。

第一次世界大戦に本格的に参戦しなかった日本にとって、日露戦争は日本が経験したもっとも「総力戦」に近い現象であったはずである。この観点に立って日露戦争を再分析する知的営みが戦間期の日本に存在したのか、日本の政治・経済・軍事のエリートたちがブロッホの『未来の戦争』を改めて紐解くことがあったのか[60]。稿を改めて考えたい。

執筆者付記

二〇〇三年夏、ブロッホとその著作の重要性を初めて筆者にご教示くださった恩師アダム・ロバーツ（Sir E. A. Roberts）教授、ブロッホの歴史的位置付けについて説明してくださったH・P・ウィルモット（H. P. Willmott）博士、ブロッホとウィッテの関係についてご教示いただき、また資料収集でもご助力を賜った飯島康夫博士に深謝する。

註

（1）早稲田大学中央図書館所蔵　明治期図書。

（2）イアン・ニッシュ教授による本巻の巻頭言を参照。

（3）「総力戦」の定義の難しさについては以下を参照。Roger Chickering, "Total War: The Use and Abuse of a Concept," Manfred F. Boenmeke, Roger Chickering and Stig Förster eds., *Anticipating Total War: The German and American Experiences, 1871–1914* (Cambridge: Cambridge University Press, 1999), pp. 13–28.

（4）実はブロッホに先だってエンゲルス（Friedrich Engels）も「総力戦」を予見していたという指摘がある。ダニエル・ピック『戦争の機械――近代における殺戮の合理化――』小澤正人訳（法政大学出版局、一九九八年）七五―七六頁。H. P. Willmott, *When Man Lost Faith in Reason: Reflections on War and Society in the Twentieth Century* (London: Praeger, 2002), p. 47.

（5）ポーランド名はヤン・ブリオーク（Jan Bliokh）。ジャン・ド・ブロック（Jean de Bloch）というフランス語名でも知られた。以下ブロッホの伝記は主として *Encyclopaedia Judaica* (Jerusalem: Keter Publishing, 1972), Vol. 4, p. 1094 に拠る。なお、ブロッホの生涯と業績について日本語で簡潔に読めるものとしては長谷川琴子「ブロッホ」（前原透監修、片岡徹也編集『戦略思想家事典』芙蓉書房出版、二〇〇三年）二五四―五七頁がある。

（6）当時のロシアにおける国家戦略としての鉄道建設の概観と、その中におけるブロッホの位置付けについては以下を参照。Jacob W. Kipp, "Strategic Railroads and the Dilemmas of Modernization," David Schimmelpenninck van der Oye and Bruce W. Menning eds., *Reforming the Tsar's Army: Military Innovation in Imperial Russia from Peter the Great to the Revolution* (Washington D. C.: Woodrow Wilson

Center Press, 2004), pp. 102–03.

（7） ブロッホとウィッテの関係については David Schimmelpenninck van der Oye: *Russian Ideologies of Empire and the Path to War with Japan* (Dekalb, Illinois: Northern Illinois University Press, 2001), pp. 66-67, 72-73を参照。ただし、ウィッテ自身は個人的にはブロッホに好感情を持っていなかった。*The Memoirs of Count Witte* (Garden City, N. Y.: Double Day, 1921), pp. 20-21.

（8） Bruce W. Menning, *Bayonets before Bullets: The Imperial Russian Army, 1861–1914* (Bloomington: Indiana University Press, 1992), pp. 129–30.

（9） Walter Pintner, "Russian Military Thought: The Western Model and the Shadow of Suvorov," Peter Paret ed., *Makers of Modern Strategy: From Machiavelli to the Nuclear Age* (Princeton: Princeton University Press, 1986), pp. 365–66. Menning, *Bayonets before Bullets*, p. 130.

（10） Carl Van Dyke, *Russian Imperial Military Doctrine and Education* (New York: Greenwood Press, 1990), pp. 113–15.

（11） たとえば当時、米国で広汎に読まれたパンフレット Edwin D. Mead, *Jean de Bloch and "The Future of War"* (Boston: The International Union, 1903) を見ると、ブロッホが「時の人」であったことがうかがわれる。

（12） Roland H. Bainton, *Christian Attitudes toward War and Peace: A Historical Survey and Critical Re-evaluation* (Nashville, Tennessee: Abingdon Press, 1960) p. 197. 当時の欧米におけるブロッホの著作の反響とハーグ平和会議との関連については、John Whiteclay Chambers II, "The American Debate over Modern War, 1871-1914," Boemmeke, etc. eds., *Anticipating Total War*, pp. 259-61.

（13） T. H. E. Travers, "Technology, Tactics, and Morale: Jean de Bloch, the Boer War, and British Military Theory," *Journal of Modern History 51* (June, 1979), pp. 264-86.

（14） ここから「現代のオペレーション・リサーチに関する史上初めての成果」という評価もある。Azar Gat, *The Development of Military Thought: The Nineteenth Century* (Oxford: Clarendon Press, 1992), p. 110.

（15） Modern Revivals in Military History, I. S. Bloch, *Is War Now Impossible? Being an Abridgement of the War of the Future in its Technical, Economic and Political Relations* (Aldershot, U. K.: Ashgate, 1991) 以下、*Is War Now Impossible?* と略記。このパンフレットは英国のジャーナリスト、スティード（W. T. Stead）がブロッホに行ったインタヴューに基づいている。Chronicled by W. T. Stead, "Has War Become Impossible? A Conversation with M. Bloch, the Author of "The Future of War," *Review of Reviews* (May, 1899). 以下 "A Conversation with M. Bloch" と略記。なお、以下に簡潔なブロッホの戦争論の紹介がある。ブライアン・ボンド『戦史に学ぶ勝利の追求』川村康之訳（東洋書林、二〇〇〇年）二二〇―二二二頁。

（16） Stead, "A Conversation with M. Bloch," pp. 16–17.

（17） Ibid., p. 27.

（18） Ibid.

（19） Ibid., p. 47.

(20) Bloch, *Is War Now Impossible?*, p. 348.

(21) Stead, "A Conversation with M. Bloch," pp. 37-38.

(22) Bloch, *Is War Now Impossible?*, p. 356.

(23) Ibid., p. 127.

(24) 日露戦争に至るロシア軍の機関銃使用については、エリス『機関銃の社会史』越智道雄訳（平凡社、一九八七年）一〇七―一一一頁を参照。

(25) 大江志乃夫『日露戦争の軍事史的研究』（岩波書店、一九七六年）四一二頁。

(26) 同右、一〇七頁。

(27) Menning, *Bayonets before Bullets*, pp. 158-60.

(28) 第一次世界大戦中のヴェルダン要塞の攻防戦では旅順要塞攻防戦の一〇倍、五カ月で六五万の死傷者を出した。

(29) 大江『日露戦争の軍事史的研究』一三二―一三三頁。

(30) 同右、四一二―一三頁。

(31) ロシアの戦費調達については以下を参照。篠永宣孝「日露戦争とフランスの対ロシア借款」（軍事史学会編『日露戦争』㈠――国際的文脈――、錦正社、二〇〇四年）二二八―四五頁。Boris Ananich, "Russian Military Expenditure in the Russo-Japanese War, 1904-5," John Steinberg, Bruce W. Menning, David Schimmelpenninck van der Oye, David Wolff and Shinji Yokote eds., *The Russo-Japanese War: World War Zero* (Leiden & Boston: Brill, 2005), pp. 449-64.

(32) 大江『日露戦争の軍事史的研究』の第四章「日露戦時下の軍需動員」参照。なお、「国内戦線」的な施策が地域レヴェルでいかに展開したかの事例は、竹本知行「戦時下の市民生活――京都の場合――」（本巻所収）を参照。

(33) 日本の戦費調達については以下を参照。小野圭司「日清戦後経営期の軍事支出と財政政策」（軍事史学会編『日露戦争』㈡）四五―六〇頁。Edward S. Miller, "Japan's Other Victory: Overseas Financing of the War," Steinberg etc. eds., *The Russo-Japanese War: World War Zero*, pp. 465-84.

(34) 横手慎二『日露戦争史――20世紀最初の大国間戦争――』〈中公新書〉（中央公論新社、二〇〇五年）一三六頁。

(35) 戦争によるロシア国内の混乱については以下を参照。横手『日露戦争史』一六五―一六七頁。John Bushnell, "The Specter of Mutinuous Reserves: How the War Produced the October Manifesto," Steinberg etc. eds., *The Russo-Japanese War: World War Zero*, pp. 333-48.

(36) 横手『日露戦争史』一九五―一九六頁。日本国民の講和条件への要求の高まりと失望については、長山靖生『日露戦争――もうひとつの「物語」――』〈新潮新書〉（新潮社、二〇〇四年）一七〇―一八一頁を参照。

(37) Bloch, *Is War Now Impossible?*, pp. 93-127.

(38) 桑田悦、前原透編著『日本の戦争・図解とデータ』（原書房、一九八二年）データ三。

(39) ワーディム・アガーポフ「露日戦争におけるウラジオ巡洋艦戦隊の作戦」堤明夫訳（本巻所収）を参照。

(40) 奉天会戦後の満州戦線の情況については、沼田多稼蔵『日露陸戦新史』（岩波書店、一九四〇年・復刻版一九八二年）第十一章「奉天会戦後の情況」を参照。一九〇五年八月、在満州のロシア軍兵力は戦争全期間を通じて最大に達し、日本の満州軍は危機感を抱いていた。満州軍の試算では、ハルビン攻略までに要する兵力は二五万、戦費一五億円で、これは日本の国力を超えるものであった。谷壽夫『機密日露戦史』（原書房、一九六六年）六六〇頁。

(41) ここでは国際政治のパワーバランスの要素は考慮せず、日露二国の軍事力、経済力、国内情況のみを考察対象にする。

(42) 日本軍動員数一〇八万、戦死八万四〇〇〇、負傷一四万三〇〇〇。ロシア軍動員数約一三〇万、死傷者は一九万から二七万。横手『日露戦争史』一九四―九五頁。

(43) 和田春樹「ロシア人は日露戦争をどうみたか」（『季刊中国』七八号、二〇〇四年秋）一九―二〇頁。

(44) Bruce W. Menning, “The Offensive Revisited: Russian Preparation for Future War, 1906-1914,” Schimmelpenninck and Menning eds., *Reforming the Tsar's Army*, pp. 217-19.

(45) 井上馨（一八三五～一九一五）は長州出身の政治家。外務、内務、大蔵の各大臣を歴任し、一八九八年以降は元老。三井財閥の顧問的地位にあり、財界にも影響力をふるった。

(46) 井上馨序文（『ブロッホ氏原著　近時の戦争と経済』）五―六頁。

(47) 同右、六頁。

(48) 日本陸海軍が日露戦争の批判的研究を封印した経緯については原剛「日露戦争の影響――戦争の矮小化と中国人蔑視感――」（軍事史学会編『二〇世紀の戦争』錦正社、二〇〇一年）一二―一四頁。『極秘明治三十七、八年海戦史』については相澤淳「『奇襲断行』か『威力偵察』か――旅順口奇襲作戦をめぐる対立――」（本巻所収）を参照。

(49) 筆者はまだ研究に着手できないでいるが、ブロッホの論点を痛感した人々があったとすれば、日露戦争の苦戦を実務者として体験した兵站と財政の専門家たちであろう。この点については今後の研究課題である。

(50) Ian Hamilton, *Compulsory Service* (2nd ed.) (London, 1911), p. 121, Paret, *Makers of Modern Strategy*, p. 521. より引用。

(51) Chambers, “American Debate over Modern War,” p. 275.

(52) 原剛「歩兵中心の白兵主義の形成」（本巻所収）を参照。

(53) 欧米列強における「攻勢ドクトリン」の呪縛については、Jack Snyder, *The Ideology of the Offensive* (Ithaca, N. Y: Cornell University Press, 1984) を参照。

(54) Michael Howard, “Europe on the Eve of the First World War,” R. J. W. Evans and Hartmut Pogge von Strandmann, eds., *The Coming of the First World War* (Oxford: Clarendon Press, 1988), pp. 10-11.

(55) J. F. C. Fuller, *The Dragon's Teeth: A Study of War and Peace* (London: Constable, 1932), pp. 252-53. Azar Gat, Fascist and Liberal Visions of War: Fuller, Liddell Hart, Douhet, and other Modernists (Oxford: Clarendon Press, 1998), p. 25.

(56) Basil Liddell Hart, *Europe in Arms* (London: Faber and Faber, 1937), p. 277.

(57) 日本陸軍の第一次世界大戦の研究と総力戦構想については、黒沢文貴『大戦間期の日本陸軍』（みすず書房、二〇〇〇年）を参照。

(58) 陳言一則（『ブロッホ氏原著　近時の戦争と経済』）二頁。

(59) 同右。

(60) たとえば、太平洋戦争直前に開設され、対米英戦争をシミュレートした総力戦研究所や、戦前期日本の最高水準のシンクタンクであった満鉄調査部において、ブロッホの著作が読まれることがあったのかどうかは興味深い問題である。

(玉川大学)

第四篇　文献目録

日露戦争研究　日本語文献目録

末吉洋文
北野剛
編集委員会

【著　書】

《明治より昭和前期（一九〇四～一九四五年）》

ヴェ・アヴァーリン『列強対満工作史――帝国主義と満州――』ロシア問題研究所訳（ナウカ社、一九三四～一九三五年。原書房より一九七三年復刻　明治百年史叢書　第三七巻）。

朝日新聞社編『名将回顧日露大戦秘史』〈陸戦篇、海戦篇〉（朝日新聞社、一九三五年）。

綾川武治『世界史を転回せる日露戦争の偉業』（全日本興国同志会出版部、一九三〇年）。

有賀長雄『日露陸戦国際法論』（東京偕行社、一九一一年）。

石井常造『日露戦役余談』（不動書店、一九〇八年）。

石川豊七『陣中手記――日露戦争従軍日記――』（石川豊七、一九三七年）。

市岡太次郎『日露戦役海軍寫真帖』（小川一真出版部、一九〇五年）。

市川省三『旅順包囲戦』（博文館、一九一三年）。

伊藤景綱編『日露戦史』（文武館、一九〇六年）。

猪熊敬一郎『鉄血』（明治出版社、一九一一年）。

ウィッテ『クロパトキン大将ノ日露戦争回想録ニ対スルウィッテ伯ノ弁駁』第十五師団参謀部訳（偕行社、一九一一年）。

――『ウイッテ伯回想記日露戦争と露西亜革命』大竹博吉監修〈上、中、下〉（南北書院、一九三一年。原書房より一九七二年復刻　明治百年史叢書　第二五～二七巻）。

上田恭輔『旅順戦蹟秘話』（大阪屋号書店、一九二八年）。

ヴェレサーエフ『故郷失ひぬ――日露戰爭記――』八住利雄訳（改造社、一九四〇年）。

梅崎延太郎『日露戦史講授録』（陸軍大学校将校集会所、一九一三年）。

梅原喜太郎『日露戦争とニコライ教會』（鴻盟社、一九〇四年）。

江森泰吉『旅順攻略海軍陸戦重砲隊』（江森泰吉、一九〇六年）。

大竹博吉訳編『滿洲と日露戰爭』（ナウカ社、一九三三年）。

大月隆仗『兵卒の見たる日露戦争』（戦記名著刊行会、一九三一年）。

小笠原長生『日露戦争軍事談片』（春陽堂、一九〇五年）。

折田重任『日露戦争列国の視線』（戦事外交評論社、一九〇四年）。

海軍軍令部編『露国海軍中佐クラード論文集』〈全二巻〉（海軍軍令部、一九〇五年）。

——編『明治三十七八年海戦史』〈全四巻　第一～第三巻戦史、第四巻医務衛生〉（春陽堂、一九〇九～一九一〇年）。

海軍省医務局編『日露戦役海軍衛生史』（春陽堂、一九一〇年）。

偕行社編纂部編『日露戦争に於ける第二軍作戦の初期』〈戦史叢書　第四号〉（偕行社、一九二六年）。

——編『戦争秘話』（偕行社、一九三五年）。

外務省臨時報告員編『露国海軍中佐「クラドー」意見書』〈全二巻〉（外務省臨時報告員、一九〇五年）。

金子堅太郎『日露戦役秘話』（博文館、一九二九年）。

河島博（紫川）編『外人より観たる日露戰爭』（園屋書店、一九〇四年）。

川俣馨一『日露戦争史』（尚文社、一九〇六年）。

河村貞編『日露戦争大本営公報集』（立誠堂、一九〇六年）。

菊池寛『日清日露戦争物語』〈世界戦争物語全集　五〉（新日本社、一九三七年）。

菊地駒次『ポーツマス條約第十條の規定の解釋に就て』（出版者不明、一九三三年）。

木田藤次郎『日露戦争・満洲・支那事変郷土部隊尽忠奮戦美談』（福島県石城養蚕奨励会軍兵慰問部、一九三八年）。

教育総監部編『明治三十七八年戦役忠勇美談』〈全五巻〉（東京偕行社、一九〇七年）。

京都聯隊区司令部編『日露戦役回顧録』（京都聯隊区司令部、一九三〇年）。

——編『満洲の血華——下士卒従軍記——』（京都聯隊区司令部、一九三一年）。

国木田哲夫『戦地写真帖——鴨緑江戦闘——』（北畠忠夫、一九〇四年）。

F・クプチンスキー『松山捕虜収容所日記——日露戦争虜囚記——』小田川研二訳（中央公論社、一九八八年）。

黒澤禮吉『日露戰爭思出の記——ミスチエンコ騎兵大集團營口逆襲實見記——』（黒澤禮太郎、一九三六年〔尚友倶楽部より二〇〇一年復刻　尚友ブックレット憲政資料シリーズ　一五〕）。

クロパトキン『クロパトキン回想録』参謀本部訳（偕行社、一九一〇年）。

軍事討究会編『戦陣叢話』〈全六巻〉（軍事討究会、一九一二～一九一七年）。

ゲ・デ・デメンチェフ『露国政府ノ日露戦争ニ要シタル戦費調』外務省調査部第三課訳編（外務省調査部第三課、一九三五年）。

コステンコ『屍山血河』樋口石城訳（海文社、一九一二年）。

後藤頑鉄『日露戦争史』（旭文堂、一九〇六年）。

R・M・コナフトン『ロシアはなぜ敗れたか——日露戦争における戦略・戦術の分析——』妹尾作太男訳（新人物往来社、一九八九年）。

小松悦二編『日露戦史』（尚武館、一九〇六年）。

イ・ヤ・コロストウェッツ『ポーツマス講和會議日誌』島野三郎訳（石書房、一九四三年）。

斎木寛直『征露第四軍写真帖』〈『日露戦争実記』第七八編二六巻〉（博文館、一九〇五年）。

桜井忠温『肉弾』（英文新誌社、一九〇六年。明元社復刊、二〇〇四年）。

佐世保海軍勲功表彰会『日露海戦記』（佐世保海軍勲功表彰会、一九〇六年）。

――『露艦隊幕僚戦記』（海軍勲功表彰会本部、一九〇七年）。

――『露艦隊最後実記』（海軍勲功表彰会本部、一九〇七年）。

佐藤清勝『予が観たる日露戦争』（軍事普及会、一九三一年）。

佐藤鋼次郎『日露戦争秘史旅順攻囲秘話』（軍事学指針社、一九三〇年）。

佐藤鉄馬編『旅順を落すまで――日露戦争秘史――』佐藤鋼次郎原著（あけぼの社、一九二四年）。

参謀本部編『明治三十七八年日露戦史』〈全一三巻〉（東京偕行社、一九一二～一九一四年）。

――編『日露戦争ニ於ケル露軍ノ後方勤務』（東京偕行社、一九一五年）。

――編『日露戦争に於ける第二軍作戦の初期――南山の戰闘迄――』〈戦史叢書　第四號〉（偕行社、一九二六年）。

参謀本部第四部編『明治三十七八年役露軍之行動』〈全一二巻〉（東京偕行社、一九〇八～一九一〇年）。

志賀重昂『大役小志』（大橋省吾、一九〇九年）。

時事新報社編『日露戦争を語る　陸軍、海軍、外交・財政の巻』〈時事パンフレット　第一一～一三輯〉（時事新報社、一九三五年）。

篠田治策『日露戦役国際公法』（法政大学、一九一一年）。

フォン・シュロイデル、ウエルベネック『嗚呼旅順口』（興風社、一九一二年）。

白井二郎『奉天会戦に於る第三軍の包翼戦』（教育研究会、一九二六年）。

新聞之新聞編輯局編『従軍記者の語る日露戦争裏面史』（精華書房、一九三五年）。

杉並二郎『日露戦争は何故起ったか?』（さんもん書房、一九三六年）。

鈴木教厳、神山滝次郎『日露戦争正史』（愛国護法会、一九一一年）。

鈴木荘六『日露戦争講授録』（陸軍大学校、一九〇六年）。

ウラジミル・セメヨノフ『嗚呼此一戦』山口虎雄訳（博文館、一九一二年）。

――『日本海大海戦殉国記』高須梅渓訳（明治出版社、一九一二年）。

戦記名著刊行會編『記事そのまゝ日露戦争當時の内外新聞抄』〈戦記名著集　熱血秘史　一〇〉（戦記名著刊行會、一九二九年）。

大本営写真班撮影『日露戰役寫眞帖』〈全二四巻〉（小川一真出版部、一九〇四年）。

――撮影『日露戦争寫真帖』（小川一真出版部、一九〇六年）。

高木松太郎『日露戦争に於ける新問題』（奉公会、一九〇四年）。

高橋作衛『日露戰爭國際事件要論』（清水書店、一九〇五年）。

田辺元二郎・荒川銜次郎『帝国陸軍史』（帝国軍友会、一九一〇年）。

田村友三郎『二〇三高地占領実戦記』（教育研究会、一九三三年）。

多門二郎『戦略譜征露の凱歌――余ガ参加シタル日露戦役――』（文淵閣、一九四三年）。

忠霊顕彰会編『満洲戦蹟巡礼』（忠霊顕彰会、一九三九年）。

エヌ・ア・ツァベリ『日露戦争ノ際ニ於テ適用シタル野戦防禦ノ形式』参謀本部訳（偕行社、一九一〇年）。

塚本義胤『朝日艦より見たる日本海海戦』（滄浪閣書房、一九〇七年）。

津野田是重『斜陽と鉄血――旅順に於ける乃木将軍――』（偕行社、一九二六年）。

フランク・テイエス『全滅の戰列――バルチック艦隊回航記――』大河原精一郎、川村重和訳（牧野書店、一九四〇年）。

帝国軍人教育会編輯局編『日露大戰史』（帝国軍人教育会、一九〇六年）。

帝國廢兵慰籍會編『日露戰争史』（帝國廢兵慰籍會、一九〇六年）。

東海散士『日露戰争羽川六郎』（有朋館、一九〇三年）。

戸水寛人『世界の大勢と日露戰争の結末』（有斐閣、一九〇五年）。

中岡弥高『黒溝台会戰に於ける第八師団』（偕行社、一九二九年）。

永尾善作『追憶旅順開城』（永尾善作、一九三五年）。

中山泰昌編著　新聞集成明治編年史編纂會編纂『新聞集成明治編年史――日露戰争期――』〈第一二巻〉（草村松雄、林泉社、一九四〇年。本邦書籍より一九八二年復刻）。

西村文雄編『軍醫の観たる日露戰争』（戰醫史刊行会、一九三四年）。

蜷川新『黒木軍ト戰時国際法』（清水書店、一九〇五年）。

日露戰争紀念社編輯局編『日露戰争紀念将官列伝』（日露戰争紀念社、一九〇九年）。

日本赤十字社編『明治三十七八年戰役日本赤十字社救護報告』（日本赤十字社、一九〇八年）。

沼田多稼蔵『日露陸戰新史』（兵書出版、一九二四年。芙蓉書房出版より一九八〇年復刻）。

原田政右衛門『日本軍の暗黒面』（尚武社、一九一四年）。

バイオフ編『日露戰争』参謀本部訳〈全一〇巻〉（軍事教育会、一九〇七年）。

博文館編『日露戰寫眞画報』〈全三八巻〉（博文館、一九〇四年）。

――編『訂正日露戰史』〈全二巻〉（博文館、一九〇七年）。

橋本忠次郎編『日露戰争日本赤十字社救護寫真帖』〈全二編〉（日本赤十字發行所、一九〇五～一九〇六年）。

蓮沼義意『日露戰争要覧』（盛文社、一九〇六年）。

イアン・ハミルトン『思ひ出の日露戰争』松本泰訳（平凡社、一九三五年）。

バルスキー『日露戰争ニ於ケル露軍失敗ノ原因』川津敬治郎訳（干城堂、一九一三年）。

ブロッホ氏原著『近時の戰争と経済』（民友社、一九〇四年）。

平山多次郎『日露戰役ヨリ得タル野戰給養勤務ノ教訓』（陸軍主計団記事発行所、一九一五年）。

福島貞子『日露戰争秘史中の河原操子』（婦女新聞社、一九三五年。尚友倶楽部より一九九五年復刻。尚友ブックレット憲政資料シリーズ　四）。

藤牧左門『日露戰争史』（帝国廃兵慰籍会、一九〇九年）。

藤村駒藏『嗚呼瓦全の僕――三十七八年戰役従軍回想録――』〈函館圖書館叢書　一一〉（市立函館圖書館、一九三五年）。

藤村守美『日露戰争戰勝の原因』（兵林館、一九〇七年）。

兵書刊行会編『日露戰争三十年記念写真帖』（兵書刊行会、一九三五年）。

カール・ヘルフェリッヒ『日露之戰資　日露戰争ノ財政的方面』森孝三口訳、尾崎茂筆記（台湾日日新報社、一九〇六年）。

――『日露戰争ト歐洲金融界』〈特別調査　一七〉（東京銀行集會所、一九〇七年）。

マックス・ベールマン『弾痕』齋藤鉄太郎訳（明治出版社、一九一二年）。

堀真琴『日露戰争前後』〈近代日本歴史講座　第六冊〉（白揚社、一九四〇年）。

ポリトウスキ『露艦隊来航秘録』時事新報社訳（海軍勲功表彰会本部、一九〇七年）。

本多熊太郎『魂の外交――日露戦争に於ける小村侯――』（千倉書房、一九三八年）。

フランシス・マカラー『コサック従軍記』平川弘志訳（新時代社、一九七三年）。

松宮春一郎『最近の韓国』（早稲田大学出版部、一九〇五年）。

松山俘虜収容所編『松山収容露国俘虜』（松山俘虜収容所、一九〇六年）。

滿鐵圖書館研究會編『滿鐵圖書館所藏日露戰争關係資料目録』（滿鐵圖書館研究會、一九四〇年）。

満川亀太郎『日露戦争の世界史的意義』〈国民戦線小冊　第一〉（国民戦線社、一九三〇年）。

水野広徳『此一戦』（博文館、一九一一年。明元社復刊、二〇〇四年）。

皆川三郎『独帝の野望と日露戦争』（皆川三郎、一九三五年）。

村上浪六『日露戦争仁川旅順の巻』（村上信、一九〇四年）。

森晋太郎訳『タイムス日露戦争批評』〈全三巻〉（時事新報社、一九〇五年）。

守田有秋『日露戦争史』（商工之日本社、一九〇七年）。

山下政逸編『日露戰爭を斯く戰へり――鹿野吉広従軍（世田谷野戦砲兵聯隊）日記――』鹿野吉廣著（正直書林、一九三七年）。

山名正二『日露戦争秘史・満洲義軍』（月刊満洲社東京出版部、一九四二年）。

芳川寛治『日露戦争及ビ朝鮮併合ノ機密ヲ述べ併セテ現下ノ對策ニ及ブ』（芳川寛治、一九三二年）。

吉田宇之助編『日露戦争忠烈余芳』（民友社、一九〇四年）。

陸軍省編『明治三十七八年戦役俘虜取扱顛末』（有斐閣、一九〇七年）。

――編『明治三十七八年戦役統計』〈全六巻〉（陸軍省、一九一一年。東洋書林より一九九四～一九九五年復刻。『日露戦争統計集』〈近代日本歴史統計資料　六〉）。

――編『明治三十七八年陸軍政史』〈全一〇巻〉（陸軍省、一九一一年。湘南堂書店より一九八三年復刻）。

陸軍省医務局編『明治三十七八年戦役陸軍衛生史』〈全六巻〉（陸軍省医務局、一九一二年）。

陸軍省新聞班編『日露戦役の回顧と我等国民の覚悟』（陸軍省新聞班、一九三六年）。

ア・リャビーニン『日露戦役争ニ基ケル小部隊ノ戦闘法及前哨勤務』高橋静虎訳（軍事教育会、一九〇九年）。

露国海軍軍令部編『千九百四、五年露日海戦史』帝国海軍軍令部訳〈第一～七巻、五巻欠〉（海軍軍令部、一九一五年。芙蓉書房出版より二〇〇四年復刻〈上、下〉）。

ベ・ア・ロマーノフ『満洲に於ける露国の利権外交史』山下義雄訳（鴨右堂書店、一九三四年。原書房より一九七三年復刻）。

早稲田大学編輯部編『日露戦役史』〈前、後〉（早稲田大学出版部、一九〇五年）。

渡邊幾治郎『日清・日露戦争史話』（千倉書房、一九三七年）。

『日露戦争写真画帖』〈戰記名著集　熱血秘史　臨時配本〉（戦記名著刊行会、一九三〇年）。

『日露戦争と帝国海軍』（海軍省海軍軍事普及部、一九三三年）。

『日露戦争ニ於ケル滿洲ノ軍政ニ關スル告示及諸法令』〈占領地行政資料　第三號〉（滿鐵・天津事務所、一九三七年）。

『日露戦争の思出』（陸軍省、一九三一年）。

《昭和後期以降（一九四六年〜現在）》

青森県史編さん近現代部会編『青森県史　資料編　近現代――日清・日露戦争期の青森県――』〈二〉（青森県、二〇〇三年）。

池上登、他編『日露戦争従軍記』〈座間市史資料叢書　四、五〉（座間市立図書館市史編さん係、一九九〇年）。

井口和起編『日清・日露戦争』〈近代日本の軌跡　三〉（吉川弘文館、一九九四年）。

――『日露戦争の時代』〈歴史文化ライブラリー　四一〉（吉川弘文館、一九九八年）。

――『日露戦争　世界史から見た「坂の途上」』（東洋書店、二〇〇五年）。

井口省吾文書研究会編『日露戦争と井口省吾』〈明治百年史叢書第四三一巻〉（原書房、一九九四年）。

池野藤兵衛編著『明治の青春横川省三――日露戦争と志士群像――』（牧野出版、一九八〇年）。

伊佐治敏編『日露戦争従軍日記――駒のいななき――』伊佐治春作著（伊佐治敏、二〇〇四年）。

石井寛治『日本の産業革命――日清・日露戦争から考える――』（朝日新聞社、一九九七年）。

石田興平『満州における植民地経済の史的展開』（ミネルヴァ書房、一九六四年）。

石塚正英編『日露戦争・日米外交秘録――金子堅太郎・回顧録――』金子堅太郎講演（長崎出版、一九八六年）。

一又正雄編『山座円次郎伝』（原書房、一九七四年）。

伊藤整『日露戦争の時代』〈講談社文芸文庫　回想の文学　日本文壇史　八〉（講談社、一九六六年）。

伊藤正徳『軍閥興亡史〈1〉日露戦争に勝つまで』（光人社、一九九八年）。

伊藤之雄『立憲国家と日露戦争――外交と内政　1898〜1905――』（木鐸社、二〇〇〇年）。

稲葉千晴『明石工作――謀略の日露戦争――』〈丸善ライブラリー一五八〉（丸善、一九九五年）。

――『暴かれた開戦の真実――日露戦争――』〈ユーラシア・ブックレット　No.39〉（東洋書店、二〇〇二年）。

井上勇一『東アジア鉄道国際関係史』（慶応通信、一九八九年）。

デニス・ウォーナー、ペギー・ウォーナー『日露戦争全史』妹尾作太男、三谷庸雄訳（時事通信社、一九七八年）。

ウッドハウス暎子『日露戦争を演出した男モリソン』〈上、下〉（東洋経済新報社、一九八八年。新潮社より二〇〇四年再刊　新潮社文庫）。

宇野俊一校注『桂太郎自伝』（平凡社、一九九三年）。

海野福寿『日清・日露戦争』（児玉幸多編『集英社版日本の歴史』一八、集英社、一九九二年）。

NHK編『NHK歴史への招待　日露戦争』〈第二八巻〉（日本放送出版協会、一九九〇年）。

えびの市『日清・日露戦争』〈えびの市史資料集　四〉（えびの市、一九九五年）。

J・エリス『機関銃の社会史』越智道雄訳（平凡社、一九九三年）。

追貝左文郎『近衛兵星野彦太郎の日露戦争』（BCC出版部、一九七七年）。

老田剛編『騎兵隊兵士日露戦争従軍日誌』老田孝作著（老田剛、一九九〇年）。

大石汎『美神と軍神と――日露戦争中の森鷗外――』（門土社総合出版、一九九三年）。

大江志乃夫『日露戦争の軍事史的研究』（岩波書店、一九七八年）。

――解説『日露戦争日記』竹内太郎吉著〈のじぎく文庫〉（神戸新聞出版センター、一九八〇年）。

――『日露戦争と日本軍隊』（立風書房、一九八七年）。

――『兵士たちの日露戦争――五〇〇通の軍事郵便から――』〈朝日選書　三四九〉（朝日新聞社、一九八八年）。

――『バルチック艦隊――日本海海戦までの航路――』〈中公新書　一四七四〉（中央公論新社、一九九九年）。

――『世界史としての日露戦争』（立風書房、二〇〇一年）。

大久保利謙、寒川光太郎『明治の歴史　日露戦争』〈第三巻〉（集英社、一九六八年）。

大阪市史編纂所編『日露戦争従軍兵士書簡――旧東成郡鯰江村大字今福嶋田家文書から――』〈大阪市史史料　第四九輯〉（大阪市史料調査会、一九九七年）。

大澤宗雄編『立志の人大澤界雄』（清涼山大覚寺、一九九一年）。

太田雅夫『安部磯雄の平和思想――日露戦争を中心として――』（桃山学院大学教育研究所、一九九三年）。

大西二郎『日露戦争と大阪の俘虜収容所』（関西郵趣連盟、二〇〇二年）。

大濱徹也『明治の墓標――庶民のみた日清・日露戦争――』〈河出文庫〉（河出書房新社、一九九〇年）。

――『庶民のみた日清・日露戦争――帝国への歩み――』〈刀水歴史全書　六四〉（刀水書房、二〇〇三年）。

大山梓『日露戦争の軍政史録』（芙蓉書房、一九七三年）。

――編『山縣有朋意見書』（原書房、一九六六年）。

小沢健志編著『写真明治の戦争』（筑摩書房、二〇〇一年）。

海軍歴史保存会『日本海軍史』第一巻（第一法規出版、一九九五年）。

外務省編『日本外交文書　日露戦争』〈明治期五一～五五〉（日本国際連合協会、一九五八年）。

外務省政務局第三課編『日露交渉史』〈明治百年史叢書　第九八巻〉（原書房、一九六九年）。

外務省蔵版『小村外交史』〈上・下〉（新聞月鑑社、一九五三年）。

笠原和夫監修『実録・戦艦三笠――日露戦争と日本海海戦――』（ゆまにて出版、一九八三年）。

鹿島守之助『日本外交史――日露戦争――』〈第七巻〉（鹿島研究所出版会、一九七〇年）。

加藤健之助『日露戦争軍医の日記』（ユニオン出版社、一九八〇年）。

加藤鉄衛、加藤修治編『碧海郡野田村の日露戦争』（野田史料館資料刊行会、一九八八年）。

神山恒雄『明治経済政策史の研究』（塙書房、一九九五年）。

マヌエル・ドメック・ガルシア『アルゼンチン観戦武官の記録日本海海戦』津島勝二訳（日本アルゼンチン協会、一九九八年）。

喜多見昭彦編『病院船弘済丸見聞録――日露戦争秘帖――』細川源太郎著（博文館新社、一九九三年）。

君塚直隆『女王陛下のブルーリボン――ガーター勲章とイギリス外交――』（ＮＴＴ出版、二〇〇四年）。

ドナルド・キーン『明治天皇』〈上・下〉角地幸男訳（新潮社、二〇〇一年）。

木村毅『日本に来た五人の革命家』（恒文社、一九七九年）。

――編『明治戦争文學集』〈明治文學全集九七〉（筑摩書房、一九六九年）。

旧参謀本部編『日露戦争　日本の戦史』〈徳間文庫〉（徳間書店、

一九九四年）。

近現代史編纂会編『日露戦争陸戦写真史』平塚柾緒著（新人物往来社、一九九七年）。

――編『日露戦争海戦写真史』平塚柾緒著（新人物往来社、一九九七年）。

――編『日露戦争』〈戦記クラシックス〉（新人物往来社、二〇〇三年）。

金正明編『日韓外交資料集成』〈第五巻日露戦争編〉（巌南堂書店、一九六二～一九六七年。原書房より一九八〇年復刻。市川正明編『日韓外交史料』〈第六巻　明治百年史叢書　第二八九巻〉）。

黒羽茂『世界史上より見たる日露戦争』〈日本歴史新書〉（至文堂、一九六〇年）。

――『日露戦争と明石工作』（南窓社、一九七六年）。

――『日露戦争史論――戦争外交の研究――』（杉山書店、一九八二年）。

――『日露戦争はいかにして戦われたか』（文化書房博文社、一九八八年）。

――『日ソ諜報戦の軌跡――明石工作とゾルゲ工作――』（日本出版放送企画、一九九一年）。

桑田悦編『近代日本戦争史――日清・日露戦争――』〈第一編〉（同台経済懇話会　紀伊國屋書店、一九九五年）。

国書刊行会編『写真日露戦争』（国書刊行会、一九七九年）。

――編『目でみる江戸・明治百科――日清・日露戦争の時代の巻――』〈第七巻〉（国書刊行会、一九九六年）。

児玉吉郎『従軍日誌』（文芸社、二〇〇〇年）。

イム・コスチェンコ『旅順攻防回想録』樋口石城原訳、田崎与喜衛現代訳（新時代社、一九七三年）。

小西四郎『錦絵幕末明治の歴史――日露戦争前後――』〈一二〉（講談社、一九八七年）。

小林英夫監修・解題『明治三十七八年戦役――満洲軍政史――』〈全一九巻〉（ゆまに書房、二〇〇四年）。

小林一美『義和団戦争と明治国家』（汲古書院、一九八六年）。

小林道彦『日本の大陸政策　1895～1914』（南窓社、一九九六年）。

小森陽一・成田龍一編『日露戦争スタディーズ』（紀伊國屋書店、二〇〇四年）。

小谷野修『男子の処世――奇才戦略家松川敏胤参謀と日露戦争――』（光人社、一九九五年）。

「コリアーズ」編『米国特派員が撮った日露戦争』小谷まさ代訳（草思社、二〇〇五年）。

才神時雄『松山収容所――捕虜と日本人――』〈中公新書　一九五〉（中央公論社、一九六九年）。

――『ロシア人捕虜の記録』（新時代社、一九七三年）。

――編著『旅順・松山の歌』レンガート原著（新時代社、一九七四年）。

――『メドヴェージ村の日本人墓標――日露戦争虜囚記――』〈中公新書　六九八〉（中央公論社、一九八三年）。

済々黌日露戦役記念帖編集委員会編『日露戦争従軍将兵の手紙』大濱徹也監修（同成社、二〇〇一年）。

崔文衡『日露戦争の世界史』朴菖熙訳（藤原書店、二〇〇四年）。

酒井修一編『日露戦争写真集』（新人物往来社、一九八七年）。

佐藤和夫編著『日本海海戦ハンドブック』（総合出版社［歴研］、二〇〇三年）。

佐山二郎『日露戦争の兵器』（光人社、二〇〇五年）。

参謀本部編『明治三十七・八秘密日露戦史』（巌南堂書店、一九七七年）。

産経新聞取材班『日露戦争――その百年目の真実――』（扶桑社、二〇〇四年）。

茂沢祐作『ある歩兵の日露戦争従軍日記』（草思社、二〇〇四年）。

時事新報社編『日露戦争批評』（明治後期産業発達史資料　第六五九巻～第六六一巻　第一二期　外国事情篇（含旧植民地資料））（龍渓書舎、二〇〇三年）。

篠原宏『日本海軍お雇い外人――幕末から日露戦争まで――』〈中公新書　八九三〉（中央公論社、一九八八年）。

信夫清三郎、中山治一編『日露戦争史の研究』（河出書房新社、一九七二年）。

島田謹二『ロシヤにおける広瀬武夫』（朝日新聞社、一九七〇年（朝日新聞社より二〇〇三年再刊））。

――『ロシヤ戦争前後の秋山真之――明治期日本人の一肖像――』〈全二冊〉（朝日新聞社、一九九〇年）。

島貫重節『戦略・日露戦争』〈上、下〉（原書房、一九八〇年）。

――『あゝ永沼挺身隊』〈上、下〉（原書房、一九九三年）。

清水威久『ソ連と日露戦争』（原書房、一九七三年）。

下村富士男『日露戦争』〈近代の戦争　第二〉（人物往来社、一九六六年）。

――編『日清・日露戦争』〈日本歴史シリーズ　第一九巻〉（世界文化社、一九六七年）。

尚友倶楽部調査室編『回顧三十年日露戦争を語る』〈尚友ブックレット　憲政資料シリーズ　二〉（尚友倶楽部、一九九四年）。

白羽祐三『日清・日露戦争と法律学』〈日本比較法研究所研究叢書　五八〉（中央大学出版部、二〇〇二年）。

史料調査会編著『日露戦争と第一次革命』〈ロシア大革命史　第三〉（ロシア大革命史刊行会、一九五七年）。

鈴木孝一編『ニュースで追う明治日本発掘』〈第七～八巻〉（河出書房新社、一九九五～一九九六年）。

須山幸雄『天皇と軍隊・明治篇――「大帝」への道・日清日露戦争――』（芙蓉書房、一九八五年）。

済々黌日露戦役記『日露戦争従軍将兵の手紙』（同成社、二〇〇一年）。

世界文化社『日本人の１００年　日露戦争』〈七〉（世界文化社、一九七二年）。

関屋友彦『使命感に燃えた三人男――台湾統治・日露戦争講話・韓国併合・終戦秘史　児玉源太郎・金子賢太郎・関屋貞三郎――』（紀尾井出版、二〇〇一年）。

太平洋戦争研究会編『図説日露戦争』平塚柾緒著〈ふくろうの本〉（河出書房新社、一九九九年）。

――『20ポイントで理解する　日露戦争がよくわかる本』〈ＰＨＰ文庫〉（ＰＨＰ研究所、二〇〇四年）。

ソフィア・フォン・タイル『日露戦争下の日本――ロシア軍人捕虜の妻の日記――』小木曽龍、小木曽美代子訳（新人物往来社、一九九一年）。

高橋誠『明治財政史研究』（青木書店、一九六四年）。

高村直助『日本資本主義史論』（ミネルヴァ書房、一九八〇年）。

武川寿輔『日露戦争の思い出』（武川先生顕彰実行委員会、一九八九年）。

田中宏巳『東郷平八郎』〈ちくま新書　二〇八〉（筑摩書房、一九九九年）。

――『秋山真之』〈人物叢書　二三七〉（吉川弘文館、二〇〇四年）。

谷口甚吉『日露戦争従軍記』（谷口三郎、一九八一年）。

谷壽夫『機密日露戦史』〈明治百年史叢書　第三巻〉（原書房、一九六六年）。

多門二郎『多門二郎日露戦争日記』（芙蓉書房、一九八〇年）。

趙明哲『日露戦争前後の政治と軍事――中堅層の政策構想を中心に――』〈東京大学日本史学研究叢書　三〉（東京大学日本史学研究室、一九九六年）。

長陵書林編集部編『黒龍会日露戦争期論策集』〈日本思想史資料叢刊　七〉（長陵書林、一九八一年）。

筒井重雄編『日露戦争従軍日記』筒井平市郎著（筒井俊雄、一九八八年）。

角田順『満洲問題と国防方針　明治後期における国防環境の変動』（原書房、一九六七年）。

寺本康俊『日露戦争以後の日本外交――パワー・ポリティクスの中の満韓問題――』（信山社出版、一九九九年）。

土肥原三千太『日露戦役日記』（土肥原三千太、一九八〇年）。

戸高一成監修『極秘日露海戦写真帖』（柏書房、二〇〇四年）。

外山三郎『日清・日露・大東亜海戦史』（原書房、一九七九年）。

――『日露海戦史の研究――戦記的考察を中心として――』（教育出版センター、一九八五年）。

――『日露海戦新史』（東京出版、一九八七年）。

豊田穣『桂太郎と日露戦争将軍たち』〈明治・大正の宰相　第四巻〉（講談社、一九八三年）。

長沢豊七『日露戦争従軍記録』（遠藤一男、一九九一年）。

中田昭栄『魯迅、鷗外、ソフィア、明石、滔天と日露戦争』（郁朋社、二〇〇一年）。

中西立太『日本の軍装――幕末から日露戦争 1841～1929――』（大日本絵画、二〇〇一年）。

中野藤三郎『日露従軍記――明治三十七・八年――』（徳島県出版文化協会、一九七八年）。

中山治一『日露戦争以後』（創元社、一九七五年）。

長山靖生『日露戦争』〈新潮新書　〇四九〉（新潮社、二〇〇四年）。

日露戦争研究会編『日露戦争研究の新視点』（成文社、二〇〇五年）。

日本近代史研究会編著『近代日本史――明治維新百年写真図説――』〈第五〉（国文社、一九六六年）。

日本随想録編集委員会編『日本海海戦随想録』（総合出版社［歴研］、二〇〇三年）。

沼津市明治史料館編『沼津市域にみる日清・日露戦争――明治の戦争と民衆――企画展解説書――』（沼津市明治史料館一九九〇年）。

沼田多稼蔵『日露陸戦新史』〈岩波新書〉（岩波書店、一九八二年）。

根来藤吾『夕陽の墓標――若き兵士の日露戦争日記――』（毎日新聞社、一九七六年）。

ノビコフ・プリボイ『ツシマ――日本海海戦――』上脇進訳〈上、下〉（出版協同社、一九五八年）。

野村實『日本海海戦の真実』〈講談社現代新書　一四六一〉（講談社、一九九九年）。

長谷川伸『日本捕虜史』〈上、下〉（時事通信社、一九六二年）。

秦郁彦『日本人捕虜――白村江からシベリア抑留まで――』上（原書房、一九九八年）。

デー・ベー・パヴロフ、エス・アー・ペトロフ、イー・ヴェー・チェレヴャンコ『日露戦争の秘密――ロシア側史料で明るみに出た諜報戦の内幕――』左近毅訳（成文社、一九九四年）。

林えいだい『杉野はいずこ――日露戦争秘話　英雄の生存説を追う――』

（新評論、一九九八年）。

原田勝正監修『日露戦争の事典――近代日本の分水嶺――』〈Sun lexica 34〉（三省堂、一九八六年）。

原剛『明治期国土防衛史』（錦正社、二〇〇二年）。

――監修『秘蔵日露陸戦写真帖　旅順攻防戦』（柏書房、二〇〇四年）。

阪東宏『ポーランド人と日露戦争』〈明治大学人文科学研究所叢書〉（青木書店、一九九五年）。

兵頭二十八『有坂銃――日露戦争の本当の勝因――』（四谷ラウンド、一九九八年）。

平塚柾緒『日露戦争』〈秘蔵写真で知る近代日本の戦歴　一～二〉（フットワーク社、一九九一～一九九二年）。

――『近代日本の戦歴――日露戦争――』〈上、下　学研M文庫〉（学研、二〇〇一年）。

平間洋一『日露戦争が変えた世界史――「サムライ」日本の一世紀――』（芙蓉書房出版、二〇〇四年）。

福島貞子『日露戦争秘史中の河原操子』〈伝記叢書九二〉（柳原書店、一九九二年）。

藤井松一『日清・日露戦争』〈国民の歴史　カラー版　第二〇〉（文英堂、一九六九年）。

藤村欣市朗『高橋是清と国際金融』（福武書店、一九九二年）。

藤原彰、他編『日本近代史の虚像と実像――開国～日露戦争――』〈一〉（大月書店、一九九〇年）。

古川薫『天辺の椅子――日露戦争と児玉源太郎――』（文藝春秋、一九九六年）。

古屋哲夫『日露戦争』〈中公新書　一一〇〉（中央公論社、一九六六年）。

毎日新聞社編『一億人の昭和史――日本の戦史1――』（毎日新聞社、一九七九年）。

松井茂『日比谷騒擾事件の顚末――松井茂の手記――』（松井茂先生自伝刊行会、一九五二年）。

松村正義『日露戦争と金子堅太郎――広報外交の研究――』〈増補改訂版〉（新有堂、一九八七年）。

――『ポーツマスへの道――黄禍論とヨーロッパの末松謙澄――』（原書房、一九八七年）。

――『日露戦争１００年――新しい発見を求めて――』（成文社、二〇〇三年）。

松山大学編『マツヤマの記憶――日露戦争一〇〇年とロシア捕虜兵――』（成文社、二〇〇四年）。

真鍋重忠『日露旅順海戦史』（吉川弘文館、一九八五年）。

皆川三郎編訳『日露戦争海外写真集』（新人物往来社、一九九〇年）。

棟田博『兵隊日本史　日清・日露戦争編』（新人物往来社、一九七四年）。

室山義正『近代日本の軍事と財政』（東京大学出版会、一九八四年）。

明治期外交資料研究会編『日露講和関係調書』第一巻（クレス出版、一九九五年）。

森貞彦『日露戦争と「菊と刀」』（草土出版、二〇〇四年）。

森山茂徳『近代日韓関係史研究』（東京大学出版会、一九八七年）。

矢寺新三郎編『日露戦争従軍日記』矢寺伊太郎著（矢寺新三郎、一九八〇年）。

矢吹晋編訳『ポーツマスから消された男――朝河貫一の日露戦争論――』朝河貫一原著〈横浜市立大学叢書　四〉（東信堂、二〇〇二年）。

山形市史編集委員会編『日露戦争従軍日記』岩井七五郎筆〈山形市史資料　第三七号〉（山形市、一九七四年）。

山崎新光『日露戦争期の米国における広報活動──岡倉天心と金子堅太郎──』（山崎書林、二〇〇一年）。

山本大生『勝負の構造──日露戦史を科学する──』（原書房、一九八一年）。

横手慎二『日露戦争──20世紀最初の大国間戦争──』〈中公新書一七九二〉（中央公論新社、二〇〇五年）。

吉野有武『日露戦争乃木軍絵日記』（安田書店、一九八〇年）。

読売新聞社編『日露戦争──カラー・ドキュメント　バートン・ホームズ写真集──』バートン・ホームズ著（読売新聞社、一九七四年）。

──『いま問われる日露戦争』（読売新聞社、二〇〇四年）。

セオダー・H、フォン・ラウエ『セルゲイ・ウィッテとロシアの工業化』菅原崇光訳（草書房、一九七七年）。

イアン・C・ラックストン『アーネスト・サトウの生涯』長岡祥三・関口英男訳（雄松堂出版、二〇〇三年）。

ピーター・E・ランドル『ポーツマス会議の人々──小さな町から見た講和会議──』倉俣・トーマス・旭、佐久間徹訳（原書房、二〇〇二年）。

陸戦史研究普及会編『旅順要塞攻略戦』〈陸戦史集　第一一〉（原書房、一九六九年）。

I・I・ロストーノフ編『ソ連から見た日露戦争』及川朝雄訳（原書房、一九八〇年）。

和田春樹『ニコライ・ラッセル──国境を越えるナロードニキ──』〈上・下〉（中央公論社、一九七三年）。

渡辺奎二編『筆の運びは拙いが──日清日露出征兵士の手紙──』（越書房、一九八二年）。

『日露大戦史──岐阜県戦没者芳名録──』（中川書房、一九八二年）。

【論文】

《昭和後期以降（一九四六年〜現在）》

相澤淳「「勝算」の比較──日露戦争と日米戦争──」（『軍事史学』二三─一、一九八七年六月）。

秋葉尋子「戦時体制における運動会の功罪──日露戦争前後の遊戯を中心にして──」（『東京学芸大学紀要　第五部門　芸術・体育』二六、一九七四年九月）。

阿部光蔵「満州問題をめぐる日露交渉──義和団事変より日露戦争直前における日・露・清関係──」（『季刊国際政治』三一、一九六六年一〇月）。

池井優「情報でも勝った日露戦争・情報でも負けた日ソ国交回復交渉」（『外交時報』一三三二、一九九六年一〇月）。

池田憲隆「日露戦争後における海軍兵器生産の構造──大型艦船生産を中心として──」（『社会経済史学』五〇─二、一九八四年七月）。

井〔ケ〕田良治「一兵士の日露戦争従軍日誌（資料）」（『同志社法学』四五─六、一九九四年三月）。

池山弘「日清・日露戦争期における軍事物資徴発と民衆の経済的負担」（『四日市大学論集』一三─二、二〇〇一年三月）。

──「愛知県に於ける日清・日露戦争期の軍資金・軍事物資献納運動」（『四日市大学論集』一四─一、二〇〇一年九月）。

──「愛知県に於ける日露戦争の戦病死者遺族及び従軍者の生

活状況――『大正2年度　特命検閲使申告資料綴』（愛知県庁文書の分析――」（『四日市大学論集』一四―二、二〇〇二年三月）。

石川泰志「日露戦争と仏教――仏教の軍に及ぼした影響――」（『軍事史学』四〇―一、二〇〇四年六月）。

石田興平「日露戦争と朝鮮合併および対満進出――日本の対満進出の歴史的背景（3）――」（『経済経営論叢』八―四、一九七四年三月）。

市川久「戦争における勝敗要因の経済的・財政的分析――日露戦争と大東亜戦争における軍戦備の比較を中心として――」（『神山経済論叢』一一、一九九五年一〇月）。

伊藤正直「日露戦後の日本金本位制と中央銀行政策」（藤岡浩司・吉岡昭彦編『国債金本位制と中央銀行政策』名古屋大学出版会、一九八七年）。

伊藤之雄「日露戦争と桂園体制の形成」（『法学論叢』一三八―四～六、一九九六年三月）。

稲葉千晴「日露戦争期のヨーロッパにおける日本の対ロシア工作――『明石工作』関係史料の検討によせて――」（『北欧史研究』三、一九八四年八月）。

――「ロシア国立文書館にみる日露戦争中の日本関連文書――ロシア秘密警察に盗まれた電報・書簡（資料）――」（『社會科學討究』三八―三、一九九三年三月）。

――「『明石元二郎文書』欧文書簡――日露戦争中のスパイからの手紙を中心に――」（『社會科學討究』四〇―一、一九九四年七月）。

――「日露戦争中の露仏諜報協力――対日情報収集をめぐって――」（『外交時報』一三三五、一九九七年二月）。

――「日露戦争前夜のウラジヴォストーク対ロシア諜報活動」（『都市情報学研究』五、二〇〇〇年）。

――「日露戦争の準備――軍事的視点から――」（『都市情報学研究』七、二〇〇二年）。

稲葉正夫「日露戦争資料――『参謀本部の活動』――」（『軍事史学』四―三、一九六八年一一月）。

井上敦「日露戦争期の民間世論の形成について」（『法政史学』四六、一九九四年三月）。

井上清「日露戦争について――下村・藤村氏にたいする反批判――」（『日本史研究』三八、一九五八年九月）。

井上勇一「日露戦争時における日本の軍用鉄道建設問題――第二回日英同盟への一考察――」（『軍事史学』一六―三、一九八〇年一二月）。

――「京義鉄道の建設をめぐる国際関係――日露戦争開戦原因としての鉄道問題――」（『季刊国際政治』七一、一九八二年八月）。

茨木智志「歴史教育における近代史認識の様相――日露戦争を中心に――」（『上越教育大学研究紀要』二〇―二、二〇〇一年）。

今井圭子「アルゼンチンの主要紙に見る日露戦争当時の日本報道」（『ラテンアメリカ論集』三三、一九九九年）。

色川大吉「日露戦争と兵士の意識」（『東京経済大学創立七〇周年記念論文集』一九七〇年一〇月）。

上田浄「日露戦争と板倉中」（『千葉史学』四〇、二〇〇二年五月）。

上田正行「足立栄之助の『陣中日誌』――軍曹の日露戦役従軍記――」（『金沢大学文学部論集　言語・文学篇』二三、二〇〇三年）。

内川芳美「日露戦争と新聞」（『明治ニュース事典』第七巻、毎日コミュニケーションズ、一九八六年）。

内山正熊「ポーツマス条約成立秘史」（『法学研究』五二―一二、一九七九年一二月）。

遠藤芳信「日露戦争と1909年歩兵操典改正——1910年代以降の『軍事教練』の内容方法の分析のために——」（『東京大学教育学部紀要』一五、一九七六年三月）。

王希亮「日露戦争中の大陸浪人」（『環日本海論叢』二、一九九三年九月）。

大江志乃夫「日露戦争の軍事的分析——陸軍を中心に——」（『東京教育大学文学部紀要』九六、一九七四年三月）。

——、宇野俊一「日露戦争と朝鮮」（『教育評論』三〇八、一九七四年七月）。

——「世界史および日本史における日露戦争」（『史潮』七、一九八〇年九月）。

——「国家と軍隊-6-日露戦争の戦争指導——国務と統帥——」（『法学セミナー』三二〇、一九八一年一〇月）。

——「日露戦争前後の兵器と鉄鋼」（『経済科学』三四—四、一九八七年）。

大沢敬之助「日露戦争下のある農民兵士の記録——大沢上等兵戦中日記（色川大吉校・解説）——」（『東京経済大学人文自然科学論集』二四、一九七〇年一一月）。

大谷幸太郎「『辺界』から『大富源』へ——日露戦争前夜の満州ヴィジョン——」（『比較文学』三八、一九九五年）。

大谷正「旅順虐殺事件と国際世論をめぐって」（『歴史評論』五三二、一九九四年八月）。

大場昭「日本における軍制の展開　日露戦争」〈一～六〉（『国防』四二—一～八、一九九三年一～八月）。

大畑篤四郎「日露戦争と満韓問題」〈上、下〉（『近代日本史研究』五～六、一九五八年四～七月）。

大濱徹也「兵士にみる外国認識——日清・日露戦争を中心に——」（『史潮』七、一九八〇年九月）。

大山梓「日露戦争と営口占領」（『季刊国際政治』三一、一九六六年一〇月）。

——「日露戦争と安東占領」（『軍事史学』二—三、一九六六年一一月）。

——「日露戦争直前における日露関係の一問題——馬山浦事件——」（『軍事史学』四—三、一九六八年一一月）。

——「龍巌浦事件」（明治文化研究会編『明治文化研究　第三集』日本評論社、一九六九年）。

——「日露戦争と開戦外交」（『国際法外交雑誌』六八—二、一九六九年七月）。

——「日露戦争と軍政撤廃」（『政経論叢』三七—三・四、一九六九年七月）。

——「日露戦争と新民占領」（『政経論叢』三八—三、一九七〇年七月）。

——「日露戦争と樺太占領」（『政経論叢』四一—一・二、一九七三年二月）。

——「日露戦争と病院船」（『廣島法學』一—三～四、一九七八年五月）。

——「日露戦争と捕虜」（『廣島法學』三—三、一九七九年一二月）。

——「日露戦争の営口軍政資料」（『帝京法学』一三—二、一九八二年一二月）。

——「日露戦争と休戦協定」（『政治経済史学』二三六、一九八五年一二月）。

岡本幸治「日露戦争と北一輝の思想形成——『北学』形成における決定的意義について——」（『社会科学論集』八・九、一九七七年一二月）。

岡本俊平「寡頭外交政策決定の長短——日露戦争に於ける日本の経験——」（『季刊国際政治』四一、一九七〇年四月）。

尾鍋輝彦「日露戦争の性格論によせて」（『歴史評論』一一二、一九五九年一〇月）。

イアン・ガウ「英国海軍と日本——一九〇〇—一九二〇年——」（細谷千博・イアン・ニッシュ監修『日英交流史 1600—2000 3 軍事』東京大学出版会、二〇〇一年）。

梶村秀樹「朝鮮からみた日露戦争」〈一〜二〉（『史潮』七〜八、一九八〇年九月〜一九八〇年一一月）。

片山徹「日露戦争以降の財政・金融構造——日露戦費調達機構を中心に——」（『経済論叢』一三八—五〜六、一九八六年一二月）。

ガリペリンア「日露戦争の終結をめぐる日本および英米外交」亀井博訳（『日本歴史』二九九、一九七三年四月）。

河合俊三「日露戦争前における中国をめぐる国際関係」（『東洋研究』六二〜六四、一九八二年二月）。

川島淳「論考 日露戦争下の満州占領地軍政——満州軍政委員会派遣当初を中心として——」（『駒沢大学史学論集』三〇、二〇〇〇年四月）。

菅野正「日露戦争後、満州還付をめぐって」（『奈良史学』二〇、二〇〇二年）。

菅野直樹「鴨緑江採木公司と日本の満州進出」（『国史学』一七二、二〇〇〇年八月）。

菊川丞「日露戦争を歌ったエストニア民謡」（『研究論集 関西外国語学園研究会』五一、一九九〇年一月）。

北澤法隆「再考東郷ターン」（『海事史研究』五八、二〇〇一年九月）。

北泊謙太郎「日露戦争中の出征軍人家族援護に関する一考察——下士兵卒家族救助令との関わりにおいて——」（『待兼山論叢』三三、一九九九年）。

北山康夫「日露戦争の性格について」（『歴史地理教育』三五、一九五八年七月）。

木下郁夫「文明の衝突と国際仲裁——日露戦争以前の北東アジア——」〈一〜二〉（『紀要 地域研究・国際学編』三四〜三五、二〇〇二〜二〇〇三年）。

木原健太郎、本多秀輝「ポーツマス条約と朝河貫一」〈一〜二〉（『公評』三九—八〜九、二〇〇二年九〜一〇月）。

君塚直隆「伊藤博文のロシア訪問と日英同盟——イギリス政府首脳部の対応を中心に——」（『神奈川県立外語短期大学紀要』総合篇二三、二〇〇〇年）。

楠元町子「セントルイス万国博覧会と日露戦争——異文化交流の視点から——」（『異文化コミュニケーション研究』六、二〇〇三年二月）。

アンッティ・クヤラ「日露戦争時における、フィンランド立憲主義抵抗派と日本・イギリス・スウェーデンの協力」〈上、下〉稲葉千晴訳（『北欧史研究』五〜六、一九八七年四月〜一九八八年七月）。

蔵角利幸「三宅雪嶺、ジャーナリストとしての主張——日露戦争の場合——」（『学葉』四三、二〇〇一年）。

倉橋正直「従軍慰安婦前史——日露戦争の場合——」（『歴史評論』四六七、一九八九年三月）。

黒沢嘉幸「日露戦争における野戦病院について」（『日本医史学雑誌』三四—三、一九八八年七月）。

黒野耐「韓国ニ於ケル作戦計画（甲号外）——日露戦争における先遣第十二師団の作戦の準拠——」（『軍事史学』三三—四、一九九八年三月）。

黒羽茂「日露戦争と明石工作」（『東北大学教養部紀要』一五、一九七二年二月）。

古賀保夫「日露戦争・橘中佐・軍神」（『社会科学研究』七―二、一九八七年三月）。

小林啓治「日英関係における日露戦争の軍事史的位置」（『日本史研究』三〇五、一九八八年一月）。

斉藤寿彦「日露戦争以後における東アジアをめぐる国際政治関係と日本の対外金融」（『千葉商大論叢』二六―三）。

坂本夏男「日露戦争開始についての一考察」（『神道史研究』一五―五・六、一九六七年一二月）。

佐藤三郎「日清日露戦争の性格」（『歴史教育』二―二、一九五四年二月）。

――「日露戦争における満州占領地に対する日本の軍政について――近代日中交渉史上の一齣として――」（『山形大学紀要　人文科学』六―二、一九六七年一月）。

佐藤徳太郎「旅順の戦い」〈上、下〉（『軍事史学』八―四～九―一、一九七三年三～六月）。

――「日露戦争におけるウラジオストック作戦論争」（『軍事史学』一〇―三、一九七四年一二月）。

佐藤秀守「28センチ榴弾砲と日露戦争」（『防衛学研究』一六、一九九六年一〇月）。

佐藤守男「情報戦争としての日露戦争――参謀本部における対ロシア戦略の決定体制　1902～1904年――」〈一～五〉（『北大法学論集』五〇―六～五一―四、一九九九年六月～二〇〇〇年一一月）。

沢田次郎「日露戦争をめぐる徳富蘇峰のアメリカ観」（『法学政治学論究　法律・政治・社会』三一、一九九六年一二月）。

塩崎智「『日本の覚醒』をめぐる金子堅太郎と岡倉天心」（『日本大学精神文化研究所紀要』三四、二〇〇三年三月）。

茂義樹「日露戦争と婦人矯風会――『婦人新報』に見る――」（『梅花女子大学文学部紀要　人間科学編』三五、二〇〇一年）。

島田元太郎「日露戦争の前後」〈上、下〉（『ソ連研究』四―九～一〇、一九五五年七～一〇月）。

島貫武治「日露戦争以後における国防方針、所要兵力、用兵綱領の変遷」〈上、下〉（『軍事史学』八―四～九―一、一九七三年三～六月）。

清水靖久「日露戦争と非戦論」（『比較社会文化　九州大学大学院比較社会文化研究科紀要』八、二〇〇二年三月）。

下村富士男「日露戦争について」（『歴史教育』四―一、一九五六年一月）。

――「日露戦争と満州市場」（『名古屋大学文学部研究論集』一四、一九五六年一〇月）。

――「日露戦争の性格」（『国際東方学者会議紀要』二、一九五七年）。

――「日露戦争前、世論形成の一局面――幸徳秋水を中心にして――」（『国史学』七一、一九六〇年一月）。

――「日清・日露戦争」（『日本歴史』一四七、一九六〇年）。

――「日露戦争――外交史上より見たる――」（『軍事史学』四―一、一九六八年五月）。

新宮譲治「日露戦争碑の観察」（『歴史地理教育』五九五、一九九九年六月）。

鈴木俊夫「ベアリング商会と日露戦時公債発行」（『三田学会雑誌』八二―二、一九九〇年）。

菅原崇光「欧米における日露戦争原因に関する研究の動向と竜岩

浦事件」〈一〜二〉（『歴史』二八〜三二、一九六四年九月〜一九六六年六月）。

杉本俊宏「日本近代造船工業の成立——日露戦争前後の三菱長崎造船所——」（『人文学報』六四、一九八九年三月）。

ディヴィッド・スティーズ「相互の便宜による帝国主義の結婚——一九〇二—一九二二年の日英関係——」村島滋訳（細谷千博・イアン・ニッシュ監修『日英交流史 1600—2000 1 政治外交』東京大学出版会、二〇〇〇年）

瀬川善信「日露戦争における在ロシヤ居留民保護問題」（『法学新報』八七—三・四、一九八〇年七月）。

曽田三郎「日清・日露戦争と清末政治」（『歴史評論』五三二、一九九四年八月）。

滝沢一郎「ソ連における日露戦争論の推移」（『軍事史学』一一—三、一九七五年一二月）。

武智秀夫「日露戦争における切断・義肢と乃木式義手」（『日本医史学雑誌』二八—三、一九八二年七月）。

竹中憲一「日露戦争軍政下の対中国人教育方針をめぐって——嶋田道彌著『満洲教育史』の誤解——」（『アジア教育史研究』九、二〇〇〇年三月）。

多胡圭一「日露戦争前後における植民地経営の一斑について」（『阪大法学』一一六・一一七、一九八一年三月）。

田中直吉「明治時代の軍制の一断面——日清・日露戦争指導——」（『軍事史学』四—三、一九六八年一一月）。

田中宏巳「日露戦争におけるロシアの密輸問題——特に英炭獲得問題を中心として——」（『国史学』一一四、一九八一年三月）。

——「ナヒモフ拿捕の報告書について」（『軍事史学』一六—四、一九八一年三月）。

——「日露戦争資料の解題と目録」〈一〜三〉（『軍事史学』一六—四〜一七—二、一九八一年三〜九月）。

——「日清・日露海戦史の編纂と小笠原長生」〈一〜二〉（『軍事史学』一八—三〜四、一九八二年一二〜一九八三年三月）。

——「忠君愛国的『日露戦争』の伝承と軍国主義の形成——小笠原長生の役割を通して——」（『国史学』一二六、一九八五年五月）。

谷口巖、韓麗娟「夏目漱石の小説と日露戦争——作品教材化の一つの試み——」（『愛知教育大学教科教育センター研究報告』二〇、一九九六年三月）。

千葉功「満韓不可分論＝満韓交換論の形成と多角的同盟・協商網の模索」（『史学雑誌』一〇五—七、一九九六年七月）。

——「日英同盟締結後における日露の外交方針」（『日本歴史』五八一、一九九六年一〇月）。

——「日露交渉——日露開戦原因の再検討——」（『年報近代日本研究』一八、山川出版社、一九九六年）。

——「日露戦前期（一九〇〇〜四年）外交史研究の現状」（『史学雑誌』一〇六—八、一九九七年）。

——「日露戦争と国際政局」（鳥海靖他編『日本近現代史研究事典』東京堂出版、一九九九年）。

ジョン・チャップマン「戦略的情報活動と日英関係一九〇〇—一九一八年」狩野直樹訳（細谷千博・イアン・ニッシュ監修『日英交流史 1600—2000 3 軍事』東京大学出版会、二〇〇一年）。

茶本繁正「戦争とジャーナリズム -7- 日露戦争と報道合戦」（『現代の眼』二二—四、一九八一年四月）。

筑土龍男「日進・春日とアルゼンチン」（『軍事史学』八—一、一九七二年六月）。

土屋好古「日露戦争とロシヤ社会」（『日露戦争スタディーズ』紀伊國屋書店、二〇〇四年）。

筒井充「日本海軍史における対露戦備の特徴と成果」（『軍事史学』六―三、一九七〇年一一月）。

角田順「日露戦争における政戦両略」（『軍事史学』八―三、一九七二年一二月）。

寺本康俊「日露戦争後の対満政策をめぐる外務省と陸軍の対立」（『政治経済史学』二三七、一九八六年一月）。

伝田功「日露戦争期の国債消化――滋賀県下の事例――」（『滋賀大学経済学部附属史料館研究紀要』一八、一九八五年一月）。

外山三郎「日本海々戦における東郷ターンについて」（『軍事史学』八―一、一九七二年六月）。

鳥海靖「日露戦争と元老たち――開戦に至る山県有朋を中心に――」（『軍事史学』四〇―四、二〇〇五年三月）。

中島三千男「日露戦争『出征軍人来翰』の分析――『慰問状』の果たした役割と出征兵士の意識――」（『歴史と民俗』一、一九八六年四月）。

中塚明「日清・日露戦争の今日的意味――考察はロング・メモリーでなければならない――」（『歴史評論』五三二、一九九四年八月）。

中根隆行「従軍文士の渡韓見聞録――日清・日露戦争期の〈朝鮮〉表象と与謝野鉄幹『観戦詩人』――」（『日本語と日本文学』二九、一九九九年八月）。

中村貞子「ポーツマス会議期における日本外交に対する世論」（『聖心女子大学論叢』七、一九五五年一二月）。

中村尚美「日露戦争とアジアの民族運動」（『社會科學討究』三八―二、一九九二年）。

長尾克子「繁栄の礎――日本工作機械工業の歴史　第6回　日清・日露戦争と工作機械工業――」（『機械技術』四六―六、一九九八年六月）。

成田富夫「日露戦争期におけるディロンの日露関係についての認識」（『軍事史学』三一―三、一九九五年一二月）。

――「ポーツマス会議でのヴィッテのアドバイザー、E・J・ディロンと黄禍論」（『軍事史学』四〇―四、二〇〇五年四月）。

日本政治外交史研究会「〈井口省吾文書〉及び解題――日露戦争期の書簡と日記を中心として――」〈一～二〉（『法学研究』六二―一～二、一九八九年一～二月）。

野沢豊「日露戦争と東アジア――とくに満蒙問題を中心として――」（『史潮』七、一九八〇年九月）。

能地清「日清・日露戦後経営と対外財政1896～1913――在外政府資金を中心に――」（『土地制度史学』九二、一九八一年）。

野村實「日本海海戦直前の密封命令」（『軍事史学』一八―一、一九八二年六月）。

野原敏彦「北長森村　沢田日記に見る日露戦争」（『岐阜県歴史資料館報』二〇、一九九七年三月）。

橋本哲哉「日露戦争前の石川県における対岸情報と認識――ロシア・ウラジオストクを中心に――」（『金沢大学経済学部論集』二一―一、二〇〇一年一月）。

馬場明「日露戦争と満州に関する日清条約」（『國學院雑誌』九八―五、一九九七年五月）。

林健久「日露戦争と外債」（『唯物史観』六、一九六八年八月）。

林敏「日露戦争直後における満州問題――韓国統監伊藤博文に対する一分析――」（『史学研究』一九七、一九九二年七月）。

原剛「日露戦争における日本人捕虜」（『郷友』一九八七年九月）。

――「日露戦争の影響――戦争の矮小化と中国人蔑視感――」（『軍

事史学』三六―三・四、二〇〇一年三月)。

原正郎「マスメディアと戦争――日露戦争と新聞――」(『波涛』二六―五、二〇〇一年一月)。

判沢純太「日露戦争勃発の政治過程と政友会」(『政治経済史学』一九〇、一九八二年三月)。

稗田忠治「日露戦争におけるたばこ」(『たばこ史研究』七九、二〇〇二年三月)。

檜山真一「日露戦争従軍日本語通訳ドミートリイ・智配」(『ロシア史研究』五五、一九九四年八月)。

平井友義「ロシア極東政策とベゾブラーゾフ 1903年――鴨緑江森林利権を中心に――」(『広島国際研究』八、二〇〇二年)。

平川祐弘「二人のフランス作家が見た日露戦争」(『文科系学会連合研究論文集』一九、一九六九年三月)。

広瀬健夫「日露戦争期のシベリア鉄道小考」〈一～二〉(『人文科学論集』一五～一七、一九八一年三月～一九八三年三月)。

――「日露戦争における日本兵捕虜についての一考察」(『人文科学論集』二二、一九八八年三月)。

――「ロシア側からみた日清・日露戦争」(『歴史評論』五三二、一九九四年八月)。

広田昌希「日露戦争下の兵士の意識に関するノート」(『岡山大学法文学部学術紀要(史学篇)』三八、一九七七年一二月)。

広野好彦「日露戦争初期のE・M・アレクセーエフとA・H・クロパトキン」(『大阪学院大学国際論集』四―二、一九九三年一二月)。

――「栗野私案と日露交渉」(『姫路法学』二九～三〇、二〇〇〇年三月)。

――「日露戦争下のニコライ主教」(『大阪学院大学通信』三三―六、二〇〇一年九月)。

Olavi Falt「日露戦争時における日本諜報活動とフィンランド・アクティヴィスティの協力」百瀬宏訳(『史潮』七、一九八〇年九月)。

福田正信「日露戦争をどう指導したか」(『世界史研究』二八～三〇、一九六二年四月)。

藤井松一「日露戦時下における地方経済の動向――『京都府日露時局記事』を中心に――」(『歴史評論』二八八、一九七四年、四月)。

藤村禅「ウィッテと日露戦争――ロシヤ側から見た日露戦争の原因――」(『軍事史学』六―三、一九七〇年一一月)。

藤村道生「日露戦争の性格によせて」(『歴史学研究』一九五、一九五六年四月)。

――「日露戦争について」(『歴史教育』五―一一、一九五七年一一月)。

朴成淳「日露戦争前後における日本の対韓言論政策――統監府の英字機関紙発刊を中心として――」(『法学政治学論究 法律・政治・社会』五二、二〇〇二年三月)。

朴羊信「『七博士』と日露開戦論」(『北大法学論集』四八―五、一九九八年一月)。

堀口修「金子堅太郎『日露開戦伊藤公對談繪巻物』について」(『日本大学精神文化研究所紀要』三四、二〇〇三年三月)。

本間久朗「日露戦争における坑道発破」(『骨材資源』三一、一九九九年一一月)。

町田俊昭「ロシア側から見た日露戦争」(『日本歴史』三四二、一九七六年一一月)。

松木修二郎「日露戦争と新聞」(『日本大学法学部創立百周年記念論文集』一九八九年一一月)。

松村正義「日露戦争における金子堅太郎」(『国際法外交雑誌』七七―三、一九七八年一一月)。

――「日露戦争と日本の広報外交――米欧における金子堅太郎と末松謙澄――」(『軍事史学』一六―三、一九八〇年一二月)。

――「黄禍論と日露戦争」(『季刊国際政治』一七、一九八二年八月)。

――「日露戦争におけるロシアの対外宣伝」(『政治経済史学』四一〇、二〇〇〇年一〇月)。

――「上村艦隊のウラジオストク艦砲射撃」(『軍事史学』三八―一、二〇〇二年六月)。

――「日露戦争後の高橋是清とヤコブ・シフ」(『国際関係研究』二三―三、二〇〇二年一二月)。

――「日露戦争と外国新聞従軍記者」(『外務省調査月報』二〇〇四年度No.2)。

松本馨「日露戦争と独逸皇帝ヴィルヘルム二世」(『早稲田政治経済学雑誌』一七一、一九六一年一一月)。

松本通孝「日清・日露戦争と国民の対外観の変化――明治期中学校外国史教科書の分析を通して――」(『教育研究』四四、二〇〇〇年三月)。

三木秀雄「同盟戦略と作戦計画――日英同盟が対露作戦計画に及ぼした影響――」(『軍事史学』一九―三、一九八三年一二月)。

三谷憲正「『戦争とメディア』論――『日露戦争　写真画報』を中心として――」(『国文学　解釈と教材の研究』四六―六、二〇〇一年五月)。

皆川三郎「武勇とロマンの日露戦争――英国特派員の報道を追って――」(『英学史研究』二二、一九八九年)。

宮地正人「国民主義的対外硬派論――日露戦争以降の政治史研究によせて――」〈一～二〉(『史学雑誌』八〇―一一～一二、一九七一年一一～一二月)。

宮崎千穂「明治三十年代前半におけるロシア艦隊の長崎港利用と雲仙養生院設立計画」(『軍事史学』四〇―四、二〇〇五年三月)。

宮薗美佳「夏目漱石『趣味の遺伝』小論――『学者』の立場と、日露戦争の報道に着目して――」(『日本文芸研究』四九―一、一九九七年六月)。

迎由理男「1900年代における大蔵省預金部の機能と性格」(『金融経済』一七七、一九七九年)。

村上重良「国家と宗教-14-日清・日露戦争と靖国神社」(『法学セミナー』三五四、一九八四年六月)。

村島滋「日英同盟と日露戦争」(『歴史教育』一五―二、一九六七年二月)。

――「日英同盟史の一側面――両国軍事協商の成立をめぐって――」(『国際政治』五八、一九七八年)。

――「日英同盟と日露戦争の間――イギリス『帝国防衛委員会』の動向を中心として――」(『政治経済史学』三二〇、一九九三年二月)。

――「二〇世紀史の開幕と日英同盟――一八九五―一九二三年の日英関係――」(細谷千博、イアン・ニッシュ監修『日英交流史1600-2000　1　政治・外交』東京大学出版会、二〇〇〇年)。

柳生悦子「日本海軍水兵服-3-日清戦争(一八九四)～日露戦争(一九〇五)」(『風俗』二〇―二、一九八一年六月)。

柳生正文「新潟商業会議所文書について――日露戦争と地方経済の動向――」(『駒沢史学』四八、一九九五年四月)。

安岡昭男「日露戦争と外国観戦武官」(『政治経済史学』四三八・

四三九合併号、二〇〇三年二・三月)。

安中尚史「日露戦争における日蓮宗従軍僧の活動」(『印度學佛教學研究』四五—一、一九九六年)。

山口叡「日露戦争」〈前、中、下〉(『軍事史学』四—三〜四、五—一、一九六八年一一月〜一九六九年五月)。

山口開治「日露戦争におけるわが国防禦海面の国際法上の意義」(『防衛論集』一一—二、一九七二年一〇月)。

山崎裕二「日露戦争における日本赤十字社の看護人——近代看護史のなかの男性看護者(5)——」(『日本赤十字武蔵野短期大学紀要』一一、一九九八年)。

山沢啓造「駐清外交官ロックヒル」(『軍事史学』六—三、一九七〇年一一月)。

山下竜三「覇権主義と日露戦争の再評価」(『社會科學討究』二三—二、一九七七年一一月)。

——「『日本海海戦・"Togo turn"』再論」(『軍事史学』二二—一、一九八六年六月)。

山本四郎「日露戦争準備について(史料紹介)」〈正、続〉(『ヒストリア』六四〜六五、一九七三年八月〜一九七四年六月)。

山脇重雄「日露戦争に関する日本外務省陸軍省海軍省の残存文書について——資料解説——」(『文化』二五—一、一九六一年四月)。

横内正雄「ポンド体制下の横浜正金銀行ロンドン支店」(侘美光彦・杉浦克己編『国際金融——機軸と周辺——』社会評論社、一九八六年)。

義井博「日露戦争後極東の国際関係」(『西洋史学』三一、一九五六年一〇月)。

吉川卓治「日露戦争下における戦時教育の展開に関する一考察——文部省の政策と地方の対応を中心に——」(『名古屋大學教育學部紀要 教育学科』三五、一九八八年)。

——「日露戦争下における戦時教育の展開に関する一考察-2-——愛知県田原町中部尋常高等小学校内教育奨励会発行『家庭と学校』の分析を通して——」(『名古屋大學教育學部紀要 教育学科』三六、一九八九年)。

吉田久一「日露戦争と仏教——軍事援護を中心に——」(『日本仏教史学』一一、一九七六年一二月)。

吉村道男「日露戦争後における北満州・沿海州視察報告の特質——特に斎藤季治郎大佐の報告書をめぐって——」(『政治経済史学』二〇〇、一九八三年三月)。

——「日露戦争期の日本の対蒙古政策の一面——『喀喇沁王府見聞録』について——」(『政治経済史学』三〇〇、一九九一年三月)。

李盛煥「日露戦争と朝鮮民族主義の挫折」(『軍事史学』四〇—一、二〇〇四年)。

李明「日露戦争後における満州の南北分割について」(『社会科学研究』八—一、一九八七年一〇月)。

渡辺茂「内村鑑三におけるナショナリズム——日露戦争をめぐっての一試論——」(『六浦論叢』二三、一九八六年)。

渡辺穣「兵卒の履歴簿——三鷹村在郷軍人名簿からみた日露戦争——」(『法政史学』四九、一九九七年三月)。

渡辺実「近代留学史上からみた日露戦争——とくにその勝因について——」(『歴史学論文集 日本大学史学科五十周年記念』一九七八年四月)。

和田春樹「日露戦争とロシアの社会主義者」(『ロシア史研究』一八、一九七二年二月)。

――「日露戦争中の日露社会主義者の連帯」（『史潮』七、一九八〇年九月）。

――「ロシア人は日露戦争をどうみたか」（『季刊中国』七八、二〇〇四年秋季）。

И. И. Ростунов「ソヴィエト歴史学における一九〇四―〇五年の日露戦争の基本的諸問題」内野朋子訳（『史潮』七、一九八〇年九月）。

補註

一、本篇は日露戦争に関する日本語による主要な研究文献（翻訳を含む）の目録である。もとより完璧ではないので、読者は補註二以下の文献目録も併せて参照されたい。

二、外国語による主要な研究文献については横手慎二「日露戦争に関する最近の欧米の研究」（軍事史学会篇『日露戦争㈠――国際的文脈――』二〇〇四年）および David Schimmelpenninck van der Oye, *Toward the Rising Sun: Russian Ideologies of Empire and the Path to War with Japan* (Dekalb, Illinois: Northern Illinois University Press, 2001) の Sources を参照。

三、主として日本陸海軍が作成した日露戦争当時の文書については原剛・菅野直樹「防衛研究所所蔵の日露戦争関連史料」（軍事史学会篇『日露戦争㈠――国際的文脈――』二〇〇四年）を参照。

四、昭和戦前期までに発表された日露戦争に関する体験記、戦況報告、戦術分析などは雑誌『偕行社記事』『水交社記事』『有終』『日露戦争実記』『日露戦争写真画報』等に掲載されている。なお、『偕行社記事』『水交社記事』の詳細については『近代日本軍隊関係雑誌集成目録』Ⅲ・Ⅳ・Ⅴ（ナダ書房、一九九二、一九九三年）を参照。

五、昭和戦前期までに発表された日本語による文献については木村毅編『明治戦争文學集』〈明治文學全集九七〉（筑摩書房、一九六九年）巻末の参考文献表が詳しい。

六、日本語による主要な研究文献の概要については、日露戦争研究会編『日露戦争研究の新視点』（成文社、二〇〇五年）所収の文献解題を参照。

（帝塚山大学）

（会員）

（編集委員会）

あとがき

起案から刊行まで二年余りの時を経て、今、机上に二冊の軍事史学会編『日露戦争』を並べて不思議な感慨に耽っている。日露戦争一〇〇周年、軍事史学会創立四〇周年の記念すべき年に、本特集を世に問うことができたことを嬉しく思う。

周知のように日露戦争は一九〇四年二月に始まり、一九〇五年九月に終結した。軍事史学会の『日露戦争』特集の企画が持ちあがったのは二〇〇三年二月、論文投稿の呼びかけを始めたのが二〇〇三年の春。予想外に多くの論文が得られる見通しがたち、年末には二年度にわたり合併号を二冊刊行することが決まった。二〇〇〇―二〇〇一年度の『二〇世紀の戦争』『再考・満州事変』以来の大型特集号をめざした。

本格的な作業開始が日露開戦からちょうど一〇〇年たった二〇〇四年二月。四月に原稿が集まり始め、紆余曲折を経て第一巻〈国際的文脈〉が上梓されたのが二〇〇四年十二月。旅順攻防戦が終結し、日露戦争の第一ラウンドが終わってから一〇〇年であった。同時平行で二〇〇四年夏から第二巻のための原稿が到着し始めた。黄海海戦や遼陽会戦から一〇〇年である。この第二巻の編集作業が本格化したのは二〇〇五年三月、奉天会戦を始まりとする日露戦争の第二ラウンドから一〇〇年。そして、五月下旬にこうして第二巻〈戦いの諸相と遺産〉を世に出すことができた。日露戦争の軍事的な決着をつけた日本海海戦から、またもちょうど一〇〇年。図らずも現実の日露戦争と似たような軌跡を描いて軍事史学会編『日露戦争』(全二巻)は完成した。

この伝でいけば本年九月には第三巻〈ポーツマス会議とその後〉を刊行せねばならないところであるが、一〇〇年前の日本帝国と同様、軍事史学会も「国力の回復」を必要としており、残念ながらそのような計画は存在しない。とはいえ、日露戦争の研究は決して一〇〇周年で終わったのではなく、今後も通常号や小特集号で日露戦争を取り上げていきたい。

ところで、このようにして生まれた『日露戦争』には、七〇代の英国の老大家から二〇代の日本人大学院生まで、大学や研究機関の研究者から一般企業に勤務する篤学の社会人まで、政治、外交、軍事、経済、国際法から社会、文化に至る多彩な研究分野の方々から四〇本に及ぶ論考をいただくことができた。また、防衛庁防衛研究所所蔵の日露戦争関連史料、アジア歴史資料センターにおける日露戦争関係資料（以上は第一巻）、そして日露戦争当時から現在までに国内で発行された日本語による主要研究文献目録（第二巻）を加えたことで、学会誌としての特色を出すことができたと自負している。これらの目録が今後、日露戦争に取り組む若い研究者の方々のお役に立てれば幸いである。

編集作業を振り返って感じることは、ヴェテランの研究者の方々から常と変わらぬ高水準の論文をいただけたことはもちろんであるが、今回の特集号の特徴としては比較的若い世代の方々から労作をお寄せ戴いたことである。学問研究の世界でも流行と名利を追うことに汲々とする風潮が蔓延する中、地道に歴史研究の王道を歩む若い大学院生や研究者が存在することはまことに喜ばしい。『日露戦争』が、これら次代を担う若手研究者の方々にとって、研究上のひとつの跳躍台になれば望外の喜びである。

現実の戦争と同じく本の出版にも、さまざまな予想外の事態が生じる。想定戦場の地形や海図が異なっていたこともあれば、予定時期に予定された地点に予定された部隊や艦隊が到着せず、薄氷を踏むような思いで計画を立て直したことも一再ではなかった。その一方、意外な所から意外に強力な援軍が現われ、愁眉を開くこともあった。当初掲載が計画されていながら、やむを得ぬ事情で間に合わなかった論文が数点あったことは、まことに残念であった。しかし、前述のように日露戦争の研究は一〇〇周年で終わるものではなく、今回掲載されなかった方々には今後の通常号や小特集号へ、振るって投稿をお願いしたい。とりわけ通常号の論文においては紙幅が四〇〇字詰原稿用紙換算で五〇枚まで増やされたので、本格的な研究のご発表を鶴首する。

ご玉稿をお寄せいただいた方々への感謝はむろんのこと、編集担当としては多忙な予定の合間をぬって丁寧な査読をしてくださったり、外国語論文の翻訳を引き受けてくださった編集委員、一部の会員と非会員の専門家の方々に深甚の感謝をささげたい。中には病をおして作業を続けてくださった方々もいらっしゃり、その責任感の強さと学問研究への真摯な姿勢にはまったく脱帽の思いであった。このような方々によって軍事史学会の活動が支えられていることを改めて実感した。

そして短期間に膨大な量のゲラを綿密に点検してくださった三名の方々と、編集委員会からの時には理不尽な要求に、嫌な顔ひとつせずにご対応いただいた錦正社の方々に心からお礼を申し上げたい。とりわけ編集作業最終段階の、綱渡りのような日々におつきあいいただいた錦正社社長の熱意がなければ『日露戦争』（二）を四〇周年大会でご披露することはかなわなかった。学会として厚く御礼申し上げる。

（編集担当　玉川大学助教授　等松春夫）

執筆者一覧

黒《くろ》沢《さわ》文《ふみ》貴《たか》（『軍事史学』編集委員長・東京女子大学教教）

イアン・ニッシュ（ロンドン大学名誉教授）

H・P・ウィルモット（元サンドハースト英国陸軍士官学校教官）

小《こ》谷《たに》賢《けん》（防衛研究所助手）

篠《しの》原《はら》昌《まさ》人《と》（フジテレビジョン）

藤《ふじ》田《た》昌《まさ》雄《お》（慶昌堂印刷）

谷《たに》村《むら》政《まさ》次《じ》郎《ろう》（元海上自衛隊東京音楽隊隊長）

相《あい》澤《ざわ》淳《きよし》（防衛研究所主任研究官）

岩《いわ》橋《はし》幹《みき》弘《ひろ》（防衛研究所所員）

V・L・アガーポフ（ロシア国立極東大学大学院生）

堤《つつみ》明《あき》夫《お》（防衛大学校教授）

D・シンメルペンニンク（ブロック大学准教授）

横《よこ》山《やま》久《ひさ》幸《ゆき》（防衛大学校助教授）

白《しら》石《いし》博《ひろ》司《し》（靖國偕行文庫室長）

竹《たけ》本《もと》知《とも》行《ゆき》（同志社大学大学院生）

松《まつ》本《もと》郁《いく》子《こ》（京都大学大学院生・日本学術振興会特別研究員）

タチアナ・N・ヤスコ（ロシア国立極東大学大学院生）

D・A・バレンドーフ（グアム大学教授）

佐《さ》伯《えき》康《やす》子《こ》（清和大学教授）

セイラ・C・M・ペイン（米国海軍大学校准教授）

荒《あら》川《かわ》憲《けん》一《いち》（防衛大学校助教授）

藤《ふじ》田《た》賀《のり》久《ひさ》（上智大学大学院生）

大《おお》木《き》毅《たけし》（作家）

原《はら》剛《たけし》（防衛研究所調査員）

等《とう》松《まつ》春《はる》夫《お》（玉川大学助教授）

末《すえ》吉《よし》洋《ひろ》文《ふみ》（帝塚山大学講師）

北《きた》野《の》剛《ごう》（会員）

GUNJI SHIGAKU
(Quarterly)

Vol. 41	June 2005	No. 1 & 2

The Russo-Japanese War (2)
Aspects and Legacies of the War

The Military History Society of Japan Special 40th Anniversary Issue

Contents

『軍事史学』（第41巻第1・2合併号）

日《にち》露《ろ》戦争《せんそう》(二)──戦《たたか》いの諸相《しょそう》と遺産《いさん》──

平成十七年六月一日　第一刷発行

編集　軍事史学会
ホームページURL　http://www.mhsj.org/

代表者　高橋久志

発行者　中藤政文

発行所　錦正社
〒162-0041　東京都新宿区早稲田鶴巻町五四四─六
電話　〇三（五二六一）二八九一
FAX　〇三（五二六一）二八九二
URL　http://www.kinseisha.jp

印刷所　株式会社　文昇堂

製本所　小野寺三幸製本所

ISBN4-7646-0319-5

■内容目次■

錦正社　定価4,200円（5％税込）　本体4,000円

日露戦争㈠
——国際的文脈——

軍事史学会編
錦正社